युगप्रवर्तक स्वतंत्रता सेनानी
डॉ. हेडगेवार का अंतिम लक्ष्य

भारतवर्ष की सर्वांग स्वतंत्रता

स्वातंत्र्य संग्राम का एक अज्ञात सेनापति

युगपुरुष **डॉ. केशवराव बलिराम हेडगेवार**

स्वतंत्रता संग्राम के अग्रणी योद्धा डॉ. केशव बलिराम हेडगेवार जन्मजात स्वतंत्रता सेनानी थे। बाल्यकाल से लेकर जीवन के अंतिम श्वास तक देश की स्वतंत्रता के लिए संघर्षरत रहे डॉ. हेडगेवार ने 'नहीं चाहिए पद-यश-गरिमा' के सिद्धांत पर अटल रहते हुए न तो अपनी आत्मकथा लिखी और न ही समाचार-पत्रों की सुर्खियाँ बटोरीं। इस अज्ञात स्वतंत्रता सेनानी का समस्त जीवन ही मातृभूमि की स्वतंत्रता के लिए समर्पित था।

- **बाल स्वतंत्रता सेनानी**
- **विप्लवी स्वतंत्रता सेनानी**
- **वीरव्रती स्वतंत्रता सेनानी**
- **चिंतनशील स्वतंत्रता सेनानी**
- **स्वयंसेवक स्वतंत्रता सेनानी**
- **परिव्राजक स्वतंत्रता सेनानी**
- **भविष्यदृष्टा स्वतंत्रता सेनानी**

स्वतंत्रता समर के महानायक महात्मा गांधी के नेतृत्व में आयोजित असहयोग आंदोलन एवं दांडी यात्रा आंदोलन में सक्रिय भूमिका निभानेवाले डॉ. हेडगेवार ने दो बार एक-एक वर्ष के कठोर कारावास की यातनाएँ भोगीं। वे एक आदर्श सत्याग्रही थे।

अपने और अपने संगठन के नाम से ऊपर उठकर संघ के हजारों स्वयंसेवकों ने प्रत्येक सत्याग्रह में अग्रणी भूमिका निभाई। अनुशीलन समिति, हिंदुस्तान समाजवादी प्रजातांत्रिक सेना, बब्बर खालसा, गदर पार्टी, आजाद हिंद फौज, अभिनव भारत, हिंदू महासभा, आर्य समाज, हजारों क्रांतिकारियों, संत/महात्मों, राष्ट्रवादी लेखकों, कवियों, साहित्यकारों इत्यादि एवं राष्ट्रीय स्वयंसेवक संघ की मुख्य भूमिका को नकारकर स्वतंत्रता संग्राम को एक ही नेता एवं दल के खाते में डाल देना घोर अन्याय तथा अनैतिकता है।

युगप्रवर्तक स्वतंत्रता सेनानी

डॉ. हेडगेवार का अंतिम लक्ष्य

भारतवर्ष की सर्वांग स्वतंत्रता

नरेंद्र सहगल

प्रकाशक

प्रभात प्रकाशन प्रा. लि.

4/19 आसफ अली रोड, नई दिल्ली–110002

फोन : 011–23289777 • हेल्पलाइन नं. : 7827007777

इ–मेल : prabhatbooks@gmail.com ❖ वेब ठिकाना : www.prabhatbooks.com

संस्करण

2025

मूल्य

पाँच सौ रुपए

मुद्रक

नरुला प्रिंटर्स, दिल्ली

———— ★ ————

BHARATVARSH KI SARVANG SWATANTRATA
by Shri Narender Sehgal

Published by **PRABHAT PRAKASHAN PVT. LTD.**
4/19 Asaf Ali Road, New Delhi-110002

ISBN 978-93-5266-707-9

₹ 500.00

कोटि-कोटि प्रणाम

संघ के उन दिवंगत तपस्वी प्रचारकों
की मधुर स्मृति को समर्पित है
यह पुस्तक,
जिन्होंने भारत की 'सर्वांग-स्वतंत्रता' के ध्येय को
प्राप्त करने के लिए
स्वतंत्रता सेनानी डॉ. हेडगेवार द्वारा
नागपुर की पवित्र धरती पर स्थापित
हिंदू संगठन को राष्ट्रव्यापी स्वरूप
देने के लिए अपनी चढ़ती जवानियाँ झोंक दीं।
वर्तमान विशाल संघ-भवन की नींव
में विसर्जित उन हुतात्माओं को
कोटि-कोटि प्रणाम!

।। ॐ ।।

राष्ट्रीय स्वयंसेवक संघ

प्रधान कार्यालय : डॉ. हेडगेवार भवन, महाल, नागपुर-440032

माघ कृ. 1, युगाब्द 5119 दिनांक : 01/02/2018

आशीर्वचन

राष्ट्रीय स्वयंसेवक संघ की स्थापना ही भारतमाता की भक्ति के आधार पर समस्त देशवासियों को; उनकी भाषाएँ, पंथ-संप्रदाय, जाति-उपजाति, प्रांत, मत-विमत आदि संकीर्णताओं से ऊपर उठाकर; राष्ट्र की मूल, सत्य, हिंदु पहचान के आधार पर एकसूत्रबद्ध संगठित समाज के रूप में खड़ा करने के लिए हुई। स्वयं संघनिर्माता डॉ. हेडगेवार का जीवन भी भारत की स्वतंत्रता, एकात्मता, अखंडता तथा परमवैभव के लिए समर्पित देशभक्त का जीवन रहा। स्वाभाविक ही पिछले 92 वर्षों में संघ के स्वयंसेवकों ने लौकिक प्ररिद्धि से दूर रहकर भारत की स्वतंत्रता तथा सर्वांगीण उन्नति के लिए महत्त्वपूर्ण योगदान दिया है।

परंतु उनकी प्रसिद्धि पराङ्मुखता का लाभ उठाते हुए कतिपय निहित स्वार्थी तत्त्व संघ के इस योगदान को नकारते हुए संघ तथा स्वयंसेवकों की भूमिका पर प्रश्नचिह्न लगाते चले आ रहे हैं।

इस अपप्रचार का यथोचित उत्तर देकर प्रमाण सहित संघ तथा स्वयंसेवकों की भूमिका के बारे में तथ्यात्मक विवरण समाज के सामने प्रस्तुत हों, इस सदुद्देश्य से श्री नरेंद्र सहगलजी के द्वारा लिखी गई पुस्तक 'भारतवर्ष की सर्वांग स्वतंत्रता' उपरोक्त उद्देश्य में सफल रहेगी ही, भारतवर्ष की स्वतंत्रता की संपूर्ण कल्पना भी समाज के सामने सफलतापूर्वक स्पष्ट रूप में प्रस्तुत करेगी, यह विश्वास है।

पुस्तक के लेखन के लिए श्री नरेंद्र सहगल का हार्दिक अभिनंदन। प्रकाशन में लगे सभी को अभिवादन तथा पुस्तक के प्रचार-प्रसार के लिए अनेक शुभकामनाएँ।

(मोहन भागवत)

सरसंघचालक

प्रस्तावना

राष्ट्रीय स्वयंसेवक संघ और उसके प्रथम सरसंघचालक प.पू. डॉ. केशवराव बलिराम हेडगेवार को लेकर अनेक भ्रांत धारणाएँ प्रचलन में रही हैं। कुछ निहित स्वार्थी तत्त्वों ने जानबूझकर इन भ्रांतियों को बढ़ाने का काम किया है। विशेषकर यह कहा जाता रहा कि संघ और डॉ. हेडगेवार की भारत के स्वाधीनता आंदोलन में कोई भूमिका नहीं रही है। यह तथ्यों की अनदेखी कर फैलाया गया दुष्प्रचार है। डॉक्टरजी और संघ देश व समाज के लिए किए जानेवाले कार्यों के बारे में प्रचार व प्रसिद्धि से दूर रहकर काम करने में विश्वास करते रहे, अत: प्रसिद्धि-परांगमुखता उनकी कार्यशैली का हिस्सा रहा है। संघ-स्वयंसेवक तो "नहीं चाहिए यह पद यश गरिमा, सभी चढ़े माँ के चरणों में। भारत माता की जय केवल, शब्द पड़े जग के कर्णों में॥" गीत की इन पंक्तियों के भावों के अनुसार ही जीवन में व्यवहार करते हैं। संघ की समाज-जीवन के विविध क्षेत्रों में अनेक उपलब्धियों और समय-समय पर देश के सामने उपस्थित संकटों-समस्याओं के समाधान में संघ स्वयंसेवकों के असाधारण योगदान के अनेक उदाहरणों के बावजूद अभी भी कुछ लोग गलतफहमियाँ फैलाने का काम कर रहे हैं। इस स्थिति को ध्यान में रखकर तथ्यों के आलोक में पूर्व संघ प्रचारक एवं सेवानिवृत्त वरिष्ठ पत्रकार और अनेक छोटी-बड़ी पुस्तकों के लेखक श्री नरेंद्र सहगल ने युगप्रवर्तक स्वतंत्रता सेनानी डॉ. हेडगेवार का अंतिम लक्ष्य 'भारतवर्ष की सर्वांग स्वतंत्रता' नामक एक ग्रंथ की रचना की है। कोई भी व्यक्ति यदि बाल केशव, संघ स्थापना 1925 से पहले के तरुण हेडगेवार और 1925 के बाद के उनके संघ जीवन में की गई गतिविधियों का गहराई एवं प्रामाणिकता से अध्ययन करेगा तो यह स्पष्ट हो जाएगा कि उनका समूचा जीवन राष्ट्र की सर्वआयामी स्वतंत्रता, सम्मान एवं समुत्थान के लिए समर्पित जीवन था।

आठ वर्ष की आयु में बाल केशव ने ब्रिटिश महारानी विक्टोरिया के

राज्यारोहण के अवसर पर विद्यालय के समारोह में विक्टोरिया की प्रशंसा में गीत गाने से मना कर दिया और विद्यालय में बाँटी गई मिठाई को यह कहकर कूड़ेदान में फेंक दिया कि मैं हमारे देश को गुलाम बनाकर शासन करनेवाली महारानी के राज्यारोहण के उपलक्ष्य में दी जानेवाली मिठाई को कूड़ा ही मानता हूँ, इसलिए कूड़ेदान में डाल रहा हूँ।

बारह वर्ष की आयु में एडवर्ड सप्तम के राज्यारोहण के उपलक्ष्य में की गई आतिशबाजी देखने के लिए चलने को कहा तो यह कहकर मना कर दिया कि यह हमारे लिए प्रकाश का नहीं, अंधकार का अवसर है। नागपुर के सीतावर्डी किले पर फहरा रहे ब्रिटिश झंडे को देखकर मन में आक्रोश उठता था। अत: मात्र तेरह वर्ष की आयु में अपने कुछ बाल सखाओं को साथ लेकर अपने अध्यापक गुरुजी के खाली पड़े घर से सुरंग खोदकर किले से यूनियन जैक उतारकर उसके स्थान पर भगवा ध्वज लहराने की योजना बना डाली। इतनी बड़ी सुरंग खोद डालना कहाँ संभव था? गुरुजी ने घर आकर देखा कि केशव कुछ मित्रों के साथ सुरंग खोदने लगा है। पूछा तो केशव ने मन का संकल्प बता दिया, गुरुजी ने केशव के साहस व संकल्प को देखकर बालकों को गले लगा लिया और समझाया कि यह संभव नहीं। बाल केशव की ये तीनों घटनाएँ इस बात की साक्षात् साक्षी हैं कि उसके तो रग-रग में स्वातंत्र्य सेनानी की ज्वाला ही धधक रही थी—यह अद्‌भुत एवं अनूठा उदाहरण है। ऐसे बाल स्वातंत्र्य सेनानी को नमन। इतना ही नहीं, नागपुर के नील सिटी हाई स्कूल में निरीक्षण के लिए आए एक अंग्रेज इंस्पेक्टर का केशव ने अपने सहपाठियों के साथ योजना बनाकर 'वंदेमातरम्' के उद्‌घोष से स्वागत किया। इस पर इंस्पेक्टर ने स्कूल के प्रधानाचार्य पर दबाव डालकर विद्यार्थियों से क्षमा याचना करवाई, पर बाल केशव ने क्षमा माँगने से मना कर दिया और उसे स्कूल से निष्कासित कर दिया गया। निष्कासन की कीमत अदा करके भी देश के स्वाभिमान के साथ समझौता न करने का यह अनुपम उदाहरण है। कलकत्ता के मेडिकल कॉलेज में अध्ययन के समय क्रांतिकारियों के संपर्क में आ गए, उनके बीच भूमिगत संपर्क-सूत्र का काम किया, धन की व्यवस्था की और 'कोकेन' नाम से प्रसिद्ध क्रांतिकारी संस्था 'अनुशीलन समिति' के सदस्य हो गए। पढ़ाई पूरी कर कलकत्ता से लौटने पर घर-गृहस्थी न बसाकर अधिक सक्रियता से क्रांतिकारी गतिविधियों में जुट गए।

1904 में मात्र पंद्रह वर्ष की आयु में बम बनाना सीख लिया और 1908 में पुलिस चौकी पर बम फेंक दिया। कुछ समय बाद मध्य प्रदेश व विदर्भ में क्रांतिकारी कार्यों की ज़िम्मेवारी सँभाल क्रांतिकारियों का एक नेटवर्क तैयार किया। 1921 में

देश में असहयोग आंदोलन प्रारंभ हो गया, इस आंदोलन को गति देने और इसके साथ लोगों को जोड़ने के लिए अंग्रेजी शासन के विरोध में जगह-जगह उग्र एवं प्रभावी भाषण देने लगे। उनके भाषणों से घबराकर सरकार ने राजद्रोह का मुकदमा दायर कर दिया। डॉक्टरजी ने मुकदमे की पैरवी स्वयं ही की और न्यायालय में अपने बचाव में जो भाषण दिया, उसे सुनकर मजिस्ट्रेट ने कहा कि यह तो मूल भाषण से भी अधिक उग्र एवं खतरनाक है और एक वर्ष की सजा सुनाकर कारागार में बंद कर दिया। कारागार में रहते हुए डॉक्टरजी ने उनके समान ही कारगार में बंद अनेक स्वातंत्र्य सेनानियों व नेताओं से विचार-विमर्श किया और देश व समाज की सद्यः परिस्थिति एवं ऐतिहासिक घटनाक्रमों पर गहन चिंतन किया। उनके मन में एक प्रश्न बार-बार उठता था कि आखिर इस विशाल देश को बार-बार विदेशी आक्रमणकरियों से पदक्रांत क्यों होना पड़ता है और क्योंकर हमें परतंत्र होना पड़ता है? राजनैतिक स्वतंत्रता आवश्यक तो है, पर क्या मात्र राजनैतिक स्वतंत्रता को पूर्ण एवं स्थायी स्वतंत्रता कहा जा सकता है? इरा चिंतन में से जो उत्तर मिला, वह यह था कि स्वतंत्रता एक बहुआयामी-बहुपक्षीय संकल्पना है। इसके भौगोलिक, राजनैतिक, संवैधानिक, आर्थिक, सांस्कृतिक, शैक्षणिक, सामाजिक आदि अनेक पक्ष हैं। इसे ही प्रस्तुत पुस्तक में भी नरेंद्र सहगल ने 'सर्वांग स्वतंत्रता' कहा है। महर्षि अरविंद की तरह डॉक्टरजी को भी यह लग गया था कि कुछ समय बाद राजनैतिक स्वतंत्रता तो मिल ही जाएगी, पर मुख्य प्रश्न इसके सब पक्षों को सँवारने और इस स्वतंत्रता को टिकाए रखने का है। संभवतः इसी चिंतन में से महर्षि अरविंद आध्यात्मिक साधना के माध्यम से संपूर्ण कोलाहल से दूर पांडिचेरी आश्रम में 'अतिमानव' के सृजन में जुट गए थे।

इसी प्रकार के चिंतन में से डॉ. हेडगेवार एक स्वाभिमानी, समृद्धशाली-स्वावलंबी, शक्तिशाली एवं समरस भारत का स्वप्न लेकर निस्स्वार्थ बुद्धि एवं प्रामाणिकता से राष्ट्र व समाज समर्पित कार्यकर्ताओं के निर्माण में जुट गए थे। इसी भाव-भावना में से राष्ट्रीय स्वयंसेवक संघ का जन्म हुआ। डॉक्टरजी एवं रा.स्व. संघ का यह मानना रहा है कि देश व समाज चलाने का तंत्र (व्यवस्था या प्रणाली या संरचना) जहाँ अपने ही लोगों के हाथ में रहना आवश्यक है, वहाँ उसका देश व समाज की प्रकृति-प्रवृत्ति, परिवेश, परिस्थिति, आशा-आकांक्षा आवश्यकताओं एवं शाश्वत सांस्कृतिक जीवन-मूल्यों में से उपजी होना और भी अधिक आवश्यक है। तभी हम अपनी स्वतंत्रता को सच्ची एवं सवर्तोमुखी स्वतंत्रता कह सकेंगे। इस पुस्तक के लेखक ने स्पष्ट किया है कि संघ संस्थापक डॉ. हेडगेवार कभी

भी खंडित भारत की आधी-अधूरी स्वाधीनता के पक्ष में नहीं रहे। वे तो सनातन भारतवर्ष (अखंड भारत) की सर्वांग स्वतंत्रता के लिए अंतिम श्वास तक संघर्षरत रहे। संघ ऐसी ही सर्वतोमुखी स्वतंत्रता के लिए समर्पित एवं कार्यरत है।

इसके अलावा डॉ. हेडगेवारजी ने कुछ समय तक मध्य प्रांत के कांग्रेस के सेक्रेटरी के रूप में भी काम किया। 1920 में नागपुर में कांग्रेस के अधिवेशन की व्यवस्था के लिए डॉक्टरजी ने कांग्रेस सेवादल का काम भी बखूबी किया और उसकी सब नेताओं ने प्रशंसा भी की। उस अधिवेशन के लिए डॉ. परांजपे एवं डॉ. हेडगेवार ने मिलकर एक प्रस्ताव का मसौदा प्रस्तुत किया, जो इस प्रकार था—"हिंदुस्तान में गणतंत्र की स्थापना करते हुए पूँजीवादी राष्ट्रों के शोषण से दुनिया के देशों को मुक्त करना कांग्रेस का लक्ष्य है।" यद्यपि यह प्रस्ताव नेतृत्व ने विचार के लिए स्वीकार नहीं किया, पर इतना तो सच ही है कि यह प्रस्ताव डॉक्टरजी की स्वतंत्र भारत के संबंध में दृष्टि और उसकी भूमिका का परिचायक है। अप्रैल 1930 में गांधीजी ने ब्रिटिश सत्ता को चुनौती देते हुए दांडी से नमक सत्याग्रह प्रारंभ किया। डॉक्टरजी तो उन दिनों नागपुर में थे, वहाँ निकट में समुद्र और नमक बनाने की कोई भी व्यवस्था नहीं थी। अत: उन्होंने गांधीजी के नमक सत्याग्रह के समर्थन में 22 जुलाई, 1930 को यवतमाल के निकट से 'जंगल सत्याग्रह' प्रारंभ किया, परिणामस्वरूप डॉक्टरजी एवं अनेक संघ स्वयंसेवकों को नौ मास की कारागार की सजा हुई। 1940 में डॉक्टरजी के देवलोकगमन के पश्चात् भी रा.स्व. संघ के स्वयंसेवक देश की स्वतंत्रता एवं सम्मान की रक्षा के लिए चलाए जा रहे आंदोलनों एवं कार्यक्रमों में बढ़-चढ़कर भाग लेते रहे, जैसे 1942 का भारत छोड़ो आंदोलन, भूमिगत क्रांतिकारी एवं अन्य नेताओं को शरण एवं उनकी सुरक्षा, आजाद हिंद फौज को सहयोग, विभाजन के बाद कबाइलियों की आड़ में पाकिस्तानी आक्रमण के समय भारतीय वायु सेना के लिए श्रीनगर, पुंछ व जम्मू में हवाई पट्टियाँ तैयार करने, गोला-बारूद के बक्सों को गोलियों की बौछार के बीच भारतीय सेना के पास पहुँचाने, युद्ध के समय घायल भारतीय सैनिकों के लिए रक्त एवं अन्य चिकित्सीय सुविधाओं की व्यवस्था में सहयोग करना आदि ऐसे अनेक उदाहरणों से संघकार्य का इतिहास भरा पड़ा है।

1954-55 में गोवा मुक्ति आंदोलन की रचना-योजन-समर्पण एवं अंतोगत्वा सफलता में अनेक स्वयंसेवकों की भूमिका स्वर्णाक्षरों में लिखे जाने योग्य है। इसके अलावा, संघ के लाखों स्वयंसेवक समाज-जीवन के विभिन्न क्षेत्रों में अनेक संस्थाओं-संगठनों के माध्यम से भारत की मिट्टी में जनमे जीवन-मूल्यों के आधार

पर नवरचना निर्माण के कार्य में लगे हैं और अब उसके सुपरिणाम भी दृष्टिगोचर होने लगे हैं। इन्हीं सब बातों पर श्री नरेंद्र सहगल ने अपनी इस पुस्तक के सत्रह अध्यायों में तर्क-तथ्यों के साथ बहुत विस्तार के साथ प्रकाश डाला है। मैं विद्वान् लेखक की लेखनी एवं परिश्रम को नमन करता हूँ। मेरी दृष्टि में यह पुस्तक सर्वथा पठनीय एवं संग्रहणीय है।

—डॉ. बजरंग लाल गुप्ता

उत्तर क्षेत्र संघचालक, अहिंसा विहार, सेक्टर-9,
रोहिणी, दिल्ली-110085

आभार-अभिनंदन

मुझे यह कहने में कोई भी संकोच नहीं हो रहा है कि 'अपनों' का धन्यवाद करना एक रस्म-अदायगी के सिवाए और कुछ भी नहीं होता, तो भी अपने उन मित्रों, सहयोगियों एवं मार्गदर्शकों का दो-चार शब्दों में आभार प्रकट करते हुए सम्मान तथा अभिनंदन करना मैं अपना कर्तव्य समझता हूँ, जिन्होंने अपना अमूल्य समय, सामग्री एवं आशीर्वाद देकर मेरा उत्साहवर्धन किया है। धन्यवाद तो मैं उन लोगों का भी करता हूँ, जिन्होंने स्वयं को मात्र आश्वासनों तक ही सीमित रखते हुए मेरे प्रति अपने मित्रभाव को प्रकट किया।

सर्वप्रथम मैं संघ संस्थापक डॉ. हेडगेवार के छात्रजीवन से ही सहयोगी रहे स्वर्गीय नारायणहरि पालकर (नाना पालकर) का सम्मानर्पूवक स्मरण करता हूँ, जिन्होंने सबसे पहले डॉक्टरजी की संपूर्ण जीवनी 'डॉ. हेडगेवार चरित' लिखकर भविष्य के सभी लेखकों का मार्ग प्रशस्त कर दिया। 1960 में प्रकाशित ना.ह. पालकर की इस पुस्तक ने डॉक्टरजी के जीवन पर लिखी सभी पुस्तकों को 90 प्रतिशत से भी ज्यादा सामग्री दी है। प्रस्तुत पुस्तक के लेखक ने भी डॉक्टरजी के जीवन से संबंधित वृत्तांत में इसी पुस्तक का भरपूर सहारा लिया है।

परम पूजनीय सरसंघचालक श्रद्धेय मोहन भागवतजी ने अपने अतिव्यस्त प्रवास काल में समय निकाल कर 'आशीर्वचन' का पृष्ठ लिख कर पुस्तक के प्रचार-प्रसार के लिए जो शुभकामनाएँ दी हैं, उनसे प्रेरित एवं उत्साहित होकर मैं भविष्य में अपनी विशेष पुस्तक लेखन योजना को साकार कर सकूँगा। इस पृष्ठ को आशीर्वाद के रूप में प्राप्त करके मैं और मेरी लेखनी दोनों धन्य हो गए।

इसी प्रकार उत्तर भारत के क्षेत्रीय संघचालक आदरणीय बजरंग लाल गुप्ताजी ने समय निकाल कर पुस्तक की पांडुलिपि का अध्ययन करने के बाद 'प्रस्तावना'

लिखकर विशेष कृपा की है। मैं उनका हृदय से आभारी हूँ। श्री बजरंग लालजी द्वारा दिए गए सुझावों के अनुसार आवश्यक परिवर्तन कर लिये गए हैं।

कुरुक्षेत्र विश्वविद्यालय में इतिहास विभाग के पूर्व अध्यक्ष एवं राष्ट्रवादी इतिहासकार–लेखक डॉ. सतीश मित्तल एवं संघ के पूर्व प्रचारक तथा साप्ताहिक 'पाञ्चजन्य' के पूर्व मुख्य संपादक श्री देवेंद्र स्वरूप द्वारा किए परिश्रमपूर्वक गहरे शोधकार्य का मैंने बहुत आसानी से लाभ उठा लिया है। बड़े भ्रातातुल्य इन दोनों राष्ट्रभक्त लेखकों से प्रत्यक्ष मिलकर मैंने जो मार्गदर्शन प्राप्त किया, इस पुस्तक का आधार बन गया। इन दोनों विद्वानों का मैं कर्जदार हो गया। इनके सम्मान में मेरा प्रणाम।

राष्ट्रीय स्वयंसेवक संघ के सहसरकार्यवाह आदरणीय दत्तात्रेय द्वारा इस पुस्तक के लिए दिए गए सुझाव एवं स्वीकृति को भी मैं एक बड़ा सहारा समझता हूँ। उन्होंने इस पुस्तक की संक्षिप्त सामग्री को पढ़ने के पश्चात् जो हरी झंडी दिखाई, वह पुस्तक लेखन के पूरे कालखंड में मुझे प्रेरित करती रही। प्रचारक जीवन से ही मेरे साथी मित्र रहे, दिल्ली के सहप्रांत संघचालक आदरणीय आलोक कुमारजी का मार्गदर्शन एवं समयोचित सहयोग भी मेरा सहारा बन कर मुझे उत्साहित करते रहे। आभारी हूँ। इसी तरह संघ के दिल्ली स्थित अभिलेखागार के प्रमुख वरिष्ठ प्रचारक श्री किशोर कांतजी एवं दिल्ली प्रांत के प्रचार प्रमुख श्री राजीव तुलीजी ने मेरी प्रार्थना पर जो सहयोग दिया, मैं इनका हृदय से आभारी हूँ। श्री राजीव तुली ने इस पुस्तक के लेखन से लेकर अंत तक के प्रत्येक पड़ाव पर भरपूर सहयोग किया।

संघ के वरिष्ठ प्रचारक एवं समर्पित समाजसेवी मेरे पुराने परममित्र श्री जगदीश मित्तल ने मेरे आग्रह पर ली गई जिम्मेवारी को पूरी तरह निभाकर, एक बार फिर अपनी घनिष्ठ मित्रता का अहसास मुझे करवाया है। जगदीशजी द्वारा दिए गए ठोस सुझावों से पुस्तक के पृष्ठों की शोभा बढ़ी है। मासिक पत्रिका 'दि कोर' के कार्यकारी संपादक श्री गुंजन अग्रवाल तथा संघ अभिलेखागार में कार्यरत श्री हरेंद्र झा का भी मैं आभारी हूँ, जिन्होंने अपने अतिरिक्त समय में परिश्रम करके पुस्तक निर्माण में अपना योगदान दिया।

मैं उन लेखकों एवं संपादकों का भी आभार प्रकट करना अपना कर्तव्य समझता हूँ, जिनकी पुस्तकों तथा पत्र/पत्रिकाओं के अध्ययन ने मेरी लेखनी को अंत तक गतिशील बनाए रखा। मेरी धर्मपत्नी संतोष सहगल तथा मेरे बेटे सुदीप सहगल ने पुस्तक लेखन के दौरान जो निरंतर सहानुभूति बनाए रखी, वह भी किसी

सहयोग से कम नहीं है। वास्तव में इसी सहयोग ने मुझे थकने का बहाना भी नहीं करने दिया। इसके अतिरिक्त मेरे अनेक मित्रों की शुभकामनाएँ तथा सुझाव मुझे काम खत्म होने के बाद ही विश्राम करने का संकेत देते रहे, आभारी हूँ।

पिछले लगभग तीन वर्षों से शरीर एवं मन दोनों से ही अस्वस्थ होकर मैं और मेरी लेखनी दोनों ही खर्राटे लेकर सो रहे थे, परंतु 'दिव्यज्योति जाग्रति संस्थान' के संस्थापक श्रद्धेय श्री आशुतोषजी महाराज की शिष्या और मेरी बेटी साध्वी दीपिका भारती ने ऐसी जबरदस्त प्रेरणा दी, जिससे मैं और मेरी लेखनी दोनों ही सक्रिय हो गए। अत: पूजनीय आशुतोषजी महाराज की पार्श्व प्रेरक भूमिका को स्वीकार करता हुआ मैं उन्हें अपने कोटि-कोटि प्रणाम अर्पित करता हूँ।

पुस्तक आपके हाथ में है। आपकी सकारात्मक आलोचना, तार्किक समीक्षा, ठोस सुझावों तथा थोड़ी प्रशंसा की मैं प्रतीक्षा करूँगा। बस इतना ही।

—नरेंद्र सहगल

अनुक्रम

1

ब्रिटिश साम्राज्यवाद पर प्रथम सशक्त प्रहार

यद्यपि अंग्रेजों ने 1857 के स्वतंत्रता संग्राम को राजा-रजवाड़ों की बगावत कहकर नकार दिया, तथापि सत्य यह है कि इस देशव्यापी संग्राम के सेनानायकों ने भारत को एक युद्धस्थल बनाकर विदेशी तख्त को हिला दिया था। प्रत्येक पंथ, मजहब, क्षेत्र, जाति के लोगों ने एकजुटता का परिचय दिया। एक लाख वर्गमील में फैले इस 'रण' में चार लाख भारतीय शहीद हुए। स्वामी विवेकानंद, स्वामी दयानंद, राजा राममोहन राय जैसे राष्ट्रीय महापुरुषों ने प्रेरणा दी। परिणामस्वरूप देश में सांस्कृतिक राष्ट्रवाद का पुनर्जागरण एवं सशस्त्र क्रांति का आधार तैयार हो गया।

भारत में अंग्रेजों के अत्याचारी शासन के विरुद्ध 1857 में लड़े गए देशव्यापी सशस्त्र स्वतंत्रता संग्राम ने अंग्रेज शासकों के हिंदुत्व/भारत विरोधी कुटिल इरादों को झकझोरकर रख दिया था। सात समुद्र पार से आए षड्यंत्रकारी ईसाई-साम्राज्यवादियों की जड़ों को हिला देनेवाले इस महा स्वातंत्र्य समर ने ही वास्तव में 1857 से 1947 तक लड़े गए स्वतंत्रता समर का शिलान्यास कर दिया था। यद्यपि अनेक ईसाई, साम्यवादी एवं अंग्रेजभक्त इतिहासकारों ने इस युगांतकारी स्वतंत्रता समर को मात्र इने-गिने और बिखरे हुए राजे-रजवाड़ों की अव्यवस्थित बगावत करार दिया था। भारत के कोने-कोने में फैले इस संगठित/शक्तिशाली राष्ट्रीय संघर्ष को नकारकर इसे मात्र कुछ सैनिकों का विद्रोह घोषित करने के पीछे कई कारण थे। अंग्रेज-साम्राज्यवादियों की प्रतिष्ठा को बचाना, अपने विरुद्ध संगठित हो रहे

भारतवासियों को निरुत्साहित करना, ब्रिटिश सैनिकों का मनोबल बरकरार रखना और विदेशों में भारत तथा भारतीयों को कमजोर एवं असंगठित सिद्ध करना इत्यादि उद्देश्यों से प्रेरित अनेक इतिहासकारों ने अनेक ग्रंथ रच डाले। इन ग्रंथों में सत्य और तथ्यों का बेरहमी से हनन करके स्वतंत्रता समर के सेनापतियों/सेनानियों को महत्त्वाकांक्षी, सत्तालोलुप और धनकुबेर तक कह दिया गया।

विधर्मियों के विरुद्ध देशव्यापी महाक्रांति

अंग्रेजों की यह घिनौनी साम्राज्यवादी चाल कुछ वर्षों के बाद ही तार-तार होकर उनके ही कूड़ेदान में फेंक दी गई। 1857 के मात्र 50 वर्ष बाद ही भारत के एक महान् स्वतंत्रता सेनानी वीर सावरकर ने इंग्लैंड की राजधानी लंदन में ही एक 550 पृष्ठ की पुस्तक '1857 का स्वातंत्र्य समर' लिखकर इस महासमर की सच्चाई को जगजाहिर कर दिया। सावरकर के इस ऐतिहासिक ग्रंथ से प्रेरित एवं उत्साहित होकर बाद में अनेक लेखकों ने अपने साहित्य में 1857 के स्वतंत्रता-सेनानायकों के युद्ध कौशल, योजनाबद्ध लोकसंग्रह, शस्त्र-एकत्रीकरण, गाँव-गाँव तक पहुँचनेवाली गुप्त रणनीति और समयबद्ध अंग्रेजों की फौजी छावनियों पर भीषण आक्रमण आदि का वर्णन किया है। ब्रिटिश सरकार के अधिकृत दस्तावेजों में भी स्वीकार किया गया है कि इस जंग को लड़नेवाले 'विद्रोही' सेनानायकों की तादाद चार सौ से भी ज्यादा थी। अंग्रेजों ने यद्यपि नाना फडनवीस, तात्या टोपे, झाँसी की रानी लक्ष्मीबाई, कुँवर सिंह, मौलवी अजीमुल्ला खाँ, नाना साहब इत्यादि सेनानायकों को बगावती तत्त्व कहकर पूरे महासमर को हल्का करने का विफल प्रयास किया है, परंतु यह एक सच्चाई है कि इन्हीं सेनापतियों ने पूरे भारत को एक युद्धस्थल बना दिया था।

वर्तमान समय के प्रसिद्ध इतिहास-लेखक डॉ. सतीश चंद्र मित्तल के अनुसार, 'इस महासंघर्ष में 4 करोड़ लोगों ने प्रत्यक्ष रूप से भाग लिया। चार लाख भारतीयों का बलिदान हुआ और संपूर्ण देश का एक लाख वर्गमील क्षेत्र प्रभावित हुआ।' वीर सावरकर ने लगभग एक हजार ग्रंथों का अध्ययन करके यह निष्कर्ष निकाला था कि इस संघर्ष को देश के कोने-कोने में फैलाने के लिए गाँव-गाँव तक रोटियाँ पहुँचाने, प्रत्येक फौजी छावनी तक कमल का फूल भेजने जैसी साधारण गतिविधियों के माध्यम से पूरे देश को जोड़ लिया गया। तीर्थयात्राओं का आयोजन करके प्रत्येक देशवासी को हथियारबंद होने का आदेश दे दिया गया। इतना ही नहीं, स्वदेशी राजाओं और विदेशी शक्तियों से भी संपर्क स्थापित कर लिए गए। इस संघर्ष की रणनीति में सैनिक छावनियों में विद्रोह, शस्त्रागारों पर कब्जे, अंग्रेज-अधिकारियों

को समाप्त करने, सरकारी खजानों को लूटने एवं जेलों में बंद भारतीय कैदियों को जबरदस्ती छुड़ाने जैसी सीधी कार्रवाइयाँ शामिल थीं। इन सशस्त्र हलचलों का तुरंत/सीधा असर संपूर्ण भारत (अफगानिस्तान, भूटान, बलूचिस्तान तक) में हुआ। इस महासमर में भारत की प्रत्येक जाति, मजहब, संप्रदाय, क्षेत्र और भाषा-भाषियों ने पूरी ताकत के साथ भाग लिया। अत: यह मात्र सैनिक विद्रोह न होकर पूरे देश की पूरी जनता का संघर्ष था। स्पष्ट है कि जब सारा भारतवर्ष ही ब्रिटिश हुकूमत के खिलाफ शस्त्र उठाकर एकजुट हो गया हो, तो इस राष्ट्रीय जागरण का उद्देश्य समूचे भारत को अंग्रेजों के कब्जे से छुड़ाकर पूर्ण स्वतंत्रता प्राप्त करना ही था। इसीलिए इस राष्ट्रव्यापी संघर्ष को स्वतंत्रता संग्राम कहा गया है। यही फिरंगियों को बरदाश्त नहीं हुआ।

एक कमजोर राजनीतिक कड़ी

सन् 1857 का महासमर अंग्रेजों को भारत से खदेड़ नहीं सका। इसके अनेक कारणों में से एक कारण यह भी था कि इस सशस्त्र विद्रोह के संचालन-सूत्र एक ऐसे शासक के हाथों सौंप दिए गए, जो न सेनानायक ही था, न ही कुशल प्रशासक। सभी हिंदू-सेनानायकों ने भारत के अंतिम मुगल सम्राट् बहादुरशाह जफर को संभवतया इसीलिए स्वतंत्रता समर का नेतृत्व सौंपा, ताकि मुसलिम समाज पूरी तरह से संघर्ष में कूद पड़े; हालाँकि यह सत्य है कि साधारण मुसलमान पूरी तरह संघर्ष में शामिल हुआ, परंतु अधिकांश मुल्ला-मौलवी, संभ्रांत मुसलमान एवं नेता इस संघर्ष से दूर ही रहे। इतिहास-लेखक डॉ. सतीश चंद्र मित्तल लिखते हैं—'बहादुरशाह कोई चमत्कारी सम्राट् नहीं था। वह समस्त राष्ट्र को जोड़नेवाली नहीं, अपितु सबसे कमजोर कड़ी था। राजनीतिक दृष्टि से यदि वह जोड़नेवाली कड़ी होती, देश के किसी कोने में तो उसकी जय-जयकार होती।' यह एक ऐतिहासिक सत्य है कि बहादुरशाह के बुलावे पर कोई भी राजा अथवा रजवाड़ा संघर्ष के लिए आगे नहीं आया। ये सभी शक्तियाँ स्वयमेव स्वतंत्रता संग्राम में आगे आईं।

इस अक्षम नेता की वजह से ही अंग्रेजों को स्वतंत्रता सेनानियों तथा आम नागरिकों पर दमनचक्र चलाने का मौका मिल गया। लाखों लोगों को फाँसी के फंदे पर लटकाया गया। कई शहरों, कस्बों और गाँवों को आग के हवाले कर दिया गया। अत्याचार की सभी सीमाएँ लाँघकर अंग्रेजों ने इस स्वतंत्रता संग्राम को राजनीतिक दृष्टि से विफल कर दिया। इस महासमर के समय जो थोड़ी-बहुत हिंदू-मुसलिम एकता का माहौल बना, उसे भी अंग्रेज-शासकों ने मुसलमानों को एक अलग कौम

और राष्ट्रीयता बताकर समाप्त कर दिया। अंग्रेजों की इस चाल में फँसकर सर सैयद अहमद खाँ-जैसे सुधारक मुसलिम नेताओं ने द्विराष्ट्रवाद के सिद्धांत पर आधारित फिरकापरस्ती को जन्म दे दिया।

हिंदुत्व-विरोधी साजिश

सन् 1857 के स्वतंत्रता संग्राम का यदि गहराई से अध्ययन करें, तो यह ऐतिहासिक तथ्य स्पष्ट हो जाता है कि यह राष्ट्रव्यापी सशस्त्र संघर्ष भारतीय राष्ट्र की पहचान हिंदुत्व का जागरण था, जिसे सांस्कृतिक राष्ट्रवाद का उभार कहा जा सकता है।

वास्तव में भारत में गत एक हजार वर्षों से सांस्कृतिक राष्ट्रवाद की सुरक्षा/स्वतंत्रता के लिए निरंतर लड़े जा रहे संग्राम की एक महत्त्वपूर्ण कड़ी था, यह 1857 का महायुद्ध। अंग्रेजों द्वारा दुष्प्रचारित यह 'बगावत' उन्हीं के ही हिंदुत्व-विरोधी षड्यंत्र के विरुद्ध एक सशस्त्र प्रयास था। 19वीं शताब्दी के शुरू होते ही ईसाई पादरियों ने सत्ता का निरंकुश सहारा लेकर देश के प्रत्येक हिस्से में साम-दाम-दंड-भेद द्वारा ईसाईकरण का जो अभियान छेड़ा, उसकी प्रतिक्रियास्वरूप भारत में हिंदुत्व के पुरोधाओं ने जो सुधार-आंदोलन प्रारंभ किए, वही 1857 के संग्राम की मुख्य प्रेरणा/चेतना बनकर सामने आए।

सन् 1857 के स्वतंत्रता संग्राम का मुख्य उद्देश्य भारत से अंग्रेजों को खदेड़कर सांस्कृतिक राष्ट्रवाद की रक्षा करना था। 1857 के पूर्व सत्ता के संरक्षण में कट्टर ईसाई पादरियों ने सरकारी अधिकारियों के साथ मिलकर ईसाइयत को थोपने के लिए अनेक प्रकार के अनैतिक हथकंडों का इस्तेमाल किया। सरकारी विद्यालयों में महापुरुषों, देवी-देवताओं के भद्दे/मनगढ़ंत चरित्र पढ़ाए जाने लगे। सेना में भी ईसाई तौर-तरीके अपनाए जाने प्रारंभ हो गए। सरकारी नौकरियों में पक्षपात भी अपनी पराकाष्ठा पार कर गया। यहाँ तक कि कोर्ट-कचहरियों में भी अंग्रेजी-भाषा एवं ईसाई कानून-कायदों को भी प्रमुखता दी जाने लगी। धर्म-परिवर्तन की इस जबरी आँधी में भारतीय जीवन-मूल्य समाप्त होने का जब खतरा पैदा हुआ, तब सदैव की भाँति इस बार भी हमारे संत-महात्मा तथा संस्कृतिरक्षक सामाजिक नेताओं ने सामने आकर सांस्कृतिक राष्ट्रवाद की ऐसी आँधी चलाई, जिसने विदेशी एवं विधर्मी आँधी को सफलतापूर्वक रोका। भारत को स्थायी उपनिवेश बनाने के अंग्रेजों के कुकृत्यों पर लगाम लगनी प्रारंभ हुई। धर्म/संस्कृति और दीन-ईमान का यह राष्ट्रव्यापी जागरण भारत के प्रत्येक क्षेत्र में

रहनेवाले सभी भारतीयों के अंतर्मन में गहराई से जड़ जमाए बैठी धार्मिक आस्था थी, जिसे गत 1,200 वर्षों में समाप्त करने का प्रयास करनेवाली सभी विदेशी एवं विधर्मी शक्तियों को मुँह की खानी पड़ी। यही अपराजेय हिंदुत्व अर्थात् भारतीय संस्कृति का ठोस परिचय है।

हिंदू-संतों ने जगाई अलख

सन् 1857 के कालखंड में अनेक धार्मिक नेताओं एवं संतों ने हिंदुत्व के जागरण की ध्वजा को पूरे देश में फहराने में अपना अद्‌भुत योगदान देने में कोई कोर-कसर नहीं छोड़ी। इसी समय में संघर्षरत राजा राममोहन राय ने 1828 में 'ब्रह्मसमाज' नामक संस्था की स्थापना करके भारत में हिंदुत्व के जागरण का बीड़ा उठाया। ब्रह्मसमाज का उद्‌देश्य ईसाइयत के बढ़ते प्रभाव को रोकने के साथ-साथ हिंदू-समाज की कुरीतियों को दूर करके एक शक्तिशाली हिंदू-संगठन तैयार करना भी था। राजा राममोहन राय अपने उद्‌देश्य की पूर्ति के लिए जी-जान से जुटे और काफी हद तक सफलता भी प्राप्त कर सके। अत्यंत दिलचस्प परंतु सनसनीखेज तथ्य यह भी है कि ईसाई पादरी मैक्समूलर ने राजा राममोहन राय को ईसाई धर्म में दीक्षित करने तथा उनकी प्रगतिशील संस्था ब्रह्मसमाज का नाम बदलवाकर 'क्रिश्चियन-आर्यंस' रखने का भरसक प्रयास किया, परंतु उसे हिंदुत्व की चट्टान से टकराकर अपना सिर फुड़वाने के सिवाय कुछ भी हाथ न लगा।

राजा राममोहन राय की इस राष्ट्रनिष्ठा से प्रेरणा लेकर अनेक राष्ट्रभक्त नेता ईसाई तानाशाहों के विरुद्ध प्रारंभ हुए 'धर्म/संस्कृति बचाओ आंदोलन' में कूद पड़े। महर्षि देवेंद्रनाथ टैगोर (महाकवि रवींद्रनाथ टैगोर के पिता), प्रताप चंद्र मजूमदार, केशव चंद्र सेन, शिवनाथ शास्त्री इत्यादि नेताओं ने इस धार्मिक आंदोलन को देशव्यापी बनाने के प्रयत्न प्रारंभ कर दिए।

इस संघर्ष में स्वामी दयानंद एवं उनके द्वारा स्थापित 'आर्य समाज' ने इस राष्ट्रनिष्ठ धर्म-जागरण में महत्त्वपूर्ण भूमिका निभाई। पूरे भारत, विशेषकर उत्तरी एवं मध्य भारत में ईसाई-पादरियों के हिंदुत्व-विरोधी एजेंडे के परखच्चे उड़ा दिए। प्रसिद्ध स्वतंत्रता-सेनानी एवं राष्ट्रवादी, कांग्रेस के ध्वजवाहक अमर शहीद लाला लाजपत राय के अनुसार—"स्वामी दयानंद पहले व्यक्ति थे, जिन्होंने 'भारत भारतीयों का' का गगनभेदी नारा गुँजाया था।... वे भारत में स्वदेशी के जनक थे, जिन्होंने कहा था कि विदेशी राज्य कभी भी स्वराज्य का प्रतिनिधि नहीं हो सकता।" इस ऐतिहासिक तथ्य को नकारा नहीं जा सकता कि स्वामी दयानंद ने न केवल

1857 के स्वतंत्रता संग्राम की नींव रखी, अपितु वे इसके बाद भी 90 वर्षों तक अंग्रेजों के विरुद्ध लड़े गए सशस्त्र एवं अहिंसक संग्राम के प्रेरक बने।

उग्र राष्ट्रवाद का उदय

स्वामी दयानंद के अनुसार—'देश, राष्ट्र एवं समाज की उन्नति देश के आध्यात्मिक/सांस्कृतिक उत्थान में ही है।' 1857 के बाद का इतिहास साक्षी है कि आर्य समाज द्वारा प्रारंभ किए गए अनेकविध समाज-सुधारों, शुद्धि-आंदोलनों (घरवापसी) तथा ईसाई अथवा अंग्रेज-विरोधी गतिविधियों से अनेक राष्ट्रवादी स्वतंत्रता-सेनानायक उत्पन्न हुए, जिन्होंने ब्रिटिश शासन को उखाड़ फेंकने में मुख्य तथा महत्त्वपूर्ण भूमिका निभाई। स्वामी श्रद्धानंद, लाला लाजपत राय, शहीद सरदार भगत सिंह, श्यामजी कृष्ण वर्मा, रामप्रसाद बिस्मिल, महात्मा हंसराज, वीर सारवरकर, सुभाष चंद्र बोस, डॉ. हेडगेवार तथा डॉ. श्यामा प्रसाद मुखर्जी जैसे राष्ट्र नेताओं पर ब्रह्मसमाज तथा आर्य समाज का विशेष प्रभाव रहा।

सन् 1857 से पूर्व इसी कालखंड में आध्यात्मिक जगत् के एक अन्य मूर्धन्य संन्यासी स्वामी रामकृष्ण परमहंस ने भारतीय सांस्कृतिक राष्ट्रवाद के जागरण में अपनी अहम भूमिका निभाई। ये महान् संत काली माता के भक्त और कलकत्ता में दक्षिणेश्वर मंदिर के मुख्य पुजारी थे। आध्यात्मिक दृष्टि से बहुत ऊँचे उठ चुके इस संत ने नैतिक जीवन, परमात्मा के साथ आत्मा की एकता, सभी संप्रदायों/जातियों में एकता, ईश्वर के साक्षात् स्वरूप, मानव-समाज की सेवा, इत्यादि हिंदुत्व के सिद्धांतों के प्रचार को अपना कार्यक्षेत्र बनाकर ईसाइयत के खिलाफ एक प्रकार का मौन आंदोलन छेड़ दिया। स्वामी रामकृष्ण की आध्यात्मिक शक्ति में संस्कारित होकर स्वामी विवेकानंद जैसे राष्ट्रभक्त संत तथा बंकिमचंद्र जैसे देशभक्त राष्ट्रवादी नेता तैयार हुए, जिन्होंने देश के आत्मगौरव को जाग्रत् करने एवं 'वंदे मातरम्' राष्ट्रगीत लिखने का कार्य करके हिंदुत्व की ध्वजा को भारत समेत पूरे विश्व में फहरा दिया।

उपर्युक्त हिंदुत्व/सांस्कृतिक राष्ट्रवाद ने अंग्रेजों के विरुद्ध एक ऐसी विद्रोहात्मक चिनगारी लगाई, जिसका परिणाम था 1857 का ईसाई-विरोधी भीषण दावानल, जिसे अंग्रेजों ने एक साधारण बगावत का नाम दिया था। सावरकर जैसे राष्ट्रभक्त क्रांतिवीरों ने इसे भारत की पूर्ण स्वतंत्रता के लिए लड़ा गया महासंघर्ष कहा। 1857 से पूर्व और पश्चात् उत्पन्न हुई प्रचंड राष्ट्रीय चेतना से घबराए ब्रिटिश शासकों एवं संपूर्ण भारत को ईसाइयत में तब्दील करने को आतुर ईसाई धर्मनेताओं को बहुत शीघ्र एक और परंतु पहले से कहीं ज्यादा भयानक सशस्त्र विप्लव/निर्णायक महाक्रांति

के संकेत मिलने लगे। ब्रिटिश साम्राज्य की समाप्ति के ठोस संकेतों ने 28 वर्ष बाद 1885 में भारतीय राष्ट्रीय कांग्रेस की उत्पत्ति का बीजारोपण किया। इसके साथ ही कांग्रेस के संस्थापक ए.ओ. ह्यूम ने ईसाई-पादरियों, अंग्रेज-शासकों तथा अंग्रेजों द्वारा तैयार किए गए भारतीय चाटुकारों की सक्रियता से भारतीय संस्कृति, शिक्षा-पद्धति, समाजशास्त्र, उज्ज्वल इतिहास और सर्वस्पर्शी हिंदू-विरासत पर कुठाराघात करने शुरू कर दिए।

लंदन में स्वतंत्रता-संग्राम की वर्षगाँठ

सन् 1907 में अंग्रेजों ने लंदन में 1857 की 50वीं वर्षगाँठ को 'विजय-दिवस' के रूप में धूमधाम से मनाया। ब्रिटेन के तत्कालीन पत्रकारों ने अनेक समाचार-पत्रों एवं पत्रिकाओं में बड़े-बड़े लेख लिखकर अंग्रेजों की बहादुरी का बखान करते हुए भारत के महान् स्वतंत्रता-सेनानियों को कायर तथा स्वार्थी बताया। 6 मई, 1907 को लंदन के एक बड़े दैनिक समाचार-पत्र 'दी टेलीग्राफ' में लिखा था—'पचास वर्ष पूर्व इसी बहादुरी से हमारा साम्राज्य बचा था।' इन्हीं दिनों वहाँ पर एक नाटक को सार्वजनिक रूप से दिखाकर रानी लक्ष्मीबाई एवं नाना साहब जैसे वीर सेनापतियों को हत्यारा और दहशतगर्द प्रचारित किया गया। इस तरह के प्रचार के प्राय: सभी माध्यमों का सहारा लेकर अंग्रेजों ने वास्तव में अपने कायर सैनिकों की पीठ थपथपाई और भारत के वीर सेनानियों के शौर्य तथा महत्त्व को कम करने की कोशिश की। अपनी सेना की प्रशंसा के पुल बाँधकर अंग्रेज लोग अपनी गिर रही साख को बचाना भी चाहते थे। इसके लिए भारतीयों को बदनाम करना—यही एक रास्ता था।

उस समय लंदन में विद्यार्थी के रूप में रह रहे अनेक भारतीय युवकों ने अपने सेनानियों के अपमान का उत्तर देने के लिए 10 मई को स्वतंत्रता संग्राम की 50वीं वर्षगाँठ पर कई कार्यक्रमों का आयोजन किया। भारतीय युवाओं ने जुलूस, प्रदर्शन एवं सभाओं का आयोजन किया। 1857 के स्वतंत्रता संग्राम की स्मृति में अपने सीने पर बिल्ले लगाए एवं उपवास रखा। सार्वजनिक रूप से हुए इन अंग्रेज-विरोधी प्रदर्शनों से अंग्रेज तिलमिला गए। अनेक विद्यार्थियों को महाविद्यालयों से निकाल दिया गया। विनायक दामोदर सावरकर के नेतृत्व में अनेक युवाओं ने स्वतंत्रता प्राप्ति तक संग्राम को जारी रखने की प्रतिज्ञा ली। संभवतया अंग्रेजों को अपने ही घर में राष्ट्रवाद के इस प्रचंड रूप के पहली बार दर्शन हुए।

इसी प्रकार लंदन के 'इंडिया हाउस' में भारत के देशभक्त युवकों द्वारा 10 मई, 1908 को 1857 की क्रांति की वर्षगाँठ का समारोह मनाया गया।

1857 के स्वतंत्रता संग्राम में विभिन्न स्थानों पर संदेश पहुँचाने के लिए इस्तेमाल की गई 'चपाती' प्रतीकस्वरूप बाँटी गई। क्रांति की आग लगानेवाला एक इश्तहार बाँटा गया, जिसमें अंग्रेजों द्वारा भारत में किए जा रहे जुल्मों को विस्तारपूर्वक बताया गया था। इस प्रकार के कार्यक्रमों का लंदन में ताँता लग गया। भारतीय युवक स्वतंत्रता के महत्त्व को समझने लगे। भारतीय सांस्कृतिक राष्ट्रवाद के जागरण की शुरुआत ब्रिटेन में ही हो गई। अत: 1857 के स्वतंत्रता संग्राम की भाँति उस पर लिखी गई पुस्तक '1857 का स्वतंत्रता संग्राम' का भी विस्तृत प्रभाव पड़ा। सरदार भगत सिंह एवं उनके साथियों की गिरफ्तारी के बाद उनके पास इस पुस्तक की प्रतियाँ मिली थीं। 1942 में जर्मनी में कार्यरत 'फ्रैंड्स ऑफ इंडिया सोसाइटी' ने भी उस पुस्तक का प्रकाशन करके इसका बहुत प्रचार किया। सुभाष चंद्र बोस द्वारा स्थापित 'आजाद हिंद फौज' के निर्माण में भी उस पुस्तक ने अपनी भूमिका निभाई थी।

सन् 1857 के स्वतंत्रता संग्राम का सबसे बड़ा परिणाम यह हुआ कि भारतीयों में 'स्वधर्म-रक्षा', 'राष्ट्र की स्वतंत्रता', 'विधर्मियों का शासन' इत्यादि विषयों पर जोरदार चर्चा छिड़ गई। उस स्वतंत्रता संग्राम के मूल में वास्तव में धर्म को बचाना था। ईसाई-पादरियों द्वारा भारत की मूल संस्कृति को समाप्त करने के लिए जो षड्यंत्र रचे जा रहे थे, उनके विरुद्ध देश खड़ा हो गया। इसके पहले भी 1806 में वैलूर में जो सैनिक विद्रोह हुआ था, उसका कारण भी भारतीयों के धर्म में ईसाई-पादरियों की भारी दखलंदाजी थी।

पुनः जाग्रत् हुई प्रचंड राष्ट्रीय चेतना

भारत में अपनी राजनीतिक, धार्मिक और सामाजिक जड़ें हमेशा के लिए जमाने में किसी हद तक कामयाब होते हुए अंग्रेज-शासकों को वापस इंग्लैंड का रास्ता दिखाने के लिए 1857 में हुए सशस्त्र स्वतंत्रता संग्राम को अंग्रेजों ने अपनी कुटिल राजनीति, प्रबल सैन्यशक्ति, क्रूर दमनचक्र, अमानवीय अत्याचारों से दबा दिया। परंतु राजनीतिक तथा सैनिक दृष्टि से भारतीय स्वतंत्रता सेनानी भले ही पराजित हो गए हों, वे भविष्य में होनेवाली सशस्त्र क्रांति एवं राष्ट्रभक्त क्रांतिकारियों को संदेश देने में सफल हो गए। 1857 के महासमर के तुरंत पश्चात् भारत की राष्ट्रीय चेतना ने फिर अँगडाई ली और और पूरे देश में विदेशी राज्य को उखाड़ फेंकने के प्रयास शुरू हो गए। ये प्रयास धार्मिक जागरण, सामाजिक सुधार, राजनीतिक विरोध तथा सशस्त्र क्रांति के विस्फोट के साथ शुरू हुए, जो 1947 तक निरंतर चलते रहे।

सन् 1857 से 1885 तक के 28 वर्षों में ही अंग्रेजों को समझ में आ गया कि

भारत में बने रहने के लिए कुछ भारतीयों का सहयोग लेना ही पड़ेगा। ये अंग्रेज़भक्त कुछ 'भारतीय' भारतीय राष्ट्रीय कांग्रेस के मंच पर एकत्र हो गए। इस मंच को ही अंग्रेज-सरकार का 'सुरक्षा-कवच' कहा गया। विदेशी/विधर्मी शासकों द्वारा अपनी सुरक्षा के लिए गठित इस सुरक्षा-कवच का पूरा इतिहास जानने से पूर्व तत्कालीन भारत में उन राष्ट्रवादी गतिविधियों को जानना बहुत जरूरी है, जिनसे घबराकर अंग्रेजों ने भारतीय राष्ट्रीय कांग्रेस की स्थापना की थी। स्वामी विवेकानंद, स्वामी रामतीर्थ, नामधारी सद्गुरु रामसिंह कूका, वासुदेव बलवंत फड़के, ज्योतिराव गोविंद फुले, महादेव गोविंद रानडे, इत्यादि राष्ट्रीय नेताओं ने अपनी-अपनी संस्थाओं के माध्यम से हिंदुत्व-जागरण की प्रचंड लहर चलाकर भारतीय समाज में देशभक्ति तथा आत्मविश्वास पैदा कर दिया।

शक्ति-आराधना का समयोचित आह्वान

स्वामी विवेकानंद ने भारत की आत्मा धर्म/हिंदुत्व को जाग्रत् करने के लिए देश के नवयुवकों को शक्ति की आराधना करने का पाठ पढ़ाते हुए कहा कि 'पचास वर्षों तक सभी देवी-देवताओं को भूलकर केवल भारतमाता की पूजा करो। उठो, जागो और तक मत रुको, जबतक उद्देश्य पूरा न हो।' स्पष्ट है कि यह उद्देश्य, जिसकी पूर्ति का आह्वान स्वामीजी ने किया था, वह 'भारत की सर्वांगीण स्वतंत्रता' था। भारत में हिंदुत्व एवं संस्कृति के पुनर्जागरण के साथ स्वामीजी ने विदेशों में भी हिंदू-धर्म के उज्ज्वल सिद्धांतों के प्रचार-प्रसार के साथ ईसाई-पादरियों एवं शासकों द्वारा भारत में किए जा रहे अत्याचारों की पोल भी खोली। स्वामीजी का यह आह्वान—"वीरो! साहस का अवलंबन करो। गर्व से कहो कि मैं भारतवासी हूँ।" महात्मा गांधी, लोकमान्य तिलक, सावरकर, भाई परमानंद, डॉ. हेडगेवार, रामधारी सिंह दिनकर सरीखे स्वतंत्रता-सेनानियों ने स्वामी विवेकानंद को हिंदुत्व, अर्थात् भारतीय राष्ट्रवाद का सच्चा प्रतिनिधि बताते हुए युवकों को उनके उपदेशानुसार संगठित होने का आह्वान किया।

भारत की सर्वांगीण स्वतंत्रता के लिए स्वामी विवेकानंद कितने कटिबद्ध थे, यह सत्य उनके इसी आह्वान से प्रकट हो जाता है कि 'पचास वर्ष तक भारत माँ की पूजा करो', अर्थात् माता के हाथों में पड़ी हुई विदेशी बेड़ियाँ जबतक दूर नहीं हो जातीं, तब तक संगठित एवं शक्तिशाली होकर विधर्मी शासकों के विरुद्ध लड़ी जा रही जंग में शामिल हो जाओ।

स्वामी विवेकानंद की 3 भविष्यवाणियाँ

स्वामी विवेकानंद ने उस समय देश के समक्ष तीन बड़ी आवश्यकताएँ प्रस्तुत कीं। इन तीनों आह्वानों को स्वामीजी द्वारा की गई तीन बड़ी भविष्यवाणियाँ भी कहने में कोई अतिशयोक्ति नहीं होगी।

1. युवकों को साहस बटोरकर स्वतंत्रता सेनानी बनने का सुझाव देते हुए स्वामीजी ने स्पष्ट किया था कि परतंत्रता की बेड़ियाँ टूटने के पश्चात् ही भारत की चातुर्दिक् उन्नति का मार्ग प्रशस्त होगा। स्वामी विवेकानंद ने 19वीं शताब्दी के अंतिम दशक में युवकों को पचास वर्ष तक शक्ति-पूजा करने का आह्वान किया। इतिहास के पन्ने साक्षी हैं कि इन्हीं पचास वर्षों में सशस्त्र क्रांति के रास्ते पर चलकर बिस्मिल, सरदार भगत सिंह, सावरकर, सुभाष, लाला हरदयाल, रासबिहारी बोस, मदनलाल धींगरा, सरदार ऊधम सिंह, अशफाकउल्ला खाँ, चाफेकर बंधु, खुदीराम बोस, चंद्रशेखर आजाद, राजगुरु, सुखदेव, शचींद्रनाथ सान्याल, यतींद्रनाथ दास, बटुकेश्वर दत्त, करतार सिंह सराबा, इत्यादि हजारों युवकों ने अपने-अपने क्षेत्र में सशस्त्र क्रांति का बिगुल बजाया। परिणामस्वरूप स्वामीजी की यह इच्छा अथवा भविष्यवाणी सत्य सिद्ध हुई। भारत 1947 में स्वतंत्र हुआ। यह बात अलग है कि कांग्रेस की मुसलिमपरस्त नीतियों और अंग्रेजों की भारत-विरोधी मानसिकता के फलस्वरूप देश के टुकड़े हो गए।
2. स्वामीजी की दूसरी इच्छा थी कि स्वतंत्रता आंदोलन का स्वरूप अखिल भारतीय होना जरूरी है। स्वामी विवेकानंद की यह भविष्यवाणी भी सत्य साबित हुई। कांग्रेस का मार्गदर्शन अथवा नेतृत्व जब महात्मा गांधी के हाथों में आया, तब कांग्रेस का अहिंसावादी आंदोलन सारे देश में फैल गया। कांग्रेस ने पहली बार पूर्ण स्वराज्य की बात कही और 1930 में इस संबंध में प्रस्ताव भी पारित हुआ। देश में कार्यरत सभी धार्मिक, सामाजिक एवं सुधारवादी संस्थाओं ने कांग्रेस द्वारा घोषित आंदोलनों/सत्याग्रहों में भाग लिया। उस समय पूरे भारतवर्ष की समस्त जनता ने गांधीजी का नेतृत्व स्वीकार करते हुए अपने संस्थागत चरित्र से ऊपर उठकर स्वतंत्रता-आंदोलन में शिरकत की। इस तरह आंदोलन के एक अखिल भारतीय स्वरूपवाली स्वामीजी की कल्पना/भविष्यवाणी साक्षात् धरातल पर उतर आई। यहाँ ध्यान देने की बात यह है कि यद्यपि महात्मा गांधी ने

राष्ट्रीय स्वयंसेवक संघ, आर्य समाज और हिंदू महासभा, इत्यादि सभी संस्थाओं की ठोस भागीदारी को स्वीकार किया, तथापि स्वतंत्रता प्राप्ति के बाद कांग्रेस के दिग्गजों ने गांधीजी की इच्छा के विरुद्ध सारे स्वतंत्रता-आंदोलन को एक ही नेता (गांधीजी) और एक ही दल (कांग्रेस) के नाम कर दिया।

3. इसी तरह स्वामी विवेकानंद की तीसरी इच्छा/भविष्यवाणी यह थी कि देश में सैकड़ों की संख्या में कुछ ऐसे नवयुवक तैयार हों, जो राष्ट्र की अस्मिता/सर्वांगीण स्वतंत्रता की रक्षा के लिए सर्वस्वार्पण के लिए तैयार हों। स्वामीजी ने धर्मनिष्ठ, राष्ट्र-समर्पित और समाजभक्त युवा संन्यासियों की कल्पना की थी। स्वामी विवेकानंद के अंतर्मन में उठी यह कल्पना चरितार्थ हुई 1925 में 'राष्ट्रीय स्वयंसेवक संघ' की स्थापना के साथ। संघ-संस्थापक डॉ. हेडगेवार द्वारा स्थापित प्रचारक-पद्धति 'युवा संन्यासी' का ही साक्षात् स्वरूप है। संघ के द्वितीय सरसंघचालक श्रीगुरुजी गोलवलकर ने स्वामी विवेकानंद द्वारा स्थापित रामकृष्ण मिशन से आध्यात्मिक दीक्षा ली थी और मिशन के संन्यासी बनने की इच्छा प्रकट की थी। रामकृष्ण मिशन के उस समय के प्रमुख स्वामी अखंडानंद ने उन्हें यह कहकर संन्यास-दीक्षा नहीं दी थी—"आपका कार्यक्षेत्र तो राष्ट्रीय स्वयंसेवक संघ ही है। आप उसी के माध्यम से स्वामी विवेकानंद द्वारा घोषित उद्देश्य के लिए कार्य करें।" यहाँ उल्लेखनीय है कि स्वामी अखंडानंद ने स्वामी विवेकानंद का काला कमंडल श्रीगुरु गोलवलकर को भेंट करते हुए कहा, "इस पात्र से प्रेरणा लेकर आप भारत का भ्रमण करें और अखंड भारत की सर्वांगीण स्वतंत्रता का लक्ष्य प्राप्त करें।" सर्वविदित है कि श्री माधवराव सदाशिवराव गोलवलकर ने जीवनपर्यंत अपने गुरु के आदेश का पालन किया और हजारों युवा संन्यासियों (प्रचारकों) को तैयार करते हुए एक सशक्त हिंदू-संगठन के स्वामी विवेकानंद के स्वप्न को साकार कर दिया।

वासुदेव बलवंत फड़के का प्रथम प्रहार

यह स्पष्ट हुआ कि कांग्रेस की स्थापना के पूर्व ही स्वामी विवेकानंद ने हिंदू-जागरण का ठोस आधार तैयार कर लिया था। सांस्कृतिक उत्थान की सारी गतिविधियों ने ब्रिटिश शासकों की नींद हराम कर दी थी। उधर महाराष्ट्र तथा

निकटवर्ती क्षेत्रों में वासुदेव बलवंत फड़के ने किसान-आंदोलन प्रारंभ करके शहरों से गाँवों तक क्रांति की अलख जगा दी। उल्लेखनीय है कि यह युवा स्वतंत्रता सेनानी एक सरकारी दफ्तर में अंग्रेजों की चाकरी करता था। विदेशी अधिकारियों द्वारा भारतीय कर्मचारियों के साथ हो रहे दुर्व्यवहार को इसने न केवल नजदीक से देखा, अपितु अनुभव किया और भोगा भी। वासुदेव के घर से तार आया कि तुम्हारी माँ बहुत बीमार है, तुरंत घर पहुँचो। वासुदेव वह तार लेकर अंग्रेज अधिकारी के पास छुट्टी की प्रार्थना करने के लिए गया। उस अधिकारी द्वारा वासुदेव एवं उसकी वृद्ध माता के प्रति कहे गए अत्यंत अभद्र-अपमानजनक शब्दों ने युवा वासुदेव के मन में अंग्रेजों के प्रति पहले से भभक रही नफरत की आग में घी डालने का काम किया।

वासुदेव ने वह तार तथा प्रार्थना-पत्र अंग्रेज-अफसर के मुँह पर दे मारा और नौकरी छोड़कर आ गया। उसकी माँ तब तक प्राण छोड़ चुकी थीं। वासुदेव ने संस्कार के बाद प्रतिज्ञा की कि वह विदेशी हुकूमत के खिलाफ विद्रोह की चिनगारी को भीषण आग में बदलेगा। तुरंत ही वासुदेव बलवंत फड़के ने युवकों, मजदूरों, किसानों को संगठित करने के लिए एक मोर्चा तैयार किया और विधर्मी शासकों के विरुद्ध जंग का ऐलान कर दिया। वासुदेव का यह प्रयास 1857 के स्वतंत्रता संग्राम के बाद तथा कांग्रेस की स्थापना (1885) से पूर्व सशस्त्र क्रांति की पहली सफल शुरुआत थी। इस जंग में किसानों ने मुख्य भूमिका निभाई। सरकार को लगान न देना, सरकारी कार्यों में बाधा डालना, अंग्रेज-अफसरों को गाँवों में न घुसने देना, इत्यादि हिंसक एवं अहिंसक, दोनों प्रकार की क्रांतिकारी गतिविधियों ने ब्रिटिश शासन की चूलें हिला दीं।

कूका-आंदोलन ने किया दूसरा प्रहार

इसी तरह पंजाब से लगते उत्तर भारत के इलाके में 'कूका' नामधारी संप्रदाय के संस्थापक सद्गुरु रामसिंह ने सिख-युवकों की एक फौज तैयार की। तलवार, भाला लाठी, इत्यादि के बाह्य प्रशिक्षण के साथ बारूदी विस्फोट करने के तरीकों को भी अपनाया गया। हिंदू धर्म को आधार बनाकर चले इस लघु स्वतंत्रता तथा असहयोग आंदोलन को 'कूका-आंदोलन' कहा जाने लगा। राम, कृष्ण, गुरु नानकदेव तथा गुरु गोबिंद सिंह जैसे अवतारी महापुरुषों के जीवन-वृत्तों से प्रेरणा लेकर कूका-आंदोलनकारियों ने आध्यात्मिकता के आधार पर सशस्त्र क्रांति का एक अद्‌भुत स्वरूप उपस्थित किया। गऊ-गरीब की रक्षा को विशेष महत्त्व दिया गया। भारतीय जीवन-प्रणाली के केंद्र में गौमाता को स्थान दिया गया।

इसी दौरान एक मार्मिक घटना घट गई। लुधियाना (पंजाब) के निकट भैणी साहिब नामक स्थान था। कुछ ईसाइयों तथा असामाजिक तत्त्वों ने सार्वजनिक रूप से अनेक गऊओं को काट डाला। समाचार सुनते ही लुधियाना से नामधारी युवकों का एक सशस्त्र दल भैणी साहिब की ओर चल दिया। रास्ते में जो भी गऊओं का हत्यारा अथवा अंग्रेज-अधिकारी मिला, तुरंत मौत के घाट उतार दिया गया। प्रशासन ने हरकत में आकर पचास से ज्यादा युवा कूका-सरदारों को पकड़कर भयानक सजा देने का फैसला किया और एक मैदान में एकत्र कर बारी-बारी से सभी को तोप के मुँह पर बाँधकर उड़ा दिया गया। इस कूका-आंदोलन ने समस्त उत्तर भारत, विशेषतया पंजाब में सशस्त्र क्रांति के बीज बो दिए।

सन् 1857 के स्वतंत्रता संग्राम ने जहाँ समस्त देश को एकसूत्र में बाँधने, सांस्कृतिक राष्ट्रवाद को पुनर्जीवित करने, भारतीयों को अपने दीन-धर्म की रक्षा करने और विदेशी शासकों को निकाल बाहर करने की एक योजना दी, वहीं इस महासमर के पश्चात् तेज गति से हुए धार्मिक जागरण और सशस्त्र क्रांति की शुरुआत ने ब्रिटिश सिंहासन को हिला दिया। अंग्रेजों के समक्ष अपने साम्राज्य को भारत में टिकाए रखने का एक ही रास्ता बचा कि किसी हथकंडे का इस्तेमाल करके भारतीयों के हाथों से हथियार छुड़ाकर भीख का कटोरा पकड़ा दिया जाए। 'तुम माँगो और तुम्हें मिलेगा' के मंत्रजाप से भारतीय राष्ट्रीय कांग्रेस का जन्म हुआ। □

2

अंग्रेजों का 'सुरक्षा कवच' भारतीय राष्ट्रीय कांग्रेस

एक कट्टरपंथी अंग्रेज लॉर्ड ए.ओ. ह्यूम ने भारत में जाग्रत् हो रहे सांस्कृतिक राष्ट्रवाद (हिंदुत्व) को जड़-मूल से समाप्त करने के लिए 28 दिसंबर, 1885 को बंबई में भारतीय राष्ट्रीय कांग्रेस की स्थापना की थी। इस कांग्रेस का भारत की स्वतंत्रता से कुछ भी लेना-देना नहीं था। 1885 से 1947 तक के सफर में भारतीय राष्ट्रीय कांग्रेस को इतिहासकारों ने चार हिस्सों में विभक्त किया है : 1. सुधारों की भीख माँगनेवाली 'अंग्रेजभक्त कांग्रेस', 2. मॉडरेट्स की धीमी गति से चलनेवाली 'समझौतावादी कांग्रेस', 3. 'एक्सट्रीमिस्ट' कही जानेवाली धर्म एवं राष्ट्रनिष्ठ 'राष्ट्रवादी कांग्रेस' और 4. असहयोग-सत्याग्रहों में व्यस्त रहनेवाली 'आंदोलनकारी कांग्रेस'।

इसमें दो मत नहीं हो सकते कि भारत को ब्रिटिश परतंत्रता से स्वतंत्र करवाने के उद्देश्य से लगभग 150 वर्षों तक चले सशस्त्र एवं अहिंसक संग्राम में महात्मा गांधी के नेतृत्ववाली भारतीय राष्ट्रीय कांग्रेस का भी महत्त्वपूर्ण योगदान रहा है, परंतु यह भी एक ध्रुवसत्य है कि ऐलन ऑक्टोवियन ह्यूम (एक अंग्रेज अधिकारी) द्वारा 1885 में स्थापित अंग्रेजभक्त कांग्रेस तथा सोनिया गांधी के नेतृत्ववाली वर्तमान कांग्रेस (आई) का स्वतंत्रता संग्राम से कुछ भी लेना-देना न था और न ही है।

सच्चाई पर परदा

प्रारंभिक कांग्रेस देश को स्वतंत्र करवाने के लिए नहीं बनाई गई थी। उसका उद्देश्य भारत में प्रचंड गति से जाग्रत् हो रहे हिंदुत्व-आधारित राष्ट्रवाद को दबाना,

शक्तिशाली सशस्त्र क्रांति को जड़मूल से समाप्त करना, 1857 से पहले और बाद में भारत में प्रकट हुई राष्ट्रीय एकता, धार्मिक सामंजस्य का उभार, सामाजिक सौहार्द और राजनीतिक स्वतंत्रता के लिए देशव्यापी तड़प का सफाया करना था। इसी तरह वर्तमान कांग्रेस (आई) की स्थापना का उद्देश्य इंदिरा गांधी के राजनीतिक अस्तित्व को बचाना मात्र था। सर्वविदित है कि महात्मा गांधीवाली कांग्रेस 1977 में समाप्त हो गई थी, तब कांग्रेस (आई) अस्तित्व में आ गई थी। कांग्रेस का झंडा, चुनाव-चिह्न तथा दफ्तर, सबकुछ समाप्त हो गया था। अत: वर्तमान कांग्रेसियों द्वारा कांग्रेस (आई) को भारतीय राष्ट्रीय कांग्रेस कहकर अपने को महात्मा गांधी की विरासत से जोड़ना पूर्णतया असंवैधानिक और अनैतिक है।

सन् 1885 में स्थापित कांग्रेस का संस्थापक ए.ओ. ह्यूम उत्तर-पश्चिम (प्रांत) (वर्तमान उत्तर प्रदेश) के इटावा जिले में डिप्टी कमिश्नर के पद पर नियुक्त था। वह कोई कुशल प्रशासक अथवा सफल कूटनीतिज्ञ भी नहीं था। 1857 के स्वतंत्रता संग्राम के प्रारंभ होते ही वह इतना भयभीत हो गया था कि उसको अपने एक साथी डेनियल को साथ लेकर बुर्का पहनकर इटावा से भागना पड़ा। उसने सुरक्षित स्थान आगरा पहुँचकर अपनी जान बचाई थी। इसी ए.ओ. ह्यूम ने 6-7 महीने बाद फिर से इटावा पहुँचकर अपना कार्यभार सँभाला और सैकड़ों क्रांतिकारी स्वतंत्रता-सेनानियों को बेरहमी से गोलियों से भुनवा दिया। उसके इस दमनकारी कुकृत्य को तत्कालीन वायसराय लॉर्ड कैनिंग ने वीरतापूर्ण कार्य की संज्ञा देकर 'कंपेनियन ऑफ द ब्रिटिश' की पदवी से पुरस्कृत भी किया था। ह्यूम द्वारा कांग्रेस-स्थापना से पूर्व उसके वैचारिक आधार को देखना और विश्लेषण करना जरूरी है। वह कट्टरपंथी ईसाई था। भारतीय संस्कृति के घोर विरोधी ए.ओ. ह्यूम ने स्वामी विवेकानंद, स्वामी दयानंद, स्वामी रामतीर्थ इत्यादि महापुरुषों की कटु आलोचना करते हुए स्वामी दयानंद द्वारा रचित ग्रंथों को अव्यावहारिक बताया। ह्यूम वेदों तथा हवन-पद्धति को नकारता रहता था।

महाविप्लव की आशंका

भारतीय राष्ट्रीय कांग्रेस के पूर्व पुरुष ए.ओ. ह्यूम को भारत में रफ्तार पकड़ रही सशस्त्र क्रांति में भविष्य में होनेवाले अंग्रेजी-साम्राज्यवाद के विरोध में महाविप्लव के स्वर सुनाई देने लगे। ए.ओ. ह्यूम ने इस संभावित राष्ट्रव्यापी स्वतंत्रता संग्राम का वर्णन करते हुए कहा भी था—'एक हिंसात्मक विरोध, अंग्रेजों की हत्याएँ, बैंकों में लूट, कानून-विरोधी कार्रवाइयाँ होंगी, जो किसी भी दिन एक राष्ट्रीय विद्रोह बन

सकती हैं।' आश्चर्य की बात है कि अंग्रेज हुकूमत की सुरक्षा के लिए दिन-रात चिंतित कांग्रेस-संस्थापक ह्यूम को तत्कालीन कथित उदारवादी कांग्रेसी नेताओं ने 'महान् आत्मा', 'कांग्रेस के पिता', 'भारतीय प्रेरणा का सुरक्षा-कवच' कहकर उसकी तुलना स्वामी विवेकानंद, स्वामी दयानंद से कर डाली; जबकि ह्यूम का एकमात्र लक्ष्य 'ब्रिटिश राज्य सदैव बना रहे' एवं भारत और इंग्लैंड के संबंधों को मजबूत बनाना था। दूसरी ओर प्रखर राष्ट्रवादी नेताओं लोकमान्य तिलक, लाला लाजपत राय और विपिनचंद्र पाल ने स्पष्ट शब्दों में कांग्रेस की स्थापना का हेतु 'ब्रिटिश राज्य की सुरक्षा' माना है। प्राय: सभी राष्ट्रवादी कांग्रेसी नेताओं ने स्वीकार किया है कि ह्यूम की कांग्रेस का उद्देश्य भारत की स्वतंत्रता कतई नहीं था।

महारानी विक्टोरिया की जय-जयकार

कांग्रेस की स्थापना करने के लिए भारत के तत्कालीन वायसराय लॉर्ड रिपन एवं लॉर्ड डफरिन ने ए.ओ. ह्यूम को सदा सहयोग, मार्गदर्शन और आशीर्वाद भी दिया। इनकी सलाह पर ह्यूम ने अप्रैल, 1885 में इस संगठन का नाम 'इंडियन नेशनल यूनियन' रखा, जिसके मेनिफेस्टो में सदस्यता की दो अनिवार्य शर्तें रखी गईं—1. अंग्रेजी-भाषा की निपुणता एवं 2. ब्रिटिश क्राउन के प्रति पूर्ण वफादारी। बाद में दिसंबर, 1885 में ह्यूम ने इंडियन नेशनल यूनियन का नाम बदलकर 'इंडियन नेशनल कांग्रेस' कर दिया था तथा प्रथम अधिवेशन 28 दिसंबर, 1885 को बंबई के गोकुलदास तेजपाल संस्कृत महाविद्यालय के भवन में आयोजित किया गया। इस सम्मेलन में 28 सरकारी अधिकारियों के साथ 72 प्रतिनिधियों ने शिरकत की, जिसमें ब्रिटिश सरकार के प्रति पूरी आस्था, विश्वासपूर्ण सहानुभूति रखनेवाले पत्रकार, वकील, अध्यापक और अंग्रेजी पढ़े-लिखे कुछ सामाजिक नेता मौजूद थे।

इंग्लैंड की महारानी विक्टोरिया की जय-जयकार के नारों के साथ कांग्रेस के इस पहले ही अधिवेशन ने अंग्रेजों से सुधारों की भीख माँगने की राजनीतिक परंपरा का श्रीगणेश कर दिया था। तीन दिन तक चले इस अधिवेशन में कई प्रस्ताव सम्राज्ञी विक्टोरिया की जय के साथ पारित किए गए। ब्रिटिश सरकार से करबद्ध प्रार्थना की गई कि एक 'रॉयल कमीशन' की स्थापना ब्रिटिश पार्लियामेंट द्वारा की जाए, जो भारत की स्थिति का अध्ययन करे और भारतीयों की दिक्कतों का खाका तैयार करे। इसी अधिवेशन में पारित एक प्रस्ताव में कौंसिलों, प्रेसीडेंसियों इत्यादि में सरकारी लोगों की तादाद बढ़ाने तथा अधिकारों की बढ़ोत्तरी की प्रार्थना की गई। उसी तरह इंडियन सिविल सर्विस की परीक्षाओं को लंदन के साथ भारत

में लेने का आग्रह किया गया। इस अधिवेशन में भारत की आजादी के लिए एक शब्द भी नहीं कहा गया।

अंग्रेज-रक्षक कांग्रेस

इस पहले ही अधिवेशन में भविष्य में कांग्रेस के उद्देश्य, अंग्रेज-भक्ति, समझौतावादी गतिविधियों की झलक, उभरते भारतीय सांस्कृतिक राष्ट्रवाद का विरोध तथा अपना सर्वस्व न्योछावर करनेवाले देशभक्त सशस्त्र क्रांतिकारियों की खिलाफत का रोडमैप तैयार कर दिया गया। यह भी कितनी विडंबना अथवा देश का दुर्भाग्य ही है कि एक तरफ हिंदुत्व-जागरण के स्वर आकाश में गूँज रहे थे—संत, महात्मा, क्रांतिकारी नेता धार्मिक एवं सामाजिक आंदोलनों के माध्यम से भारत की आत्मा को जगा रहे थे तो दूसरी ओर अंग्रेजों की कुटिल चालों का शिकार होकर ह्यूम द्वारा स्थापित कांग्रेस के नेता ब्रिटिश साम्राज्य का गुणगान कर रहे थीं। एक ओर ईसाइयत पर आधारित विदेशी शासन को जड़ से उखाड़ने की तैयारियाँ हो रही हैं, तो दूसरी ओर इसी साम्राज्य की सुरक्षा के पुख्ता इंतजाम किए जा रहे थे। अर्थात् स्वदेशी शक्तियाँ विदेशी हमलावरों को बचाने में लगी थीं।

इतिहास में हम पढ़ते हैं कि हमारे ही देश के एक हिंदू राजा जयचंद ने दिल्ली-सम्राट् पृथ्वीराज चौहान से अपने किसी पारिवारिक झगड़े का बदला लेने के लिए मुहम्मद गोरी (विदेशी हमलावर) को दिल्ली पर आक्रमण करने के लिए न केवल आमंत्रित किया, बल्कि उस विधर्मी एवं विदेशी आक्रांता की सैनिक मदद भी की। एक विदेशी शक्ति ब्रिटिश साम्राज्य को सुरक्षा देने के लिए स्वदेशी, राष्ट्रवादी एवं देशभक्त क्रांतिकारी शक्तियों को दरकिनार करने का जघन्य कार्य क्या जयचंद की तरह देशद्रोह की श्रेणी में नहीं आता ? विदेशी सत्ता का सुरक्षा-कवच (सेफ्टी वॉल्व) बनने का और क्या अर्थ हो सकता है ?

उदारवादी कांग्रेस

ब्रिटिश साम्राज्य को भारत में सदैव स्थायी बनाने के लिए सेफ्टी वॉल्व (सुरक्षा-कवच) के रूप में स्थापित हुई कांग्रेस में शीघ्र ही अनेक ऐसे नेताओं का कब्जा हो गया, जो अंग्रेजी भाषा के विद्वान् थे और अंग्रेजों के प्रति पूरी हमदर्दी रखते थे। गोपाल कृष्ण गोखले, फिरोजशाह मेहता, सुरेंद्रनाथ बनर्जी, बदरुद्दीन तैयबजी, इत्यादि सभी नेता समाजसेवी, देशभक्त एवं खुली मानसिकतावाले विद्वान् लोग थे, परंतु इनकी देशसेवा का रास्ता अंग्रेजों की जी-हुजूरी का था। इन उदारवादी कांग्रेसियों का देशप्रेम

अंग्रेज-शासकों की ऊँची अट्टालिकाओं से टकराकर फिर वहीं आ जाता था, जहाँ से चला था। बस माँगते रहो। जो दे उसका भी भला, जो न दे उससे फिर माँगने के लिए तैयार रहो। इन कथित उदारवादियों के तौर-तरीके पूरी तरह से संवैधानिक थे। अधिवेशन, प्रस्ताव, माँग-पत्र, प्रतिनिधि-मंडलों द्वारा प्रार्थना-पत्र, याचिकाएँ, सुझाव तथा शिष्टमंडल भेजते रहना इत्यादि से विदेशी हुकूमत के आगे गिड़गिड़ाना—यही कुछ करते हुए इन्हें लगता था कि वे भारत के उत्थान-रथ के महारथी हैं, परंतु विशाल भारत की आम जनता इनके साथ नहीं जुड़ी। दलित, किसान, मजदूर, दुकानदार, विद्यार्थी, इत्यादि किसी के लिए इनके माँग-पत्रों में कोई जगह नहीं थी।

उदारवादी कांग्रेसी नेता अंग्रेजों की सरकार को परमात्मा की कृपा मानते हुए कहते थे कि अंग्रेज लोग वास्तव में न्यायप्रिय, मानवतावादी एवं संवेदनशील होते हैं। इस उदारवादी कांग्रेस के प्रथम तीन अधिवेशनों की सारी व्यवस्था सरकार ही करती रही। इन नेताओं ने अंग्रेज-भक्ति के अंधेपन में भारतीय राष्ट्रवाद से जुड़ी सांस्कृतिक परंपराओं और धार्मिक निष्ठाओं को ताक पर रखकर ईसाइयत तथा ब्रिटिश जीवन-प्रणाली के आगे घुटने टेक दिए। यही ए.ओ. ह्यूम की इच्छा और उद्‌देश्य भी था, जो 1885 से 1906 तक कांग्रेस का सर्वेसर्वा बना रहा। इसी कालखंड में कांग्रेसियों की अंग्रेज-भक्ति सातवें आसमान पर जा पहुँची थी। 1892 में कांग्रेस के अध्यक्ष सुरेंद्रनाथ बनर्जी ने चाटुकारिता की सारी हदें पार करते हुए अपने एक सार्वजनिक भाषण में यहाँ तक कह डाला—"हम एक महान् और स्वतंत्र साम्राज्य (ब्रिटिश) के नागरिक हैं और दुनिया के अब तक के एक सर्वोत्तम संविधान की छाया हमारे सिर पर है। अंग्रेजों के अधिकार हमारे अधिकार हैं। उनकी सुविधाएँ हमारी सुविधाएँ हैं और उनका संविधान हमारा संविधान है।…हम ब्रिटिश राज के स्थायित्व के लिए ब्रिटिश साम्राज्य के महान् संघ में स्थायी रूप से शामिल किए जाने के लिए उत्सुक हैं।" 1905 में कांग्रेस के अध्यक्ष लालमोहन घोष ने घोषणा की—"…अंग्रेज लोग बर्बर विजेता नहीं हैं, अपितु वे स्वतंत्रता के लिए लड़नेवाले वीर हैं, जिनका पवित्र उद्‌देश्य है, सभ्यता के इस प्राचीन देश में प्रतिभा की मशाल जलाना।"

हीन भावना की शिकार कांग्रेस

कांग्रेस के इन समझौतावादी नेताओं के मन में हीन भावना भी थी। अंग्रेजों के साथ टकराने का मनोबल भी नहीं था। पश्चिमी शिक्षा, सभ्यता और संस्कृति का अंधानुकरण इनके राजनीतिक व्यक्तित्व की फितरत थी। समझौतावादी कांग्रेस के सबसे बड़े नेता गोपाल कृष्ण गोखले ने कांग्रेसियों को समझाते हुए कहा था—"आप

लोग सरकार की ताकत को नहीं समझते। यदि कांग्रेस से नई सरकार को चुनौती दे दी, तो सरकार हमें पाँच मिनट में समाप्त कर देगी।" गोखले के इन्हीं शब्दों से सिद्ध होता है कि 1885 से 1905 तक की कांग्रेस का अस्तित्व ही अंग्रेजों की वजह से था। अंग्रेजों की योजना, व्यवस्था, रीति-रिवाज ही नहीं, अपितु उनके फेंके हुए टुकडों पर पल रहे थे ये तथाकथित ब्रिटिश समर्थक देशभक्त।

इन राष्ट्रभक्तों ने भारत की पूर्ण स्वतंत्रता के कभी स्वप्न भी नहीं देखे थे। ब्रिटिश साम्राज्य के अधीन थोड़ा-बहुत स्वशासन मिल जाए, बस यहीं तक सीमित था इनका 'स्वतंत्रता-आंदोलन'। अपनी माँगों का छोटा सा पिटारा लेकर ये नेता बार-बार इंग्लैंड जाते रहते और वहाँ से खाली हाथ लौटकर आते, कुछ दिन आराम करते, फिर चल पड़ते। वास्तव में ये लोग अंग्रेजों के बिछाए हुए सोफों पर बैठकर भारत की चिंता करनेवाले ऐसे राजनीतिज्ञ थे जो वर्ष में तीन बार सम्मेलन, एक बार अधिवेशन, कई बार भाषण और बार-बार माँग-पत्र बनाकर ही अपनी भड़ास निकाल लेते थे।

उदारवादियों के पास निश्चित दिशा, ठोस कार्यक्रम और भारतीय तत्त्वज्ञान पर आधारित किसी एजेंडे का अभाव था। यही वजह थी कि इस जमाने की कांग्रेस की समस्त गतिविधियाँ अंग्रेज-शासकों की जी-हुजूरी तक सीमित हो गईं। ये नेता इतना भी नहीं समझ सके कि भारत में अंग्रेजों के शासन का वास्तविक आधार भारतीयों का सभी क्षेत्रों में शोषण था। मात्र कुछ राजनीतिक सुविधाओं के दायरे में रहकर संतुष्ट होनेवाले नेताओं ने 1857 के पहले और बाद में भारत में प्रकट हुई राष्ट्रीय एकता और सांस्कृतिक जागरण को भी तिलांजलि दे दी।

इन नेताओं ने स्वामी दयानंद, स्वामी विवेकानंद और महर्षि अरविंद का रास्ता छोड़कर ए.ओ. ह्यूम का दामन थाम लिया। इन्होंने अंग्रेजों की शिक्षा के मुताबिक भारत की संस्कृति, धर्म और समाजशास्त्र को पिछड़ापन, पोंगापंथी, रूढ़िवादिता और कुंठित करार देकर पाश्चात्य सांस्कृतिक मूल्यों को सर्वश्रेष्ठ मान लिया और 1857 के स्वतंत्रता-संग्राम के पश्चात् देश में जाग्रत् हो रही धार्मिक, सांस्कृतिक, सामाजिक और आर्थिक क्रांति को धूलि-धूसरित करने का प्रयास किया, परंतु देश की अजर-अमर संस्कृति और शक्ति एवं राष्ट्रवादी जागरण ने इस उदारवादी प्रयास को ही धूलि-धूसरित कर दिया। स्वामी दयानंद ने आर्य समाज के मंचों से कृण्वन्तो विश्वमार्यम् के उद्घोष के साथ सांस्कृतिक विजय का सफल अभियान छेड़ दिया और स्वामी विवेकानंद ने ऊँचे स्वर में सगर्व सिंहनाद कर दिया, "हमारी मातृभूमि अपनी गहन निद्रा से जाग उठी है, अब कोई भी शक्ति उसे पीछे नहीं धकेल सकती।"

राष्ट्रीय चेतना की अवहेलना

मॉडरेट्स अर्थात् उदारवादियों-समझौतावादियों की नीतियाँ देश में बढ़ रहे अंग्रेज-विरोधी आक्रोश को न तो दिशा दे सकीं और न ही इस जाग्रत् राष्ट्रीय चेतना को आधार बनाकर अपनी गतिविधियों को राष्ट्रीय जनमानस के गले उतार सकीं। वास्तव में देश के जनमानस को जिस तरह के साहसी, निडर और संगठित नेतृत्व की समयोचित जरूरत थी, समझौतावादी युग के झंडाबरदार वह न दे सके। उल्टे इन मॉडरेट्स की उदासीनता, अकर्मण्यता, दिशाहीनता, राष्ट्रचेतना की नासमझी और पाश्चात्य व्यवस्थाओं के प्रति अंधश्रद्धा के कारण अंग्रेज-शासकों के भारत-विरोधी षड्यंत्र को बल मिला। ईसाइयत का प्रचार तेज हो गया। विदेशी सरकार निरंकुश बनती गई और सांस्कृतिक राष्ट्रवाद को कुचलने के लिए सरकारी दमन-चक्र तेज हो गया। उदारवाद के नशे में चूर कांग्रेसी नेताओं ने तत्कालीन वायसराय लॉर्ड कर्जन की अधिनायकवादी नीतियों, अमानवीय कानूनों और दमनकारी राजसत्ता के आगे घुटने टेक दिए।

राष्ट्रवादी कांग्रेस का उदय

स्वामी विवेकानंद द्वारा युवकों को किया गया आह्वान तथा स्वामी दयानंद के सांस्कृतिक अभियान का प्रभाव कांग्रेस के ही सक्रिय धर्म-राष्ट्रनिष्ठ नेताओं पर पड़ा और देखते-ही-देखते कांग्रेस में राष्ट्रवादी नेतृत्व पहले से कहीं ज्यादा ताकत के साथ खड़ा हो गया। लोकमान्य बाल गंगाधर तिलक, लाला लाजपत राय, बिपिन चंद्र पाल और अरविंद घोष के साथ भगिनी निवेदिता तथा ऐनी बेसेंट इत्यादि संस्कृतिरक्षक विदुषियाँ भी अंग्रेजों के खिलाफ मैदान-ए-जंग में उतरीं। यद्यपि इस नेतृत्व को समझौतावादी कांग्रेसियों ने एक्सट्रीमिस्ट कहा, तथापि यह नेतृत्व राष्ट्रवादी था। राष्ट्रवादी नेताओं ने 1857 के स्वतंत्रता-संग्राम के समय उभरकर सामने आए सांस्कृतिक-आर्थिक एजेंडे को अपनाया और देश के सामने अंग्रेज-शासकों के ईसाइयत-आधारित या हिंदू-विरोधी एजेंडे का भंडाफोड़ कर दिया। राष्ट्रवादी नेतृत्व ने अपनी गतिविधियों को चार प्रेरणा-स्तंभों पर मजबूती से जमा दिया। इन नेताओं द्वारा प्रचारित ये ही चारों प्रेरणास्पद उद्घोष इनके द्वारा लड़े गए स्वतंत्रता-संग्राम का उद्देश्य बन गए। स्वराज्य, स्वधर्म, स्वदेशी और स्वभाषा—इन चारों उद्घोषों पर आधारित गतिविधियाँ कालांतर में स्वतंत्रता-सेनानियों का ध्येय-वाक्य बन गईं।

राष्ट्रवादी नेताओं ने पूर्व के उदारवादियों की भिक्षां देहि की कार्य-पद्धति को पूर्णतया तिलांजलि देकर विदेशी शासन के साथ सीधे संपर्क और टकराव

की निडर नीति को अपनाया और 'स्वराज्य हमारा जन्मसिद्ध अधिकार है' के गगनभेदी नारे के साथ जंगे आजादी को गरम कर दिया। शायद इसी वजह से इस राष्ट्रभक्त नेतृत्व को 'गरम दल' भी कहा गया। अंग्रेजी शासन के कालखंड में पहली बार राजनीतिक मंचों पर अंग्रेजों को दुत्कारा और ललकारा गया। रामराज्य, गीता, भारतमाता की जय, वंदेमातरम्, शिवाजी-राज्याभिषेकोत्सव, काली-पूजा, गणेशोत्सव और विजयदशमी-उत्सव इत्यादि उद्घोषों और उत्सवों को स्वतंत्रता-संग्राम की गतिविधियों में शामिल किया गया। परिणामस्वरूप इस समय कांग्रेस कुछ इने-गिने सामंत, अंग्रेजी पढ़-लिखे अंग्रेजभक्तों की जमात नहीं रही, अपितु साधारण जनमानस का आंदोलन बन गई। इस प्रकार के अंग्रेज-विरोधी माहौल से विदेशी शासन तो घबराया ही, उनके साथ दुम हिलानेवाले समझौतावादियों का राजनीतिक आधार भी खिसकना शुरू हो गया।

राष्ट्रवादियों के प्रमुख एवं प्रभावशाली जननेता बाल गंगाधर तिलक, अंग्रेज सरकार की आँख में खटकने लगे। उनके द्वारा संपादित एक साप्ताहिक पत्र 'केसरी' में छपे एक लेख को आधार बनाकर राजद्रोह का मुकदमा चलाकर तिलक को दो वर्ष के लिए कारावास में बंद कर दिया गया। इस गिरफ्तारी के समय देश-विदेश में हुए प्रचंड विरोध से पता चलता है कि ये नेता साधारण समाज में कितने लोकप्रिय हो गए थे। तिलक ने समझौतावादियों को ललकारते हुए 'केसरी' में लिखा था—'साल में एक बार टर्र-टर्र करने से स्वराज्य प्राप्त नहीं हो सकता।' स्वामी विवेकानंद ने भी उसी समय समझौतावादियों की आलोचना और राष्ट्रवादियों का अभिनंदन इन शब्दों में किया था—'क्या तुम इस शर्मनाक कायरता से वह स्वतंत्रता प्राप्त कर सकोगे, जिसे पाने के योग्य केवल वीर और बहादुर लोग ही होते हैं?'

शुरू हुई स्वराज्य की जंग

पहली बार स्वराज्य शब्द का उल्लेख करनेवाले लोकमान्य तिलक ने कहा था कि स्वराज्य के बिना हमारा समस्त जीवन और धर्म व्यर्थ है। इसी तरह लाला लाजपत राय कहते थे—"सरकारी भवनों की ओर देखने के बजाय देश की झोंपड़ियों की ओर देखो; भीख माँगने से कभी भी आजादी नहीं मिलती।" इसी तरह महर्षि अरविंद घोष की घोषणा ने अपना प्रभाव जमाया—"राजनीतिक स्वतंत्रता के बिना सामाजिक-शैक्षणिक सुधार, औद्योगिक प्रसार इत्यादि की बात सोचना बेकार है।" उल्लेखनीय है कि समझौतावादियों एवं राष्ट्रवादियों में विचारात्मक टकराव आरंभ से ही था, परंतु समझौतावादियों की विचारधारा के सरपरस्त ए.ओ. ह्यूम के इंग्लैंड वापस जाने के

बाद यह टकराव संघर्ष में बदल गया। समझौतावादी नेताओं के विरोध के बावजूद विदेशी वस्तुओं का बहिष्कार गति पकड़ने लगा। स्वदेशी का प्रचार राष्ट्रवादियों के आंदोलन का मुख्य आधार बन गया।

राष्ट्रवादियों पर दमनचक्र

समझौतावादियों एवं राष्ट्रवादियों में परस्पर वैमनस्य, नफरत और प्रतिस्पर्धा बढ़ती चली गई। सच्चाई तो यह है कि यह प्रतिस्पर्धा अथवा टकराव अंग्रेजों के समर्थकों और शत्रुओं में था। 1907 में यह भीतरी संघर्ष सतह पर आ गया। कांग्रेस के इस अधिवेशन में राष्ट्रवादियों को बहिष्कृत करने का सफल प्रयास किया गया। जननायक तिलक को बोलने तक नहीं दिया गया। इस अवसर का पूरा लाभ उठाकर अंग्रेज-सरकार ने राष्ट्रवादी कांग्रेसियों अथवा कांग्रेस के इस गरम दल को समाप्त करने के लिए दमन की चक्की चला दी। पूर्ण स्वराज्य के उद्‌देश्य के साथ संघर्षरत चारों राष्ट्रवादी नेताओं—लोकमान्य तिळक, लाला लाजपत राय, अरविंद घोष तथा बिपिन चंद्र पाल को गिरफ्तार करके जेल के सींखचों में बंद कर दिया गया। यहाँ पर अंग्रेजभक्त कांग्रेसियों अर्थात् समझौतावादियों ने इन गिरफ्तारियों का कोई विरोध नहीं किया, अलबत्ता सरकार के इस दमनकारी रुख का समर्थन तक कर डाला।

सन् 1908 से 1919 तक कांग्रेस के ये दोनों गुट अपने भिन्न मार्गों पर चलते हुए अपने-अपने एजेंडे के अंतर्गत अंग्रेजों की वफादारी और विरोध करते रहे। गरम दलवाले स्वदेशी, स्वराज, स्वधर्म और स्वभाषा पर आधारित राष्ट्रवाद की अलख जगाते रहे तो उधर अंग्रेज-समर्थक नरमदलियों ने राष्ट्रीय शिक्षा, स्वदेशी, विदेशी का बॉयकाट जैसे एजेंडे को पूर्णतया दरकिनार कर दिया। 1914 में प्रथम विश्वयुद्ध के समय इन कथित सुधारकों ने अंग्रेजों के प्रति सहानुभूति दिखाते हुए पूरी मदद भी की। 1920 में लोकमान्य तिलक की मृत्यु के बाद कांग्रेस के आकाओं ने हिंदुत्व-धर्म-संस्कृति—सबको अलविदा कह दिया।

□

3

आंदोलनकारी कांग्रेस के ध्वजवाहक महात्मा गांधी

भारतमाता के महान् पुत्र महात्मा गांधी ने दक्षिण अफ्रीका से लौटते ही 1919 में भारतीय राष्ट्रीय कांग्रेस की बागडोर सँभालकर स्वाधीनता आंदोलन को एक अखिल भारतीय स्वरूप दे दिया, परंतु यह भी एक सच्चाई है कि सशस्त्र क्रांति का विरोध करते हुए उन्होंने जो अहिंसक आंदोलन चलाए, उनसे ही डरकर अंग्रेजों ने भारत नहीं छोड़। इन सत्याग्रहों में भी वे कांग्रेस के नेताओं का एकजुट समर्थन प्राप्त नहीं कर सके। भारत के विभाजन को उन्होंने मजबूर होकर स्वीकार किया था। सुभाष, सावरकर, डॉ. हेडगेवार और श्यामा प्रसाद मुखर्जी जैसे राष्ट्रवादी नेताओं को वे अपने साथ नहीं जोड़ सके। 'रामराज्य', 'स्वदेश', 'स्वधर्म' की उनकी कल्पना आज तक साकार नहीं हुई। बस 'गोरे गए काले आए' यही हुआ।

सन् 1885 में ए.ओ. ह्यूम द्वारा स्थापित कांग्रेस 1919 तक अंग्रेजों का संगठित प्रतिकार करने में पूर्णतया असफल रही। यद्यपि इस कालखंड में लोकमान्य तिळक, लाला लाजपत राय, बिपिन चंद्र पाल तथा अरविंद जैसे गरम दल के राष्ट्रवादी नेताओं ने अपने सांस्कृतिक एजेंडे के माध्यम से भारत के जनमानस को झकझोरकर अंग्रेजों के विरुद्ध सांस्कृतिक राष्ट्रवाद की मशाल जलाने में सफलता प्राप्त कर ली थी, तो भी कांग्रेस का अखिल भारतीय स्वरूप नहीं बन सका। संभवतया यह पवित्र कार्य विधाता ने महात्मा गांधी के द्वारा संपन्न करवाने का निश्चय कर रखा था। दक्षिण अफ्रीका में भारतीयों की दुरावस्था से द्रवित हुए युवा

वकील मोहनदास करमचंद गांधी ने सफलतापूर्वक आंदोलनात्मक संघर्ष के माध्यम से भारतीयों को उनके अधिकार दिलवाए। अत: भारत की राजनीति में आने से पहले वह अपनी नेतृत्व-क्षमता का लोहा मनवा चुके थे।

गांधीजी ने सँभाली बागडोर

गांधीजी ने 1915 में भारत पहुँचकर भारत में अपनी पहचान बनाई। 1919 में वे भारतीय राष्ट्रीय कांग्रेस का नेतृत्व सँभालने में सफल हुए। इससे पहले राष्ट्रवादी (गरम दल) के नेताओं द्वारा 'होमरूल' आंदोलन चलाकर पूरे देश में कांग्रेस संगठन का एक मजबूत आधार तैयार कर दिया था। महात्मा गांधी एक कुशल संगठनकर्ता, ध्येयनिष्ठ नायक, आदर्श सत्याग्रही और सुधारवादी नेता थे। ब्रिटिश सरकार के साम्राज्यवादी-विस्तारवादी एजेंडे को गांधीजी ने अपने संघर्ष का निशाना बनाया। अंग्रेजों की अत्याचारी नीतियों, निरंकुश कानूनों तथा हिंदुत्व-विरोधी एजेंडे को समझकर गांधीजी ने 'रामराज्य' का आदर्श ध्येय-वाक्य भारतीयों के समक्ष रखा। सत्य, अहिंसा, अस्तेय, इत्यादि हिंदू जीवन-मूल्यों पर आधारित राजनीति को समस्त भारतीयों के गले में उतारने में वे सफल हुए। यद्यपि गांधीजी डॉ. हेडगेवार, वीर सावरकर, डॉ. श्यामा प्रसाद मुखर्जी, सुभाष चंद्र बोस जैसे प्रखर राष्ट्रवादी चिंतकों एवं अत्यंत सुलझे हुए स्वतंत्रता-संग्राम के योद्धाओं को अपने साथ जोड़े रखने में सफल नहीं हुए, तथापि गांधीजी भारत के प्रत्येक क्षेत्र, संप्रदाय, जाति तथा विविध भाषा-भाषियों को अहिंसा के रास्ते स्वतंत्रता प्राप्ति के संघर्ष के लिए तैयार करने में सफल हो गए।

तत्कालीन परिस्थितियों ने गांधीजी को पूरे देश का नेतृत्व करने का अवसर प्रदान कर दिया। इन्हीं दिनों अंग्रेज-सरकार का दमन-चक्र पूरी गति से चल रहा था। ब्रिटिश सरकार देश के कोने-कोने में हो रहे सांस्कृतिक राष्ट्रवाद के जागरण को कुचलने के लिए पूरी ताकत के साथ कृत्संकल्प थी। इस प्रकार की देशव्यापी धार्मिक, सांस्कृतिक, सामाजिक और राजनीतिक बगावत को गांधी जैसे किसी परिपक्व नेता की आवश्यकता थी। यह कहने में कोई अतिशयोक्ति नहीं होगी कि गांधीजी ने इस जरूरत के मुताबिक अपनी समस्त गतिविधियों को अंजाम दिया। 1919 में पंजाब के अमृतसर में जलियाँवाला बाग में एकत्र देशभक्तों की भीड़ पर अंधाधुंध गोलियों की बौछार ने देशभर में अंग्रेजों के विरुद्ध पहले से व्याप्त आक्रोश को सातवें आसमान पर चढ़ा दिया। उस वीभत्स हत्याकांड ने गांधीजी को अंग्रेजों का विनाश करने की मानसिकता प्रदान की। सरकार द्वारा लाए गए क्रूर रोलट ऐक्ट,

स्थान-स्थान पर जबरदस्ती थोपे जा रहे मार्शल लॉ जैसी घटनाओं ने महात्मा गांधी को भारत का नेतृत्व करने का अवसर दिया।

कुछ भी हाथ नहीं लगा

गांधीजी की सबसे बड़ी सफलता कांग्रेस के दोनों गुटों को एक मंच पर लाना कही जा सकती है। महात्मा गांधी ने अपने अहिंसक सत्याग्रह, असहयोग आंदोलनों में सबकी भागीदारी आधारित कार्य-पद्धति से दोनों गुटों उदारवादियों तथा राष्ट्रवादियों को प्रभावित कर दिया। इस प्रकार 1907 में विभाजित हुई भारतीय राष्ट्रीय कांग्रेस को 1916 के लखनऊ-अधिवेशन में एकत्र करने में गांधीजी ने काफी हद तक सफलता प्राप्त कर ली। ध्यान देने की बात है कि संगठित हुई इस भारतीय राष्ट्रीय कांग्रेस ने पूर्ण स्वतंत्रता की बात नहीं की। अभी भी कांग्रेस का उद्‌देश्य अंग्रेजों के अधीन स्वराज्य अर्थात् डोमिनियन स्टेट्स ही रहा। इस कालखंड में कांग्रेस की मुख्य गतिविधि आंदोलन ही बनी रही। कांग्रेस की इस आंदोलन-राजनीति ने अपनी ही आँखों में धूल झोंकने का रुख अख्तियार कर लिया। हर हालत में सर्वप्रथम बातचीत द्वारा माँगने की नीति को कांग्रेस ने कभी भी नहीं छोड़ा। कुछ भी हासिल न होने पर फिर आंदोलन द्वारा माँगें मनवाने का लोकतांत्रिक ढंग अपनाया जाता रहा। आंदोलन की असफलता के बाद कुछ मास विश्राम और उसके बाद फिर बातचीत। सर्वविदित है कि कांग्रेस 1947 में हुए भारत-विभाजन तक इस पनचक्री में से न निकल सकी।

यह भी एक सच्चाई है कि कांग्रेस अपने जन्म-काल 1885 से लेकर भारत के विभाजन 1947 तक कभी भी एकसूत्र अथवा नेतृत्व से बँधी नहीं रही। दुर्भाग्य से महात्मा गांधी द्वारा प्रारंभ किए गए प्राय: सभी आंदोलनों की कांग्रेसी नेताओं का सर्वसम्मत समर्थन कभी नहीं मिला। इन आंदोलनों से जनमानस में जागृति अवश्य आई। अंग्रेजभक्तों की कुछ हद तक कमर टूटी। स्वतंत्रता की जंग ग्रामीण इलाकों तक पहुँची। कांग्रेस की सदस्य-संख्या बढ़ती गई, परंतु हाथ कुछ न लगा। उल्टा अंग्रेजों की दमनकारी नीतियों में वृद्धि होती गई। महात्मा गांधी द्वारा संचालित असहयोग आंदोलन, सविनय अवज्ञा आंदोलन, व्यक्तिगत सत्याग्रह तथा भारत छोडो आंदोलन में भारत की जनता ने तो पूरा समर्थन देकर इनमें भाग लिया और जेलों में यातनाएँ तक सहन कीं, परंतु कांग्रेस का शीर्ष नेतृत्व कभी एक साथ नहीं हुआ। यही वजह थी कि अंग्रेज-शासकों पर इनका रत्तीभर भी असर नहीं हुआ। ऐतिहासिक तथ्य बताते हैं कि अंग्रेजों ने इन आंदोलनों तथा सत्याग्रहों से डरकर

भारत को आजादी नहीं दी। यह समझौतावादी प्रयास जनमानस पर तो प्रभावशाली रहे, पर अंग्रेजी साम्राज्यवाद को समाप्त करने में इनका तनिक भी योगदान न था।

सशस्त्र क्रांति के झंडाबरदार

इसी समय देश में देशभक्त क्रांतिकारियों की बाढ़ सी आ गई थी और सशस्त्र प्रतिकार में जीवनार्पण करनेवाले देशभक्त युवकों की ओर देशवासियों का झुकाव बढ़ता गया। वास्तव में 20वीं शताब्दी शुरू होते ही भारत के प्राय: सभी प्रांतों में बलिदान और संघर्ष के रास्ते से अंग्रेजों को भयभीत करके भारत की स्वतंत्रता के उद्देश्य से अनेक सतही तथा भूमिगत संस्थाओं की स्थापना हो गई थी। चाफेकर-बंधुओं, सावरकर-बंधुओं, वासुदेव फड़के तथा कूका नामधारी संत नेता सद्गुरु रामसिंह के बलिदानों एवं संघर्षों ने समस्त भारत में सशस्त्र क्रांति का सशक्त आधार तैयार कर दिया था। ये युवक आतंकवादी हिंसा के घोर विरोधी थे, परंतु भीरु बनकर निरंकुश तानाशाहों के आगे गिड़गिड़ाकर चंद सुधारों की भीख माँगना भी इन्हें गवारा नहीं था। ये युवक क्रांतिकारी थे, न कि दहशतगर्द।

विदेशी शासकों को भारत से निकालकर पूर्ण स्वतंत्रता प्राप्त करना इनका उद्देश्य था। सरदार भगत सिंह ने दिल्ली की सत्र न्यायाधीश की अदालत में अपना बयान दर्ज करवाते हुए क्रांति के मार्ग को स्पष्ट किया था—"क्रांति के लिए खूनी लड़ाइयाँ आवश्यक नहीं हैं और न ही उनको व्यक्तिगत प्रतिहिंसा के लिए कोई स्थान है। यह बम और पिस्तौल का संप्रदाय कदाचित नहीं है। क्रांति से हमारा प्रयोजन है समाज-व्यवस्था में परिवर्तन।" उन्हीं दिनों 'यंग इंडिया' नामक अपनी पत्रिका में गांधीजी ने एक लेख 'कल्ट ऑफ बम' लिखकर क्रांतिकारी युवकों की भर्त्सना की थी। सरदार भगत सिंह ने तुरंत एक लेख 'फिलॉसफी ऑफ बम' लिखकर अपना मंतव्य जगजाहिर कर दिया, 'मैं मनुष्य का रक्त बहाने के खिलाफ हूँ···आतंकवाद के शैतान के साथ कोई हमदर्दी दिखाने की जरूरत नहीं···गांधीजी एक दयालु, मानवतावादी व्यक्ति हैं, परंतु ऐसी दयालुता से सामाजिक परिवर्तन (सामाजिक क्रांति) नहीं आ सकता।'

भारत का सबसे बड़ा दुर्भाग्य और क्या हो सकता है कि 1885 से लेकर 1947 तक अर्थात् अपने जन्मकाल से लेकर भारत के दु:खित विभाजन तक महात्मा गांधी समेत कांग्रेस के सभी नेताओं ने सशस्त्र क्रांति के ध्वजवाहकों के मार्ग और मातृभूमि के प्रति उनकी अटल निष्ठा, प्रेम और समर्पण-भाव को कभी समझने का प्रयास नहीं किया, जबकि अंग्रेजी साम्राज्य की नींव को हिला देने में इन शहीदों का नब्बे

प्रतिशत योगदान था। प्रथम महायुद्ध के समय और बाद में भी जब बड़े कांग्रेसी नेता अंग्रेजों का पानी भरने तथा अंधे राजभक्ति के नशे में मस्त थे, उन दिनों सशस्त्र क्रांति के पथिक इन युवकों ने क्रांति की अलख देश के कोने-कोने में जगाने में सफलता प्राप्त कर ली थी।

क्रांतिकारी देशभक्तों की अवहेलना

किसी भी देशभक्त भारतीय का यह सुन अथवा पढ़कर कलेजा फट जाता है कि गोपाल कृष्ण गोखले, सुरेंद्रनाथ बनर्जी जैसे नेताओं ने अंग्रेज वायसराय लॉर्ड मिंटो की हाँ में हाँ मिलाते हुए लंदन जाकर कर्जन वायली को उसके गुनाहों की सजा देनेवाले मदनलाल धींगरा और 64 दिनों तक भूख हड़ताल करनेवाले शहीद यतीन दास को हत्यारे, भीरू, विवेकशून्य और धर्मांध कहकर खूब कोसा। महात्मा गांधी और जवाहरलाल नेहरू तक ने भी इन क्रांतिदेवों को पथभ्रष्ट तक कह दिया। असहयोग आंदोलन की विफलता के बाद जब गांधी-इरविन समझौता हुआ, तब गांधीजी ने सभी कांग्रेसी नेताओं को जेल से छुड़वा लिया, पर सरदार भगत सिंह, राजगुरु, सुखदेव इत्यादि को छुड़ाने के विषय पर मौन साध लिया। शहीद क्रांतिकारी सुखदेव ने गांधीजी को लिखे पत्र में उन पर और कांग्रेसी पर स्वतंत्रता-सेनानियों के साथ छल करने का आरोप लगाया था। सत्य यही है कि गांधीजी ने गदर पार्टी, अकाली दल तथा अन्य कई छोटे-छोटे क्रांतिकारी संगठनों के कार्यकर्ताओं की, इरविन के साथ हुए समझौते में रत्तीभर चिंता नहीं की, जबकि भारत की समस्त जनता की तरह ये क्रांतिकारी देशभक्त भी गांधीजी को एक महान् नेता, स्वतंत्रता-संग्राम के प्रमुख सेनापति मानकर उनका सम्मान करते रहे।

महात्माजी की मजबूरियाँ

यह भी एक ध्रुव सत्य है कि महात्मा गांधी राष्ट्रीय महापुरुषों की श्रेणी में आते हैं। उनके मार्गदर्शन ही नहीं, अपितु प्रत्यक्ष व्यक्तिगत भागीदारी के साथ हुए सत्याग्रहों, आंदोलनों, यात्राओं और सुधारों ने देश को एक सूत्र में पिरोया तथा आम जनमानस में अंग्रेजों के विरुद्ध आक्रोश उत्पन्न करने में सफलता प्राप्त की। गांधीजी देश की स्वतंत्रता के लिए संघर्षरत सभी संस्थाओं, दलों, गुटों, क्रांतिकारी दलों के पितामह थे। इसीलिए तो उन्हें राष्ट्रपिता के सम्मान से नवाजा गया। प्रत्येक नेता अथवा संस्था की कुछ मजबूरियाँ होती हैं। ये विवशताएँ अनेक बार बड़े-बड़े नेताओं अथवा महापुरुषों को भी घुटने के बल खड़ा कर देती हैं। इतिहास साक्षी

है कि जीवनभर भारत और भारतीयता के लिए जूझनेवाले महात्मा गांधी भी कुछ महत्त्वपूर्ण मुद्दों पर मजबूरी में गलतियाँ कर बैठे।

टर्की में हुए खिलाफत आंदोलन का भारत में समर्थन, हिंदू-मुसलिम एकता की चाह में तुष्टीकरण की पराकाष्ठा, अंग्रेजों की 'फूट डालो और राज करो' की घातक नीतियों से आँखें मूँद लेना, 1909 एवं 1919 में मुसलमानों के लिए अलग चुनाव-प्रतिनिधित्व, सशस्त्र क्रांति के वास्तविक चरित्र को न समझना, असहयोग आंदोलन के समय हुई चौरीचौरा की हिंसक घटनाओं के बाद असहयोग आंदोलन को ही वापस ले लेना और अंत में भारत-विभाजन को दु:ख के साथ स्वीकार कर लेना इत्यादि ऐसी भयंकर भूलें हैं, जिनका खामियाजा पूरे देश को भुगतना पड़ा। इसी संदर्भ में यह कहना भी गलत नहीं होगा कि सरदार पटेल की जगह पं. जवाहरलाल नेहरू को स्वतंत्र भारत का प्रथम प्रधानमंत्री बनवाकर भी गांधीजी ने एक और भूल कर डाली। परिणामस्वरूप महात्माजी के ग्राम स्वराज, रामराज्य इत्यादि स्वप्न धूलि-धूसरित हो गए। देश को कश्मीर समस्या जैसे कई जख्म मिले, जो आज तक रिस रहे हैं।

अलग-थलग पड़ गए गांधीजी

महात्मा गांधीजी के इस संकल्प 'भारत का विभाजन मेरी लाश पर होगा' को अँगूठा दिखानेवाली देश की जनता नहीं थी, कांग्रेस के बड़े-बड़े नेता ही थे। इन नेताओं ने गांधीजी की उपेक्षा करने में भी कोताही नहीं बरती। संघर्ष, सत्याग्रह, आंदोलन, जद्दोजहद का स्थान सत्ता की लालसा ने ले लिया। कांग्रेस का बूढ़ा नेतृत्व थक चुका था और गैर-कांग्रेसी संगठनों के युवा नेतृत्व को विश्वास में लेने में वे सदैव परहेज करते रहे। अखंड भारत, हिंदुत्व, सर्वांगीण स्वतंत्रता, भारत का गौरवशाली अतीत, भारत की उज्ज्वल और सर्वसमर्थ संस्कृति से घृणा करना कांग्रेसियों का जन्मजात गुण रहा है। महात्मा गांधी की उपर्युक्त सभी अवधारणाओं-आस्थाओं, विचार-प्रवाहों और मान्यताओं को तिलांजलि दे दी गई और इन्हीं आदर्शों को अपना आधार बनाकर जीवनभर डटे रहे, युगपुरुष, स्वतंत्रता सेनानायक के मुँह पर हाथ रखकर उनकी आवाज बंद कर दी गई और भारत-विभाजन के साथ खंडित आजादी को स्वीकार कर लिया गया, क्यों?

उपर्युक्त प्रश्न का उत्तर कांग्रेस के ही कुछ बड़े नेताओं ने दिया है। पं. जवाहरलाल नेहरू ने 1960 में लेऑरनार्ड मोस्ले के साथ हुई अपनी बातचीत में स्वीकार कर लिया था, "सच्चाई यह है कि हम थक चुके थे और आयु भी अधिक

हो गई थी। हममें से कुछ ही लोग फिर से जेल जाने की हिम्मत कर सकते थे और यदि हम अखंड भारत पर डटे रहते, जैसा कि हम चाहते थे, तो स्पष्ट है कि हमें जेल तो जाना ही पड़ता। हमने देखा है कि पंजाब में आगजनी हुई है और सुना है कि प्रतिदिन मारकाट हो रही है। बँटवारे की योजना ने एक मार्ग निकाला और हमने उसे स्वीकार कर लिया।" इसी तरह नेहरूजी ने अपने विश्वासपात्र इतिहासकार मित्र माइकेल बीचर से कहा था, "हमें शीघ्र स्वतंत्रता प्राप्त करने का कोई मार्ग दिखाई ही नहीं दिया, इसी कारण हमने उसे (विभाजन को) स्वीकार कर लिया।" इसी तरह पं. नेहरू द्वारा गठित प्रथम मंत्रिमंडल के सदस्य एन.वी. गाडगिल ने भी स्पष्ट मान लिया, "देश की मुख्य राजनीतिक शक्ति भारतीय राष्ट्रीय कांग्रेस थी और उसके नेता बूढ़े हो चले थे, थक चुके थे। न तो उन्हें चालीस वर्षों के संघर्ष के परिणाम के बारे में कोई पक्का भरोसा था और न ही वे अपने भविष्यफल के बारे में निश्चिंत थे। वे रस्सी को इतना भी खींचना नहीं चाहते थे कि वह टूट जाए और किए-धरे पर पानी फिर जाए। परिणाम यह हुआ कि पुराने व साहसी योद्धा भी अपना सर्वस्व दाँव पर लगाने के स्थान पर समझौते के चक्र में पड़ गए।"

देश-विभाजन से दु:खी हुए महात्मा गांधी

पूज्य महात्मा गांधीजी की अप्रकट मजबूरी, असहाय मन:स्थिति और दु:ख का प्रकटीकरण उन्होंने स्वयं ही देश के टुकडे होने से पूर्व संपन्न हुई अखिल भारतीय कार्यसमिति की बैठक में कर दिया, "मैं विभाजन का विरोधी हूँ, किंतु आपको परामर्श देता हूँ कि आप उसे स्वीकार कर लें, क्योंकि आपके नेता इसे स्वीकार कर चुके हैं और हम इस समय इस स्थिति में नहीं है कि नेतृत्व को तुरंत बदल सकें...यदि मेरे पास समय होता, तो क्या मैं इसका विरोध नहीं करता? परंतु मैं कांग्रेस के वर्तमान नेतृत्व को चुनौती नहीं दे सकता और उनके प्रति लोगों के विश्वास को नष्ट नहीं कर सकता। ऐसा मैं तभी करूँगा, जब मैं उनसे कह कहूँगा, लीजिए यह रहा वैकल्पिक नेतृत्व। ऐसे विकल्प का मेरे पास समय नहीं रह गया है। अत: इस कड़वी ओषधि को मुझे पीना ही पड़ेगा...आज मुझमें वैसी शक्ति नहीं रही, अन्यथा मैं तो अकेला ही विद्रोह की घोषणा कर देता।"

स्पष्ट है कि तत्कालीन बूढ़े नेतृत्व ने युवा मानसिकता के धनी महात्मा गांधी को किस तरह और किन स्वार्थमयी परिस्थितियों में किस हद तक मजबूर कर दिया था कि उन्हें अखंड भारत की स्वतंत्रता के अपने घोषित ध्येय को छोड़कर माँ भारती के कटे हुए हाथ पाकिस्तान को अपनी आँखों से देखना पड़ा।

यहाँ पर अनेक महत्त्वपूर्ण प्रश्न पैदा हो जाते हैं। कांग्रेस के थके-हारे लोगों ने स्वतंत्रता-आंदोलन की बागडोर नई पीढ़ी के हाथों क्यों नहीं सौंपी ? कांग्रेस-नेताओं ने सुभाष चंद्र बोस, वीर सावरकर, अरविंद घोष, श्यामा प्रसाद मुखर्जी, संघ के सरसंघचालक गुरुजी गोलवलकर और आंबेडकर जैसे गैर-कांग्रेसी संगठनों के नेताओं को विश्वास में क्यों नहीं लिया ? संघ की शाखाओं में तैयार हुए लाखों हिंदू युवक इस विभाजन के विरुद्ध खड़े हो जाते। यदि कांग्रेस के थक चुके नेताओं ने भारत की उस समय की 33 करोड़ जनता से देश की अखंडता के लिए आह्वान किया होता, तो लाखों नहीं, करोड़ों की संख्या में सर्वोच्च त्याग के लिए लोग आगे आ जाते।

कांग्रेस ने घुटने टेक दिए

परंतु कांग्रेस के शिथिल हो चुके नेतृत्व ने लॉर्ड माउंटबेटन के आगे घुटने टेक दिए। कांग्रेसी नेताओं ने गत 1,200 वर्षों से लड़े जा रहे स्वतंत्रता-संग्राम की पीठ में छुरा घोंपकर महात्मा गांधी समेत उन हजारों-लाखों नेताओं के साथ विश्वासघात किया, जो अखंड भारत की सर्वांगीण स्वतंत्रता के लिए 1,200 वर्षों से जूझते चले आ रहे थे। पाकिस्तान को स्वीकार करके कांग्रेसी नेताओं ने भारत पर आक्रमण करनेवाले विदेशी, विधर्मी, लुटेरे हमलावरों—गजनी, गोरी, अब्दाली, नादिर, चंगेज, बाबर का अभिनंदन किया है। आज यही पाकिस्तान इन्हीं लुटेरे हमलावरों के नाम पर मिसाइलें बनाकर भारत के उस स्वाभिमान को चुनौती दे रहा है, जिसकी रक्षा के लिए सिंध के सम्राट् महाराज दाहिर, बप्पा रावल, राणा साँगा, राणा प्रताप, हेमचंद्र विक्रमादित्य, छत्रसाल, शिवाजी महाराज और गुरु गोविंद सिंह जैसे महान् योद्धाओं ने अपने वंश तक कुरबान कर दिए थे। अत: निष्कर्ष रूप में कहा जा सकता है कि अखंड भारत की सर्वांगीण स्वतंत्रता के लिए मर मिटनेवाले लाखों राष्ट्रीय योद्धाओं, महापुरुषों, संतों और विद्वानों के बलिदानों को धूल में मिलाकर स्वीकार किया गया पाकिस्तान कांग्रेस, मुसलिम लीग और अंग्रेजों के देशघातक इरादों का जीता-जागता स्मारक है।

कांग्रेसी दुष्प्रचार

उपर्युक्त संदर्भ में यह जान लेना भी जरूरी है कि 15 अगस्त, 1947 को मिली तथाकथित खंडित आजादी केवल किसी एक नेता अथवा राजनीतिक दल के प्रयासों का परिणाम नहीं है और न ही यह आजादी मात्र सत्याग्रहों अथवा माँगपत्रों से प्राप्त हुई है। इसके लिए भारतीय राष्ट्रीय कांग्रेस, राष्ट्रीय स्वयंसेवक संघ, आर्य

समाज, गदर पार्टी, हिंदुस्तान प्रजातांत्रिक सेना, बब्बर अकाली दल, हिंदू महासभा, अभिनव भारत, आजाद हिंद फौज, प्रत्येक प्रांत में गठित क्रांतिकारी दल तथा हजारों छोटी-बड़ी सामाजिक-धार्मिक संस्थाओं ने भरपूर योगदान दिया है। अत: कांग्रेसी नेताओं का यह कथन कि भारत को आजादी अहिंसक आंदोलन द्वारा कांग्रेस ने दिलवाई—एक तथ्यहीन, सच्चाई से कोसों दूर, महाझूठ है। कांग्रेस का यह कहना कि बिना खून का एक भी कतरा बहाए और एक भी गोली चलाए अंग्रेजों को भारत छोड़ने के लिए बाध्य कर दिया गया—असत्य और अनैतिकता की पराकाष्ठा है।

यह कैसी आजादी ?

15 अगस्त, 1947 को भारत को जिस तरह की आजादी मिली, उसकी कल्पना तो महात्मा गांधी समेत किसी राष्ट्रवादी नेता ने नहीं की थी। भारत का विभाजन करके दो औपनिवेशिक राज्य (डोमिनियम स्टेट्स) 'पाकिस्तान और इंडिया दैट इज भारत' बना दिए गए। कांग्रेस द्वारा किया गया संघर्ष (1885 से 1947) राजनीतिक आजादी के लिए ही था। अखंड भारत की सर्वांगीण स्वतंत्रता की कल्पना कभी कांग्रेस ने नहीं की थी। कांग्रेस-स्थापना के दोनों लक्ष्य पूरे हो गए। भारतीय राष्ट्रीय कांग्रेस अंग्रेज-सरकार का सेफ्टी वॉल्व (सुरक्षा-कवच) भी बनी रही और अंग्रेजों की योजना/षड्यंत्र एवं आजाद मुसलिम राष्ट्र की कुटिल साजिश भी पूरी हो गई।

इससे महात्मा गांधी बहुत दु:खी हुए। कांग्रेस की सत्तालोलुपता, भ्रष्ट हो चुके राजनीतिक रीति-रिवाज और नेतृत्व के लिए अनियंत्रित स्पर्धा को देखकर उन्होंने सुझाव दिया था कि भारतीय राष्ट्रीय कांग्रेस को विसर्जित कर देना चाहिए। सत्ता में आने के बाद इसके नेताओं का भ्रष्ट होना स्पष्ट दिखाई दे रहा है। महात्मा गांधी ने कांग्रेस को विघटित करके 'लोकसेवक संघ' के गठन की घोषणा भी कर दी, परंतु उनकी यह दूरदर्शितापूर्ण योजना नक्कारखाने में तूती की आवाज साबित हुई।

गोरे गए, काले आए

कहने को भारत आजाद हो गया। गोरे अंग्रेज चले गए। काले अंग्रेज सत्तारूढ़ हो गए। बस इतना ही हुआ। राजनीतिक स्वतंत्रता मिल गई, परंतु पूर्ण भौगोलिक, सांस्कृतिक, सामाजिक, शैक्षणिक आजादी अभी तक नहीं मिली। इन क्षेत्रों में चिंतन का आधार विदेशी विचार-पद्धतियाँ ही हैं। पं. दीनदयाल उपाध्याय के शब्दों में—"हमारे राष्ट्र का गुरुत्वाकर्षण-केंद्र राष्ट्र के बाहर है।" आज कोई भी राजनीतिक

दल निडर होकर अखंड भारत की सर्वांगीण स्वतंत्रता की बात नहीं कर रहा। डॉ. केशवराव बलिराम हेडगेवार द्वारा 1925 में विजयदशमी के विजयी दिवस पर स्थापित राष्ट्रीय स्वयंसेवक संघ भारत राष्ट्र के सर्वांगीण विकास के लिए संघर्षरत है। सर्वांगीण विकास तभी संभव होगा, जब सभी क्षेत्र विदेशी और विधर्मी प्रभाव से मुक्त होंगे।

सर्वांगीण स्वतंत्रता का अर्थ

देश के विभाजन की कीमत पर वर्तमान 'राजनीतिक स्वाधीनता' की तो कल्पना तक भी डॉ. हेडगेवार ने नहीं की थी। डॉक्टरजी और उनके द्वारा स्थापित राष्ट्रीय स्वयंसेवक संघ का लक्ष्य अखंड भारत की सर्वांगीण स्वतंत्रता था और आज भी है। 'अपने राष्ट्र का सर्वांगीण विकास' ही हमारा एकमात्र अंतिम लक्ष्य है, ऐसी घोषणा करनेवाले डॉ. हेडगेवार अपने जीवन की अंतिम श्वास तक इसी ध्येय को प्राप्त करने के लिए मनसावाचाकर्मणा जूझते रहे। वर्तमान अर्थात् आधुनिक भारत डॉक्टरजी एवं संघ का उद्देश्य न कभी था, न अभी है और न ही कभी होगा। डॉ. हेडगेवार एक ऐसे भारत का निर्माण चाहते थे, जिसका भूगोल, संविधान, शिक्षा, समाजशास्त्र, अर्थतंत्र, इत्यादि सबकुछ विदेश एवं विधर्म की बेड़ियों से स्वतंत्र हो। यदि आज डॉक्टर साहब जीवित होते तो आधुनिक भारत को देखकर दहाड़ मारकर उसी प्रकार रोए होते, जैसे वे अपनी मृत्यु से पूर्व 'पूर्ण स्वतंत्रता, पूर्ण स्वतंत्रता' कहकर फूट-फूटकर रोए थे।

□

4

ए.ओ. ह्यूम की कांग्रेस और डॉ. हेडगेवार का संघ

सन् 1857 के स्वतंत्रता संग्राम के बाद पूरे भारत में तेज गति से हो रहे हिंदुत्व के जागरण, सांस्कृतिक राष्ट्रवाद के पुनर्स्थापन, चतुर्दिक् क्रांतिकारी गतिविधियों, भारतवासियों की स्वातंत्र्यप्राप्ति के लिए उत्कट इच्छा को कुचलकर उसे दिशाभ्रमित करने के लिए ए.ओ. ह्यूम ने प्रारंभिक कांग्रेस की स्थापना की थी। अत: अंग्रेजों की इसी कुटिल चाल को विफल करने, भारतीयता को विधर्मी-विदेशी षड्यंत्रों से बचाने और स्वतंत्रता-आंदोलन को सनातन राष्ट्रीय आधार प्रदान करने के लिए डॉ. हेडगेवार ने 1925 में राष्ट्रीय स्वयंसेवक संघ की स्थापना की थी। राष्ट्रीय स्वयंसेवक संघ अर्थात् राष्ट्र की स्वतंत्रता-सुरक्षा के लिए देशभक्त स्वतंत्रता सेनानियों का संगठन। यदि अंग्रेजों ने कांग्रेस की स्थापना नहीं की होती, तो देश बहुत पहले ही स्वतंत्र हो गया होता, पाकिस्तान भी न बनता और हमारी अधिकांश युवा पीढ़ी पश्चिम की आरती भी न उतार रही होती।

सदैव से भारत के राष्ट्रीय जीवन का आधार इसकी सार्वभौम, सर्वग्राह्य और सर्वस्पर्शी संस्कृति रही है। भारत का यही हिंदुत्व आधारित 'सांस्कृतिक राष्ट्रवाद' परतंत्रता के लंबे कालखंड में स्वतंत्रता सेनानियों को प्रेरणा देता रहा। यही धर्म-अध्यात्म-आधारित जीवन-मूल्य 1857 के स्वतंत्रता-संग्राम की प्रेरणा और आधार-स्तंभ बनकर उभरे। इन्हीं धार्मिक निष्ठाओं ने अंग्रेजों के विरुद्ध सशस्त्र क्रांति को जन्म दिया। विदेशी शासकों ने समझ लिया कि भारत के इन कभी दबे और कभी जाग्रत् अग्नि-शोलों को बुझाए बिना उनका भारत में टिकना संभव नहीं होगा।

अंग्रेजों ने यह निष्कर्ष भी निकाला कि भारत के प्राण यहाँ के सांस्कृतिक राष्ट्रवाद को दबाने के लिए भारतीयों का ही कोई संगठन चाहिए, जो राष्ट्रवादी क्रांति को निरुत्साहित करने के साथ अंग्रेजों की शासन-व्यवस्था की तारीफ के पुल भी बाँधे। विदेशी शासकों के इसी वैचारिक गर्भ में से प्रारंभिक कांग्रेस का जन्म हुआ। कालांतर में कांग्रेस का उद्देश्य राजनीतिक स्वराज्य हो गया, परंतु चाल-ढाल वही रही।

अंग्रेजों के इसी षड्यंत्र को विफल करने, भारत-भारतीयता को बचाने, सांस्कृतिक राष्ट्रवाद को बल प्रदान करने, चिर सनातन काल से चले आ रहे, देश के राष्ट्रवादी बहुसंख्यक समाज को शक्तिशाली बनाने और स्वतंत्रता-संग्राम को सनातन राष्ट्रीय आधार प्रदान करने के लिए डॉ. हेडगेवार ने 'संघ' की स्थापना की। राष्ट्रीय स्वयंसेवक संघ अर्थात् राष्ट्रनिष्ठ स्वतंत्रता-सेनानियों का संगठन।

भिन्न पृष्ठभूमि, भिन्न प्रेरणा

भारत पर अंग्रेज-शासकों के आधिपत्य के कालखंड के इतिहास में दो अध्याय बहुत महत्त्वपूर्ण, परिवर्तनकारी तथा प्रभावशाली सिद्ध हुए। एक ए.ओ. ह्यूम द्वारा भारतीय राष्ट्रीय कांग्रेस को जन्म देना और दूसरा, डॉ. केशवराव बलिराम हेडगेवार द्वारा राष्ट्रीय स्वयंसेवक संघ की स्थापना। इन दोनों देशव्यापी संस्थाओं की पृष्ठभूमि, प्रेरणा के स्रोत, आदर्श, कार्य-पद्धति और लक्ष्यों में जमीन-आसमान से भी अधिक का अंतर है। संक्षेप में कह सकते हैं कि कांग्रेस की जड़ों में अखंड राष्ट्रीय चेतना का अभाव, तुष्टीकरण पर आधारित छद्म राष्ट्रवाद, धर्मनिरपेक्ष (धर्मविहीन) इंडिया की कल्पना, औपनिवेशिक राजनीतिक स्वतंत्रता, पाश्चात्य धर्म-संस्कृति में आस्था, अंग्रेजों की संवैधानिक और राजनीतिक शासन-व्यवस्था में विश्वास तथा अंग्रेजों के भारत पर शासन को 'ईश्वर की कृपा' स्वीकार करना जैसे विचार मौजूद थे। कांग्रेस की इस पृष्ठभूमि को विदेशी शासकों ने लंदन के ऑक्सफोर्ड और कैंब्रिज विश्वविद्यालयों में पढ़े हुए युवकों की मानसिकता में उतार दिया और यही लोग प्रारंभ में कांग्रेस की कश्ती के दमदार मल्लाह साबित हुए।

भारत का सनातन गौरवशाली इतिहास और संस्कृति इनका प्रेरणा-आधार कभी नहीं बन सके। अंग्रेजनुमा कांग्रेसी नेताओं ने भारत को कभी एक राष्ट्र भी नहीं माना। इनके संस्कारों में भारत अंग्रेजों के कारण ही राष्ट्र बनने की प्रक्रिया में आया। वैदिक काल से चले आ रहे सृष्टि के प्रथम राष्ट्र को अंग्रेजों के इन मानस पुत्रों ने 'नेशन इन मेकिंग' कह दिया। कांग्रेस के एक अध्यक्ष ए.सी. मजूमदार द्वारा लिखी एक पुस्तक का नाम ही 'इंडियन नेशनल इवोल्यूशन' था। कांग्रेस के सर्वोच्च नेता तथा अध्यक्ष

सुरेंद्रनाथ बनर्जी ने अपनी आत्मकथा का नाम 'ए नेशन इन मेकिंग' रख दिया। इसी तरह कांग्रेस के एक प्रभावशाली अध्यक्ष हेनरी कॉटन ने अपने एक अध्यक्षीय भाषण में कहा, "भारत एक राष्ट्र के रूप में उभर रहा है, जो ब्रिटिश शासन के प्रभावों का परिणाम है।" जाहिर है कि तत्कालीन कांग्रेसी नेता राष्ट्र की अंग्रेजी अवधारणा से सहमत थे और इनमें राष्ट्रीय चिंतन का पूर्णतया अभाव था। इसका यह भी स्पष्ट अर्थ है कि इन कथित 'लंदन रिटर्न' अधकचरे नेताओं को भारत राष्ट्र के अति प्राचीन सांस्कृतिक, धार्मिक, सामाजिक आधार का तनिक भी ज्ञान नहीं था।

लगभग सभी अंग्रेज-शासकों, पाश्चात्य विद्वानों, ईसाई पादरियों और शिक्षाविदों ने एक साथ, एक स्वर में भारत के प्राचीन वैभवशाली राष्ट्रवाद, राष्ट्रीयता और धर्म-संस्कृति को नकारते हुए ब्रिटिश साम्राज्यवादियों को 'भारत में बन रहे' राष्ट्र का निर्माता घोषित कर दिया। ए.ओ. ह्यूम तथा लॉर्ड मैकाले की शिक्षा-संस्कारों से प्रभावित कांग्रेसी नेताओं ने इनके स्वर में स्वर मिलाकर भारत की धर्म आधारित राष्ट्रीयता पर प्रश्न-चिह्न लगा दिया। ब्रिटिश इतिहासकारों ने तो भारत को इसकी विभिन्न भाषाओं के आधार पर कई राष्ट्रों में बाँट दिया। इन तथाकथित विदेशी अथवा विधर्मी विद्वानों ने भारतीय समाज को असभ्य समाज, प्रत्येक धार्मिक संस्था को बेमानी और बेहूदा बताकर भारत की युवा पीढ़ी को गुमराह करके उसे अंग्रेज-भक्तों को कांग्रेसी श्रेणी में खड़ा करने का प्रयास किया।

कांग्रेसी राष्ट्रवाद का आधार तुष्टीकरण

भारतीय राष्ट्रीय कांग्रेस ने एक कदम आगे बढ़कर मुसलिम तुष्टीकरण को ही राष्ट्रीयता एवं राष्ट्रीय एकता का आधार मान लिया। अंग्रेजों ने इसे अपनी 'फूट डालो और राज करो' की कुटिल नीति की विजय माना। 1909 में मुसलमानों के लिए अलग प्रतिनिधित्व वाली अंग्रेजों की फूट की नीति को कांग्रेस का समर्थन मिल गया। 1916 तथा 1919 में भी इस तरह मुसलमानों को हिंदू समाज से काटनेवाली चुनावी राजनीति के साथ भी कांग्रेस के नेता खड़े हो गए। यहीं से मुसलिम अलगाववाद की शुरुआत हुई। मुसलमान अपने पैतृक समाज से कटने लगे। अपने हिंदू-पूर्वजों से मुसलमानों को अलग करने का घृणित तथा राष्ट्रविरोधी कृत्य मुल्ला-मौलवियों के साथ मिलकर अंग्रेजनुमा कांग्रेसियों ने भी करना प्रारंभ कर दिया। 'सारे जहाँ से अच्छा हिंदोस्ताँ हमारा' जैसे राष्ट्रप्रेम से भरे हुए गीत लिखनेवाले मुहम्मद इकबाल ने भी पैंतरा बदलकर नए गीत की रचना की—'मुसलिम हैं हम, वतन है सारा जहाँ हमारा'। हिंदोस्तां हमारा, चीनो-अरब हमारा। तेगों के साय में पलकर हम जवाँ

हुए है, खंजर हिलाल का है कौमी निशां हमारा। इन्हीं इकबाल साहिब ने 1930 में इंडियन मुसलिम लीग का अध्यक्ष बनने के बाद एक स्वतंत्र मुसलिम राज्य का अलगाववादी फिरकापरस्त राजनीतिक शगूफा छोड़ दिया। यह पृथकतावादी मानसिकता अंग्रेजों द्वारा पोषित और तत्कालीन कांग्रेसी नेताओं द्वारा समर्थित मुसलिम तुष्टीकरणवाली राष्ट्रघातक नीति का ही परिणाम था। इस नीति ने 'भारत कभी राष्ट्र था ही नहीं' के दुष्प्रचार पर मुहर लगा दी।

सन् 1857 के स्वतंत्रता संग्राम के समय सांस्कृतिक राष्ट्रवाद पर आधारित जिस राष्ट्रीय एकता का जागरण हुआ था, उसे समाप्त करने में अंग्रेज-शासक किसी हद तक सफल हो गए। राष्ट्रीय एकता का सनातन आधार टूटना शुरू हो गया। कांग्रेस के नेतृत्व में चल रहा स्वतंत्रता संग्राम दिशाभ्रमित हो गया। पृथक् मुसलिम राष्ट्र, पाकिस्तान, मुसलिम अधिकार इत्यादि की चर्चा गरम हो गई। लोकमान्य तिलक, मौलाना अबुल कलाम आजाद, बंकिम चंद्र चट्टोपाध्याय, अरविंद घोष, स्वामी दयानंद और स्वामी विवेकानंद जैसे मनीषियों की 'अखंड भारत की सर्वांगीण स्वतंत्रता' के लिए की गई तपस्या, कुरबानी, संघर्ष सब तुष्टीकरण की नीति के शिकार हो गए। किसी भी कीमत पर 'राजनीतिक स्वराज्य' प्राप्त करने के लिए बेताब हुए नेताओं ने कभी नहीं सोचा कि उनके इन इरादों से भारत न केवल भौगोलिक दृष्टि से टुकड़ों में बँट जाएगा, अपितु देश का समाज, संस्कृति, परंपराएँ—सबकुछ टुकड़ों में विभाजित हो जाएगा।

कांग्रेस की हिमालय-सी भूल

तुरंत राजनीतिक स्वतंत्रता प्राप्त करने के लिए उतावले हो रहे कांग्रेसी नेताओं ने कभी नहीं सोचा कि किसी ठोस सांस्कृतिक आधार के बिना प्राप्त हुई राजनीतिक स्वतंत्रता के बाद क्या होगा? एक समय विश्वगुरु रहा भारत और भारतीय विदेशी हमलावरों के आगे शिकस्त क्यों खा गए? ज्ञान-विज्ञान, उज्ज्वल संस्कृति, विश्वविख्यात शिक्षा केंद्र, अतुलनीय योद्धा, अपार धन-संपदा, ऊँचा समाजशास्त्र, आध्यात्मिक शूरवीर, इत्यादि सबकुछ होते हुए भी हम उन विदेशी ताकतों के गुलाम हो गए, जो संख्या-बल में हमारे सामने बहुत थोड़े थे। कांग्रेसी स्वतंत्रता-सेनानियों ने न केवल इस चिंतन से ही अपने को दूर रखा, अपितु इस राष्ट्रवादी चिंतन करनेवाले नेताओं, संस्थाओं, गैर-कांग्रेसी स्वतंत्रता-सेनानियों को दूर हटाने, उनका तिरस्कार करने और उन्हें स्वतंत्रता-संग्राम में बाधा डालनेवाले तत्त्व कहने की हिमालयन भूल भी कर डाली।

परिणाम सबके सामने है। सदियों पुराने राष्ट्र का विभाजन, आतंकी पाकिस्तान का निर्माण, अलगाववाद, जातिवाद, संप्रदायवाद, भाषावाद, विदेश-प्रेरित आतंकवाद, तुष्टीकरण पर आधारित वोट-बैंक की राजनीति, समाजजीवन में भ्रष्टाचार, अनैतिकता, पाश्चात्य रीति-रिवाजों का बोलबाला, अंधे भौतिकवाद में जकड़ी जा रही युवा पीढ़ी अपनी संस्कृति-धर्म से विमुखता—यह कैसी स्वतंत्रता?

डॉ. हेडगेवार का वैचारिक मंथन

स्वतंत्रता-संग्राम के अज्ञात योद्धा डॉ. हेडगेवार ने कांग्रेस के सिद्धांत, कार्य-पद्धति, तात्कालिक उद्‌देश्य का सूक्ष्म अध्ययन कांग्रेस के भीतर रहकर एक प्रभावशाली कांग्रेसी नेता के रूप में किया था। उन्होंने अनुशीलन समिति, गदर पार्टी, इत्यादि सशस्त्र क्रांतिकारियों की संस्थाओं में भी सक्रिय भागीदारी करके उनके मार्ग को देखा और परखा था। डॉ. हेडगेवार आर्य समाज जैसी प्रायः सभी सामाजिक और धार्मिक संस्थाओं के साथ भी पूरी तन्मयता के साथ जुड़े रहे। कांग्रेस के नेतृत्व में होनेवाले आंदोलनों में तो वे संघ-स्थापना के बाद भी भाग लेते रहे। दो बार जेल की यातनाएँ भी सहीं। इन सभी प्रकार की अंग्रेज-विरोधी गतिविधियों में बढ़-चढ़कर भाग लेते हुए भी डॉ. हेडगेवार ने भारत के प्राचीन वैभव काल के इतिहास और 1,200 वर्षों के पारतंत्र्यकाल के इतिहास का गहन अध्ययन ही नहीं किया, अपितु परम वैभव और पतन के कारणों का गहराई से मंथन भी किया। इसी अध्ययन, मंथन, विश्लेषण और अनुभव में से उनके मानस में राष्ट्रीय स्वयंसेवक संघ की स्थापना का विचार उपजा।

डॉ. हेडगेवार ने भारत के वैभव काल के इतिहास के मंथन में से जाना और सीखा कि समाज जब शक्तिशाली, संगठित और राष्ट्रीय भावों से ओत-प्रोत रहता है, तो परम वैभव की बुलंदियों को आसानी से छू लेता है। परकीय आक्रमणकारियों को न केवल पराजित ही करता है, अपितु उन्हें आत्मसात् करके अपने राष्ट्रजीवन में मिला भी लेता है। 1,200 वर्षों की गुलामी के कालखंड के अध्ययन-मंथन में से डॉ. साहिब ने जाना और सीखा कि समाज का केंद्रबिंदु सांस्कृतिक राष्ट्रवाद ढीला पड़ता है तो समाज विघटन की राह पर चल पड़ता है। राष्ट्रभाव के क्षीण होने से जातिवाद, क्षेत्रवाद, पंथवाद, व्यक्तिगत-पारिवारिक स्वार्थ बढ़ता है, जिसके कारण देश के लिए समर्पण-भाव घटने लगता है। यह दयनीय स्थिति इस हद तक जा पहुँचती है कि स्वदेशी लोग विदेशी शक्तियों को अपने व्यक्तिगत-पारिवारिक सत्ता-सुख के स्वार्थों की पूर्ति के लिए निमंत्रित करके उनकी सहायता भी करते हैं। अंग्रेजों के कालखंड के अध्ययन में से डॉ. साहिब ने देखा और सीखा कि अपनी संस्कृति,

इतिहास और धर्म के प्रति निष्ठा एवं विश्वास कम होने अथवा समाप्त होने से विदेश से आई सभ्यता के प्रति सम्मान बढ़ता है। परिणामस्वरूप सामाजिक एकता के लिए जरूरी प्रेरणा के सभी स्रोत समाप्तप्राय हो जाते हैं। देश की अखंडता, स्वतंत्रता और सुरक्षा के लिए तड़प के स्थान पर मैं और मेरे की भावना बलवती हो जाती है।

ठोस निष्कर्ष पर पहुँचे डॉक्टर साहब

इस तरह एक बहुत ही सीधा और सरल, परंतु गहरा सत्य निष्कर्ष डॉ. हेडगेवार ने उपर्युक्त चिंतन में से निकाल लिया। इस देश में रहनेवाला प्राचीन समाज हिंदू समाज ही है। इसलिए देश के पतन का कारण भी हिंदू ही है। हिंदुओं की ही आपसी फूट, सत्तागत अहंकार, राष्ट्रभाव से विमुखता, एक-दूसरे को नीचा दिखाने की स्पर्धा, इत्यादि कारणों से ही हमें परतंत्रता का दुख भोगना पड़ा। इसलिए जबतक हिंदू समाज को संगठित, शक्तिशाली, स्वदेशनिष्ठ और अपनी संस्कृति में संस्कारक्षम नहीं किया जाएगा, तब तक भारत की कोई भी समस्या हल नहीं हो पाएगी।

काश्मीर से कन्याकुमारी तक भारत का बहुसंख्यक हिंदू समाज जिस दिन शक्तिशाली बनकर एक राष्ट्र-पुरुष के नाते खड़ा हो जाएगा, उस दिन राष्ट्र के परम वैभव के द्वार पुन: खुल जाएँगे। हमारे ही समाज से निकले हुए कथित अल्पसंख्यक लोग हमारे साथ मिलकर राष्ट्र-कल्याण के काम में जुट जाएँगे। अपने-अपने पंथ की आस्था के साथ जुड़े रहते हुए राष्ट्रीय आस्था के साथ जुड़ जाएँगे, परंतु यह श्रेष्ठ कार्य तुष्टीकरण से नहीं होगा। यह कार्य तो देश की प्राचीन संस्कृति-विरासत के आधार पर प्रेम-मुहब्बत से ही होगा और अल्पसंख्यकों को विशेषतया मुसलिम समाज को अपने साथ जोड़ने के लिए न तो इनके प्रति नफरत पैदा करने और न ही इनके तुष्टीकरण से राष्ट्रीय एकता स्थापित होगी। डॉ. हेडगेवार के अनुसार इन्हें अपने राष्ट्रवाद, संस्कृति एवं महापुरुषों के साथ जोड़कर ही राष्ट्रीय एकता का मार्ग प्रशस्त हो सकता है। मुसलिम समाज को भी इस सच्चाई को स्वीकार करना होगा कि वे भी भारतीय संस्कृति के अभिन्न अंग हैं। तुष्टीकरण का मार्ग इस समाज में पृथकतावाद की बढ़ोतरी करेगा। आज तो यह सत्य सबके सामने उजागर हो भी चुका है। इस सत्य को अनेक मुसलिम नेता स्वीकारने लगे हैं।

भारत की रीढ़ हिंदू समाज

डॉ. हेडगेवार चाहते थे कि मुसलिम भाइयों को अंग्रेजों से अलग करके राष्ट्रवादी स्वतंत्रता-सेनानियों के शिविर में लाया जाए। इसीलिए डॉक्टरजी ने

स्वतंत्रता संग्राम में बढ़-चढ़कर भाग भी लिया और भारत की रीढ़ कहे जानेवाले हिंदू समाज को संगठित करने का बीड़ा भी भी उठाया। उनके अनुसार हिंदू यदि पहले की तरह ही असंगठित रहेंगे, तो राष्ट्रीय भावना कभी भी बलवती नहीं हो सकती। डॉ. हेडगेवार के अनुसार—जो लोग अपनी पिछली भयंकर भूलों से शिक्षा नहीं लेते, उन्हें निश्चित ही भयंकर परिणाम भुगतने पड़ते हैं। यदि हमारी यह कमजोरी बनी रही, तो हमारी स्वाधीनता पर फिर संकट के बादल मँडरा सकते हैं। डॉ. हेडगेवार के मुताबिक—"हिंदू संस्कृति हिंदुस्थान का प्राण है। अत: यह स्पष्ट है कि यदि भारत का कल्याण करना है, तो सर्वप्रथम हिंदुत्व की रक्षा करना जरूरी है। यदि हिंदू-संस्कृति हिंदुस्थान में ही दम तोड़ देती है, तो हिंदू समाज का अस्तित्व ही मिट जाता है तो मात्र बची हुई भौगोलिक इकाई को हिंदुस्थान नहीं कहा जाएगा।"

डॉ. हेडगेवार की शक्तिशाली हिंदू संगठन की कल्पना तथा बाद में उसके श्रीगणेश का तात्पर्य राष्ट्रीय एकता का आधार मजबूत करना था। डॉक्टरजी कहा करते थे कि राष्ट्रीय चेतना के अभाव को प्रखर हिंदू चेतना जाग्रत् करके ही पूरा किया जा सकता। अन्य कोई रास्ता हो ही नहीं सकता। जब-जब हिंदू स्वतंत्र राष्ट्रजीवन को भूल गए, तो राष्ट्रीय एकता खतरे में पड़ गई। जब विदेशी हमलावर देश के एक कोने में चढ़ाई करते थे, तब सारे देश के राजा-महाराजा सोए रहते थे। डॉ. हेडगेवार बार-बार चेतावनी देते कि केवल मात्र अंग्रेजों के चले जाने से हमारे सभी कष्टों का समाधान नहीं हो सकता। उनके अनुसार केवल एक शक्तिशाली एवं संगठित हिंदू समाज हमारी स्वाधीनता की सुरक्षा की गारंटी हो सकता है।

राष्ट्रीय जीवन-मूल्यों की रक्षा

डॉ. हेडगेवार ने राष्ट्रीय स्वाधीनता अथवा लड़े जा रहे स्वतंत्रता संग्राम को सदैव 'राष्ट्र की सर्वांगीण स्वतंत्रता' के संघर्ष के रूप में ही देखा और इसी दृष्टिकोण को समाज के सामने रखा। डॉ. हेडगेवार के स्वतंत्रता संग्राम में भाग लेने का उद्देश्य केवल विदेशी शासकों को देश के बाहर निकालना नहीं था। पिछले 1,200 वर्षों की परतंत्रता के कालखंड में हमारे जीवन-मूल्यों को खंडित किया गया है। हमारे इतिहास को बिगाड़ा गया है। हमारे महापुरुषों को पथभ्रष्ट एवं पागल तक कहा गया है। हमारे श्रद्धा-केंद्रों को ध्वस्त तक किया गया है। हमारी शिक्षा-प्रणाली पर लॉर्ड मैकॉले द्वारा बनाई गई हिंदुत्व-विरोधी शिक्षा को थोपा गया है। इन सबकी

पुनर्प्रतिष्ठा के लिए संघर्षरत रहना भी पूर्ण स्वतंत्रता संग्राम का अभिन्न भाग होना चाहिए। गांधीजी द्वारा संचालित आंदोलनों में भाग लेते समय भी वे इस सच्चाई को नहीं भूलते थे। डॉ. हेडगेवार की दृष्टि में 'स्वाधीनता संग्राम हमारे राष्ट्रीय सम्मान और राष्ट्रीय जीवन-मूल्यों की सुरक्षा' था। स्पष्ट है कि राजनीतिक स्वतंत्रता देकर अंग्रेज तो चले गए, परंतु हमारे राष्ट्रीय जीवन-मूल्यों को अंग्रेजियत में ऐसा जकड़ गए जो अभी भी विदेश-प्रेरित विचार-तत्त्वों में कैद है।

भारत के राष्ट्रीय जीवन-मूल्यों की सर्वांगीण स्वतंत्रता तो तभी संभव होगी, जब राष्ट्र और राष्ट्रीयता के सांस्कृतिक आधार को समझा जाएगा। डॉ. हेडगेवार ने सीना तानकर घोषणा की थी कि भारत विश्व का सबसे प्राचीन राष्ट्र है। हमारे प्राचीन ग्रंथों में 'राष्ट्र' शब्द अनेक बार आया है। अंग्रेज-ईसाई विद्वानों द्वारा भारत को एक राष्ट्र न मानकर इसे एक उपमहाद्वीप करार देने के पीछे उनकी राजनीतिक महत्त्वाकांक्षा रही। इस विषय पर कांग्रेस प्रारंभ से ही दो खेमों में बँटी रही। एक ओर गोखले, बनर्जी जैसे नेताओं ने पाश्चात्य विद्वानों के स्वर-में-स्वर मिलाना उचित समझा, तो दूसरी ओर तिलक, अरविंद घोष, बंकिम चंद्र चट्टोपाध्याय, सावरकर, सुभाष इत्यादि विद्वानों ने राष्ट्र के सनातन धर्म, समस्त समाज की जाग्रत् शक्ति, सर्वोच्च निष्ठा, मातृभूमि के प्रति प्रगाढ़ श्रद्धा और एकत्व भाव को राष्ट्र एवं राष्ट्रीयता के रूप में देखा।

संघ : एक स्वतंत्रता-आंदोलन

धर्म, संस्कृति, अध्यात्म को नकारकर छद्म राष्ट्रवाद का झंडा उठानेवाले कांग्रेसी नेताओं के समक्ष कांग्रेस के संघर्ष का उद्देश्य केवल राजनीतिक स्वराज्य तक ही सीमित रहा। अपने जन्म-काल 1885 से लेकर भारत के विभाजन 1947 तक कांग्रेस ने कभी भारत की पूर्ण अर्थात् सर्वांगीण स्वतंत्रता की बात तक नहीं की। ये नेता अपने जन्मदाताओं के हिंदुत्व-विरोधी इरादों की छत्रच्छाया में सर्वांगीण स्वतंत्रता के अर्थ से भी नासमझ और बेखबर रहे। सशस्त्र क्रांति के पुरोधा, अनेक धार्मिक राष्ट्रवादी नेताओं ने अवश्य ही पूर्ण स्वतंत्रता के उद्घोष किए। सुभाष चंद्र बोस ने भी 1929 के कांग्रेस-अधिवेशन में 'स्वराज्य का अर्थ पूर्ण स्वतंत्रता' घोषित किया। सच्चाई यही है कि लोकमान्य तिलक ने सबसे पहले 'स्वराज्य मेरा जन्मसिद्ध अधिकार है' कहकर 'स्वराज्य' शब्द को कांग्रेस के मंचों पर प्रचारित किया। महर्षि अरविंद ने भी 'राजनीतिक स्वतंत्रता' और महात्मा गांधी ने भी 'हिंद स्वराज' शब्दों का इस्तेमाल किया। इससे एक कदम आगे बढ़ते हुए कांग्रेस-कार्यसमिति ने 1930 में जब 26 जनवरी को स्वतंत्रता दिवस मनाने का फैसला

किया, तो 'पूर्ण स्वराज्य और स्वतंत्रता' शब्दों को चुना गया।

उल्लेखनीय है कि डॉ. हेडगेवार पहले राष्ट्रीय नेता थे, जिन्होंने सागर्व गगनभेदी उद्घोष किया था कि भारत विश्व का प्रथम आर्य अथवा भारतीय अथवा हिंदू राष्ट्र है। हिंदू राष्ट्र की अवधारणा भारत की प्राचीन राष्ट्रीय संस्कृति पर आधारित होने से यह भारत में रहनेवाले सभी भारतीयों की निष्ठा है। मुसलिम समाज भी इससे अछूता नहीं हो सकता। पूरे भारत में लड़े जा रहे स्वतंत्रता आंदोलन का आधार एवं दिशा यही राष्ट्रीय विचारतत्त्व होना चाहिए। इसी विचार-तत्त्व के आधार पर डॉ. हेडगेवार ने 1925 में नागपुर में राष्ट्रीय स्वयंसेवक संघ की स्थापना का ऐलान कर दिया। अत: यह एक निर्विवाद ऐतिहासिक सत्य है कि राष्ट्रीय स्वयंसेवक संघ भी एक स्वतंत्रता-आंदोलन ही था और आज भी है। जहाँ भारतीय राष्ट्रीय कांग्रेस का उद्देश्य भारत की राजनीतिक स्वतंत्रता था, वहीं संघ का उद्देश्य 'अखंड भारत की सर्वांगीण स्वतंत्रता' घोषित किया गया।

अग्रणी भूमिका में संघ

राष्ट्रीय स्वयंसेवक संघ की स्थापना के बाद भी डॉ. हेडगेवार कांग्रेस-नेतृत्व द्वारा संचालित होनेवाले आंदोलनों-सत्याग्रहों में भाग लेते रहे। उसी तरह संघ की शाखाओं में तैयार होनेवाले देशभक्त हिंदू युवकों ने भी स्वतंत्रता-संग्राम में अपनी पूरी शक्ति झोंक दी। यहीं पर ध्यान देने की बात है कि डॉक्टरजी ने अपने संगठन संघ तथा स्वयंसेवकों को सभी आंदोलनों में एक साधारण नागरिक के नाते भाग लेने का निर्देश दिया, ताकि राष्ट्र की रीढ़ हिंदू समाज के संगठन का काम भी चलता रहे और स्वयंसेवक स्वतंत्रता-सेनानी सत्याग्रहों में भाग लेकर अपना पूर्ण योगदान भी देते रहें। अंग्रेजी शासन के कालखंड में किसी भी नेता, संगठन, दल ने इतनी गहरी दूरदर्शिता का एहसास नहीं करवाया।

प्रत्यक्षदर्शियों की स्मृतियों, डॉक्टरजी के सहयोगी नेताओं के लेख एवं सरकारी दस्तावेजों से प्रमाणित होता है कि महात्मा गांधी के नेतृत्व में लाखों स्वयंसेवकों ने स्वतंत्रता-संग्राम में भाग लेकर अग्रणी भूमिका निभाई थी। यह भी ऐतिहासिक सत्य है कि इन स्वयंसेवकों ने अपने आदर्श ध्येय-वाक्य 'नहीं चाहिए पद यश गरिमा, सभी चढ़े माँ के चरणों में' के अनुसार अपनी संस्थागत पहचान से ऊपर उठकर सत्याग्रहों में भाग लिया और जेलों में अनेक प्रकार की यातनाएँ एवं कष्ट सहन करते हुए अपनी राष्ट्रभक्ति का अतुलनीय परिचय दिया।

कौन था अंग्रेजों का पिट्ठू ?

दुर्भाग्य यही है कि राजनीतिक स्वतंत्रता प्राप्त होने के बाद कांग्रेस ने डॉ. हेडगेवार, सावरकर, सुभाष, भाई परमानंद, इत्यादि सशस्त्र क्रांति के सहस्रों शहीदों, आजाद हिंद फौज, सेना में विद्रोह, स्वामी विवेकानंद, स्वामी दयानंद जैसे राष्ट्रवादी धार्मिक नेताओं एवं लाखों गैर-कांग्रेसी अज्ञात स्वतंत्रता-सेनानियों को पीछे हटाकर 'आजादी' का पट्टा अपना नाम लिखवा लिया। राजनीतिक नैतिकता-लज्जा को तिलांजलि देकर वर्तमान कांग्रेसी, जिनका स्वतंत्रता संग्राम से रत्तीभर भी संबंध नहीं रहा, वे भी संघ को अंग्रेजों का पिट्ठू बताने में रत्तीभर भी शर्म महसूस नहीं कर रहे। इससे बढ़कर घटिया राजनीतिक स्वार्थ और क्या हो सकता है ? भविष्य का इतिहासकार ईमानदारी से लिखेगा कि जो लोग राष्ट्रीय स्वयंसेवक संघ पर अंग्रेजों का मददगार होने का झूठा, बेबुनियाद, अनर्गल और अनैतिक आरोप लगाते हैं, वास्तव में वे स्वयं अंग्रेजी शासकों की जी-हुजूरी करते रहे।

संघ में आकर ही संघ को समझो

आज भी संघ के विरोधी संघ के ऊपर कई प्रकार के आरोप लगाते हैं। संघ एक सांप्रदायिक सैनिक संगठन है। संघी संकीर्ण विचार के लोग हैं। मुसलिम विरोधी हैं। दंगे करवाते हैं। अपने कैंपों में हथियारों की ट्रेनिंग देते हैं। संघवाले गैर-हिंदुओं को अपनी शाखाओं में नहीं आने देते, इत्यादि गालियाँ दी जाती हैं। संघ के विरोधी यदि संघ की वैचारिक चट्टान के साथ टकराकर अपना सिर फोड़ने की जगह संघ में आकर इसे समझने का थोड़ा भी प्रयास करें, तो वे भी इस चट्टान का हिस्सा बन सकते हैं। अन्यथा संघ तो एक निश्चित गति से अपना काम कर ही रहा है। लोग यह भी कहते हैं कि संघ ने अपने दरवाजे बंद कर रखे हैं। सच्चाई यह है कि संघ के दरवाजे हैं ही नहीं, बंद क्या करें। उन्होंने ही अपने दरवाजे हमारे लिए बंद कर दिए हैं।

दत्तोपंत ठेंगड़ीजी के शब्दों में—"संघ ने कुछ नहीं किया, यह नहीं किया, वह नहीं किया, इन बातों की सफाई देने या खेद प्रकट करने की कोई जरूरत नहीं। खेद किसके साथ और क्यों प्रकट करें...वैसे भी जो लोग अपने विभिन्न स्वार्थों हेतु बिकने और खरीदने के लिए चौराहे पर खड़े रहते हों, ऐसे राजनीतिक नेताओं के सामने हम अपनी सफाई दें, यह हमारे लिए सम्मान की बात नहीं है। अत: स्पष्टीकरण देने की नहीं, वास्तविकता को समझने एवं समझाने की आवश्यकता है।"

□

5

बाल स्वतंत्रता सेनानी

डॉ. हेडगेवार जन्मजात स्वतंत्रता सेनानी थे। 'हिंदवी स्वराज्य' के संस्थापक छत्रपति शिवाजी, खालसा पंथ का सृजन करने वाले श्री गुरु गोविंद सिंह, आर्य समाज के संगठक स्वामी दयानंद की भाँति डॉ. हेडगेवार ने भी बालपन में ही राष्ट्रीय स्वयंसेवक संघ की कल्पना कर ली थी। भारत की राष्ट्रीय पहचान हिंदुत्व, भगवा ध्वज, स्वतंत्रता-संग्राम इत्यादि समस्त विचार एवं योजनाएँ उनके मस्तिष्क में बालपन से ही आकार लेने लगे थे। 'वंदे मातरम्' केशव के जीवन का दीक्षा-मंत्र बन गया। राष्ट्रीय स्वाभिमान बाल्यकाल से ही उबाल पर था। बाल केशव प्रारंभ से ही कुशल संगठक, लोकसंग्रही, निडर एवं साहसी थे। बालसखाओं के साथ क्रांतिकारी गतिविधियों में बीता था केशव का बचपन। यही थी इस महान् स्वतंत्रता-सेनानी की मजबूत नींव।

राष्ट्रीय स्वयंसेवक संघ के निर्माता डॉ. केशवराव बलिराम हेडगेवार के संपूर्ण सर्वगुण-संपन्न जीवन को कागज के कुछ पन्नों पर समेटा नहीं जा सकता और न ही यह गहरा समुद्र शब्दों की एक छोटी-सी कटोरी में समा सकता है। वास्तव में कागज, लेखनी, चित्र, प्रशंसा और प्रसिद्धि इत्यादि से कोसों दूर, कर्मयोगी डॉ. हेडगेवार के जीवन और उद्देश्य को समझने के लिए उस कार्य को निकट से देखने की जरूरत है, जिसके लिए डॉ. हेडगेवार ने अपनी स्वस्थ, सुडौल देह को तिल-तिल कर जला डाला। इस महापुरुष ने समय की प्रचलित धारा को ही बदल डाला। संगठन और निर्माता की वर्तमान अवधारणा और परंपरा में से डॉ. हेडगेवार ने स्वयं को पीछे करके संगठन को आगे कर दिया। आज लोग संघ को ज्यादा जानते हैं, डॉ. हेडगेवार को कम। अन्यथा तो

अधिकांश महापुरुषों के श्रेष्ठ जीवन-चरित्र ही इतिहास के पन्नों पर चमकते हुए दिखाई देते हैं, उनके कार्य कालांतर में लुप्त हो जाते हैं। डॉ. हेडगेवार की इसी विलक्षण विशेषता से उनके जादुई व्यक्तित्व को समझा और परखा जा सकता है।

विद्यावान् गुणी अति चातुर राष्ट्रकाज करिबै को आतुर

डॉक्टरजी के संपूर्ण जीवन की सभी गतिविधियों को एक पंक्ति में बाँधने का प्रयास किया जा सकता है—विद्यावान् गुणी अति चातुर, राष्ट्रकाज करिबै को आतुर। धनुर्धारी भगवान् राम के अनन्य भक्त बजरंगबली हनुमान् की तरह विद्यावान् अर्थात् भारत के अतीत, वर्तमान तथा भविष्य की संभावनाओं के गहन द्रष्टा थे डॉ. हेडगेवार। हनुमान् की तरह गुणी, अर्थात् सर्वस्पर्शी और सर्वग्राह्य व्यक्तित्व, जो विरोधियों को भी प्रभावित करने का सामर्थ्य रखता हो। बजरंगबली की भाँति चारों ओर की विपरीत परिस्थितियों में से रास्ता निकालने की अद्‌भुत क्षमता रखता हो। राष्ट्रकाज करिबै को आतुर अर्थात् राष्ट्रकार्य के लिए जीवनभर समर्पित रहनेवाला ऐसा व्यक्तित्व, जो सदैव अपने ध्येय के लिए पल-पल आतुर रहे। डॉ. हेडगेवार का सादा जीवन ही इन अनूठी और अतुलनीय विशेषताओं से ओत-प्रोत है। बाल्यकाल से ही वे इन सभी गुणों से संपन्न थे। जिस आयु में बच्चों को खाने-पीने, पहनने और मौज-मस्ती के अतिरिक्त अन्य किसी विषय का ध्यान नहीं होता, उस आयु में बाल केशव के मस्तिष्क में देश की स्वतंत्रता, स्वराज्य, राष्ट्रध्वज, हिंदुत्व और राष्ट्रीय स्वाभिमान जैसे विषय जड़ जमा चुके थे।

अपने छात्र-जीवन से ही केशवराव ने विभिन्न स्वतंत्रता-आंदोलनों में बढ़-चढ़कर भाग लेना प्रारंभ कर दिया था। एक बार नागपुर के असिस्टेंट कमिश्नर ने केशव को बुलाकर समझाने का प्रयास किया—"बेटे, यह सब आंदोलन आदि तुम्हारा काम नहीं है, यह तो बड़े लोगों का काम है। छोड़ो इन गतिविधियों को और अपनी पढ़ाई की तरफ ध्यान दो।" केशव ने तुरंत आदरपूर्वक, परंतु निर्भीकतापूर्वक उत्तर दिया—"आप ठीक कह रहे हैं, यह कार्य बड़ी उम्र के लोगों का है, परंतु वे नहीं कर रहे, इसीलिए यह कार्य हम छोटी उम्र के लोगों को करना पड़ रहा है। यदि आप नौकरी छोड़कर स्वतंत्रता आंदोलन में लग जाएँ, तो मैं आंदोलन छोड़कर पढ़ाई में लग जाऊँगा।" केशव के इस उत्तर से वह अधिकारी पूरी तरह निरुत्तर हो गया। इस तरह से केशव ने अनेक विद्यार्थियों, अध्यापकों और अधिकारियों को प्रभावित करके देश की स्वतंत्रता के लिए चल रहे आंदोलन में शामिल होने की प्रेरणा दी।

बचपन से ही लक्ष्य निर्धारित

डॉ. हेडगेवार के छात्र-जीवन की समस्त गतिविधियों का गहराई से अध्ययन करने पर उनके भीतर सुलग रही राष्ट्रवाद, देशभक्ति और हिंदुत्व की चिनगारी को समझा जा सकता है। उन्होंने अपने विद्यार्थी-काल से ही अपने राष्ट्र के लिए संपूर्ण जीवन को समर्पित करने का निश्चय कर लिया था। जिस तरह छत्रपति शिवाजी महाराज ने मात्र 15 वर्ष की आयु में अपने घर से दिखाई दे रहे किले पर लहरा रहे मुगलों के झंडे को देखकर उसे उखाड़कर वहाँ भगवा झंडा फहराने के लिए एक बालसेना तैयार कर ली थी। छत्रपति शिवाजी ने इस आयु में हिंदवी साम्राज्य की स्थापना का लक्ष्य निर्धारित कर लिया था। जिस प्रकार मात्र आठ वर्ष की आयु में दशमेश पिता श्री गुरु गोविंद सिंह ने अपने पूज्य पिता श्री गुरु तेग बहादुर द्वारा हिंदुओं की रक्षा के लिए दिल्ली के चाँदनी चौक में बलिदान देने के बाद विधर्मी आक्रांताओं को सबक सिखाने के लिए खालसा-पंथ की स्थापना का निश्चय कर लिया था। जिस तरह से नौ वर्षीय बालक मूलशंकर (स्वामी दयानंद) ने शिवरात्रि को शिवलिंग पर चढ़ाई गई मिठाई को चूहों द्वारा खाते देखकर हिंदू समाज की कुरीतियों को दूर करने का प्रण किया और इस लक्ष्य की प्राप्ति के लिए आर्य समाज जैसा राष्ट्रवादी संगठन प्रारंभ कर दिया, इसी प्रकार से डॉ. हेडगेवार ने भी अपने विद्यार्थी-काल में ही भारत के पतन एवं परतंत्रता के कारणों की समीक्षा करके देश की स्वाधीनता एवं राष्ट्र की सर्वांगीण उन्नति का निश्चय किया। विद्यार्थी-काल में ही केशवराव की समस्त गतिविधियाँ इसी उद्‌देश्य पर केंद्रित होकर अपने ध्येय की साधना के रूप में प्रकट होती रहीं। छात्र-जीवन में ही डॉक्टर साहब का सारा ध्यान, शक्ति भविष्य में एक बड़े राष्ट्रवादी, शक्तिशाली संगठन की पृष्ठभूमि तैयार करने में लगा रहा। यह कार्य डॉ. हेडगेवार ने विद्यावान् गुणी अति चातुर बजरंगबली वीर हनुमान की भाँति सबको साथ लेकर बिना शोर और आडंबर के चुपचाप कर दिया।

अपने जन्मकाल से ही केशव को धार्मिक संस्कार-शिक्षा मिलने लगी। धार्मिक वैदिक संस्कारोंवाले परिवार में नित्यप्रति पूजा, संध्या, रुद्रपाठ, रामायण, महाभारत, गीता के पठन-पाठन के प्रभाव ने केशव के बालमन को धर्म और संस्कृति से ओत-प्रोत कर दिया। जब केशव ने विद्यालय में जाना प्रारंभ किया, तो उस समय भी परिवार से मिले इन संस्कारों ने अपनी भूमिका निभाई। इतिहास में पढ़ाए जानेवाले महापुरुषों के जीवनचरित केशव के प्रेरणा-स्रोत बन गए।

विशेषतया छत्रपति शिवाजी के महान् राष्ट्रवादी कार्यों की कथाओं ने केशव के जीवन में राष्ट्रभक्ति, धर्मरक्षा एवं समाजसेवा के भावों को कूट-कूट कर भर दिया। नागपुर में कभी भोंसलों का राज्य था, आज नहीं है। अपना देश परतंत्र है, इत्यादि विषयों पर बाल केशव अपने सहपाठियों के साथ घंटों चर्चा करता रहता था। इस समय केशव की आयु नौ वर्ष की ही थी।

विदेशी राजा का जश्न क्यों?

इन्हीं दिनों एक अत्यंत अद्भुत, परंतु रोमांचकारी घटना ने इस बाल केशव के अंतर्मन में गहरे से जड़ जमा चुकी विदेशी शासकों के प्रति तीव्र घृणा को उजागर कर दिया। 22 जून, 1897 को संपूर्ण भारत में इंग्लैंड की महारानी विक्टोरिया का साठवाँ जन्मदिन बड़ी धूमधाम से मनाया गया। इस जश्न के दो उद्देश्य थे। अंग्रेजों के साम्राज्य को ईश्वरप्रदत्त शक्तिशाली शासन-व्यवस्था सिद्ध करना और भारतीयों की भावनाओं पर घातक प्रहार करके उन्हें हीन भावना का शिकार बनाना। इस अवसर पर जलसे, जुलूस, अंग्रेजी झंडे फहराना, नगाड़े बजाना, आदि कार्यों में भारतीयों को भी शामिल किया गया। ये सभी कार्यकलाप गाँव-गाँव में सरकारी साधनों तथा सरकारी अधिकारियों के माध्यम से संपन्न किए गए। विद्यालयों में छोटे बच्चों को मिठाई बाँटी गई और उन्हें 'महारानी विक्टोरिया की जय' बोलने के लिए कहा गया। जब मिठाई के दोने मिलने पर बच्चों ने हर्षोल्लास में महारानी विक्टोरिया की जय के नारे लगाने शुरू कर दिए, तो बाल केशव का चेहरा गुस्से से तमतमा उठा। उनके मन के किसी कोने में छत्रपति शिवाजी, गुरु गोविंद सिंह के जीवन-प्रसंग जाग्रत् हो गए। उसके चेहरे पर क्रांति की रेखाएँ उद्भासित होने लगीं। अपने मन में विदेशी राजा के प्रति सुलगती नफरत की आग को लेकर केशव भागता हुआ घर आया और इस अंग्रेज-विरोध को प्रकट करने के लिए उसने मिठाई का वह दोना कूड़े के ढेर पर फेंक दिया।

शेष बच्चे मिठाई का दोना अपने परिवारवालों को दिखाकर मस्ती में आनंद के साथ उछल-कूद करते हुए महारानी की जय-जयकार करने लगे, परंतु केशव गुस्से में तमतमाता हुआ एक कोने में चुपचाप बैठ गया। मानो भविष्य में अंग्रेजों के विरुद्ध किसी महायुद्ध की योजना बना रहा हो। बड़े भाई ने समझा कि शायद केशव को मिठाई नहीं मिली। जब उसने इस बालक के प्रति सहानुभूति प्रकट करते हुए पूछा कि क्या तुम्हें मिठाई नहीं मिली, तो केशव का गुस्सा फूट पडा—"मिली है, परंतु अपने भोंसलों (भारतीयों) के राज्य को जीतनेवाले राजा (विक्टोरिया) के

जन्मदिन पर संपन्न समारोह का आनंद हम क्यों मनाएँ?" इतना कहते हुए केशव ने कूड़े के ढेर की ओर इशारा करते हुए कहा, "इस मिठाई के दोने की उपयुक्त जगह यही है।" केशव ने अपने बड़े भाई, अपने सहपाठियों और विद्यालय के प्रबंधक तथा अध्यापकों को यह समझा दिया कि उसने अंग्रेजों के शक्तिशाली साम्राज्य को भी कूड़े के ढेर पर फेंकने का निश्चय कर लिया है। कूड़े के ढेर पर पड़ा हुआ मिठाई का दोना बता रहा था कि केशव का जन्म किस उद्देश्य की पूर्ति के लिए हुआ है। ठीक उसी प्रकार जैसे भगवान् श्रीकृष्ण ने अपने बाल स्वरूप में माता यशोदा को अपना मुँह खोलकर विराट् त्रिलोकी के दर्शन करवा, समझा दिया था कि उनके अवतार धारण करने का उद्देश्य अत्याचार, अधर्म, असत्य के उन्मूलन के लिए हुआ है। कूड़े के ढेर पर पड़ा हुआ मिठाई का दोना भविष्य में होनेवाले अंग्रेजों के विनाश की दास्ताँ बयाँ कर रहा था।

बाल्यकाल में राष्ट्रीय स्वाभिमान

भविष्य में लड़े जानेवाले स्वतंत्रता-संग्राम में केशव की अग्रणी भागीदारी का स्पष्ट संकेत देनेवाली इस प्रेरणास्पद घटना के बाद तो केशव के विद्यार्थी-जीवन की प्रत्येक गतिविधि उसके मन में समाए हुए राष्ट्रीय स्वाभिमान की गवाह बन गई। अकसर अंग्रेज-शासक इंग्लैंड के बादशाहों के जन्मदिवस, राज्यारोहण के अवसर, इत्यादि का भारत में जश्न मनाकर अपने स्वाभिमान को प्रकट करते रहते थे और अंग्रेज-भारतीय इन जश्नों में भाग लेकर अपने व्यक्तिगत, व्यापारिक, राजनीतिक स्वार्थों की पूर्ति करते रहते थे। ऐसा ही एक प्रसंग था 1909 में इंग्लैंड के सम्राट् एडवर्ड सप्तम के राज्यारोहण का। अंग्रेज भक्त लोग इस दिन अपने घरों, दुकानों तथा कारोबारी भवनों पर रोशनी करके आतिशबाजी करते थे।

नागपुर की एक प्रसिद्ध एंप्रेस मिल के मालिकों ने भी अपने इस उद्योग भवन के चारों ओर रंग-बिरंगी रोशनियाँ कीं और जमकर पटाखे चलाए। शहर के अधिकांश लोग अपने बच्चों के साथ इस आकर्षक रोशनी के नजारे देखने के लिए। बाल केशव के मित्रों ने भी वहाँ जाकर इस दृश्य को देखने की योजना बनाई। केशव को जब पता चला कि उसके सहपाठी एवं मित्र इस मनोहारी प्रसंग का आनंद लेने के लिए जा रहे हैं, तो केशव ने पहले तो सबको डाँटा और बाद में उनको समझाते हुए कहा कि ''विदेशी राजा के राज्यारोहण का उत्सव मनाना हमारे लिए शर्म की बात होनी चाहिए। मैं तो नहीं जाऊँगा और न ही आपको जाने दूँगा।" केशव को हृदय से स्नेह करनेवाले सभी मित्रों ने जब उसकी मानसिक पीड़ा को देखा, तो

सभी ने कहना मानकर एंप्रेस मिल की ओर बढ़ते कदमों को रोक लिया। सभी ने यह स्वीकार किया कि विदेशी राजा के राज्यारोहण की खुशियाँ मनाने की अपेक्षा हमें विदेशी राज्य को उखाड़ फेंकने की योजनाएँ तैयार करनी चाहिए।

अपने संपर्क में आनेवाले मित्रों-जानकारों को अपने तर्कों से प्रभावित करके उन्हें अपने विचारों में ढाल लेने की अद्‍भुत कला डॉ. हेडगेवार ने बचपन में ही सीख ली थी।

हिंदू किले को फ़तह करने की योजना

जैसे-जैसे समय बीता और बाल केशव आयु की पगडंडियाँ पार करने लगा, मन में हिलोरें ले रही स्वाधीनता की उत्कट भावनाएँ भी प्रचंड गति पकड़ने लगीं। केशव की मित्र-मंडली में भी देशप्रेम जाग्रत् होने लगा। नागपुर के निकट कुछ ही दूरी पर किला सीताबर्डी है। यह किला भोंसले राजाओं ने बनवाया था, अर्थात् यह ऐतिहासिक स्थान कभी हिंदू-राजाओं के आधिपत्य में रहा होगा, परंतु इस किले पर अब अंग्रेजों का ध्वज (यूनियन जैक) दिखाई देता था। इस विदेशी झंडे को देखकर केशव और उसकी मित्र-मंडली की भुजाएँ तन जाती थीं। हिंदुओं के किले पर हमारा हिंदू ध्वज भगवा क्यों नहीं लहरता? केशव ने अपने बालसखाओं को समझाया कि हमारा देश गुलाम है, इसीलिए हमारे किले के ऊपर विधर्मियों का झंडा लहरा रहा है। बालसखाओं के मन में केशव के नेतृत्व में इस झंडे को उतारकर हिंदू किले को फतह करने की योजना आकार लेने लगी।

सीताबर्डी किले पर हमेशा फौज का पहरा रहता था। अब क्या करें? आखिर फैसला किया गया कि नागपुर के ही किसी घर से किले तक सुरंग खोदी जाए। सुरंग तैयार होने पर यह बालसेना इसी भूमिगत रास्ते से किले तक पहुँचेगी और वहाँ लहरा रहे यूनियन जैक को उतारकर उसके स्थान पर भगवा ध्वज फहरा देगी। इस प्रकार यह किला विदेशियों के कब्जे से मुक्त होकर पुनः हिंदुओं के अधिकार में आ जाएगा। प्रश्न पैदा हुआ कि सुरंग किसके घर से खोदी जाए। सोच-विचार कर यह रास्ता भी तलाश लिया गया। बाल केशव ने यह सारी योजना इतनी गुप्त रखी कि किसी को भी उसके बारे में तनिक भी जानकारी नहीं हुई। केशव ने सभी बालसखाओं को इतना चौकन्ना कर दिया कि कोई भी कुछ न बोला। इनके परिवारवालों को भी इस क्रांतिकारी योजना की भनक न लगी। बालसखाओं की इस विश्वस्त मंडली के अतिरिक्त किसी भी मित्र अथवा सहपाठी को कुछ नहीं बताया गया।

बालसखाओं की यह मंडली नागपुर के ही एक अध्यापक वझे गुरुजी के घर रात्रि को पढ़ने के लिए जाया करती थी। गुरुजी के घर के ही एक कमरे में अध्ययन समाप्त करने के पश्चात् सभी वहीं रात्रि विश्राम करते थे। उसी कमरे में एक-एक कर फावड़े, कुदाली, बेलचा इत्यादि सामान इकट्ठा कर लिया गया। सोच-समझकर एक रात्रि को खुदाई का काम प्रारंभ कर दिया गया। खुदी हुई मिट्टी का ढेर भी वहीं जमा होने लगा। इस मिट्टी को भी साथ-ही-साथ बाहर किसी स्थान पर ठिकाने लगाने की गुप्त योजना भी तैयार हो गई। सारा काम रात के अँधेरे में आसपास के लोगों के सो जाने के बाद किया जाता। वझे गुरुजी तक को भी कुछ पता नहीं चला।

तीन-चार दिनों के बाद इस बंद कमरे का दरवाजा देर तक नहीं खोला गया। संभवतया उत्खनन का काम तेजी से हो रहा होगा। एक रात्रि को ठक-ठक की आवाज से ग़ुरुजी की नींद अचानक खुल गई। छात्रों के कमरे के भीतर फावड़े-गेंतली का शोर सुनकर वे घबरा गए कि कहीं कोई चोर-डाकू सेंधमारी तो नहीं कर रहा। आशंकित होकर गुरुजी ने धक्का देकर कमरे का दरवाजा खोल दिया। कमरे में गड्ढा और मिट्टी का ढेर देखकर उनकी क्रुद्ध दृष्टि 'स्वतंत्रता-सेनानियों' पर पड़ी। सभी खामोश। क्या कहें और क्या न कहें। अंत में इस बालसेना के सेनापति केशव ने गुरुजी के आगे अपने इस स्वतंत्रता-संग्राम के उद्देश्य की मंशा रख दी।

वझे गुरुजी ने सबको डाँटने के पश्चात् प्यार से उनकी पीठ पर हाथ फेरते हुए समझाया कि इन फालतू के पचड़ों में मत पड़ो। अभी आपके पढ़ने की उम्र है। सभी मान गए, परंतु उनके मन में यूनियन जैक के प्रति घृणा और 'भगवा ध्वज हमारा ध्वज' की भावना पहले से कहीं ज्यादा बलवती हो गई। इस घटना से बाल केशव के संगठन-कौशल, टोली तैयार करने की क्षमता, गुप्त रूप से काम करने का तरीका और ध्येय के लिए कुछ करने की समर्पण-भावना का परिचय मिलता है। बचपन में ही राष्ट्रभक्ति के संस्कारों की एक स्पष्ट झलक दिखाई देती है। वझे गुरुजी को भी यह बात समझ में आ गई कि जिस केशव को वे पढ़ाते हैं, वह एक दिन किसी बड़े शक्तिशाली हिंदू-संगठन को जन्म देगा और अंग्रेजों के विरुद्ध जल रही स्वतंत्रता की मशाल को शतगुणित कर देगा।

बाल-सखाओं की क्रांतिकारी टोली

इन्हीं दिनों राष्ट्रवादी कांग्रेसी नेता लोकमान्य तिलक द्वारा संपादित साप्ताहिक पत्र 'केसरी' में देश की स्वतंत्रता के लिए युवकों को आगे आने का आह्वान किया जाने लगा। केशव इन लेखों को नियमित रूप से पढ़ने लगा और इसकी चर्चा अपनी मित्र-मंडली में भी जोर-शोर से करने लगा। इस बाल-मंडली के ऊपर इन राष्ट्रभक्ति के लेखों, महापुरुषों की कथाओं और देशप्रेम से भरपूर कविताओं-गीतों का प्रभाव गहरे में पड़ने लगा। नागपुर में एक स्थान पर बने एक ऊँचे टीले पर जाकर इन बालसखाओं ने 'ध्वज जीतकर लाएँ' नामक खेल खेलना शुरू किया। मुगल और मराठे नामक दो दल बनाकर ये बालक जब आपस में भिड़ते थे, तब लगता था कि किसी बड़े युद्ध की तैयारी चल रही हो। ऐसे ही युद्धों का अभ्यास अथवा खेल बचपन में छत्रपति शिवाजी अपने बाल साथियों के साथ खेला करते थे। नागफनी के झुंडों को मुगलों के सिर मानकर उन्हें अपनी तलवारों से काटने के खेल से कितना सैन्य भाव जाग्रत् होता होगा, इसका सहज ही अंदाजा लगाया जा सकता है। खेल से लौटने के पश्चात् बाल शिवाजी को जिस तरह उसकी माता जीजाबाई ढेरों आशीर्वाद देती थीं, उसी प्रकार केशव की माता रेवतीबाई भी केशव को बाँहों में लेकर उसका उत्साह बढ़ाती थीं।

केशव की इस तरह की बाल क्रांतिकारी गतिविधियों से उसके बड़े भाई महादेव शास्त्री तंग आने लगे। वे केशव को परिवार के कामों में व्यस्त करना चाहते थे और इधर केशव के मन में देशसेवा का भूत सवार हो रहा था। एक दिन भाई महादेव शास्त्री ने केशव को अपने पास बिठाकर एक लंबा-चौड़ा उपदेश दे दिया—झंडा जीतने का खेल, सभाओं में जाना, भाषण देना, तिलक के लिए पैसे इकट्ठे करना, मित्रों के संग स्वतंत्रता आंदोलनों की चर्चा करना इत्यादि बातें अपने जैसे गरीब लोगों के लिए नहीं हैं। अरे, दंड बैठक लगाना, खाना-पीना और घर का काम करना—अपने जैसे लोगों के लिए इतना ही बहुत है। फालतू के पचड़ों में क्यों पड़ता है? बड़े भाई के इस भाषण का केशव के ऊपर जरा भी प्रभाव नहीं पड़ा। उल्टे केशव ने अपनी दिनचर्या में तनिक भी परिवर्तन किए बिना अपने राष्ट्रवादी संस्कारों को बढ़ाया और अपनी गतिविधियाँ तेज कर दीं। केशव के इस आत्मविश्वास के पीछे उसके मित्रों का स्नेह, देशभक्त अध्यापकों की प्रेरणा, लोकमान्य तिलक के विचार और डॉ. मुंजे जैसे क्रांतिकारी नेताओं का सहारा था।

चर्चा-मंडल : गुप्त बैठकें

केशव की आयु इस समय पंद्रह-सोलह वर्ष की थी। विभिन्न सभाओं में जाकर नेताओं के भाषण सुनना और अपनी मित्र-मंडली में आकर चर्चा करना अब नित्यप्रति के क्रियाकलापों में शामिल हो गया। सभी ने भाषण देने की कला सीखने का मन बनाया। केशव के नेतृत्व में एक चर्चा-मंडल का गठन किया गया। इस चर्चा-मंडल में युवाओं की संख्या बढ़ने लगी। देश के इतिहास, महापुरुषों के जीवन-चरित्र, अंग्रेजों का शासन, स्वतंत्रता-आंदोलन, इत्यादि विषयों पर होनेवाली वार्त्ताओं ने इन युवाओं को क्रांतिकारी आंदोलनों में शामिल होने की प्रेरणा दी। इन्हीं दिनों महाराष्ट्र में सक्रिय एक क्रांतिकारी दल 'स्वदेश-बांधव' के प्रसिद्ध नेता डॉ. पांडुरंग सदाशिव खानखोजे का सहयोग भी मिल गया। 'केसरी' साप्ताहिक में लिखे अपने लेख में डॉ. खानखोजे ने स्वीकार किया था कि व्याख्यानमाला तथा स्वदेशी-प्रचार में केशवराव हेडगेवार आदि अनेक युवक सक्रिय हो गए थे। 'स्वदेश-बांधव' संगठन की ओर से स्वदेशी वस्तुओं के प्रचार के उद्‍देश्य से एक 'आर्य बांधव वीथिका' की शुरुआत की गई थी। इस काम में भी केशवराव हेडगेवार का नियमित सहयोग मिलने लगा।

सन् 1905-06 के आसपास इसी कालखंड में राष्ट्रवादी नेता लोकमान्य तिलक के एक साहसी एवं तेजस्वी शिष्य डॉ. मुंजे ने 'गुप्त बैठकों' का सिलसिला प्रारंभ किया। सारे देश में बढ़ते जा रहे अंग्रेज-विरोधी तूफान की एक छोटी-सी झलक थी यह बैठक। इस बैठक में देश के युवाओं को सशस्त्र क्रांति के लिए तैयार किया जाने लगा। 28 सितंबर, 1905 को अंग्रेज सरकार ने मुसलिम समाज को हिंदू समाज से काटकर अपने साथ मिलाने के राष्ट्रघातक उद्‍देश्य से बंगाल के दो टुकड़े कर दिए। बंगाल के विभाजन ने देशभर की सभी राष्ट्रीय शक्तियों को संगठित होकर इसका जमकर विरोध करने की प्रेरणा दी। इस विद्रोहात्मक माहौल ने डॉ. मुंजे की अगुवाई में शुरू हुई उपर्युक्त गुप्त बैठक के महत्त्व एवं आवश्यकता को बल प्रदान किया। डॉ. हेडगेवार की सर्वप्रथम जीवनी 'डॉ. हेडगेवार चरित' के लेखक नारायण हरि पालकर लिखते हैं, 'केशवराव के एक बालमित्र बलवंतराव मंडलेकर की स्मृति के अनुसार 1905-06 के आसपास डॉ. मुंजे के यहाँ विभिन्न विद्यालयों के कुछ चुने हुए छात्रों की एक गुप्त बैठक शुरू हुई थी, जिसमें बम बनाने का तरीका बताया जाता था तथा महाराष्ट्र और बंगाल की परिस्थितियों का वर्णन भी किया जाता था। इस बैठक में केशवराव

हेडगेवार, मंडलेकर आदि तरुण उपस्थित रहते थे। अक्तूबर, 1905 में जब बंगाल में बंग-भंग के विरोध में 'दुःख-दिवस' मनाया गया, तब लाखों लोगों ने जुलूस-प्रदर्शन द्वारा सरकार के इस कुकृत्य का विरोध किया। केशवराव हेडगेवार के साथियों ने भी विदेशी वस्तुओं की होली जलाकर, विद्यालय छोड़कर, सशस्त्र क्रांति की लौ को तेज करने की प्रतिज्ञा की। बंगाल के विभाजन ने भारत के सभी प्रांतों में अंग्रेजों के प्रति तीव्र विद्रोह की अग्नि प्रज्वलित कर दी। इन तरुणों ने महाराष्ट्र तथा बंगाल में कई स्थानों पर सशस्त्र क्रांति के लिए युवकों को प्रशिक्षित करने के लिए विभिन्न क्रांतिकारी संगठनों का गठन प्रारंभ कर दिया। देशभर में युवकों ने विदेशी शासन को उखाड़ फेंकने के लिए हथियार उठाने की प्रतिज्ञा की। अनेक कांग्रेसी नेताओं ने हिंसा के माध्यम से स्वतंत्रता-आंदोलन चलाने के रास्ते का विरोध किया, परंतु देश पर मर मिटने के लिए तैयार क्रांतिकारियों के जजबे को बंकिमचंद्र के जोशीले गीत 'वंदे मातरम्' ने दिव्यता प्रदान कर दी।

श्रीअरविंद ने लिखा है, 'वंदे मातरम्—इस मंत्र से एक ही दिन में संपूर्ण जनता को देशभक्ति की दीक्षा मिल गई। इसका असर देशभर में हुआ। यह मंत्र नागपुर में गुंजायमान हो गया। केशवराव हेडगेवार ने इस वंदे मातरम् गीत को तभी से अपने जीवन का दीक्षा-मंत्र बना लिया। इसी मंत्र के बल पर वे जीवनपर्यंत भारत की सर्वांगीण स्वतंत्रता के लिए जूझते रहे।

केशव का दीक्षा-मंत्र : 'वंदे मातरम्'

केशवराव हेडगेवार में अब घर-परिवार का आकर्षण धीरे-धीरे समाप्त होता जा रहा था। इसीलिए वे विद्यालय में छुट्टियाँ होने पर अपने चाचा मोरेश्वर श्रीधर हेडगेवार के घर रामपायली नगर में चले जाते थे। 'आबाजी' के नाम से प्रसिद्ध ये चाचाजी 1906-07 में रामपायली में राजस्व-विभाग में रेवेन्यू-इंस्पेक्टर के पद पर नियुक्त थे। छुट्टियों में यहाँ आकर केशवराव रामपायली के युवकों को एकत्र करके उन्हें स्वतंत्रता-आंदोलन में शामिल होने की प्रतिज्ञा करवाते थे। अनेक युवक केशवराव के व्यक्तित्व, विचार और उद्देश्य से प्रभावित होकर उनका साथ देने के लिए तैयार हो गए। उल्लेखनीय है कि स्वदेशी के प्रचार, विदेशी वस्तुओं के बहिष्कार और वंदे मातरम् की दिव्यता से केशवराव हेडगेवार में मानसिक प्रौढ़ता, ध्येयनिष्ठा और कुछ कर गुजरने के जज्बात गहरे तक घर कर गए।

प्रतिवर्ष दशहरे के दिन रामपायली नगर में रावण के पुतले का दहन तथा सीमोल्लंघन का जुलूस आयोजित किया जाता था। केशवराव हेडगेवार ने इस

अवसर पर अपने मित्रों के साथ वंदे मातरम् के गगनभेदी गान के साथ स्वदेशी के प्रचार की योजना बनाई। बिना कोई शोर मचाए केशवराव ने इस कार्यक्रम को सफल बनाने के लिए अपनी सारी ताकत झोंक दी। निश्चित दिन और समय पर नगर के बाहर रावण का वध करने हेतु लगभग पाँच सौ युवकों के साथ नगरवासियों ने सीमोल्लंघन का जुलूस निकाला। दृश्य ऐसा था, मानो श्रीराम की सेना समुद्र पार करके लंकाधिपति रावण और उसकी राक्षसी सेना का संहार करने लंका जा रही हो। गाजे-बाजों और शंख-ध्वनियों के साथ 'जय श्रीराम' के उद्घोष हो रहे थे। इस वर्ष इस सीमोल्लंघन की सैन्य यात्रा में युवकों की तादाद अधिक थी। युवकों का उत्साह देखते ही बनता था। इससे केशवराव हेडगेवार की कुशल कार्य-पद्धति, कार्यक्रम-आयोजन की अद्भुत क्षमता और अपनी बात को अपने साथियों के गले उतारने के कौशल का आभास दृष्टिगोचर होता है।

पूर्व योजनानुसार जैसे ही 'श्रीराम की जय' के नारे लगाता हुआ यह जुलूस निश्चित स्थान पर पहुँचा, वहाँ पहले से तैयार खड़े केशवराव और उसके साथियों ने वंदे मातरम् का जोरदार उद्घोष किया। उपस्थित सभी नगरवासियों ने भी ऊँची आवाज में एक साथ वंदे मातरम् से आकाश को गुँजा दिया। तभी रावण के पुतले को आग की लपटों ने स्वाहा करके धरती पर गिरा दिया। पापी रावण का श्रीराम के हाथों वध हो गया। केशव के हाथों गढ़े गए इन वीरव्रती युवकों के उत्साह ने वातावरण में वीर रस भर दिया। लंका-विजंय करने के लिए सीमोल्लंघन करके आई इस यात्रा को संबोधित करते हुए केशव हेडगेवार और उनके मित्रों ने विदेशी शासकों को ललकारते हुए पूरा 'वंदे मातरम्' गीत गाया। राष्ट्रभक्ति के इस अद्भुत नजारे को देखकर नगरवासी गद्गद हो गए।

बाल केशव की प्रथम गिरफ्तारी

'वंदे मातरम्' गीत के तुरंत बाद केशवराव ने उपस्थित भीड़ को रावण-वध का वास्तविक अर्थ समझाने के लिए एक संक्षिप्त उग्र क्रांतिकारी भाषण दिया, "आज हम अनेक प्रकार की सीमाओं में बँधे हैं। उन्हें पार करना हमारा कर्तव्य है। सबसे बड़ी पीड़ादायक और शर्मनाक बात तो हमारा परतंत्र होना है। परतंत्र बने रहना सबसे बड़ा अधर्म है। पापियों और परायों का अन्याय सहन करना भी महापाप है। अत: आज विदेशी दासता के खिलाफ खड़े होना और अंग्रेजों को सात समुद्र पार भेज देना ही वास्तव में सीमोल्लंघन का अर्थ है। रावण-वध का आज तात्पर्य अंग्रेजी राज का अंत करना है।" इस दशहरे के कार्यक्रम में मौजूद

सरकारी गुप्तचरों ने जिले के पुलिस कमिश्नर के पास तुरंत रपट भेजकर युवकों को सजा देने की सिफारिश की। केशवराव के दो साथियों डबीर और भगोटे को स्थानीय विद्यालय से निकाल दिया गया। इसके बाद सरकारी वकील आर्मस्ट्रांग ने नगर में आकर साधारण सी पूछताछ के बाद आपराधिक दंड-संहिता की धारा के अंतर्गत राज्य के विरुद्ध उग्र द्रोहात्मक भाषण देने के अपराध में केस दर्ज कर लिया। केशवराव को गिरफ्तार कर लिया गया। यही केशव के क्रांतिकारी जीवन की पहली गिरफ्तारी थी।

नगर के प्रबुद्ध लोगों को इन तरुणों के भविष्य की चिंता हुई। स्थानीय लोगों में सम्मानित एक लब्धप्रतिष्ठ सामाजिक नेता पुरुषोत्तम सीताराम देव ने जिलाधिकारी रुस्तम से इन युवकों पर दायर मुकदमा वापस लेने का आग्रह किया। परंतु यह भी दृढतापूर्वक कहा कि वंदे मातरम् में ऐसा कौन-सा राजद्रोह है! यह तो अपनी मातृभूमि की वंदना करने का एक ढंग है। श्रीदेव के आग्रह करने के बाद जिलाधिकारियों के मुकदमा वापस लेने पर डबीर और भगोरे को पुनः विद्यालय में दाखिला मिल गया। जिलाधिकारियों ने गिरफ्तार किए गए केशवराव को क्षमा-याचना करने और भविष्य में ऐसा कोई सरकार-विरोधी काम न करने की प्रतिज्ञा करने को कहा। इन्हें शायद पता नहीं था कि केशव किस मिट्टी का बना है। केशव ने सीना तानकर कहा कि "मैं आपके आदेश का उल्लंघन करता हूँ। चाहो तो इस उल्लंघन के लिए एक और मुकदमा दायर कर दो। वंदे मातरम् गाना मेरा जन्मसिद्ध अधिकार है और मैं इसे अपने जीवन की अंतिम श्वास तक गाता रहूँगा।" केशव के इस उत्तर से जिलाधिकारी चिढ़ तो गए, परंतु वे पुरुषोत्तम सीताराम देव के आग्रह को ठुकराने का साहस नहीं जुटा सके। केशव को छोड़ दिया गया। छुट्टियाँ समाप्त हो गईं। वे नागपुर वापस आ गए। परंतु इस घटना से सरकारी अधिकारियों के कान खड़े हो गए।

केशव के भाषणों पर सरकारी प्रतिबंध

केशवराव द्वारा संचालित उपर्युक्त कार्यक्रम के तीन महत्त्वपूर्ण परिणाम निकले। युवकों में विपरीत परिस्थिति में भी निर्भीकतापूर्वक अपने पथ पर डटे रहने के भाव जाग्रत् हुए। वंदे मातरम् एवं स्वदेशी आंदोलन को बल मिला। केशव के चाचा आबाजी हेडगेवार ने अपने साथ इस घटना के पश्चात् हुए सरकारी दमन के विरोधस्वरूप नौकरी छोड़ी और स्वतंत्रता-आंदोलन की गतिविधियों में शामिल हो गए। उधर केशवराव के वापस नागपुर पहुँचते ही उनके पीछे सरकार

के गुप्तचरों का काफिला लग गया। केशव की हर गतिविधि का ध्यान रखा जाने लगा। उनके ठहरने, खाने, सोने की जगहों पर गुप्तचर कर्मचारियों की तैनाती कर दी गई। केशव के विद्यालय नीलसिटी हाईस्कूल के प्रबंधकों और अध्यापकों को भी सतर्क कर दिया गया, परंतु केशवराव इस सरकारी हलचल से कहाँ घबरानेवाले थे। केशव ने अपनी क्रांतिकारी गतिविधियों को पहले से भी ज्यादा गति से बढ़ा दिया।

गुप्तचर-विभाग और केशवराव के बीच चली कश्मकश से सरकार चौकन्नी हो गई, परंतु इस सरकारी दमन और दबाव के फलस्वरूप केशव का अनुभव और इरादे शतगुणित शक्तिशाली होकर प्रबल ध्येयनिष्ठा में बदल गए। रामपायली में हुए दशहरे के कार्यक्रम के बाद कई नए एवं उत्साही युवक स्वदेशी-आंदोलन के साथ जुड़ गए। सरकार ने इन उभरते हुए युवा क्रांतिकारियों पर शिकंजा कसने के उद्देश्य से रामपायली में सार्वजनिक सभाओं में केशवराव के भाषणों पर प्रतिबंध लगा दिया।

जनसभाओं में केशवराव द्वारा वंदे मातरम्

छुट्टियाँ समाप्त होने के बाद केशवराव अपनी विद्यालयी पढ़ाई-लिखाई में लग गए, परंतु इस बाल क्रांतिकारी ने अपनी आंदोलनात्मक गतिविधियों को पूर्ववत् जारी रखा। इन्हीं दिनों केशव के नेतृत्व में नागपुर में ब्रिटिश हुकूमत के विरुद्ध विद्यार्थी आंदोलन की शुरुआत हुई। बंगाल के विभाजन के पश्चात् सरकार ने विद्यार्थियों पर दमनचक्र तेज कर दिया। महाराष्ट्र में भी छात्रों का रुझान सशस्त्र क्रांति की ओर बढ़ता चला गया। 16 वर्षीय केशवराव ने अंग्रेज अफसरों द्वारा छात्रों पर किए जा रहे अत्याचारों का विरोध करने के लिए सार्वजनिक सभाओं में वंदे मातरम् का उद्घोष जारी रखा। लोकमान्य तिलक की जय-जयकार के साथ सरकार का विरोध जारी रहा। विद्यार्थी समाज में फैल रहे इस प्रकार के अंग्रेजविरोध को दबाने के लिए सरकार ने रिस्ले सर्कुलर नामक एक सूचना-पत्रक जारी करके 'लोकमान्य तिलक महाराज की जय' तथा 'वंदे मातरम्' बोलने पर प्रतिबंध लगा दिया।

छात्रों को राजनीतिक गतिविधियों से दूर करने के लिए वंदे मातरम् गीत गाना दंडनीय अपराध घोषित कर दिया गया। उल्लेखनीय है कि पहले भी इसी तरह के एक अधिनायकवादी सूचना-पत्रक 'कार्लाइल-सर्कुलर' को बंगाल के नवयुवक क्रांतिकारियों ने अपने संगठित विरोध से धूल चटा दी थी। इस कालखंड के प्रसिद्ध

क्रांतिनायक अरविंद घोष ने 'वंदे मातरम्' साप्ताहिक पत्र में लिखे अपने लेख में सरकार को ललकारते हुए कहा था, 'सरकार का वास्तविक उद्देश्य अंग्रेजी साम्राज्यवाद के विरोध में जाग्रत् हो रहे युवकों को रोकना तथा स्वदेशी-स्वराज्य आंदोलन को कमजोर करना है।'

काले कानून की धज्जियाँ उड़ाईं

नागपुर के नीलसिटी हाईस्कूल में भी रिस्ले सर्कुलर पहुँच गया। इस स्कूल के ज्यादातर अध्यापक राष्ट्रवादी विचारों के थे। वे दुविधा में पड़ गए कि इस पत्रक का विरोध करके सरकार की जी-हुजूरी करें अथवा इसका विरोध करके छात्रों को वंदे मातरम् गाने की छूट देकर सरकार के कोपभाजन के शिकार हो जाएँ, परंतु सरकारी आदेश को जारी करने के सिवाय उनके पास कोई चारा भी न था। सरकार के शिक्षा-विभाग द्वारा विद्यालयों के प्रबंधकों, अध्यापकों और विद्यार्थियों को निरंतर चुनौती दी जाने लगी। विद्यार्थियों ने उस चुनौती को स्वीकार करके रिस्ले सर्कुलर की धज्जियाँ उड़ाने का निश्चय किया। शासन की अन्यायकारी नीतियों के खिलाफ एक तगड़ा आंदोलन चलाने की योजना बनाई गई। इस योजना को बनाने तथा इसके संचालन-सूत्र सँभालने के काम में केशवराव की भूमिका प्रमुख थी। सच तो यह है कि रिस्ले सर्कुलर का विरोध करके वंदे मातरम् को प्रत्येक कक्षा में गाने की स्कीम केशवराव के ही दिमाग की उपज थी।

अध्यापकों का स्नेहपात्र तथा प्रायः सभी विद्यार्थियों में लोकप्रिय केशवराव हेडगेवार की आयु इस समय 19 वर्ष की थी। साथियों को साथ लेकर केशवराव ने योजना बनाई कि जब भी विद्यालय की जाँच के लिए सरकारी इंस्पेक्टर आएँगे, उनके सामने खड़े होकर 'वंदे मातरम्' का उद्घोष किया जाए। एक सर्वसम्मत फैसला यह भी लिया गया कि इस योजना के योजनाकार का नाम भी कोई विद्यार्थी नहीं बताएगा। चाहे कितना भी दंड क्यों न मिले, सभी साथी मौन साधे रहेंगे। इस छात्र-आंदोलन को सफल बनाने के उद्देश्य से केशवराव ने विद्यालय की सभी कक्षाओं के मुख्य छात्रों (मॉनीटर) की एक बैठक विद्यालय के बाहर किसी गुप्त स्थान पर आयोजित की। विद्यालय के बाहर भी इन प्रमुख छात्रों के मिलने का क्रम जारी रहा। सारी योजना तैयार हो गई, परंतु किसी भी अध्यापक, कर्मचारी अथवा सरकारी गुप्तचर को इस आंदोलन की योजना की कानोकान खबर तक नहीं हुई। कितनी गहरी और गंभीर संगठन-कुशलता थी यह।

आखिर वह निश्चित दिन आ गया। शिक्षा-विभाग के निरीक्षक तथा विद्यालय के मुख्य अध्यापक जनार्दन विनायक ओक विद्यालय का निरीक्षण करने के लिए सबसे पहले दशम कक्षा में आए। जैसे ही दोनों ने प्रवेश किया, सभी छात्र खड़े हो गए। इन्होंने समझा कि छात्रों ने खड़े होकर हमारा सम्मान किया है, परंतु यह खुशफहमी तुरंत काफूर हो गई। छात्रों ने ऊँची आवाज में 'वंदे मातरम्' का उद्घोष करके निरीक्षक का स्वागत किया। उद्घोषों की आवाज पूरे विद्यालय में सुनाई दी। निरीक्षक और मुख्य अध्यापक जिस भी कक्षा में गए, वहाँ छात्रों ने पूरे आत्मविश्वास के साथ वंदे मातरम् की सिंह गर्जना से नीलसिटी स्कूल की दीवारों को हिला दिया। यह क्या हो गया? क्यों हो गया? किसने किया? इस विरोध का नेता कौन है? सर पटकने के बाद भी मुख्य अध्यापक जर्नादन विनायक ओक के हाथ कुछ नहीं लगा। दशम कक्षा के विद्यार्थियों को डाँटा गया—"बताओ, कौन है तुम्हारा नेता? नेता का नाम बता दो, सभी को क्षमा कर दिया जाएगा।" इस धमकी की परवाह न करते हुए सभी विद्यार्थियों ने फिर एक बार वंदे मातरम् का उद्घोष किया और अपने-अपने घरों की ओर चल दिए।

अनिश्चितकालीन हड़ताल का नेतृत्व

अब क्या होगा? आंदोलन को समाप्त करें या इसमें वृद्धि करें?...अन्याय के आगे किसी हालत में न झुकनेवाले बाल केशवराव अपने चुने हुए साथियों को साथ लेकर अपने गुरु डॉ. मुंजे और 'देशसेवक' नामक समाचार-पत्र के मुख्य संपादक अच्युत बलवंत कोल्हटकर से मिलने नागपुर में ही एक गुप्त स्थान पर पहुँचे। सभी ने सर्वसम्मति से निश्चय किया कि जब तक सभी छात्रों को बिना किसी दंड के स्कूल में प्रवेश की अनुमति न मिले, तब तक अनिश्चित काल तक हड़ताल कर दी जाए। योजना के अनुसार स्कूल के सभी रास्तों पर धरना-प्रदर्शन करके छात्रों को स्कूल जाने से रोका जाने लगा। गुप्त रूप से कुछ साहसी तथा निडर छात्रों को इन धरनों का नेता बनाया गया। 'नागपुर के लोकमान्य तिलक' नाम से प्रसिद्ध अच्युत बलवंत कोल्हटकर का पूरा सहयोग छात्रों को मिलता रहा। केशवराव स्वयं प्रत्येक धरने पर जाकर छात्रों का उत्साह बढ़ाते रहे। जब कुछ विद्यार्थियों ने ढिलाई दिखाते हुए स्कूल में जाने का प्रयास किया, तब उन्हें चूड़ियाँ भेंट की गईं—'इन्हें पहनकर स्कूल जा सकते हो।'

अंत में डॉ. मुंजे और कोल्हटकर के मध्यस्थता करने पर सभी छात्रों द्वारा गरदन को थोड़ा झुकाकर 'भूल हो गई', ऐसा कहने पर सभी चौदह सौ छात्रों

को स्कूल में प्रवेश दे दिया गया, परंतु तेजस्वी स्वभाववाले और देशभक्ति से ओत-प्रोत केशवराव ने न गरदन झुकाई, न ही 'भूल हो गई' जैसे शब्दों को मुँह से निकाला। उल्टा मुख्य अध्यापक के सामने सीना तानकर कहा, "यदि मातृभूमि की आराधना अपराध है, तो मैं यह अपराध एक नहीं कई बार करूँगा।" परिणामस्वरूप विद्यार्थी क्रांतिकारी केशवराव को स्कूल से निष्कासित कर दिया गया। इस घटना के बाद केशवराव नागपुर समेत पूरे महाराष्ट्र एवं बंगाल में एक निडर क्रांतिकारी युवा नेता के रूप में प्रतिष्ठित हो गए।

कुशल संगठक युवा केशव

नीलसिटी हाई स्कूल से निष्कासित होने के बाद भी केशवराव हेडगेवार ने यद्यपि अपनी क्रांतिकारी गतिविधियों को क्षणभर के लिए विराम नहीं दिया, तथापि केशव की पढ़ाई को लेकर राष्ट्रवादी नेता चिंतित थे। अनेक ऐसे विद्यार्थी थे, जिन्हें स्वदेशी आंदोलन में भाग लेने तथा वंदे मातरम् गाने की सजा के रूप में विद्यालयों-महाविद्यालयों से निकाल दिया गया था। इसी प्रकार के देशभक्त युवा छात्रों की पढ़ाई की व्यवस्था का जिम्मा राष्ट्रवादी नेताओं ने लिया था। इसी पवित्र और राष्ट्रभक्तिपूर्ण कार्य के लिए लोकमान्य तिलक, महर्षि अरविंद, डॉ. मुंजे आदि नेताओं ने देश में कई स्थानों पर राष्ट्रीय विद्यालयों की स्थापना की थी। ऐसे ही यवतमाल में एक राष्ट्रीय विद्यालय 'विद्यागृह' नाम से चल रहा था। इस विद्यालय में केशवराव को प्रवेश दिला दिया गया। इस विद्यालय के सभी अध्यापक त्यागी, तपस्वी तथा राष्ट्रीय विचारों के थे। वे स्वयं भी हिंदुत्व अथवा सांस्कृतिक राष्ट्रवाद के पुनरुत्थान में जी-जान से जुटे हुए थे। यवतमाल विद्यालय के संस्थापक बाबा साहब परांजपे और विद्यागृह के मुख्याध्यापक दत्तात्रेय विष्णु आपटे, लोकमान्य तिळक के न केवल भक्त ही थे, अपितु वे उनकी सभी राष्ट्रवादी गतिविधियों में शामिल भी होते थे।

इस प्रकार के त्यागी, पुरुषार्थी एवं राष्ट्रभक्त महापुरुषों के संरक्षण में केशवराव की मैट्रिक की पढ़ाई चल रही थी। यह कहने में कोई अतिशयोक्ति न होगी कि 'भारत की सर्वांगीण स्वतंत्रता' के महान् योद्धा का निर्माण-विकास अत्यंत तेजस्वी वातावरण में हो रहा था। अपने अध्ययन-काल में भी केशवराव ने अपने सहपाठियों को भविष्य की क्रांतिमार्ग के सेनानी बनाने के लिए उनसे घनिष्ठ संपर्क बनाए रखा। केशवराव के आग्रह पर सभी छात्र 'देशसेवक', 'केसरी' जैसे राष्ट्रवादी पत्रों को पढ़ने लगे। लोकसंग्रही, कुशल संगठक केशवराव हेडगेवार ने

यवतमाल विद्यागृह में छोटे से काल में भी अपने अनेक भविष्य के साथी तैयार कर लिये। केशव की पैनी और चौकन्नी दृष्टि सदैव ऐसे युवाओं पर बनी रहती थी, जो भविष्य में उनके किसी संभावित संगठन में शामिल हो सकें। यवतमाल विद्यागृह के अध्यापकों एवं विद्यार्थियों की शिक्षा, संस्कारों एवं गुप्त कार्यकलापों की रपट सरकार के पास पहुँची।

विद्यागृह में संस्कारित हो रही राष्ट्रभक्तों की टोली से सरकार घबरा गई। विद्यागृह के भवन के बाहर मुख्य द्वार के निकट एक स्थायी पुलिस-चौकी बना दी गई। प्रशासन के प्रयत्नों के फलस्वरूप यह विद्यालय बंद कर दिया गया। केशवराव हेडगेवार ने शेष पढ़ाई पूना में रहकर पूरी की। राष्ट्रीय शिक्षा के केंद्र अमरावती में आकर परीक्षा दे दी। डॉ. मुंजे के परामर्श पर वे वापस नागपुर लौट आए। अब केशवराव सशस्त्र क्रांति के सक्रिय सेनानी बनने के लिए तैयार हो गए।

□

6

विप्लवी स्वतंत्रता सेनानी

माँ भारती को ब्रिटिश साम्राज्यवाद के क्रूर शिकंजे से मुक्त कराने के लिए समस्त भारत में एक संगठित सशस्त्र क्रांति का आधार तैयार करने हेतु डॉ. हेडगेवार को तत्कालीन राष्ट्रवादी नेताओं ने कलकत्ता भेजा था। अपने इस उद्‍देश्य में सफल होकर वे नागपुर लौटे और 1915 के प्रथम विश्वयुद्ध के समय अंग्रेजों के विरुद्ध महाविप्लव की तैयारी में जुट गए। देश की स्वतंत्रता के लिए आए इस सुवर्ण अवसर पर कांग्रेस के सभी बड़े नेताओं ने विश्वयुद्ध के समय अंग्रेजों का साथ देने की घोषणा कर दी। परंतु अंग्रेजों की विजय के बाद स्वतंत्रता मिलने की इस कांग्रेसी उम्मीद को अंग्रेजों ने ही दफन कर दिया। साम्राज्यवाद का दमन-चक्र तेज हो गया और डॉ. हेडगेवार भी बिना घबराए स्वातंत्र्य संघर्ष को आगे बढ़ाने में जुट गए।

विद्यालय की पढ़ाई पूरी कर लेने के पश्चात् केशवराव हेडगेवार नागपुर में ही स्वदेशी एवं क्रांतिकारी गतिविधियों के साथ न केवल जुड़े ही, अपितु सक्रिय भी हो गए। अब केशवराव का सारा समय स्वदेशी के प्रचार एवं क्रांतिकारी युवकों की गुप्त गतिविधियों में व्यतीत होने लगा। अपने देश को अखंड तथा पूरी तरह स्वतंत्र देखने की आकांक्षा इस युवा देशभक्त का एकमात्र अंतिम जीवन-व्रत था। अपनी कुशाग्र बुद्धि के बल पर उन्होंने सशस्त्र क्रांति के अनेक क्रांतिकारियों और राष्ट्रवादी अथवा गरम दल के कांग्रेसी नेताओं के साथ घनिष्ठ संबंध बना लिए थे। केशवराव का विद्यालयी जीवन नागपुर के अलावा यवतमाल और पूना में व्यतीत हुआ। इन तीनों स्थानों पर उस समय चल रही स्वतंत्रता-आंदोलन की गतिविधियों में केशवराव की मुख्य भूमिका रहती थी। वरिष्ठ आंदोलनकारियों का सम्मान करते हुए

उनके आदेशानुसार अपनी सक्रिय भागीदारी बनाए रखनेवाले इस युवा स्वतंत्रता-सेनानी ने असंख्य नवयुवकों को अपने साथ सहयोगी बनाकर उन्हें सफलतापूर्वक क्रांति-पथ पर अग्रसर किया।

क्रांति-पथ पर अग्रसर

लोकमान्य बालगंगाधर तिलक की सांस्कृतिक राष्ट्रवादी विचारधारा के कायल केशवराव नागपुर में सक्रिय रहते हुए बंगाल में सक्रिय क्रांतिकारी दल 'अनुशीलन समिति' से भी जुड़ गए। केशवराव हेडगेवार ने बंगाल के कई क्रांतिकारियों को नागपुर में गुप्त रूप से रहने और उग्र गतिविधियों को संचालित करने में सहयोग दिया। इसी तरह जब बंगाल के क्रांतिकारी नेताओं ने अपने एक साथी माधवराव को विदेश भेजने का प्रस्ताव किया, तो केशवराव ने उसके लिए धन की व्यवस्था नागपुर में ही कर दी थी। यहीं तक ही नहीं तो अन्य प्रांतों में भी अनुशीलन समिति की शाखाएँ प्रारंभ करने में केशवराव ने विशेष भूमिका निभाई थी। इतना सबकुछ करते हुए वे और अधिक करना चाहते थे। उन्होंने अपनी यह इच्छा अपने वरिष्ठ लोगों को बता दी। केशवराव के गुरुतुल्य नेता डॉ. मुंजे भी इनको कलकत्ता भेजकर अनुशीलन समिति के नेता क्रांतिकारी पुलिन बिहारी दास के मार्गदर्शन में सशस्त्र क्रांति का प्रशिक्षण दिलवाना चाहते थे। कलकत्ता में जाकर रहने के पीछे एक बड़ा उद्देश्य यह भी था कि महाराष्ट्र में गुप्त क्रांतिकारी आंदोलन को बंगाल की सबसे बड़ी क्रांतिकारी संस्था अनुशीलन समिति से जोड़ दिया जाए।

कलकत्ता जाकर रहने का कोई ठोस बहाना अथवा आधार तलाशा जाने लगा। डॉ. मुंजे इत्यादि नेताओं ने यही रास्ता निकाला कि केशवराव को वहाँ के नेशनल मेडिकल कॉलेज में प्रवेश दिलवाया जाए।

मेडिकल कॉलेज, कलकत्ता में प्रवेश

डॉ. मुंजे ने अपने साथियों के साथ मिलकर धन की व्यवस्था भी कर दी। केशवराव ने स्वयं भी लगभग छह मास तक एक विद्यालय में नौकरी तथा ट्यूशन करके थोड़ा-बहुत धन एकत्र कर लिया था। 1910 में केशवराव ने कलकत्ता के लिए प्रस्थान किया। इनके पास डॉ. मुंजे द्वारा दिए गए परिचय-पत्र के अलावा और कुछ भी नहीं था। डॉ. मुंजे के प्रभाव, परिचय और प्रखर व्यक्तित्व के कारण केशवराव को नेशनल मेडिकल कॉलेज में प्रवेश मिल गया। इस कॉलेज के प्रबंधक तथा प्राध्यापक भी राष्ट्रीय विचारों से ओत-प्रोत थे। प्रायः अधिकांश तो लोकमान्य

तिलक एवं बिपिन चंद्र पाल द्वारा संचालित होनेवाले स्वदेशी-स्वराज्य के आंदोलनों में गुप्त रूप से सक्रिय भागीदारी भी करते थे। प्रसिद्ध क्रांतिकारी त्रैलोक्यनाथ चक्रवर्ती द्वारा लिखी गई पुस्तक 'जेल में तीस वर्ष' से स्पष्ट हो जाता है कि केशवराव का कलकत्ता में आने का मुख्य उद्‍देश्य सशस्त्र क्रांति का प्रशिक्षण लेना और पूरे देश में अंग्रेजों के विरुद्ध 1857 जैसी महाक्रांति का आगाज करना था। इतिहास साक्षी है कि कलकत्ता में रहने के अपने छह वर्षों के कालखंड में केशवराव हेडगेवार ने अपने आपको अनुशीलन समिति के एक प्रमुख सूत्रधार के रूप में विकसित कर लिया।

अनुशीलन समिति में सक्रियता

सशस्त्र क्रांति के प्रसिद्ध क्रांतिकारी त्रैलोक्यनाथ चक्रवर्ती ने अपनी पुस्तक 'जेल में तीस वर्ष' के पृष्ठ 77-78 में लिखा है, 'जब हेडगेवार नेशनल मेडिकल कॉलेज में पढ़ते थे, तब बांग्ला में लिखी गई एक प्रसिद्ध पुस्तक 'बांग्लार विप्लववाद' के लेखक नलिनी किशोर गुहा भी वहाँ पढ़ते थे।' गुहा ने ही हेडगेवार, नारायणराव सावरकर एवं अन्य छात्रों को अनुशीलन समिति में प्रवेश दिलाया था। अनुशीलन समिति में प्रवेश का अर्थ था परीक्षार्थी का शारीरिक बल, साहस, सहनशीलता, सावधानी, आज्ञापालन, सयंम, सतर्कता, सक्रियता तथा नेतृत्व-कुशलता इत्यादि गुणों में प्रथम श्रेणी में उत्तीर्ण होना। डॉ. हेडगेवार में ये सभी गुण जन्मजात थे। उनके 'बाल क्रांतिकारी' जीवन की सभी घटनाएँ उनके युवा काल के विप्लवी क्रांतिकारी जीवन का संकेत ही सिद्ध नहीं होतीं, अपितु उनके जीवनपर्यंत स्वतंत्रता सेनानी चारित्र्य की आधारशिला भी बनीं।

डॉक्टरी की अपनी पढ़ाई के साथ-साथ केशवराव हेडगेवार ने युवाओं के हाथों में सशस्त्र क्रांति की मशाल थमाने के अपने उद्‍देश्य को एक क्षण के लिए भी ओझल नहीं किया। क्रांतिकारी नेता नलिनी किशोर गुहा ने इस उभरते हुए युवा क्रांतिकारी और भविष्य में स्वतंत्रता संग्राम के एक महान् योद्धा के संबंध में कहा है कि 'हेडगेवार सच्चे अर्थों में एक आदर्श क्रांतिकारी थे। अनुशीलन समिति के सदस्यों के बीच वे रचनात्मक सोच तथा ठोस काम के लिए जाने जाते थे।'

जिस समय केशवराव कलकत्ता पहुँचे, उस समय स्वदेशी आंदोलन थोड़ा मंद पड़ चुका था। इसी वक्त खुदीराम बोस ने बम धमाका करके स्वराज्य के लिए बने स्वदेशी आंदोलन के माहौल को पुनः गरम कर दिया। वीर सावरकर ने इस बम-विस्फोट की घटना का वर्णन इन शब्दों में किया है—'उस बम के विस्फोट

के साथ ही हिंदुस्थान की पुरानी राजनीति में पुनः विस्फोट होकर सशस्त्र क्रांति का नया रक्तरंजित युग उदित हुआ।' यहाँ यह कहना उचित ही होगा कि उस सशस्त्र क्रांति के नए युग के उदय में केशवराव हेडगेवार की भूमिका अग्रणी रही थी। बंगाल के क्रांतिकारियों की गतिविधियों के प्रारंभिक दिनों में अतिसक्रिय रहे क्रांतिकारी नेता योगेश चंद्र चटर्जी ने अपनी पुस्तक 'इन सर्च ऑफ फ्रीडम' में डॉ. हेडगेवार के संदर्भ में लिखा—अपने पाँच-छह वर्षों के कलकत्ता-प्रवास में हेडगेवार वहाँ के राष्ट्रवादी नेताओं एवं क्रांतिकारियों के मध्य एक लोकप्रिय व्यक्ति के रूप में उभरकर आए थे।

महाविप्लव के लिए युवाओं की भर्ती

केशवराव हेडगेवार की यह एक खास पहचान थी कि वे संपर्क में आनेवाले प्रत्येक व्यक्ति को मित्र बनाकर उसे अनुशीलन समिति के कार्य में लगा देते थे। इसमें केशवराव का अपना कोई निजी स्वार्थ नहीं था। जिस काम के लिए कलकत्ता आए थे, उसी को पूरा करने के लिए वे 24 घंटे तत्पर रहते थे। नेशनल मेडिकल कॉलेज में देश के प्रायः प्रत्येक प्रांत से विद्यार्थी अध्ययन के लिए आते थे। केशवराव ने उन सबके माध्यम से शीघ्र ही देशभर में भविष्य के महाविप्लव के लिए युवाओं को तैयार करने की तत्परता दिखाई और काफी हद तक सफलता भी प्राप्त की। डॉ. श्यामा प्रसाद मुखर्जी के पिता डॉ. आशुतोष मुखर्जी, मोतीलाल घोष, बिपिन चंद्र पाल तथा रासबिहारी बोस जैसे लब्धप्रतिष्ठ राष्ट्रवादी एवं हिंदुत्वनिष्ठ नेताओं के साथ भी केशवराव हेडगेवार ने घनिष्ठ संपर्क स्थापित कर लिए। इनके अलावा कुछ मुसलिम राष्ट्रवादी नेताओं के साथ भी केशवराव ने सम्मानजनक संबंध स्थापित कर लिए थे। इन्हीं दिनों कलकत्ता में एक मौलवी लियाकत हुसैन नाम के एक देशभक्त नेता स्वदेशी-स्वराज के आंदोलन में अपनी अहम भूमिका निभा रहे थे। जनसभाओं, मुहल्लों, बैठकों, सामूहिक चर्चा तथा प्रभातफेरियों के माध्यम से सरकार-विरोधी गतिविधियों का आयोजन करनेवाले यह मौलवीजी केशवराव हेडगेवार तथा उनकी युवा मंडली से बहुत प्रभावित थे। मौलवीजी के प्रायः प्रत्येक कार्यक्रम में केशवराव यथासंभव शिरकत करते थे। केशवराव हेडगेवार के साथ स्वदेशी भाषा एवं स्वदेशी वेशभूषा पर हुई एक लंबी चर्चा के बाद मौलवीजी ने तुर्की टोपी के स्थान पर खद्दर के कपड़े की गांधी टोपी पहनना प्रारंभ कर दिया था।

अपने जुझारू स्वभाव, निरंतर परिश्रम तथा लोकसंग्रही वृत्ति होने के कारण केशवराव शीघ्र ही अन्य प्रांतों में चल रही क्रांतिकारी गतिविधियों की मुख्य कड़ी बन

गए। बंगाल के कई स्थानों पर हथियारों की गुप्त फैक्ट्रियाँ सफलतापूर्वक चल रही थीं। यहीं से देशभर के क्रांतिकारियों को हथियारों की सप्लाई होती थी। केशवराव हेडगेवार ने इस कार्य को भी बहुत सतर्कता के साथ निभाया। विशेषतया मध्य प्रांत में क्रांतिकारियों तक हथियारों का पहुँचना केशवराव की ही मेहनत का प्रतिफल था। छुट्टियों में नागपुर जाते हुए भी वे अपने साथ पिस्तौल तथा अन्य शस्त्रों की खेप को छिप-छिपाकर ले जाते थे। मध्य प्रांत के तत्कालीन सरकारी दस्तावेजों में भी स्वीकार किया गया है कि हेडगेवार ने नागपुर एवं बंगाल के क्रांतिकारियों के बीच तालमेल बनाने में एक बड़ी सफलता प्राप्त कर ली।

देशभक्त क्रांतिकारियों की श्रृंखला

अनुशीलन समिति द्वारा संचालित क्रांतिकारी क्रियाकलापों को सफलतापूर्वक अंजाम देने के कार्य के साथ केशवराव अन्य संस्थाओं द्वारा संचालित आंदोलनों में अकसर भाग लेते थे। इन आंदोलनों तथा सेवा-प्रकल्पों में भाग लेने के उनके दो उद्देश्य होते थे—1. देश की स्वतंत्रता के लिए हो रहे प्रत्येक प्रयास को बल प्रदान करना और 2. युवकों के साथ संबंध बनाकर उनको अपने साथ जोड़ लेना। 1914 में अंग्रेज-सरकार ने एक निंदनीय कानून बनाकर नेशनल मेडिकल कॉलेज की डिग्री को अमान्य कर दिया। सरकार की मंशा थी—इस तरह के संस्थानों में तैयार हो रहे क्रांतिकारी युवकों पर लगाम लगाना। केशवराव हेडगेवार ने इस फैसले के विरोध में एक प्रचंड आंदोलन खड़ा कर दिया। थोड़े ही समय में सरकार को मुँह की खानी पड़ी। अपने साथ जोड़ लेने की कला में महारत हासिल कर चुके केशवराव हेडगेवार ने अपने सात्त्विक चरित्र, प्रतिबद्धता और असाधारण संगठन-कौशल से नवयुवक क्रांतिकारियों का दिल जीत लिया था। यही वजह है कि उनके प्रति आस्था रखनेवाले देशभक्तों की एक लंबी श्रृंखला तैयार हो गई थी।

व्यक्तियों के अद्भुत पारखी

सरकारी गुप्तचर विभाग के अधिकारियों ने केशवराव हेडगेवार को एक सफल क्रांतिकारी बताते हुए इनके खिलाफ लंबी-लंबी रपटें सरकार के पास भेजीं, परंतु इस अति सतर्क युवा राष्ट्रभक्त के क्रियाकलापों की जानकारी के ठोस सबूत जुटा पाने में गुप्तचरों को कभी सफलता नहीं मिली। काम हो जाने के बाद ही काम का पता चलता था। लाख सर पटकने के बाद भी गुप्त योजनाओं के स्थान, नेता, तौर-तरीकों, मददगारों की जानकारी कुछ भी हाथ नहीं लगती थी। यही तो वास्तव

में केशवराव की खासियत थी। केशवराव हेडगेवार की भूमिगत गतिविधियों को सूँघने के लिए मध्य प्रांत की सरकार ने एक युवक गोपाल वासुदेव केतकर को पूरे साजो-सामान के साथ कलकत्ता भेजा। सरकारी सहायता के साथ केतकर ने नेशनल मेडिकल कॉलेज में प्रवेश भी पा लिया।

केशवराव हेडगेवार के साथ संपर्क जोड़ने के लिए उसने 'शांति निकेतन' नामक लॉज में रह रहे केशव हेडगेवार तथा उनके क्रांतिकारी दोस्तों के साथ ही अपने रहने की व्यवस्था कर ली। उसकी हलचलों और बातचीत के ढंग से हेडगेवार को आभास हो गया कि यह व्यक्ति ठीक नहीं है और किसी खास प्रयोजन से यहाँ आया है। अत: केशवराव ने सभी साथियों को सतर्क करते हुए कहा, "यह विद्यार्थी सीधा नहीं लगता, इसके रहते किसी भी राजकीय विषय अथवा आंदोलन के संबंध में विचार-विमर्श न किया जाए।" जब सभी साथियों ने इस आशंका को निराधार बताया, तब हेडगेवार ने इतना ही कहा, "चौकन्ने रहिए, समय आने पर सबकुछ बता दूँगा।" एक दिन केतकर कहीं बाहर गया, तो उसकी अनुपस्थिति में उसके ट्रंक का ताला खोलकर केशवराव ने कुछ दस्तावेज निकालकर पढ़ लिये। सारी पोल-पट्टी खुल गई। सभी साथियों ने केतकर को अपने निवास से निकालने का फैसला किया, परंतु केशवराव ने कहा, " अपनी गतिविधियों पर निगाह रखने के लिए उसकी योजना की गई है तो अपने को भी उसकी योजना पर निगाह रखनी चाहिए। यह हमारे लिए भी लाभदायक सिद्ध होगा। उसे यहीं रखो और हमारे खिलाफ बनाई जा रही सरकारी नीतियों की जानकारी इसी से प्राप्त करो।"

इस तरह से केशवराव ने सरकार के गुप्तचर को अपने घेरे में लेकर उसकी भी गुप्तचरी के बंदोबस्त कर लिये। बड़े और बुद्धिमान माने जानेवाले गुप्तचरों की आँखों में धूल झोंककर अपना रास्ता बनाने में हेडगेवार पारंगत थे। इसी समय मध्य प्रांत सरकार की योजनानुसार तारे नाम के एक पुलिस अधिकारी ने भी कलकत्ता के नेशनल मेडिकल कॉलेज में प्रवेश ले लिया। इस व्यक्ति के वजन तथा चेहरे से लगता ही नहीं था कि यह कोई विद्यार्थी हो सकता है। इसने सभी सहपाठियों के साथ देशभक्ति एवं स्वाधीनता इत्यादि की बातें तथा चर्चा इस तरह से करनी शुरू कीं, मानो कोई बहुत बड़ा आंदोलनकारी हो। ऊँची आवाज में भाषण देना तथा वंदे मातरम् गाना इसकी भावी रणनीति का हिस्सा था—इस बात की भनक केवल केशवराव को ही मिली। सूक्ष्म दृष्टि के धनी हेडगेवार ने अपने सहपाठियों को सतर्क करते हुए कहा कि यह आदमी सरकार का न केवल गुप्तचर है, अपितु अंग्रेजों

का वफादार एजेंट भी है। केशवराव की यह बात सत्य साबित हुई। तारे के सामान से मिले कुछ दस्तावेजों से इसकी पोल खुल गई। यह आदमी केशवराव से ज्यादा चर्चा करता था। इसके मन में केशवराव के लिए श्रद्धा उत्पन्न हुई। उनके राष्ट्रवादी विचारों से प्रभावित होकर इसने सरकारी नौकरी छोड़ दी।

एक साथ कई मोर्चों पर सक्रियता

अनेक गुणसंपन्न केशवराव हेडगेवार ने कलकत्ता में रहते हुए तीन प्रमुख कार्य सफलतापूर्वक संपन्न किए। डॉक्टरी का अपना अध्ययन, केवल कक्षा के अध्यापकों द्वारा पढ़ाया गया पाठ अथवा करवाए गए प्रयोगशाला के प्रयोग पर ही निर्भर रहते हुए वह प्रत्येक वर्ष अच्छे अंकों से उत्तीर्ण होते रहे। कक्षा के बाहर आकर तो वे अपने वास्तविक उद्देश्य की पूर्ति के लिए जुटे रहते थे। अनुशीलन समिति के एक प्रमुख सदस्य के नाते उन्हें जो भी कार्य दिया गया, उसे उन्होंने पूरी ताकत के साथ संपन्न किया। शस्त्रों की तैयारी, उनका वितरण, एक्शन की योजना और कार्यान्वयन, क्रांतिकारियों को गुप्त स्थानों पर रखना और गुप्तचर विभाग की नजरों से बचा रहना आदि जोखिम भरे काम वे कक्षा के बाहर आकर करने लगे। अपने अध्ययन-कार्य और अनुशीलन समिति के काम के अतिरिक्त भी समाज-सेवा के अन्यान्य कार्य में वे सक्रियता से भाग लेते थे।

सन् 1913 में दामोदर नदी में आई भयंकर बाढ़ ने बहुत तबाही मचाई थी, कई घर बाढ़ में नष्ट हो गए। लोगों के कारोबार चौपट हो गए। अनेक सामाजिक संस्थाएँ लोगों को बाढ़ से निकालने तथा उन्हें सुरक्षित स्थानों पर पहुँचाने के काम करने लगीं। रामकृष्ण मिशन के युवा संन्यासियों एवं भक्तों ने सबसे आगे रहकर सहायता-कार्य को सँभाला। केशवराव हेडगेवार ने अपने साथियों के साथ सेवा-कार्य में हाथ बँटाना शुरू किया। इन युवाओं ने अपने प्राणों को संकट में डालकर ऐसी जगहों पर जाकर लोगों को सुरक्षित निकाला, जहाँ कोई जाने की हिम्मत न कर सका। हेडगेवार की टोली के सदस्य पानी और कीचड़ में मीलों चलकर दूर-दराज के गाँवों तक पहुँचकर खाद्य-सामग्री का वितरण करते थे। भूखे, प्यासे और बिना सोए ये तरुण क्रांतिकारी दिन-रात सेवा के कामों में जुटे रहे। इसी तरह एक शहर में हैजे की बीमारी फैलने पर केशवराव की टोली ने परिश्रमपूर्वक रोगियों की सेवा जैसा पवित्र कार्य किया।

उल्लेखनीय है कि केशवराव हेडगेवार ने कलकत्ता में भारत के उस समय के सबसे बड़े क्रांतिकारी संगठन अनुशीलन समिति के भीतर रहकर इस संगठन

के काम करने के ढंग एवं उद्देश्य को बहुत नजदीक से समझने की कोशिश की। विभिन्न समितियों के माध्यम से काम का बँटवारा और काम को गुप्त रूप से सफल करने की विधि, इत्यादि केशवराव हेडगेवार के भावी जीवन की नींव के पत्थर साबित हुए। अनुशीलन समिति में क्रांतिकारी काम करते हुए डॉक्टर साहब का देश के कई प्रांतों के युवाओं से संबंध आया। डॉक्टरजी की दृष्टि देश की स्वतंत्रता के लिए किसी भावी सशस्त्र आंदोलन पर टिकी रहती थी।

सर्वस्वार्पण करने का संकल्प

कलकत्ता में पाँच वर्ष रहकर डॉ. हेडगेवार ने अनुशीलन समिति के माध्यम से देश की धड़कती नब्ज को पहचाना। राष्ट्र-समर्पित विप्लवी जीवन का संपूर्ण प्रशिक्षण, भारत की सर्वांगीण स्वतंत्रता के लिए सर्वस्वार्पण करने का संकल्प, संगठित राष्ट्रवादी शक्ति की जरूरत का आभास, समाजसेवा के अमिट संस्कार, अटल इच्छाशक्ति और डॉक्टरी की डिग्री लेकर 1915 में डॉ. केशवराव हेडगेवार नागपुर आ गए। हालाँकि यह सत्य है कि डॉक्टरी की डिग्री को छोड़कर शेष सभी संस्कार बीजरूप में उनके अंतर्मन में बालपन से ही विद्यमान थे, तो भी अखंड भारत की सर्वांगीण स्वतंत्रता के लिए एकमात्र अंतिम लक्ष्य पर आधारित अपने शेष जीवन की दिशा निर्धारित करने में कलकत्ता में पाँच वर्ष का अनुभव अति महत्त्वपूर्ण रहा। इसीलिए नागपुर वापस आने के बाद वे एक दिन भी चैन से नहीं सोए। देश को अंग्रेजों की गुलामी से छुड़ाने के लिए हो रहे तत्कालीन प्रयत्नों के सभी रास्ते उनके लिए खुले थे। डॉक्टर साहब किसी ऐसे सुदृढ रास्ते की तलाश में थे, जो सीधे-सीधे ब्रिटिश साम्राज्यवाद की गरदन तक पहुँचता हो।

उस समय पूरे मध्य प्रांत में केवल मात्र 75 ही मान्यता प्राप्त डॉक्टर थे। यदि डॉक्टर हेडगेवार चाहते, तो तुरंत सरकारी नौकरी प्राप्त करके एक शानदार घर-गृहस्थी का शुभारंभ कर सकते थे। डॉक्टर साहब के रिश्तेदार, निकटवर्ती संबंधी और असंख्य मित्रगण चाहते थे कि हेडगेवार डॉक्टरी की प्राइवेट प्रैक्टिस शुरू कर दें। आकर्षक दहेज के साथ सुयोग्य कन्याओं के अभिभावकों का ताँता भी लगने लगा। बहुत कम लोगों को बहुत देर में यह आभास हुआ कि केशवराव किसी एक व्यक्ति के कुछेक शारीरिक रोगों को ठीक करनेवाले डॉक्टर नहीं बने, वे तो संपूर्ण राष्ट्रजीवन में व्याप्त सर्व प्रकार के रोगों को ठीक करनेवाले सर्वगुण संपन्न डॉक्टर बन चुके हैं। यही वजह रही कि घर-गृहस्थी बसाने के लिए जब चारों ओर के आग्रह दबाव में बदलने लगे, उनके चाचा आबाजी हेडगेवार ने थोड़ी सख्ती और

थोड़ा प्यार दिखाते हुए उनसे स्पष्ट और शीघ्र फैसले के लिए कहा, तो डॉक्टर साहब ने भी उम्मीद के मुताबिक बेबाक उत्तर दे दिया, "मैंने अविवाहित रहकर जन्मभर राष्ट्रकार्य करने का फैसला कर लिया है।" इसके बाद विवाह के प्रस्ताव आने भी बंद हो गए और डॉक्टर साहब भी अपनी स्वनिर्धारित अंतिम मंजिल तक पहुँचने के लिए पूर्ण स्वतंत्र हो गए। उनकी यही पूर्ण स्वतंत्रता उन्हें देश की पूर्ण स्वतंत्रता के लिए संघर्ष के रास्ते पर ले गई।

देशव्यापी सशस्त्र विद्रोह की तैयारी

कलकत्ता में अनुशीलन समिति के कई साथियों के साथ विस्तृत चर्चा करके डॉ. हेडगेवार ने 1857 के स्वतंत्रता संग्राम से भी भयंकर महासमर की योजना पर विचार किया था। यह भी गंभीरता से चर्चा हुई थी कि जिन कारणों से प्रथम स्वतंत्रता समर राजनीतिक दृष्टि से विफल हुआ, उन विफलताओं को न दोहराया जाए। नागपुर पहुँचने के कुछ ही दिन बाद वे इस योजना को कार्यान्वित करने के उद्देश्य से शस्त्रों और व्यक्तियों को जुटाने में लग गए। डॉक्टर साहब की क्रांतिकारी मंडली ने यह विचार भी किया कि सेना में युवकों की भारी भर्ती करवाकर, सैनिक प्रशिक्षण प्राप्त करके अंग्रेजों के खिलाफ सशस्त्र विद्रोह कर दिया जाए।

इसी समय विश्वयुद्ध के बादल गरज रहे थे, वे बरसने शुरू हो गए। अंग्रेजों के समक्ष अपने विश्वस्तरीय साम्राज्य को बचाने का संकट खड़ा हो गया। भारत में भी अंग्रेजों की हालत दयनीय हो गई। देश के कोने-कोने तक फैल रही सशस्त्र क्रांति की चिनगारी, कांग्रेस के भीतर गरम दल के राष्ट्रवादी नेताओं द्वारा किया जा रहा स्वदेशी आंदोलन और आम भारतीयों के मन में विदेशी सत्ता को उखाड़ फेंकने के जज्बे में हो रही वृद्धि इत्यादि कुछ ऐसे कारण थे, जिनसे अंग्रेज-शासक भयभीत होने लगे। अत: इस अवसर पर उन्हें भारतीयों की मदद की जरूरत महसूस हुई। स्वाभाविक ही अंग्रेजों को सशस्त्र क्रांति के संचालकों से मदद की कोई उम्मीद नहीं थी। जो लोग घर-परिवार छोड़कर, हथियार उठाकर अंग्रेजों के विरुद्ध संघर्षरत थे; जो इस सिद्धांत को मानकर चल रहे थे कि विदेशी-विधर्मी अत्याचारी शासकों के साथ शठे शाठ्यं समाचरेत् की नीति ही अंत में सफल होती है, वे अंग्रेजों की मदद नहीं कर सकते।

अंग्रेजों की कुटिल चाल

व्यापारी बुद्धिवाले अंग्रेज-शासक इस सच्चाई को भली-भाँति जानते थे, इसीलिए उन्होंने अपने द्वारा गठित की गई कांग्रेस से सहायता की उम्मीद बाँध ली।

भारत के एक प्राचीन यशस्वी आचार्य चाणक्य के सिद्धांत 'साम-दाम-दंड-भेद' की नीति पर चलते हुए अंग्रेजों ने यह भ्रम फैला दिया कि विश्वयुद्ध में अंग्रेजों की जीत होने के बाद भारत को उपनिवेश-राज्य (डोमिनियम स्टेट) का दर्जा दे दिया जाएगा। विदेशी शासकों की यह चाल लगभग सफल रही थी। कांग्रेस के दोनों ही धड़े उस भ्रमजाल में फँसकर उनकी सहायता करने में लग गए। कितना बड़ा दुर्भाग्य है हमारे देश का कि लोकमान्य तिलक और डॉ. मुंजे जैसे राष्ट्रवादी नेता भी मात्र 'डोमिनियम स्टेट' की प्राप्ति के लिए अंग्रेजों का साथ देने के लिए तैयार हो गए। ये नेता अपने द्वारा ही घोषित 'पूर्ण स्वराज्य' की उद्घोषणा को भूलकर अंग्रेजों की तरफ से लड़ने के लिए युवकों को तैयार करने लग गए—'विनाशकाले विपरीत बुद्धि'।

अपने ही गुरुतुल्य मार्गदर्शकों के इस अदूरदर्शी व्यवहार और दुश्मनों की सहायता की रणनीति से सशस्त्र क्रांति के रणनीतिकार डॉ. हेडगेवार का दुःखी होना स्वाभाविक था। उन्होंने लोकमान्य तिलक और डॉ. मुंजे से प्रत्यक्ष मिलकर उन्हें समझाने का एक प्रयास भी किया। डॉ. हेडगेवार के मतानुसार 'ब्रिटिश साम्राज्य पर गहराया संकट भारत को स्वतंत्र करवाने का एक स्वर्णिम अवसर है।' इस अवसर को गँवा देना हमारी उन भयंकर भूलों में एक और भूल जुड़ जाएगी, जो हमने पिछले 1,200 वर्षों में अनेक बार की है। डॉक्टर साहब का विचार था कि ब्रिटेन की उस समय कमजोर सैन्यशक्ति का फायदा उठाना चाहिए और देशव्यापी सशस्त्र क्रांति का एक संगठित प्रयास करना चाहिए। डॉ. हेडगेवार ने कई दिनों तक चर्चा करके उपर्युक्त दोनों गरमदलीय नेताओं को सहमत करने की कोशिश की, परंतु इन पर न जाने क्यों इस मौके पर अंग्रेजों की सहायता करके 'कुछ न कुछ तो प्राप्त कर ही लेंगे' का भूत सवार हो गया। यह भूत अंग्रेजों की विजय के बाद ही उतरा।

सशस्त्र विद्रोह की युवा टोली

उधर डॉ. हेडगेवार राष्ट्रवादी नेताओं के इस व्यवहार से नाराज तो हुए, परंतु निराश नहीं हुए। उन्होंने संगठित सशस्त्र विद्रोह का ऐलान कर दिया और इसकी तैयारियों में जुट गए। विप्लवी क्रांतिकारी डॉ. हेडगेवार द्वारा शुरू होनेवाले भावी 'महाविप्लव' में इनके एक बालपन के साथी भाऊजी काँवर ने कंधे-से-कंधा मिलाकर साथ दिया। इन दोनों उग्र नेताओं ने 1916 के प्रारंभिक दिनों में ही सशस्त्र क्रांति को सफल करने हेतु सभी प्रकार के साधन जुटाने के लिए मध्य प्रांत के सभी क्षेत्रों का प्रवास करना शुरू किया। सभी कांग्रेसी नेता अंग्रेजों की सहायता और

धन जुटाने का प्रयास कर रहे थे और युवकों को अंग्रेजी सेना में भर्ती होकर उनकी ओर से लड़ने का आग्रह कर रहे थे, ठीक उसी समय डॉ. हेडगेवार और भाऊजी काँवर ने अपने क्रांतिकारी दल का विस्तार मध्य प्रांत के बाहर भी शुरू कर दिया। डॉक्टरजी के मध्य प्रांत, कलकत्ता और पंजाब के क्रांतिकारी नेताओं के साथ घनिष्ठ संबंध पहले से ही थे।

नए युवकों को सशस्त्र क्रांति के लिए तैयार करने हेतु अनेक प्रकार के प्रयास किए गए। कई स्थानों पर सांस्कृतिक कार्यक्रमों के मंचन प्रारंभ किए गए। इसी तरह व्यायामशालाओं तथा वाचनालयों की स्थापना करके युवकों को सशस्त्र क्रांति का प्रशिक्षण दिया जाने लगा। जाहिर है इस तरह के छोटे-छोटे प्रयासों का एक मंतव्य प्रशासन एवं पुलिस को भ्रमित करना भी था। इन केंद्रों में युवकों को साहस, त्याग और क्षमता के आधार पर भर्ती किया जाता था। इन युवकों को 1857 के स्वतंत्रता-संग्राम के समय की वीरतापूर्ण कथाओं, शिवाजी महाराज के जीवन-चरित्र तथा अनुशीलन समिति के क्रांतिकारियों के साहसिक कार्यों की जानकारी दी जाती थी। डॉक्टर साहब की इच्छा थी कि न केवल जज्बातों के आवेश में अपितु राष्ट्रवाद की प्रेरक शक्ति के साथ क्रांतिकारियों को तैयार किया जाए। प्रखर राष्ट्रवाद की घुट्टी पिलाकर डॉक्टर साहब ने बहुत थोड़े समय में ही लगभग दो सौ क्रांतिकारियों को अपने साथ जोड़ लिया। इन्हीं युवकों को बाहर के प्रांतों में क्रांतिकारी दलों के गठन का काम सौंपा गया।

भूमिगत गतिविधियों की शुरुआत

अनेक स्थानों पर 'नरेंद्र मंडल' स्थापित करके धन-संग्रह का काम शुरू किया गया। इसके माध्यम से ही पिस्तौल तथा जरूरी गोला-बारूद खरीदने के लिए माहौल तैयार किया जाने लगा। नरेंद्र मंडल की बैठकों में बाह्य रूप से तो जलपान, भोजन, गीत तथा चुटकुले, इत्यादि के कार्यक्रम चलते, परंतु आंतरिक रूप से इन बैठकों में ही सशस्त्र क्रांति की सभी प्रकार की गतिविधियों की चर्चा होती और योजना बनती थी। हैदराबाद, कलकत्ता, गोवा, इत्यादि स्थानों से शस्त्र लाने की सारी व्यवस्था इन्हीं बैठकों में होती थी। डॉ. हेडगेवार ने करीब पचीस युवकों को वर्धा के एक अपने पुराने सहयोगी गंगा प्रसाद के नेतृत्व में उत्तर भारत के प्रांतों में सशस्त्र क्रांति की गतिविधियों के संचालन हेतु भेजा। इस व्यवस्था के लिए आवश्यक धन डॉक्टर साहब ने नागपुर में ही एकत्र किया था।

सशस्त्र क्रांति के साथ जुड़नेवाले सभी युवकों को शस्त्र-संचालन के प्रशिक्षण

का इंतजाम भी किया जाने लगा। स्थान-स्थान पर गुप्त रूप से बैठकों का आयोजन करके डॉ. हेडगेवार युवकों को क्रांति के गुर सिखाते तथा सावधानियाँ बरतने की भी शिक्षा दिया करते थे। क्रांति-कार्य के लिए भर्ती होनेवाले युवकों के आत्मविश्वास की बाकायदा भिन्न-भिन्न तरीकों से परीक्षा ली जाती थी। आग में कूदना, कुएँ में छलाँग मारना, तेज दौड़ना, सामनेवाले को पटकनी देना तथा दूसरे के बाजुओं की जक्ड़न से छूटना, इत्यादि से युवकों की हिम्मत और साहस की जाँच-पड़ताल करके ही उन्हें भर्ती किया जाता था। परीक्षा में सफल हुए युवकों को प्रतिज्ञा दिलाने का काम डॉ. हेडगेवार तथा भाऊजी कावरे की देखरेख में छत्रपति शिवाजी की प्रतिमा के सामने हुआ करता था। इस प्रकार के प्रतिज्ञा-कार्यक्रम तथा जरूरी बैठकें नागपुर के तुलसी बाग, सोनेगाँव मंदिर, कर्नल बाग तथा मोहितेबाडे इत्यादि स्थानों पर बदल-बदलकर होती थीं। नागपुर में ही रहनेवाले डॉक्टर साहब के अनेक मित्र, जो विद्वान् तथा पुस्तक-प्रेमी थे, उनके घरों में रखी पुस्तकों की अलमारियों तथा बक्सों में अब पिस्तौल, बम तथा गोला-बारूद रखे जाने लगे। ये छह-सात विद्वान् लोग भी क्रांतिकारी दल में भर्ती हो गए थे।

शस्त्र-भंडार बनाने की गुप्त योजना

नागपुर के निकट कामटी नामक सैन्य छावनी से शस्त्र खरीदने के लिए भी योजना तैयार की गई थी। नागपुर से होकर कई सैनिक गाड़ियों, जिनमें शस्त्र होते थे, को रुकवाकर शस्त्र उतरवाकर अपने कब्जे में करने में भी ये युवक पारंगत हो गए थे। कई सैन्य अधिकारियों के साथ डॉ. हेडगेवार तथा भाऊजी कावरे के घनिष्ठ संबंधों से भी संकेत मिलते हैं कि भविष्य में होनेवाले किसी विप्लव की तैयारियाँ कितने जोर से चल रही थीं। सैनिक गाड़ियों से शस्त्र उतरवाकर उन्हें निश्चित स्थानों पर भेजने का काम सेना के वरदीधारी युवक ही किया करते थे। सावधानी के तौर पर काम हो जाने के बाद इन वर्दियों को जलाकर इनकी राख को भी ठिकाने लगा दिया जाता था। डॉक्टर साहब ने अपनी पैनी दृष्टि से परख करते हुए इस प्रकार के निस्स्वार्थी, कर्मठ साथी तैयार कर लिये, जो बाद में संघ-स्थापना के कार्य में बहुत मददगार साबित हुए। किसी व्यक्ति से क्या काम लेना है, इसमें डॉक्टर साहब को गजब की महारथ हासिल थी। व्यक्ति का स्वभाव, रुचि और क्षमता की परख करके वे जिम्मेदारी सौंपते थे। संभवतया यही वजह रही कि डॉ. हेडगेवार द्वारा सौंपे गए कार्य में किसी भी कार्यकर्ता को कभी विफल नहीं होना पड़ा।

इन्हीं दिनों आयोजित होनेवाले गणेशोत्सवों में भी डॉक्टर साहब दिलचस्पी

के साथ भाग लेते थे। इनके ओजस्वी भाषणों से सभी लोग, विशेषतया युवक बहुत प्रभावित होते थे। वास्तव में डॉक्टर साहब का उद्देश्य इन युवकों से ही संपर्क साधना रहता था। मध्य प्रांत में सक्रिय होमरूल लीग में प्रवेश करके डॉक्टरजी ने उनकी सभाओं और विभिन्न क्षेत्रीय परिषदों में भी पूरी भागीदारी निभाई। यह जानते हुए भी कि उनकी सशस्त्र क्रांति की योजना को लोकमान्य तिलक और डॉ. मुंजे पसंद नहीं करते और न ही कोई सहयोग कर रहे थे, तो भी डॉक्टर हेडगेवार ने उनके सम्मान में कभी कमी नहीं आने दी। इसी वर्ष मध्य प्रांत में हो रहे तिळक के प्रवास के समय उनके यथोचित आदर-सत्कार की व्यवस्था डॉक्टर साहब ने ही की थी। लोकमान्य तिलक के राष्ट्रवादी विचारों एवं उनके समाज-समर्पित तपस्वी जीवन से प्रभावित होकर डॉ. हेडगेवार कभी भी उनकी आलोचना नहीं करते थे। तिलक द्वारा कारावास में लिखी गई पुस्तक 'गीता रहस्य' से वे न केवल प्रभावित हुए अपितु भविष्य में कर्मक्षेत्र में उतरने का इसे आधार भी बनाया।

प्रथम विश्वयुद्ध के समय संभावित क्रांति

प्रथम विश्वयुद्ध के दौरान अंग्रेजों का हिंसक एवं अहिंसक, दोनों प्रकार से विरोध करके भारत के इस दीर्घकालिक शत्रु का सदैव के लिए पूर्ण विनाश करके ही पूर्ण स्वतंत्रता प्राप्त की जा सकती है। न जाने क्यों, लोकमान्य तिलक ने डॉक्टर साहब के इस दूरदर्शी विचार का विरोध किया। इस प्रश्न का उत्तर इतिहासकार अभी तक नहीं खोज पाए, परंतु डॉ. हेडगेवार हिम्मत नहीं हारे और न ही अपने उद्देश्य को छोड़ा। इस समय ब्रिटिश साम्राज्यवादियों की स्थिति विश्वयुद्ध में न केवल सुधरी, अपितु पहले से कहीं ज्यादा सुदृढ हो गई। डॉ. हेडगेवार को लगा कि यदि इस अवसर पर लोकमान्य तिळक और उनके राष्ट्रवादी साथी सशस्त्र क्रांति द्वारा देशव्यापी विप्लव उत्पन्न करके अंग्रेजों के सीने पर केवल एक ही सशस्त्र प्रहार कर दें, तो बाजी पलट सकती है और अंग्रेजों को भारत छोड़ने के लिए बाध्य किया जा सकता है। डॉ. हेडगेवार को उम्मीद थी कि 'स्वराज्य मेरा जन्मसिद्ध अधिकार' का सीना तानकर उद्घोष करनेवाले लोकमान्य तिलक उनकी बात को समझकर लोकमत का पक्ष लेने के लिए तैयार हो जाएँगे।

अत: डॉ. हेडगेवार अपने प्रेरक नेता डॉ. मुंजे से परिचय-पत्र लेकर लोकमान्य तिलक से मिलने उनके गृहनगर पूना गए। उन्होंने दो दिन तक तिलक के घर में ही ठहरकर उनके साथ विस्तारपूर्वक चर्चा की। तिलक को जानकारी दी गई कि देश की अधिकांश जनता, अधिकांश राजनीतिक नेता, धार्मिक संत-महात्मा इस समय

अंग्रेजों के साथ लड़ने की मानसिक स्थिति बना चुके हैं। डॉ. हेडगेवार ने अपने तर्कों में यह भी कहा कि भारत की पूर्ण स्वतंत्रता की घोषणा अंतरराष्ट्रीय स्तर पर करके क्रांति को तेज कर दिया जाए। संभवतया डॉ. हेडगेवार कहना चाह रहे थे कि 'एक धक्का और दो, ब्रिटिश शासन को तोड़ दो'। उन्हें भरोसा था कि जीवनभर अंग्रेजों को धक्का मारते रहे तिलक इस अंतिम सशस्त्र प्रहार के लिए तैयार हो जाएँगे। परंतु उन्होंने डॉ. हेडगेवार के समयोचित प्रस्ताव को स्वीकार नहीं किया। डॉ. केशवराव हेडगेवार अंग्रेजी साम्राज्यवाद के प्रति तनिक भी हमदर्दी को भारत में जाग्रत् हो रहे सांस्कृतिक राष्ट्रवाद के साथ विश्वासघात मानते थे, परंतु तिलक के धर्मनिष्ठ जीवन तथा मातृभूमि के लिए उनकी निष्ठा के कारण वे जीवनभर तिलक का सम्मान करते रहे।

कांग्रेस ने फिर दिखाई अंग्रेजभक्ति

डॉ. हेडगेवार का प्रयास अंग्रेजी-शासन के विरुद्ध लड़ा जानेवाला दूसरा स्वतंत्रता-संग्राम था। 1857 का स्वतंत्रता-संग्राम बहादुरशाह जफर जैसे कमजोर नेतृत्व तथा अंग्रजों की दमनकारी-विभेदकारी रणनीति की वजह से राजनीतिक दृष्टि से विफल हो गया था, परंतु 1917-18 का यह स्वतंत्रता-आंदोलन कांग्रेस के बड़े-बड़े नेताओं द्वारा विश्वयुद्ध में फँसे अंग्रेजों का साथ देने से बिना लड़े ही विफल हो गया। इनके इस व्यवहार से भारत के उखड़ते साम्राज्य के पाँव पुनः जम गए, जिन्हें हिलाने के लिए 30 वर्ष और लग गए।

राष्ट्रवादी कांग्रेस के गरम दल के नेताओं के कहने से जो युवक सेना में भर्ती हो गए थे, उनके बारे में डॉ. हेडगेवार का स्पष्ट कहना था कि ये नौजवान, अंग्रेजों के लिए लड़ने के उद्देश्य से उनकी फौज में भर्ती हुए थे। इनके इस तरह के सैनिक प्रशिक्षण का देशभक्ति से क्या संबंध? यदि ये युद्ध में मारे जाते, तो भारत के लिए शहीद न मानकर इन्हें ब्रिटिश साम्राज्यवाद की नींव को पक्का करनेवाला अति जघन्य कार्य माना जाता। इस संदर्भ में यहाँ यह एक महत्त्वपूर्ण प्रश्न पैदा होता है कि कांग्रेस के नेताओं को विश्वयुद्ध में विदेशी शासकों की सहायता करने के कार्य को जघन्य कार्य कहा जाए अथवा देश के साथ गद्दारी? परंतु इतना तो निश्चित ही कहा जा सकता है कि इन नेताओं का हर कार्य दूरदर्शिता से कोसों दूर था और इसमें राजनीतिक बुद्धिमत्ता कहीं नहीं थी। यहाँ पर साम्राज्यवाद के प्रति डॉ. हेडगेवार का दृष्टिकोण अथवा अंग्रेज-शासकों को किसी भी ढंग से घुटने टेकने पर मजबूर कर देने की उनकी गहरी सोच का आभास हो जाता है। डॉ. हेडगेवार जीवनभर अंग्रेजों

की वफादारी करनेवाले दलों तथा नेताओं की समझौतावादी नीतियों को अस्वीकार करते रहे। यही था उनका अटल, अकाट्य, निष्ठावान् राष्ट्रीय चरित्र, जो उनके द्वारा 1925 में स्थापित हिंदू-संगठन 'राष्ट्रीय स्वयंसेवक संघ' के विजयी रथ की मुख्य धुरी बना।

विचलित नहीं हुए डॉ. हेडगेवार

सशस्त्र क्रांति के द्वारा विदेशी हुकूमत के खिलाफ 1857 जैसे महाविप्लव का विचार और पूरी तैयारी जब निर्धारित लक्ष्य को भेद नहीं सकी, तो भी डॉ. हेडगेवार के जीवनोद्देश्य में कोई कमी नहीं आई। जिस विश्वास, साहस और सूझबूझ के साथ उन्होंने शस्त्रों और मनुष्यों को एकत्र करके अंग्रेजों के साथ महायुद्ध की तैयारी की थी, उसी सूझ-बूझ के साथ डॉ. हेडगेवार ने सबकुछ शीघ्रता से समेटकर अपने साथ जुड़े देशभक्त क्रांतिकारियों को अंग्रेजों के कोपभाजन से बचा लिया। यद्यपि कई युवा क्रांतिकारियों को जेलों में डाल दिया गया। ऐसे भी लोगों का पता चल गया जो क्रांति के विफल होने के बाद निराश होकर डॉक्टर साहब का साथ छोड़ गए, तो भी डॉक्टर साहब ने अत्यंत कुशलता से अधिकांश साथियों का मनोबल बनाए रखा। डॉक्टर साहब को समझते हुए देर नहीं लगी कि यदि इस समय महाविप्लव की भूमिगत तैयारी की जानकारी अंग्रेजों को लग गई, तो 1857 की तरह ही निर्दोष लोगों पर भीषण अत्याचार होंगे। अत: देश के विभिन्न केंद्रों से उन युवा क्रांतिकारी नेताओं को वापस बुला लिया गया, जिन्हें डॉक्टर साहब ने प्रशिक्षित करके भेजा था। उसी तरह शस्त्रों को ठिकाने लगाकर सभी प्रकार के साक्ष्यों को समाप्त कर दिया गया। इस कार्य को अप्पाजी जोशी, बाबूराव हरकरे, नानाजी पुराणिक तथा गंगा प्रसाद पांडे की टीम ने बड़ी गुप्त रीति से सफलतापूर्वक संपन्न कर दिया।

फिर चली दमन की क्रूर चक्की

सशस्त्र क्रांति के नेताओं ने डॉ. हेडगेवार के नेतृत्व एवं मार्गदर्शन में महाविप्लव के लिए एकत्र किए गए साजो-सामान और अंग्रेजों के हाथ लग सकनेवाले दस्तावेजों को इस तरह से किनारे कर दिया कि प्रशासनिक अधिकारी सिर पटकते फिरे, पर कुछ हाथ नहीं लगा। एक बड़ा नुकसान यह भी हुआ कि एक बहुत गहरी और गुप्त ब्रिटिशविरोधी जंग की तैयारी इतिहास के पन्ने से भी नदारद हो गई। दूसरा नुकसान तो सर्वविदित है कि अंग्रेज-सरकार का दमनचक्र तेजी से चल पड़ा। इसी अजीबोगरीब परिस्थिति का वर्णन डॉक्टर साहब के समकालीन

इतिहासकार श्री नारायण हरि पाळकर ने अपनी पुस्तक 'डॉ. हेडगेवार चरित्र' के 79वें पृष्ठ के अंतिम पैरा में इस प्रकार किया है—"जर्मनी को पराजित कर अब अंग्रेज-सरकार बेखटका हो गई। फलतः भारत में क्रांतिकारी कार्रवाइयों को पूर्णतः नष्ट कर देने की उसकी नीति और भी तेज हो गई। जिस प्रकार अंग्रेजों के ऊपर आया महायुद्ध का संकट पराधीन भारत की स्वतंत्रताप्राप्ति के प्रयत्नों के लिए स्वर्ण-अवसर था, उसी प्रकार अंग्रेजों की विजय (विश्वयुद्ध में) उन्हें पददलित भारत को अपने चंगुल में कसकर जकड़ने का साहस प्रदान करनेवाली होकर भारत के लिए अभिशाप सिद्ध हुई।"

□

7
वीरव्रती स्वतंत्रता-सेनानी

कांग्रेस के अखिल भारतीय अधिवेशन में सक्रिय रहते हुए डॉ. हेडगेवार ने अपने संगठन-कौशल एवं सिद्धांतों की अमिट छाप छोड़कर स्पष्ट कर दिया कि वें देश की स्वतंत्रता के लिए सशस्त्र क्रांति अथवा सत्याग्रह इत्यादि किसी भी मार्ग पर चलने के लिए कटिबद्ध हैं, परंतु असहयोग आंदोलन में कांग्रेस के एक पूर्णकालिक अवैतनिक कार्यकर्ता और निडर नेता के रूप में अपनी सक्रिय भूमिका निभाते हुए उन्होंने एक दिन भी अपनी मूल विचारधारा 'हिंदुत्व' तथा प्रखर राष्ट्रवादी सिद्धांतों से समझौता नहीं किया। एक वर्ष तक कारावास में वीरव्रती जीवन बिताते हुए उन्होंने कई स्वतंत्रता-सेनानी तैयार कर दिए। 'मैं' से ऊपर उठकर 'हम' के सिद्धांत पर चलते हुए डॉक्टरजी ने कांग्रेसी कहलाना भी स्वीकार कर लिया था। उनका अंतिम लक्ष्य 'पूर्ण स्वतंत्रता' था।

भारत में चल रहे सभी प्रकार के स्वतंत्रता-आंदोलनों, सशस्त्र क्रांति के प्रयत्नों, समाज-सुधार के लिए कार्यरत विभिन्न संस्थाओं तथा सांस्कृतिक राष्ट्रवाद के जागरण में जुटी सभी धार्मिक संस्थाओं का बहुत निकट से अध्ययन करने के लिए डॉक्टर साहब इन सभी कार्यकलापों में यथासंभव भागीदारी भी करते थे। कलकत्ते में रहकर अनुशीलन समिति से और अपने ही द्वारा निर्धारित सशस्त्र क्रांति द्वारा महाविप्लव के मार्ग से भी डॉ. हेडगेवार ने ढेरों अनुभव प्राप्त किए। स्वतंत्रता-प्राप्ति का यह प्रयास भले ही सफल न हुआ, परंतु उससे देशभर में अंग्रेजों के खिलाफ जो नफरत पैदा हुई और अनेक युवकों ने भविष्य में भी देश की आजादी के लिए अपना सारा जीवन समर्पित करने का निश्चय किया, यह भी अपने आपमें एक बहुत बड़ी सफलता थी। वास्तव में महाविप्लव के प्रयास का सफल न होना

डॉ. हेडगेवार के लिए तात्कालिक उद्‌देश्य की विफलता थी, उसे डॉक्टर साहब के अंतिम लक्ष्य 'भारत की सर्वांगीण स्वतंत्रता' के लिए संघर्ष की एक महत्त्वपूर्ण कड़ी कहना ही उचित होगा।

परिस्थितियों का समयोचित बोध

'डॉ. हेडगेवार चरित' के लेखक नारायण हरि पाळकर के शब्दों में—"इस असफलता से डॉक्टर ने तत्कालीन समाज की स्थिति का बहुत ही स्पष्ट एवं सही बोध प्राप्त कर लिया था, उसी के आधार पर अपने अगले पगों की दिशा निश्चित की थी, परंतु सशस्त्र क्रांति पर से उनका विश्वास कदाचित् भी नहीं डिगा था। उनका यह निश्चित मत था कि देश के शत्रुओं को जिस किसी भी मार्ग से इस भूमि से निकाला जा सके, वही उचित तथा योग्य है। हाँ, किसी भी मार्ग पर चलकर सफलता प्राप्त करने के लिए जिस वृत्ति की आवश्यकता होती है, उसका अभाव उन्हें उस समय प्रमुख रूप से दिख रहा था। जिसके पास दृष्टि है, वह बुरे में भी अच्छा खोज लेते हैं।" इसी दृष्टिकोण एवं लक्ष्यप्रेरित मानसिकता के साथ डॉ. हेडगेवार ने भारतीय राष्ट्रीय कांग्रेस के नेतृत्व में संचालित अहिंसावादी आंदोलनों में शामिल होने का निश्चय किया। उनके सामने एकमात्र अंतिम लक्ष्य अपनी मातृभूमि की पूर्ण स्वतंत्रता या शेष सब प्रकार के मार्ग एवं तात्कालिक उद्‌देश्य उनके लिए इसी अंतिम ध्येय के विभिन्न रास्ते थे। यही वजह थी कि कांग्रेस द्वारा प्रायोजित आंदोलनों में पूरी शक्ति के साथ शिरकत करते हुए भी डॉ. हेडगेवार ने क्रांतिकारियों की सब प्रकार की गतिविधियों की जानकारी रखी और इनमें पूरा सहयोग भी करते थे।

नागपुर नेशनल यूनियन की स्थापना

महात्मा गांधी के नेतृत्व में कांग्रेस ने देशव्यापी स्वरूप अख्तियार कर लिया था। इन दिनों कांग्रेस की महाराष्ट्र इकाई में लोकमान्य तिळक और उनके अनुयायियों का बोलबाला था। डॉक्टर साहब ने कांग्रेस के मंचों से ही सांस्कृतिक राष्ट्रवाद के जागरण का कार्य बहुत सतर्कता एवं सक्रियता से प्रारंभ कर दिया। कांग्रेस के गरम दल के नेता तथा अनुयायियों द्वारा संचालित एक संस्था 'राष्ट्रीय मंडल' बहुत लोकप्रिय थी। डॉ. हेडगेवार को इस संस्था में प्रवेश देकर उनके जिम्मे कुछ महत्त्वपूर्ण कार्य भी लगाए गए। अपने संघर्षशील तथा निरंतर कार्य करते रहने के स्वभाव के कारण डॉक्टर साहब ये जिम्मेदारियाँ निभाने में व्यस्त हो गए। यहाँ भी डॉक्टर साहब की देशभक्ती एवं अंग्रेजों का पूर्ण विरोध करनेवाली मानसिकता

प्रकट हुई। राष्ट्रीय मंडल की अंग्रेजों के प्रति नरमी रखनेवाली राजनीतिक सोच को अस्वीकार करते हुए डॉक्टर साहब ने अपने कुछ कांग्रेसी मित्रों को साथ लेकर 'नागपुर नेशनल यूनियन' संस्था की स्थापना की। उन्हें महसूस हुआ कि राष्ट्रीय मंडल का असली उद्देश्य 'ब्रिटिश साम्राज्यवाद का विरोध' अब मंद पड़ चुका है। इस संस्था के उग्र अंग्रेज-विरोध के कारण 1909 में सरकार ने इसकी गतिविधियों को प्रतिबंधित कर दिया था, परंतु विश्वयुद्ध के समय इसके द्वारा अंग्रेजों की मदद करने के लिए प्रतिबंध हटा लिया गया।

देखते-ही-देखते राष्ट्रीय मंडल के अनेक महत्त्वपूर्ण कार्यकर्ता तथा नेता नागपुर नेशनल यूनियन में शामिल हो गए। राष्ट्रीय मंडल ने कभी भी 'भारत की पूर्ण स्वतंत्रता' का पक्ष नहीं रखा, बल्कि इस संस्था के सदस्यों ने औपनिवेशिक स्वराज्य का ही राग आलापते हुए अपने अंग्रेजभक्त रुख को बरकरार रखने में ही गनीमत समझी। दूसरी ओर नागपुर नेशनल यूनियन ने सीना तानकर पूरी ताकत के साथ पूर्ण स्वतंत्रता की माँग करते हुए सांस्कृतिक राष्ट्रवाद का प्रचार-प्रसार युद्धस्तर पर शुरू कर दिया। इसी समय मध्य प्रांत की कांग्रेस समिति द्वारा एक हिंदी-साप्ताहिक पत्र 'संकल्प' प्रारंभ करके डॉ. हेडगेवार को उसका संरक्षक नियुक्त कर दिया। डॉ. हेडगेवार ने इस नई जिम्मेदारी को भी पूरी तन्मयता से निभाया। इसी हेतु अपने महाकौशल के प्रवास के समय अनेक हिंदू युवक उनके संपर्क में आए, जो बाद में संघ-स्थापना के समय सहायक साबित हुए।

राष्ट्रीय उत्सव मंडल का गठन

यह कार्यकाल 1919 का था। नागपुर में रहते हुए डॉ. हेडगेवार ने विद्यार्थियों की सभाओं में देशभक्तिपूर्ण भाषण देने शुरू कर दिए। इन युवा छात्रों के घरों में आना-जाना प्रारंभ करके इनको अपने राष्ट्रीय जागरण के अभियान में भाग लेने की प्रेरणा देना शुरू कर दिया। जब अनेक युवा कुछ करने के लिए तैयार हो गए, तो उनके इस उत्साह को दिशा देने के लिए डॉ. हेडगेवार ने एक और संस्था 'राष्ट्रीय उत्सव मंडल' का गठन किया। वे स्वयं कई वर्षों तक उसके महामंत्री की जिम्मेदारी निभाते रहे। इस संस्था के अनेकविध कार्यक्रमों में छात्रों को हिंदू धर्म, राष्ट्रीय संस्कृति, स्वतंत्रता का महत्त्व तथा ब्रिटिश सरकार के द्वारा हिंदुओं के अस्तित्व को ही मिटा देने के षड्यंत्र की जानकारी दी जाती थी। मध्य प्रांत के गण्यमान्य राष्ट्रवादी नेताओं डॉ. मुंजे, लोकमान्य अणे, शरद पेंडसे के भाषण इस संस्था की सभाओं एवं बैठकों में होने लगे। गणेशोत्सव, छत्रपति शिवाजी

का राज्यारोहण-उत्सव, मकर-संक्रांति, शस्त्र-पूजन, आदि हिंदुओं के विभिन्न त्योहारों का आयोजन मंडल के प्रभावशाली कार्यक्रम थे। जैसे-जैसे इस संस्था का विस्तार हो रहा था, वैसे-वैसे नौजवानों की संख्या भी बढ़ने लगी। विभिन्न भाषा तथा मजहबों से जुड़े युवा लोग एक ही मंच पर आकर भारत माता की आराधना करने लगे। सभी सदस्य खुले मन से विचारों का आदान-प्रदान करते हुए राष्ट्रभक्ति के तत्त्वज्ञान में संस्कारित होने लगे और देखते-ही-देखते एक शक्तिशाली संगठन का स्वरूप सामने आना प्रारंभ हो गया।

हिंदू-युवकों के समर्पण, त्याग एवं उत्साह को भाँपकर डॉ. हेडगेवार ने शरद पूर्णिमा की रात्रि को उन्हें अपने घर पर बुलाना प्रारंभ किया। शरद पूर्णिमा की ठंडी रात्रि को लगभग सौ युवकों का एकसाथ आकर राष्ट्रीय विषयों पर भाषण सुनना और चर्चा में खुलकर भाग लेना अत्यंत आनंद का वातावरण बनने में सहायक सिद्ध हुआ। राजा लक्ष्मणराव भोंसले एवं डॉ. मुंजे आदि वृद्ध लोगों का इस प्रकार के कार्यक्रमों में आकर आशीर्वाद देना भाने लगा। इस कार्यक्रम के माध्यम से एकत्र हुए सैकड़ों युवाओं का संबंध डॉक्टर साहब से बनना स्वाभाविक ही था। उनकी दृष्टि तो सदैव इस तरह के सूझ-बूझवाले युवकों को खोजती रहती थी। उनके प्रवचनों, भाषणों और बातचीत में से चढ़ती उमर के जवानों को देश व समाज के लिए कुछ कर गुजरने की तार्किक प्रेरणा मिलती थी। युवा लोग स्वयं आगे होकर डॉक्टर साहब को अपना नेता स्वीकार करते थे। यद्यपि डॉक्टर साहब उस वक्त के प्रचलित नेता न होकर निस्स्वार्थी सखा और मार्गदर्शक ही थे।

कांग्रेस-अधिवेशन में डॉ. हेडगेवार

महात्मा गांधी द्वारा शुरू किए गए देशव्यापी आंदोलन-सत्याग्रह से अंग्रेज-विरोधी वातावरण में तीव्रता बढ़ती जा रही थी। इसी बीच सरकार ने देशभर में 'शांति-दिवस' आयोजन करने का प्रस्ताव पारित करके देशवासियों को शांत रहने की अपील जारी कर दी। डॉ. हेडगेवार और उनके साथियों ने इस अपील को दरकिनार करके उसी दिन 'सरकार का विरोध दिवस' आयोजित करने की अपील जारी कर दी। इस सफल आयोजन के माध्यम से अनेक नए लोग सत्याग्रह से जुड़े, सरकार की अपील बेअसर हो गई और डॉ. हेडगेवार के नेतृत्व-कौशल का परिचय जनता को पता चला। इसी वर्ष वे अमृतसर में आयोजित कांग्रेस के अखिल भारतीय अधिवेशन में भी गए। वहाँ उन्होंने अधिवेशन की संचालन-व्यवस्था और कांग्रेस के नेताओं की कार्य-पद्धति को बहुत ही नजदीक से देखा-परखा। उन्होंने जलियाँवाला

बाग में जाकर उन शहीदों को भी श्रद्धांजलि अर्पित की, जिन्होंने अंग्रेज जनरल डायर द्वारा चलवाई गई अंधाधुंध गोलियों का सामना करते हुए अपने जीवन-पुष्प भारतमाता के श्रीचरणों में चढ़ाए थे। कांग्रेस का यह अधिवेशन दिसंबर, 1919 में हुए जलियाँवाला बाग हत्याकांड के पश्चात् हुआ था। इसमें अंग्रेजों का विरोध मुखर होकर सामने आ गया।

डॉक्टर साहब की दूरदृष्टि

इससे पूर्व महात्मा गांधी ने 24 नवंबर, 1919 को 'खिलाफत आंदोलन' को कांग्रेस का समर्थन देकर हिंदुओं से उसका समर्थन करने की अपील की थी। यह खिलाफत आंदोलन तुर्की के खलीफा के समर्थन तथा ब्रिटिश साम्राज्य के विरोध में था। गांधीजी इसको हिंदू-मुसलमानों का अखिल भारतीय संयुक्त खिलाफत आंदोलन बनाना चाहते थे। डॉ. हेडगेवार के अनुसार तुर्की के मुसलिम समाज से इस आंदोलन का भारत के हिंदुओं-मुसलमानों के साथ कोई संबंध नहीं था। इसका भारत और भारत में स्वतंत्रता आंदोलन के साथ भी कोई लेना-देना नहीं था। गांधीजी ने अपने द्वारा शुरू किए गए असहयोग आंदोलन में मुसलमानों की भागीदारी सुनिश्चित करने के लिए यह कदम उठाया था। डॉ. हेडगेवार का विचार सत्य साबित हुआ। आगे चलकर मुसलमानों में अलगाववादी प्रवृत्ति के आधार पर एक अलग राष्ट्र बनाने की माँग तेज हो गई। डॉक्टर साहब हिंदू-मुसलिम एकता के प्रबल समर्थक थे, परंतु देश की अखंडता, सुरक्षा और सांस्कृतिक राष्ट्रवाद को ताक पर रखकर नहीं। एकता के नाम पर समझौतावादी तुष्टीकरण के वे घोर विरोधी थे।

इसी दौरान 1920 में होनेवाले कांग्रेस के अधिवेशन को नागपुर में करने का निश्चय हुआ। उसे सफल बनाने के लिए तैयारियाँ प्रारंभ हो गईं। इसी हेतु कांग्रेस के एक वरिष्ठ नेता डॉ. परांपजे ने डॉ. हेडगेवार की सहायता से जनवरी, 1920 में 'भारत सेवक मंडल' की स्थापना की। सार्वजनिक गतिविधियों को सुचारु ढंग से चलाने के लिए और सेवाभावी युवकों को 'वालंटियर' बनाने के लिए गठित हुए इस भारत सेवक मंडल के सहप्रमुख की जिम्मेदारी डॉ. हेडगेवार को दी गई। उन्हीं के प्रयासों-भागदौड़ के फलस्वरूप इस मंडल में एक हजार से ज्यादा युवकों की भर्ती हो गई। इसी बीच अधिवेशन के प्रचार-प्रसार के लिए जिन समितियों का गठन किया गया, उनमें स्वागत-समिति में डॉ. हेडगेवार को प्रमुख स्थान दिया गया। डॉ. मुंजे, डॉ. परांपजे और डॉ. हेडगेवार द्वारा पूरे मध्य भारत में एक मास तक निरंतर प्रवास पर टिप्पणी करते हुए नागपुर से प्रकाशित 'महाराष्ट्र' समाचार-पत्र ने लिखा था—'जहाँ-

जहाँ दौरा हुआ, वहीं लोगों ने गाँव को सजाकर अतिथियों का स्वागत किया। किसान भाइयों के द्वारा दिखाया गया उत्साह एवं उत्सुकता अपूर्व थी। डॉ. मुंजे, डॉ. हेडगेवार, गणपतिराव जोशी तथा बाबा साहिब देशपांडे के व्याख्यान अति प्रभावित रहे।'

तिलक के निधन पर असहयोग सप्ताह

मध्य प्रांत की जनता और कांग्रेस के प्रांतीय नेता नागपुर में आयोजित होनेवाले अधिवेशन की अध्यक्षता लोकमान्य तिलक से करवाने के लिए उत्सुक थे। तभी 31 जुलाई को इस महबूब नेता का निधन हो गया। नागपुर समेत पूरे मध्य प्रांत में शोक-सभाओं का आयोजन किया गया। डॉ. हेडगेवार और उनके साथियों ने 'नॉन को-ऑपरेशन बोर्ड' शीर्षक से एक पत्रक जारी करके लोगों से 11 से 18 अगस्त तक 'असहयोग-सप्ताह' मनाने की अपील की। यह आयोजन भी बहुत सफल और प्रभावशाली रहा।

लोकमान्य तिळक के निधन के पश्चात् अब नागपुर में होनेवाले कांग्रेस के अधिवेशन के लिए अध्यक्ष का विषय आने लगा। कांग्रेस में इस समय गरम दल अर्थात् राष्ट्रवादियों का वर्चस्व था। वे तिलक की विचारधारावाले किसी नेता को अध्यक्ष बनाने के लिए प्रयासरत हुए। श्रीअरविंद इस समय पांडिचेरी आश्रम में अध्यात्म साधना में व्यस्त थे। डॉ. मुंजे और डॉ. हेडगेवार सितंबर, 1920 को श्रीअरविंद से निवेदन करने के लिए पांडिचेरी गए, परंतु श्रीअरविंद ने राजनीति में लौटने के लिए अपनी असमर्थता प्रकट कर दी। जब डॉक्टरजी नागपुर वापस लौटे, उसी समय नागपुर के विद्यार्थियों ने अपनी एक सभा में 'अखिल भारतीय महाविद्यालयीन विद्यार्थी परिषद्' के गठन का निश्चय किया। डॉ. हेडगेवार के एक परम मित्र राजाभाऊ गोखळे ने उस परिषद् के गठन के लिए अपनी सरकारी नौकरी छोड़कर मध्य प्रांत के बाहर के प्रांतों का दौरा प्रारंभ कर दिया। डॉक्टरजी ने राजाभाऊ गोखले को दिल्ली, कलकत्ता, ढाका, पटना, वाराणसी, प्रयाग आदि स्थानों के लिए परिचय-पत्र दे दिया। डॉक्टर साहिब का प्रभा-मंडल नागपुर के अलावा बाहर के प्रदेशों में भी फैला हुआ था। इसकी जानकारी इन परिचय-पत्रों से मिलती है।

डॉ. हेडगेवार का पूर्ण स्वतंत्रता का प्रस्ताव

दिनांक 26 दिसंबर, 1920 को कांग्रेस का अधिवेशन शुरू हो गया। इससे पूर्व डॉ. हेडगेवार एवं उनके कांग्रेसी मित्रों ने एक प्रस्ताव 'पूर्ण स्वतंत्रता ही हमारा

उद्देश्य है' तैयार करके गांधीजी के सामने रखा, परंतु गांधीजी ने विनम्र भाव से इतना ही कहा कि 'स्वराज्य में पूर्ण स्वतंत्रता का समावेश हो जाता है' और प्रस्ताव को स्वीकार नहीं किया। इस पर भी डॉक्टरजी तथा उनके साथी उस अधिवेशन की तैयारी एवं व्यवस्था में पूरी शक्ति से रहे। यह अधिवेशन अब तक के हुए अधिवेशनों में सबसे बड़ा था, जिनमें 14,589 प्रतिनिधि, तीन हजार वालंटियर और सात-आठ हजार दर्शक थे। स्वयंसेवकों के प्रमुख के नाते डॉ. हेडगेवार ने थोड़ा समय और अधिक संख्या का ध्यान रखते हुए अति उत्तम व्यवस्था की। डॉक्टर साहिब का सेवाभाव और विनम्रता देखकर सभी प्रतिनिधियों ने उनकी प्रशंसा के पुल बाँध दिए।

इस अधिवेशन में डॉ. हेडगेवार ने अनुभव किया कि सेवाभाव से काम करनेवाला स्वयंसेवक यदि अनुशासित, समर्पित और दृढ मानसिकतावाला नहीं हुआ, तो कभी भी पथ से विचलित होकर अपने ध्येय को छोड़कर भाग सकता है।

नागपुर में संपन्न हुए इस अधिवेशन में तन्मयता के साथ भागीदारी करते हुए उन्हें कांग्रेस की विचारधारा के कई पक्षों के साथ सहमति नहीं हुई। मुसलिम समाज को अपने पक्ष में करने के लिए सनातन सांस्कृतिक राष्ट्रवाद का संयुक्त आधार तैयार करने के स्थान पर तुष्टीकरण करने की नीति को डॉक्टरजी पचा नहीं सके। उनका स्पष्ट मत था कि इससे पृथकतावाद को बढ़ावा मिलेगा। पूर्ण स्वतंत्रता को स्वराज्य की सीमा में बाँध देना भी दूरदर्शितापूर्ण नहीं था। उसी तरह मुसलिमों के नाराज हो जाने के भय से गोरक्षा जैसे राष्ट्रीय मुद्दे को भी तिलांजलि दे दी गई। उसी तरह विषय-समिति की बैठक में डॉ. हेडगेवार ने कांग्रेस के उद्देश्य के संबंध में प्रस्ताव रखा, 'भारतीय गणतंत्र की स्थापना करना तथा पूँजीवादी अत्याचारों से राष्ट्रों को मुक्त करना'। इस प्रस्ताव की भाषा से पता चलता है कि डॉ. हेडगेवार ने भारतीय स्वतंत्रता संग्राम को अंतरराष्ट्रीय मंच का विषय बनाकर विश्व के सभी देशों को ब्रिटिश साम्राज्यवाद पर प्रहार करने की प्रेरणा देने का प्रयास किया था। कितनी गहरी और दूरदर्शितापूर्ण रणनीति थी यह। परंतु कांग्रेस में इस सोच का आधार समझनेवालों की कमी के कारण यह प्रस्ताव भी पारित नहीं हो सका।

अपने विचारों पर अडिग

कांग्रेस के नेताओं ने जब विजय राघवाचार्य का नाम नागपुर-अधिवेशन के अध्यक्ष के लिए प्रस्तावित किया, तो स्वागत-समिति की बैठक में डॉ. हेडगेवार ने इसका विरोध किया कि 'देश की भावनाओं और साम्राज्यवाद के असली चरित्र को न समझनेवाला व्यक्ति कांग्रेस का अध्यक्ष कैसे हो सकता है?' ज्ञातव्य है कि

विजय राघवाचार्य कांग्रेस को स्वतंत्रता-आंदोलन से दूर रखना चाहते थे। वे महात्मा गांधी के असहयोग आंदोलन की मूल भावना से भी सहमति नहीं रखते थे। उनका ब्रिटिश शासकों के प्रति भी नरम रुख था। जलियाँवाला बाग नरसंहार के बाद जब सारे देश में आक्रोश का माहौल था, तब ये सज्जन मद्रास के अंग्रेज गवर्नर के साथ जलपान का आनंद ले रहे थे। कांग्रेस द्वारा बनाए गए इस अध्यक्ष महोदय ने अपने अध्यक्षीय भाषण में स्वतंत्रता अथवा स्वराज्य का तो नाम तक नहीं लिया, उल्टा असहयोग आंदोलन में विद्यालयों-महाविद्यालयों तथा न्यायालयों के बहिष्कार को बर्खास्त कर डाला।

भारतीय राष्ट्रीय कांग्रेस के नागपुर-अधिवेशन में डॉ. केशवराव हेडगेवार की भागीदारी से उनके चरित्र की दृढता, सांस्कृतिक राष्ट्रवाद के प्रति अटल निष्ठा, पूर्ण स्वतंत्रता के लिए सभी मार्गों का औचित्य और अपने प्रिय नेताओं की अप्रिय बातों का भी डटकर विरोध करने का साहस इत्यादि से उनके संपूर्ण राष्ट्रवादी व्यक्तित्व का सहज आभास हो जाता है। असहयोग आंदोलन में कांग्रेस के एक पूर्णकालिक अवैतनिक कार्यकर्ता और निडर नेता के रूप में अपनी निरंतर सक्रियता करते हुए उन्होंने एक दिन भी अपनी मूल प्रखर राष्ट्रवादी विचारधारा तथा सिद्धांतों से समझौता नहीं किया।

असहमति में भी सहमति का आदर्श

कांग्रेस के साथ अनेक मुद्दों पर विचार-भिन्नता होते हुए भी डॉ. हेडगेवार ने कांग्रेस के अंदर एक आदर्श कार्यकर्ता के रूप में अपना स्थान बना लिया था। नागपुर में संपन्न कांग्रेस के अखिल भारतीय अधिवेशन से पूर्व मध्य भारत की प्रांतीय कांग्रेस समिति ने 'असहयोग मंडल' नाम से एक दल तैयार कर लिया था। डॉ. हेडगेवार को इस मंडल में एक सक्रिय भूमिका के लिए नियुक्त किया गया। इनको जनसभाओं के आयोजन का प्रमुख कार्य सौंपा गया। डॉक्टर साहिब ने दिन-रात परिश्रमपूर्वक इसको सफलतापूर्वक संपन्न करके कांग्रेस की प्रांतीय समिति में अपना प्रभाव जमा लिया। अब वे 'कांग्रेस के नेता' भी कहलाने लगे। नारायण हरि पाळकर ने डॉक्टर साहिब की जीवनी में लिखा है—'डॉक्टरजी को राष्ट्र की स्वतंत्रता के लिए जैसे हिंसा से घृणा नहीं थी, वैसे ही उस उद्देश्य की पूर्ति के लिए असहयोग आंदोलन से भी उनका असहयोग नहीं था। विदेशियों को किसी भी मार्ग से बाहर निकालने के लिए आगे आनेवाले व्यक्ति पर डॉक्टरजी को अभिमान ही होता था, इसीलिए वे उसके साथ भरसक सहयोग करते थे। वैसे

डॉक्टरजी व उनके सहयोगियों को विधानसभाओं के द्वारा स्वतंत्रता प्राप्ति के मार्ग पर विश्वास नहीं था।'

"कांग्रेस-अधिवेशन में अखिल भारतीय कार्यसमिति की एक घटना ने डॉक्टरजी के विचारों को जोरदार धक्का दिया। 'ननद का ननदोई मेरा लगे न कोई'—यह उक्ति चरितार्थ होते हुए भी मुसलमानों को निकट लाने के लिए कांग्रेस ने खिलाफत का मुद्दा अपने हाथ में ले लिया था, परंतु उसी कांग्रेस से जब श्री बदे ने यह प्रार्थना की कि गोरक्षा का प्रश्न राष्ट्रीय है, अत: कांग्रेस को उस संबंध में भी कुछ करना चाहिए तो कहा गया कि इससे मुसलमानों की भावनाएँ दु:खी होंगी। अत: यह प्रश्न कांग्रेस अपने हाथ में नहीं ले सकती।" डॉक्टरजी को इस घटना से बड़ी चोट पहुँची। इस प्रकार से अनेक विषयों पर विचारभिन्नता के होते हुए भी डॉक्टर हेडगेवार ने कांग्रेस के कार्यकर्ता के नाते स्वाधीनता आंदोलन में भागीदारी करने से परहेज नहीं किया; क्योंकि उस समय स्वाधीनता के लिए संघर्षरत कांग्रेस ही एकमात्र सबसे बड़ा मंच था।

नागपुर में संपन्न कांग्रेस के अखिल भारतीय अधिवेशन में प्राय: सभी प्रमुख समितियों के माध्यम से सक्रिय रहकर डॉ. हेडगेवार ने अपने संगठन-कौशल एवं अपनी ध्येयनिष्ठ विचारधारा की अमिट छाप छोड़कर स्पष्ट कर दिया कि वह भारत की पूर्ण स्वतंत्रता के लिए सशस्त्र क्रांति तथा अहिंसावादी सत्याग्रह इत्यादि किसी भी मार्ग पर चलने के लिए कटिबद्ध हैं। डॉक्टर साहिब के अनुसार, जिस प्रकार सभी छोटी-बड़ी नदियों के रास्ते भिन्न होते हुए सबका अंतिम लक्ष्य एक ही होता है—समुद्र को प्राप्त करना, उसी तरह ब्रिटिश शासन के विरुद्ध संघर्षरत सभी स्वतंत्रता-सेनानियों, क्रांतिकारियों, आंदोलनकारियों, सत्याग्रहियों, राष्ट्रभक्त कवियों, यहाँ तक कि घर में बैठकर परमात्मा से अंग्रेजसत्ता को समाप्त करने की प्रार्थना करनेवालों का अंतिम लक्ष्य एक ही है—'अखंड भारत की पूर्ण स्वतंत्रता'। इसीलिए डॉ. हेडगेवार ने 'मैं' से ऊपर उठकर 'हम' के सिद्धांत पर चलते हुए सर्व प्रकार के स्वतंत्रता-सेनानियों का तन, मन, धन एवं संकल्प के साथ सहयोग करने में तनिक भी संकोच नहीं किया।

असहयोग आंदोलन में पूरा सहयोग

प्रखर राष्ट्रभक्ति की सुदृढ मानसिकता के साथ डॉ. हेडगेवार ने 'कांग्रेसी' कहलाना भी स्वीकार कर लिया। नागपुर-अधिवेशन में अपना रुतबा जमाने के बाद वे महात्मा गांधी द्वारा मार्गदर्शित असहयोग आंदोलन को सफल बनाने के

लिए जी-जान से जुट गए। गांधीजी के आह्वान पर सारा देश असहयोग आंदोलन में हर प्रकार से शिरकत करने के लिए तैयार हो गया। पूर्व में अनुशीलन समिति द्वारा संचालित सशस्त्र क्रांति और बाद में 1857 जैसे ही एक महाविप्लव की तैयारी में भागीदारी करने के पश्चात् डॉ. हेडगेवार ने अब असहयोग आंदोलन के जरिए देश को स्वतंत्र कराने का मार्ग चुना। अन्याय के विरुद्ध किसी भी तरीके से संघर्षरत रहना उनके क्रांतिकारी स्वभाव का अभिन्न हिस्सा था। महात्मा गांधीजी द्वारा की गई घोषणा 'एक वर्ष में स्वराज्य' पर सारा देश मुग्ध हो गया। आंदोलन जोर पकड़ता गया। सत्याग्रहियों के जत्थे सरकारी निषेधाज्ञा करके सड़कों पर उतर आए। लोगों के उत्साह से सरकार के होश उड़ गए। महात्मा गांधीजी ने देशवासियों से हिंसा न फैलाने की अपील की। इस अपील को शिरोधार्य करते हुए डॉ. हेडगेवार जैसे महाक्रांति के योद्धाओं ने भी अहिंसा के मार्ग को अपनाकर 'एक वर्ष में स्वराज्य' के उद्घोष को घर-घर में पहुँचा दिया। भले ही भविष्यदृष्टा डॉक्टर साहिब उस घोषणा से इत्तफाक न रखते हों, तो भी उन्होंने इस आंदोलन को सफलता की बुलंदियों तक पहुँचाने में कोई कोर-कसर नहीं छोड़ी।

न्यायालयों और शिक्षण-संस्थानों का बहिष्कार, राष्ट्रीय विद्यालयों का प्रारंभ, सरकारी पदवियों की वापसी, घर-घर में चर्खा चलाने का आह्वान, जलसे-जुलूस-प्रदर्शन, घेराव इत्यादि जोरदार अहिंसक अभियान पूरे युद्धस्तर पर शुरू करने के उद्देश्य से प्रायः सभी कांग्रेसी नेताओं के साथ कंधे-से-कंधा मिलाकर डॉ. हेडगेवार ने भी अपने धुआँधार भाषण प्रारंभ कर दिए। वे मराठी-भाषा में बोलते थे, इसलिए उनकी तेजस्वी वाणी सीधे आम जनता के अंतर में प्रवेश कर जाती थी। असहयोग से पहले तीन महीनों में ही डॉक्टर साहिब मध्य प्रांत के समाचार-पत्रों की सुर्खियाँ बटोरने लग गए। देवली, वर्धा, खापा, केलवाद, तलेगाँव, भंडारा, इत्यादि क्षेत्रों के गाँवों, परगना तथा जिला-परिषदों में जनसभाओं का ताँता लग गया। इन अत्यंत स्फूर्तिदायक तथा हृदय को झकझोर देनेवाले भाषणों की चर्चा हर जुबान पर होने लगी। मध्य प्रांत के दूरदराज के क्षेत्रों से डॉ. हेडगेवार को जनसभाओं में अध्यक्षता के निमंत्रण मिलने लगे। यहाँ तक कि डॉ. नारायणराव सावरकर के सहयोग से बंबई महानगर जैसे व्यस्त क्षेत्रों में भी उनके भाषणों ने अहिंसक क्रांति का तूफान खड़ा कर दिया।

डॉक्टरजी के भाषणों में जोरदार ढंग से रखे गए तर्कों से मध्य प्रांत के अनेक गण्यमान्य नेता प्रभावित हुए बिना नहीं रह सके। उस समय के एक प्रसिद्ध

सामाजिक नेता दादाराव परमार्थ कहते थे कि "अंग्रेज तथा अंग्रेजी राज्य की चर्चा शुरू हुई कि डॉक्टर साहब का आवेश काबू के बाहर हो जाता था। उस समय उनके शब्द सुनकर ऐसा प्रतीत होता था, मानो शत्रु सामने खड़ा है और वे 'डॉक्टरजी' उसके ऊपर प्रबल आक्रमण कर रहे हों। सिर से लेकर पैर तक उनके शरीर में क्रोध का संचार हो जाता था। लाल-लाल आँखें, बँधी हुई मुट्ठी तथा बाहुओं में स्फूर्ति, उस प्रकार का जाज्वल्यमान स्वरूप उस समय उनका दिखाई देता था। उनके भाषणों से साधारण लोग ही नहीं, युवा विद्यार्थी उत्साह के साथ असहयोग आंदोलन में कूद पड़ते थे, वहीं कांग्रेस के नर्म प्रवृति के नेताओं/कार्यकताओं को बनावटी कष्ट होता था। ऐसे लोग अकसर डॉक्टरजी के भाषण भी पूरी उत्सुकता के साथ सुनते थे और कहीं और जाकर अपनी नाराजगी भी प्रकट करके गांधीजी के प्रति अपनी वफादारी का नाटक करते थे।"

गांधीजी के साथ विचार-विमर्श

महात्मा गांधीजी ने असहयोग आंदोलन की सफलता के निमित्त मुसलिम समाज को भी जोड़ने के लिए खिलाफत आंदोलन का समर्थन करके इस असहयोग आंदोलन का हिस्सा बनाने की भरपूर कोशिश की। डॉ. हेडगेवार यद्यपि गांधीजी से असहमत थे, परंतु उन्होंने समय की संवेदनशीलता को देखते हुए कहीं भी सार्वजनिक रूप से गांधीजी की अवहेलना नहीं की। डॉक्टरजी नहीं चाहते थे कि उस आंदोलन को किसी भी रूप में कोई नुकसान पहुँचे, परंतु अपनी बात को ठीक जगह कहने के लिए भी हिचकिचाते नहीं थे। अत: उन्होंने गांधीजी से समय लेकर भेंट की और बातचीत में सीधा प्रश्न करके 'हिंदू मुसलिम एकता' के नारे के औचित्य को जानना चाहा। उन्होंने कहा, "वास्तव में हिंदुस्तान में तो हिंदू, मुसलिम, ईसाई, पारसी और यहूदी आदि अनेक लोग रहते हैं। उन सबकी कल्पना रखने के स्थान पर आप केवल यही क्यों बोलते हैं कि हिंदू-मुसलिम की एकता होनी चाहिए।" इस प्रश्न का उत्तर गांधीजी ने अत्यंत सहज भाव से दिया—"इस कारण मैंने मुसलमानों के संबंध में देश के लिए आत्मीयता उत्पन्न की है। जिसे आप प्रत्यक्ष देख रहे हैं कि वे इस राष्ट्रीय आंदोलन में कंधे से कंधा मिलाकर कार्य कर रहे हैं।" प्रत्येक परिस्थिति और मुद्दे पर गंभीरता से विचार करके ही अपनी धारणा बनानेवाले डॉक्टरजी को गांधीजी के इस उत्तर से संतुष्टि नहीं हुई। अत: उन्होंने पुन: कहा कि "हिंदू-मुसलिम एकता इस शब्द के प्रचार में आने के पूर्व अनेक मुसलमान, राष्ट्र के संबंध में अपने प्रेम के कारण लोकमान्य तिलक के नेतृत्व में काम करते थे। डॉ. अंसारी, हकीम अजमल

खाँ आदि कई के नाम लिये जा सकते हैं, परंतु इस नए शब्द प्रयोग से तो मुझे आशंका है कि मुसलमानों में एकता के स्थान पर पराएपन की ही भावना बढ़ेगी।" शायद गांधीजी इस युवा स्वतंत्रता सेनानी के साथ ज्यादा चर्चा करने के मूड़ में नहीं थे, अत: उन्होंने एक ही पंक्ति में इस वार्त्तालाप का पटाक्षेप कर दिया—"मुझे तो ऐसी कोई आशंका नहीं।"

गांधीजी के इस निराशाजनक उत्तर के बाद भी डॉ. हेडगेवार असहयोग आंदोलन में बिना रुके और विश्राम किए लगे रहे। इसी समय नागपुर के आस-पास के इलाकों में नशाबंदी को लागू करवाने के कार्यक्रम को भी असहयोग आंदोलन का भाग बना दिया गया। डॉ. हेडगेवार ने मध्य प्रदेश की सरकार के आर्थिक तंत्र को अस्त-व्यस्त करने हेतु लोगों के शराब न खरीदने की जोरदार अपील की। शराब की बिक्री बहुत कम हो गई और सरकार आर्थिक घाटे से तंग आ गई। डॉक्टरजी के धुआँधार प्रचार एवं भाषणों से घबराकर सरकार ने उनके भाषणों पर एक महीने का प्रतिबंध लगा दिया। नागपुर के तत्कालीन जिलाधिकारी सिरिल जेम्स इरविन ने धारा 144 के अंतर्गत 23 फरवरी, 1921 को एक आदेश जारी कर दिया। इस आदेश के अनुसार एक माह तक किसी भी सार्वजनिक स्थान पर सभा करने और भाषण देने की मनाही कर दी गई, परंतु डॉ. हेडगेवार ने अपना प्रचार जारी रखा। एक बार कोई निर्णय लेने के बाद वे पीछे मुड़कर नहीं देखते थे और न ही अपनी गति को कम करना उनकी आदत में शुमार था। अलबत्ता उन्होंने प्रचारात्मक अभियान को पहले से भी कहीं ज्यादा तेज कर दिया।

डॉ. हेडगेवार पर राजद्रोह का मुकदमा

सरकार किसी भी प्रकार से डॉ. हेडगेवार को कानून के शिकंजे में जकड़ना चाहती थी। अत: उनके पूर्व काल के दो भाषणों को अपत्तिजनक करार देकर डॉक्टरजी पर मई 1921 में राजद्रोह का मुकदमा दायर कर दिया गया। उल्लेखनीय है कि महाराष्ट्र के प्रसिद्ध लेखक एवं पत्रकार और डॉ. हेडगेवार के विद्यार्थी जीवन से चले आ रहे अभिन्न मित्र एवं सक्रय सहयोगी श्री ना.ह. पालकर ने अपनी पुस्तक 'डॉ. हेडगेवार चरित' के पृष्ठ 100 से 106 तक में इस मुकदमे की संपूर्ण तथ्यपरक जानकारी दी है। यह पुस्तक पहली बार 1960 में छपी थी। पालकर स्वयं भी उस मुकदमे के प्रत्यक्षदर्शी थे।

"पहले दिन 14 जून को पुलिस इंस्पेक्टर आबाजी की गवाही हुई तथा दूसरे दिन श्री बोबडे ने प्रतिपरीक्षण (जिरह) किया। किंतु श्री स्मेली की ओर से श्री बोबडे

के मार्ग में बराबर रुकावट होने लगी। "यह प्रश्न पूछा नहीं जा सकता", "यह प्रश्न असंबद्ध है", "यह अभियोग से संगति नहीं खाता" इस प्रकार के वाक्य श्री बोबडे को एक कदम नहीं चलने देते थे। गाड़ी की जंजीर यदि बार-बार खींची जाए तो वह अपनी यात्रा पूरी कर सकेगी, इसमें संदेह ही है। दिनांक 20 जून को आबाजी का प्रतिपरीक्षण करते हुए श्री बोबडे ने प्रश्न पूछा, "डॉक्टर हेडगेवार यही प्रतिपादन कर रहे थे कि हिंदुस्थान हिंदुस्थान के लोगों का है।" परंतु श्री स्मेली ने यह प्रश्न लिखने से इनकार कर दिया। इस पर बोबडे क्रोध में आकर "न्यायाधीश मुझे जिरह नहीं करने देता, अतः मैं यह मुकदमा नहीं कर सकता" कहते हुए कचहरी से बाहर चले गए। उस समय डॉक्टरजी ने कहा, "मैं अपना मुकदमा दूसरे न्यायालय में भेजने की अर्जी देनेवाला हूँ। अतः अभी मुकदमा स्थगित कर दिया जाए।" इस पर दोपहर दो बजे काम रोक दिया गया।

दिनांक 25 जून को जिलाधिकारी श्री इरविन के पास मुकदमा दूसरी न्यायालय में भेजने के लिए आवेदन-पत्र दिया गया। उसमें डॉक्टरजी ने लिखा था कि "मजिस्ट्रेट साहब को मराठी का टूटा-फूटा ज्ञान भी है या नहीं, यह शंका मुकदमा चलते-चलते पैदा हो गई है। भाषण तथा टेपें तो सब मराठी में ही हैं। अतः इस प्रकार के मजिस्ट्रेट के लिए नियम और न्याय के अनुसार मुकदमा समझना ही [illegible] है। अतः श्री स्मेली यह मुकदमा सुनने के लिए अपात्र हैं। इसके अतिरिक्त श्री स्मेली में एक महत्त्व के राजनैतिक फौजदारी मुकदमे को सुनने के लिए आवश्यक सामान्य ज्ञान का भारी अभाव दिखता है। आरोपों के वकील ने जिरह में जब कुछ प्रश्न पूछे तो 'मुख्य परीक्षण में जो मुद्दे बाहर आए हैं, उनके संबंध में ही प्रतिप्रश्न पूछो। अन्य कोई बात सिद्ध करनी हो तो अपनी ओर से गवाही और सबूत पेश करो।' इस प्रकार की विभिन्न आपत्तियाँ उठाकर वे प्रश्न नहीं पूछने दिए गए। उन प्रश्नों का यदि गवाह से उत्तर मिलता तो यह तुरंत सिद्ध हो जाता कि अभियुक्त के भाषण में राजद्रोह की कोई बात नहीं है, परंतु मजिस्ट्रेट की तो प्रत्येक प्रश्न के संबंध में कुछ-न-कुछ आपत्ति ही थी। प्रत्येक प्रश्न के अवसर पर उस प्रश्न का उद्देश्य उनको समझाना पड़ता था, तब कहीं काम आगे चलता था। इस कारण गवाह को टालमटोल करना तथा प्रश्न को उड़ा देना सरल था। दिनांक 14 जून को इतनी देर जिरह हुई, परंतु मजिस्ट्रेट साहब के टेप के कागज अगर देखे जाएँ तो वे वैसे ही कोरे-कोरे मिलेंगे। फलतः अभियुक्त के वकील को न्यायालय छोड़कर जाना पड़ा। सदर मजिस्ट्रेट के न्यायालय में मुकदमे की योग्य सुनवाई होगी, ऐसा नहीं लगता। साथ ही इस मुकदमे में पैरवी करने के लिए दूसरा

कोई वकील उस न्यायालय में नहीं जा सकता। अत: यह मुकदमा दूसरे न्यायालय में भेजना चाहिए।"

इस आवेदन की भाषा से यह बताने की आवश्यकता नहीं कि अंग्रेज अधिकारी श्री इरविन ने इस पर क्या फैसला दिया होगा। दिनांक 27 जून को अर्जी खारिज कर दी गई। उस समय न्यायालय में डॉक्टरजी की ओर से एक भी वकील उपस्थित नहीं था। उस दिन श्री स्मेली ने डॉक्टरजी को अपना लिखित उत्तर देने को कहा। इस पर डॉक्टरजी ने कहा, "सबूत पक्ष की सब बातें सामने आ जाने दीजिए, उसके बाद मुझे जो कुछ कहना होगा कहूँगा।" "कोर्ट को जब आवश्यक लगे तब लिखित उत्तर माँगा जा सकता है," श्री स्मेली ने कहा। इस पर डॉक्टरजी निश्चयात्मक स्वर में बोले, "मुझे जो कहना था कह दिया। अंत में उत्तर दूँगा।" उस दिन का काम यहीं पूरा हो गया।

दिनांक 8 जुलाई को मुकदमा फिर से शुरू हुआ और काटोल विभाग के सर्किल इंसपेक्टर श्री गंगाधरराव की साक्षी हुई। उसके समाप्त होते ही डॉक्टरजी ने स्वयं ही जिरह करना प्रारंभ कर दिया। उसका कुछ भाग यहाँ उद्धृत करना ठीक होगा। श्री गंगाधरराव ने कहा, "लगभग सात-पौने आठ बजे के अंदर ही सभा खत्म हो गई। हम लोग चोरबत्ती के प्रकाश में रिपोर्ट लिख रहे थे। इस पर डॉक्टरजी ने कहा, ये अँधेरे में थे तथा इनके पास कोई भी चोरबत्ती नहीं थी। मैं शुद्ध मराठी बोलनेवाला हूँ, परंतु मेरे मुँह में इन्होंने 'बायकोचा पोर' ऐसे शब्द डाले हैं।" इस पर गवाह ने कहा, "मुझे व्याकरण के नियम नहीं आते। मैं अपनी माताजी से तेलुगु में बोलता हूँ तथा पत्नी से मराठी में। मैं औसतन एक मिनट में पच्चीस-तीस शब्द लिख सकता हूँ। कभी-कभी पूरे वाक्य लिख लेता था तथा कभी-कभी एकाध शब्द अथवा वाक्य का सारांश लिख लेता था। सारांश लिखने के लिए संपूर्ण वाक्य सुनने की आवश्यकता नहीं। सारांश लिखते समय मुझे विचार करना नहीं पड़ा। जैसे-जैसे आप बोलते गए, वैसे-वैसे मैं सारांश लिखता गया। जो समझ में नहीं आता था उसका सारांश मैं दूसरों से पूछकर लिखता था। यह काम मैं जिस समय वक्ता बीच में दूसरे से बोलता था, उस समय करता था (तथा प्रत्येक वक्ता बीच-बीच में दूसरे से बोलता ही है)...डॉक्टर प्रति मिनट बीस-पच्चीस शब्द बोलते थे। व्याख्यान सुनते समय वक्ता की कही हुई बातें सही हैं, ऐसा मानकर दूसरों के समान मेरे मन पर भी प्रभाव हुआ, परंतु वक्ता सब झूठ बातें बतानेवाला है, यह मुझे पक्का पता था।"

जिरह से इस प्रकार की बातें निकालने के बाद डॉक्टर स्मेली की ओर मुड़े तथा बोले, "भाषण की रिपोर्ट लेने में सर्किल साहब कितने पटु हैं, इसकी परीक्षा लेने की अनुमति दी जाए।" परंतु यह अनुमति नहीं दी गई।

इस पर डॉक्टरजी ने भाषण देकर अपने पक्ष का प्रतिपादन किया। उसमें विधिज्ञ का मार्दव न रहा हो तो भी उसकी मार्मिकता और स्पष्टवादिता उल्लेखनीय है। उन्होंने कहा, "कोर्ट के समक्ष आए हुए भाषण मेरे नहीं हैं। मैं प्रति मिनट औसतन दो सौ शब्द बोलता हूँ तथा जो मेरे भाषण की रिपोर्ट लेने के लिए लांगहैंड के नौसिखिए रिपोर्टर आए, वे तो भाषण का आठवाँ भाग भी नहीं लिख सके होंगे। अत: वादी की ओर से प्रस्तुत संपूर्ण रिपोर्ट में टूटे-फूटे वाक्य एवं शब्द तथा अधूरी बातें हैं तथा उन सबका पारस्परिक संबंध राजनीतिक कल्पनाओं एवं विचारों को समझने में अत्यंत अयोग्य पुलिस ने अपने उपजाऊ मस्तिष्क से, जैसा समझ में आया वैसा तथा जब आवश्यकता हुई तब, अपनी स्मरणशक्ति की मदद लेकर लगाया होगा, इसमें कोई संशय नहीं। संपूर्ण रिपोर्ट से यह किसी को भी पता नहीं चल सकता कि मैं क्या अथवा कैसा बोला। फिर भरतवाडा के मेरे अंतिम भाषण की तो रिपार्ट लेना ही संभव नहीं था, क्योंकि उस समय इतना अंधकार था कि उसमें कागज अथवा पेंसिल भी दिखना संभव नहीं था तथा पुलिस के पास कोई प्रकाश नहीं था। अत: मेरे भाषण की रिपोर्ट जो यहाँ दी गई है, वह बिल्कुल बनावटी तथा यह दिखाने के लिए है कि 'जनता के आंदोलन को दबाने के लिए हम लोग कितनी दौड़-धूप कर रहे हैं।' स्पष्ट ही यह पुलिसवालों के द्वारा बाद में योजनापूर्वक बनाई हुई दिखती है। रिपोर्ट को तनिक भी गौर से देखा जाए तो पढ़े-लिखे व्यक्ती को साफ समझ में आ जाएगा कि वह कितनी झूठी है। इसी भय के कारण, ऐसा दिखता है कि कोर्ट में कुछ नोट्स पढ़े भी नहीं गए। तात्पर्य यह है कि योग्य रीति से मुकदमा चलता तो वादीपक्ष की भूमिका पूरी तरह से ढह जाती, यह अभी बताई गई बातों से स्पष्ट हो जाएगा। अपनी रिपोर्ट लेने की पद्धति तथा मेरे भाषण करने के वेग के संबंध में श्री गंगाधरराव ने जो हास्यास्पद बातें कहीं हैं, उन्हें देखकर किसी भी जूडिशियल माइंड को यह प्रतीत हुए बिना नहीं रहेगा कि वादीपक्ष की रिपोर्ट किसी भी काम की नहीं है। इसी प्रकार सभाओं में मेरे भाषण के सामान्य गति से बोलने पर गवाह कितने शब्द लिख सकता है, यह दिखाने का यदि मुझे अवसर दिया जाता तो पुलिस अधिकारियों की असत्यता तथा नीच वृत्ति सबके सामने प्रकट हो जाती, परंतु आश्चर्य और खेद की बात तो यह है कि मेरे मुकदमे में अधिकतम अड़चने डाली गई हैं। मातृभूमि के

भक्तों को दमनचक्र में पीसनेवाली सरकार पर मेरे यहाँ किए हुए निषेध का कोई परिणाम नहीं होगा, यह मैं जानता हूँ। मैं अभी भी यही कहता हूँ कि हिंदुस्थान हम देशवासियों का है तथा स्वराज्य हमारा ध्येय है। आज तक ब्रिटिश प्रधानमंत्री तथा ब्रिटिश सरकार द्वारा की हुई आत्मनिर्णय की घोषणाएँ यदि ढोंग थीं तो सरकार खुशी से मेरे भाषण को राजद्रोह समझे। पर मेरा ईश्वर के न्याय पर विश्वास अटल है।"

डॉक्टरजी ने माँग की कि उनको अन्य गवाहों से भी जिरह करनी है। परंतु एक का जब यह हाल हुआ तो आगे क्या होगा, संभवत: यह सोचकर स्मेली ने उसे स्वीकार नहीं किया। मुकदमा 5 अगस्त तक के लिए स्थगित हो गया।

5 अगस्त को मुकदमा प्रारंभ होने पर डॉक्टरजी ने अपना लिखित उत्तर तथा अपनी भूमिका स्पष्ट करनेवाला एक भाषण दिया। उनके साथ कोई वकील न होने के कारण सबकुछ उन्हें अकेले ही करना पड़ता था। अपने लिखिल उत्तर में उन्होंने कहा कि''

(1) "मेरे भाषण कायदे से प्रस्थापित ब्रिटिश राज्य के विरुद्ध असंतोष, द्वेष व द्रोह उत्पन्न करनेवाले तथा हिंदी और यूरोपीय लोगों के बीच शत्रुभाव पैदा करनेवाले हैं, मेरे ऊपर लगाए गए इस अभियोग का स्पष्टीकरण मुझसे माँगा गया है। एक भारतीय के किए की जाँच और न्यायदान के लिए एक परायी राजसत्ता बैठे, इसे मैं अपना तथा अपने महान् देश का अपमान समझता हूँ।"

(2) "हिंदुस्थान में न्यायाधिष्ठित कोई शासन है, ऐसा मुझे नहीं लगता तथा यदि मुझे इस प्रकार की बात बताए तो मुझे आश्चर्य ही होगा। हमारे यहाँ आज जो कुछ है, वह तो पाशवी शक्ति के बल पर लादा हुआ भय और आतंक का साम्राज्य है। कानून उसका दास तथा न्यायालय उसके खिलौने मात्र हैं। विश्व के किसी भी भू-भाग में यदि किसी शासन को रहने का अधिकार है तो वह जनता के द्वारा, जनता के लिए तथा जनता की सरकार को है। इसके अतिरिक्त अन्य सभी शासन राष्ट्रों को लूटने के लिए धूर्त लोगों द्वारा योजनापूर्वक चलाए हुए धोखेबाजी के नमूने हैं।

(3) "मैंने अपने देशबांधवों में अपनी दीन-हीन मातृभूमि के प्रति उत्कट भक्तभाव जगाने का प्रयत्न किया। मैंने उनके हृदय पर यह अंकित करने का प्रयत्न किया कि भारत भारतवासियों का ही है। यदि एक भारतीय राजद्रोह किए बिना राष्ट्रभक्ति के ये तत्त्व प्रतिपादित नहीं कर सकता

तथा भारतीय एवं यूरोपीय लोगों में शत्रुभाव जगाए बिना वह साफ सत्य नहीं बोल सकता, यदि स्थिति इस कोटि तक पहुँच गई है तो यूरोपीय तथा वे जो अपने को भारत सरकार कहते हैं, उन्हें सावधान हो जाना चाहिए कि अब उनके ससम्मान वापस चले जाने की घड़ी आ गई है।"

(4) "मेरे भाषण की टिप्पणियाँ पूरी तरह सही-सही नहीं ली गईं, यह स्पष्ट दिख रहा है तथा जो मैंने कहा, ऐसा बताया जा रहा है, वह मेरे भाषण का टूटा-फूटा, कुछ-का-कुछ तथा विपर्यस्त विवरण है, किंतु मुझे इसकी चिंता नहीं। राष्ट्र-राष्ट्र के संबंध जिन मूलभूत तत्त्वों से निर्धारित होते हैं, उसी आधार पर ग्रेट ब्रिटेन तथा यूरोपीय लोगों के प्रति मेरा बर्ताव है। मैंने जो-जो कहा, वह अपने देश-बंधुओं के अधिकार तथा स्वातंत्र्य की प्रस्थापना के लिए कहा तथा मैं अपने प्रत्येक शब्द का दायित्व लेने के लिए तैयार हूँ। जो मेरे ऊपर आरोपित है, उसके संबंध में यदि मैं कुछ नहीं कह सकता तो मैं उसके एक-एक अक्षर का समर्थन करने के लिए तैयार हूँ तथा कहता हूँ कि वह सब न्यायोचित है।"

इन जलते हुए अंगारों के हाथ में पड़ते ही मजिस्ट्रेट साहब बोल उठे, "इनके मूल भाषण की अपेक्षा तो यह प्रतिवाद करनेवाला वक्तव्य अधिक राजद्रोहपूर्ण है।" (This statement is more seditious than his speech.)

''इसमें आश्चर्य की कोई बात नहीं, क्योंकि अपने वक्तव्य में डॉक्टरजी ने किसी भी प्रकार का आवरण न रखते हुए अपना अंतरंग ही व्यक्त किया था। उसमें स्पष्टता तथा असंदिग्धता थी और प्रतिपक्ष पर झपटनेवाले सिंह का आवेश एवं रौद्रता झलक रही थी। नागपुर-कांग्रेस में स्वागत-समिति के प्रस्ताव के रूप में जिस प्रजातंत्रीय राज्य का स्वर दबा दिया गया था, उसी प्रजातंत्र की घन-गंभीर घोषणा से डॉक्टरजी अंग्रेजों के अन्यायी शासन को कंपायमान कर रहे थे।

लिखित वक्तव्य तो दे दिया, मानो उसमें कोई कमी रह गई हो, इस हेतु से उस समय भाषण करके उन्होंने न्यायालय के संपूर्ण वातावरण को तपा दिया। उसमें जैसा अपूर्व युक्तवाद था, वैसा ही निर्भयता का स्वर भी था।''

न्यायालय में सत्ता विरोधी तीखा भाषण

''सरकार द्वारा पुलिस के अतिरिक्त और कोई गवाही पेश नहीं की गई थी तथा पुलिसवाले तो सब सरकार के बगलबच्चे होने के कारण उन्हें "गवाह के स्थान पर वादी कहना सयुक्तिक होगा", इन शब्दों में सरकार की टीका करते हुए

उन्होंने आगे कहा, "हिंदुस्थान हिंदुस्थान के लोगों का ही है। अत: हमें हिंदुस्थान में स्वराज्य चाहिए, यही बहुधा मेरे व्याख्यानों का विषय रहता है, परंतु इतने से काम नहीं चलता। स्वराज्य कैसे प्राप्त करना चाहिए तथा प्राप्त करने के बाद हमें कैसे रहना चाहिए, यह भी लोगों को बताना होता है। नहीं तो 'यथा राजा तथा प्रजा' के न्याय के अनुसार हमारे लोग अंग्रेजों का अनुकरण करने लगेंगे। अंग्रेज तो अपने देश के राज्य से संतुष्ट न होकर दूसरे के देश पर डाका डालकर, वहाँ के लोगों को गुलाम बनाकर उन पर राज्य करने को तथा स्वयं की स्वतंत्रता पर यदि आपत्ति लाई तो तलवार निकालकर रक्त की नदियाँ बहाने को तैयार रहते हैं। यह अभी हाल के महायुद्ध से सबको पता चल चुका है। अत: हमें लोगों को बताना पड़ता है कि 'बंधुओ! तुम अंग्रेजों के इस राक्षसी गुण का अनुकरण मत करना। केवल शांति के मार्ग से ही स्वराज्य प्राप्त करो तथा स्वराज्य मिलने के बाद किसी दूसरे के देश पर चढ़ाई न करते हुए अपने ही देश में संतुष्ट रहो।' यह बात लोगों के मन में जमाने के लिए मैं उन्हें यह तत्त्व भी समझाता हूँ कि एक देश के लोगों का दूसरे देश के लोगों पर राज्य करना अन्याय है। उस समय प्रचलित राजनीति से संबंध आ जाता है। कारण अपने इस प्रियतम देश पर दुर्दैव से पराए अंग्रेज लोग अन्याय से राज कर रहे हैं, यह हमें प्रत्यक्ष दिख रहा है। वास्तव में ऐसा कोई नियम है क्या, जिसके अंतर्गत एक देश के लोगों को दूसरे देश पर राज्य करने का अधिकार प्राप्त होता हो? सरकारी वकील साहब! आपसे मेरा यह प्रश्न है। क्या आप इस प्रश्न का उत्तर मुझे देंगे? क्या यह बात निसर्ग के नियम के विरुद्ध नहीं है? यदि यह तर्क सही है कि एक देश के लोगों को दूसरे पर राज्य करने का अधिकार नहीं है तो फिर हिंदुस्थान के लोगों को अपने पैरों के नीचे दबाकर उन पर राज्य करने का अधिकार अंग्रेजों को किसने दिया? अंग्रेज लोग इस देश के नहीं हैं न? फिर हिंदुभूमि के लोगों को गुलाम बनाकर 'हिंदुस्थान के हम मालिक हैं' ऐसा कहना न्याय का, नीति का तथा धर्म का खून नहीं है क्या?"

"इंग्लैंड को परतंत्र करके उस पर राज्य करने की हमें इच्छा नहीं है, परंतु जिस प्रकार इंग्लैंड के लोग इंग्लैंड में और जर्मनी के जर्मनी में राज्य करते हैं, वैसे ही हम हिंदुस्थान के लोग हिंदुस्थान के स्वामी होकर राज्य करना चाहते हैं। अंग्रेजी साम्राज्य में रहकर अंग्रेजों की दासता की सदा के लिए छाप अपने ऊपर अंकित कर लेने की हमारी इच्छा नहीं है। हमें पूर्ण स्वातंत्र्य चाहिए तथा वह लिये बिना हम चुप नहीं बैठेंगे। हम अपने देश में स्वतंत्रता के साथ रहने की इच्छा करें, क्या यह नीति और विधि के विरुद्ध है? मेरा विश्वास है कि विधि नीति को पदाक्रांत करने के लिए

नहीं, उसका संरक्षण करने के लिए होती है। यही उसका उद्‌देश्य होना चाहिए।"

डॉक्टरजी के मुकदमे में न्यायालय में लोगों की भीड़ लग जाती थी। इसके पूर्व जिन लोगों पर मुकदमे हुए थे, उन्होंने अपना बचाव करने से इनकार कर दिया था। अत: उन मुकदमों में 'सजा' के अतिरिक्त और कुछ सुनने के लायक नहीं था, परंतु डॉक्टरजी ने सरकार की अपात्रता तथा असहयोग के उद्‌देश्य, जनसभाओं के समान ही न्यायालय में भी स्पष्ट रूप से बताने की नीति स्वीकार की थी। लोगों द्वारा इस प्रकार एकत्र होकर उनके भाषणों को बड़ी उत्सुकता से सुनना ही उनकी इस नीति की यथार्थता का प्रमाण है। डॉक्टरजी ने इस प्रकार मैदान की सभा की धूम न्यायालय में भी उत्पन्न कर दी।

डॉक्टरजी के अपनी भूमिका को स्पष्ट करनेवाले इस वक्तव्य के उपरांत सरकारी वकील ने इन थोड़े से शब्दों में उस पर टीका की, "....डॉक्टर हेडगेवार ने अभी जो भाषण किया है, वह अत्यंत सीधा-सादा है, परंतु उनकी सभा में भाषण पद्धति इससे भिन्न होनी चाहिए। प्रतिवृत्त लेनेवालों को गलतफहमी होने का कोई कारण नहीं दिखता। सरकारी वकील के अनुसार इस भाषण के सरल होने का प्रमाणपत्र मिल चुका था। फिर उनके सभाओं के भाषण कैसे होते होंगे, इसकी कल्पना की जा सकती है।"

दिनांक 19 अगस्त को डॉक्टरजी के ऊपर धारा 108 के अंतर्गत जमानत के मुकदमे का फैसला होनेवाला था, इसलिए न्यायालय में लोगों की भारी भीड़ जमा हो गई थी। दोपहर साढ़े बारह बजे श्री स्मेली ने निर्णय दिया, "आपके भाषण राजद्रोहपूर्ण हैं। अत: एक वर्ष तक आप राजद्रोही भाषण नहीं करेंगे, इसका अभिवचन देते हुए एक-एक हजार की दो जमानतें तथा एक हजार रुपए का मुचलका लिखकर दें।" यह निर्णय होते ही डॉक्टरजी इस संबंध में अपना मनोगत व्यक्त करते हुए बोले, "आप कुछ भी निर्णय दीजिए। मैं निर्दोष हूँ, इस संबंध में मेरी आत्मा मुझे बता रही है। सरकार की दुष्ट नीति के कारण पहले ही जलती आग में यह दमननीति तेल का काम कर रही है। विदेशी राज्यसत्ता को अपने पाप के प्रायश्चित्त का अवसर शीघ्र ही आएगा, ऐसा मुझे विश्वास है। सर्वसाक्षी परमेश्वर के न्याय पर मुझे पूरा भरोसा है। अत: मुझसे माँगी हुई जमानत देना मुझे स्वीकार नहीं।"

एक वर्ष का कठोर कारावास

''डॉक्टरजी का कथन पूरा होते ही श्री स्मेली ने उन्हें एक वर्ष सश्रम कारावास के दंड की घोषणा की। उस समय डॉक्टरजी ने हँसते हुए दंड का

स्वागत किया तथा पुलिस अधिकारियों की सूचना के अनुसार कारागृह जाने के लिए बाहर आए। बाहर आते ही उनके चारों ओर मित्रों और जनता की भीड़ इकट्ठी हो गई तथा नगर-कांग्रेस की ओर से श्री गोखले ने माला पहनाई। तदुपरांत सर्वश्री विश्वनाथराव केलकर, दामूपंत देशमुख, हरकरे तथा अन्य जनों ने भी पुष्पमालाएँ समर्पण कर उनका जय-जयकार किया। ताँगे में बैठने के पूर्व रामपायली से आए हुए आबाजी हेडगेवार, बड़े भाई श्री सीतारामजी तथा डॉ. मुंजे को डॉक्टरजी ने प्रणाम किया तथा बै. मोरूभाऊ अभ्यंकर, समीमुल्ला खाँ, श्री अलेकर, वैद्य, मंडलेकर, हरकरे आदि मित्रों से मिलकर एकत्र जनता को छोटा सा भाषण देकर विदाई ली। वे बोले, "राजद्रोह के इस मुकदमे में मैंने बचाव किया था। आजकल बहुतों की ऐसी धारणा हो गई है कि जो बचाव करेगा, वह देशद्रोही है। परंतु आप इतने लोग यहाँ इस समय इकट्ठा हैं, इससे यह पता चलता है कि कम-से-कम आपकी तो यह धारणा नहीं है। अपने ऊपर मुकदमा होने के बाद अपना बचाव न करते हुए खटगल के समान रगड़े जाना मुझे योग्य नहीं लगता। हमें प्रतिपक्ष की नीचता जगत् को अवश्य दिखा देनी चाहिए। इसमें भी देशसेवा है। उलटे बचाव न करना आत्मघातक है। आपको पसंद न हो तो बचाव मत कीजिए, पर बचाव करनेवालों को कम योग्यता का समझना भूल होगी। देशकार्य करते हुए जेल तो क्या कालेपानी जाने अथवा फाँसी के तख्ते पर लटकने को भी हमें तैयार रहना चाहिए, परंतु जेल में जाना मानो स्वर्ग है, वही स्वातंत्र्य-प्राप्ति है, इस प्रकार का भम्र लेकर मत चलिए। केवल जेल भरने से अपने को स्वतंत्रता अथवा स्वराज्य मिलेगा, ऐसा भी मत समझिए। जेल में न जाते हुए बाहर भी बहुत सा देश का काम किया जा सकता है, इसको ध्यान में रखिए। मैं एक वर्ष में वापस आऊँगा। तब तक देश के हालचाल का मुझे पता नहीं लगेगा, परंतु हिंदुस्थान को पूर्ण स्वतंत्रता प्राप्त कराने का आंदोलन शुरू होगा, ऐसा मुझे विश्वास है। हिंदुस्थान को अब विदेशी सत्ता के अधीन रहना नहीं है। उसे अब गुलामी में नहीं रखा जा सकेगा। आप सबका हृदय से आभार मानकर आपसे एक वर्ष के लिए आज्ञा लेता हूँ।" ऐसा कहते हुए डॉक्टरजी ने हाथ जोड़कर सबको नमस्कार किया। तालियों की गड़गड़ाहट के बीच 'वंदे मातरम्' की घोषणा हुई।"

जनसभाओं में अभिनंदन

कांग्रेस के राष्ट्रवादी नेताओं, अपने पूर्व के क्रांतिकारी साथियों तथा समर्थकों की अपार भीड़ द्वारा लगाए गए 'भारत माता की जय'-'वंदे मातरम्' के गगनभेदी

उद्घोषों के बीच डॉ. हेडगेवार 19 अगस्त, 1921 को नागपुर की जेल में पहुँच गए। उसी दिन सायं काल को एक अभिनंदन सभा का आयोजन करके अनेक नेताओं ने अत्यंत हृदयस्पर्शी भाषण देकर डॉक्टरजी के साहस एवं निडरता की खुले मन से तारीफ की। इन नेताओं में डॉ. मुंजे, नारायण राव अलेकर, श्री हरकरे तथा विश्वनाथराव केलकर शामिल थे। इन सभी नेताओं ने डॉ. हेडगेवार की पूर्ण स्वतंत्रता पर निष्ठा की मुक्त कंठ से प्रसंशा की तथा लोगों को इस पथ पर आगे बढ़कर संघर्ष करने की अपील भी की।

डॉक्टरजी के अभिन्न निकटवर्ती मित्र तथा साप्ताहिक 'महाराष्ट्र' के मुख्य संपादक गोपाल राव ओगले ने 24 अगस्त, 1921 के अंक के संपादकीय 'डॉ. जेल क्यों गए?' में लिखा था—"डॉ. हेडगेवार अपने सद्विवेक के विरुद्ध जेल गए। वह जेल जाने से डर गए, इस प्रकार का जनापवाद न आए, इसीलिए उन्हें जेल में जाना आवश्यक प्रतीत हुआ। जानबूझकर कारावास स्वीकार करनेवाले डॉ. हेडगेवार कारावास के स्वार्थत्याग से खरे एवं अधिक प्रदीप्त हैं। नागपुर की दयोन्मुख पीढ़ी का नेतृत्व करने एवं अपने विशुद्ध स्वातंत्र्य के ध्येय का प्रतिपादन करने के लिए शीघ्र ही, एक वर्ष के बाद जेल से वापस आएँगे, ऐसी हमें आशा है। सश्रम कारावास की सजा नागपुर समेत पूरे मध्य प्रांत में आग की तरह फैलती गई। अनेक स्थानों पर विशेष सभाओं का आयोजन होने लगा। डॉक्टरजी का अभिनंदन, सरकार की निंदा, बहिष्कार इत्यादि कार्यक्रम असहयोग आंदोलन का एक महत्त्वपूर्ण भाग बनते गए। जिस तरह डॉ. हेडगेवार के भाषणों से असहयोग आंदोलन को बल मिला था, ठीक उसी तरह का उत्साह उनकी सजा से भी चारों ओर फैल गया।"

कारावास में भी वीरव्रती जीवन

हिंदू धर्म के सिद्धांतों और अधिकांश रीति-रिवाजों में डॉ. हेडगेवार पूर्ण निष्ठा रखते हुए अपनी दिनचर्या का निर्वाह करते थे। वे यज्ञोपवीत पहनते थे, परंतु जेल के नियमों के अनुसार जब उन्हें इसे उतारने के लिए कहा गया तो उन्होंने ऐसा करने से साफ इनकार कर दिया। 'मैं इसे नहीं उतार सकता, यह मेरा धार्मिक हक है। इसमें दखलअंदाजी करने का आपका कोई अधिकार नहीं बनता।' उस समय जेल के पर्यवेक्षक एक आयरिश सज्जन थे। उन्होंने डॉक्टरजी की हिम्मत और दृढ निश्चय को देखकर यज्ञोपवीत पहने रहने की इजाजत दे दी। डॉक्टरजी के इस बगावती रुख का असर जेल में मौजूद अन्य सत्याग्रहियों पर भी पड़ा। सभी ने एक आवाज से जेल के मैनुअल के मुताबिक सुविधाओं के लिए संघर्ष छेड़ दिया। अंततः सभी

सत्याग्रहियों को राजनीतिक कैदी की मान्यता प्राप्त हो गई।

डॉक्टरजी के साथ असहयोग आंदोलन में सहयोग करनेवाले उनके कई साथी इसी जेल में पहुँच गए। बापूजी पाठक, रघुनाथ रामचंद्र, पं. राधामोहन गोकुल तथा बापूराव हरकरे इत्यादि। राष्ट्रवादी कांग्रेसी नेताओं के साथ एक 20-22 वर्ष का मुसलिम युवक काजी इनामुल्ला भी था, जो 'खिलाफत-आंदोलन' में शिरकत करके एक वर्ष की कठोर सजा भुगतने के लिए आया था। इस कट्टरपंथी युवा विद्यार्थी द्वारा प्रात: शीघ्र उठकर जोर-जोर से कुरान की आयतें पढ़ने से शेष राजनीतिक कैदियों की मीठी-मीठी नींद में खलल पड़ने लगा। जब सबके समझाने पर वह नहीं माना तो पंडित राधामोहन ने उससे भी ज्यादा ऊँचे स्वर में रामचरितमानस की चौपाइयाँ पढ़नी शुरू कर दीं। पंडितजी की ऊँची गलाफाड़ आवाज से इनामुल्ला खान को अपनी ही आयतें सुनना कठिन हो गया। तब कहीं जाकर वह शांत हुआ। इस मुसलिम युवक की हठधर्मिता पर डॉक्टरजी मंद-मंद मुसकराते रहते थे। वह भी डॉक्टरजी का मुरीद बन गया।

साथियों को दिए देशसेवा के संस्कार

इन सभी राजनीतिक कैदियों को जेल में कई प्रकार के काम दिए गए। रस्सी बनाने, दाल पीसने इत्यादि कामों के साथ पुस्तकों पर जिल्द चढ़ाने जैसे काम करवाए जाते थे। डॉक्टरजी को जिल्दों पर कागज चिपकाने और लुगदी बनाने का काम दिया गया, जिससे उनके हाथों में छाले पड़ गए। इस प्रकार के सभी कष्टों एवं यातनाओं को वे पूरी मस्ती के साथ झेलते रहे। इस सजा को वे स्वतंत्रता सेनानी का सिलेबस मानते थे, जिसे पूरा किए बिना परीक्षा में उत्तीर्ण होना कठिन था। डॉक्टरजी मध्यप्रांत कांग्रेस की प्रांतीय समिति के जिम्मेदार सदस्य थे, अत: सम्माननीय सत्याग्रही नेता होते हुए उन्हें छोटे-मोटे झगड़े नापसंद थे। जेल में मिले काम को भी वे पूरी तन्मयता के साथ पूरा करते रहे। काम करते हुए भी वे अन्य कैदियों के साथ स्वाधीनता, स्वधर्म तथा सत्याग्रह आदि विषयों पर चर्चा करते हुए सबका राजनीतिक प्रशिक्षण भी करते जाते थे। यहाँ ध्यानयोग्य बात है कि वे अपने साथियों को सशस्त्र क्रांति का महत्त्व समझाना भी नहीं भूलते थे। अपने पूर्व के वीरव्रती जीवन की कथाएँ सुनाकर वे सभी सत्याग्रहियों को निडर देशभक्त बनने की ट्रेनिंग दे रहे थे।

डॉक्टरजी की सलाह एवं प्रेरणा से सभी सत्याग्रहियों ने 13 अप्रैल को 'जलियाँवाला बाग दिवस' मनाने का फैसला किया। जब सभी ने उस दिन हड़ताल करके कोई भी काम न करने का मन बनाया तो इमानुल्ला खान नहीं माना। वह

24 घंटे खिलाफत-खिलाफत ही चिल्लाता रहता था। अन्य किसी उत्सव अथवा सामूहिक गतिविधि में उसकी जरा भी रुचि नहीं थी, परंतु डॉक्टरजी का कहना मानकर वह भी हड़ताल में शामिल हो गया। जेल के नियमों के अनुसार राजनीतिक तथा गैर-राजनीतिक कैदियों को एक जैसा भोजन और कपड़े दिए जाते थे, परंतु बाद में अमर शहीद यतींद्र नाथ के 60 दिन के अनशन के बाद राजनीतिकों का एक अलग वर्ग बना दिया गया। जेल में रहते हुए भी डॉक्टरजी ने अपने मैत्रीपूर्ण व्यवहार से न केवल राजनीतिक एवं गैर-राजनीतिक कैदियों को प्रभावित किया अपितु नए जेल-अधिकारी नीलकंठ राव जठार से भी प्रेमपूर्ण संबंध बना लिये। जठार ने स्वयं माना था कि डॉक्टरजी के जेल से छूटने के बाद उनके प्रेमपूर्ण व्यवहार के कारण हम सरकारी नौकर होते हुए भी उनसे मिलने उनके घर जाते थे।

स्वागत समारोहों में वही जज्बा

डॉ. हेडगेवार की जेल से छुट्टी 12 जुलाई, 1922 को होने के बाद उनके वजन में पच्चीस पौंड की वृद्धि हुई। वृद्धि से पता चलता है कि प्रत्येक परिस्थिति में प्रसन्न रहते हुए अपने ध्येय-पथ पर निरंतर बढ़ते रहना उनका स्वभाव था। कारावास से बाहर निकलते ही उनका वंदे मातरम् के उद्घोष और पुष्पवर्षा से स्वागत करनेवालों में डॉ. मुंजे, डॉ. परांजपे, ना.भा. खरे इत्यादि प्रमुख राजनीतिक एवं सामाजिक नेता शामिल थे। उनके घर के रास्ते में अनेक स्थानों पर स्वागत द्वारों की सजावट की गई। रात्रि को कई जगहों पर दीपमाला की गई। नागपुर से प्रकाशित महाराष्ट्र साप्ताहिक पत्र ने लिखा था—"डॉ. हेडगेवार की देशभक्ति, निस्स्वार्थवृत्त तथा उत्कटता के संबंध में किसी के भी मन में शंका नहीं थी, परंतु यह सब गुण स्वार्थत्याग की भट्ठी में से निखरकर बाहर आ रहे थे। उनके इन गुणों का इसके आगे राष्ट्रकार्यों के लिए सौ गुना उपयोग हो, यही हमारी कामना है।"

नागपुर के चिटणीस पार्क में सायंकाल स्वागत सभा का आयोजन किया गया, परंतु भारी वर्षा की वजह से यह कार्यक्रम 'व्यंकटेश नाट्यगृह' में संपन्न किया गया। स्वागत सभा के प्रधान डॉ. ना.भा. खरे के स्वागत प्रस्ताव का सर्वसम्मत अनुमोदन होने के पश्चात् पंडित मोतीलाल नेहरू तथा हकीम अजमल खाँ, डॉ. अंसारी, श्री राजगोपालाचारी इत्यादि नेताओं ने भी डॉक्टरजी का स्वागत किया। सभा के अंत में डॉक्टरजी ने बहुत थोड़े से नपे-तुले शब्दों में अपनी सारगर्भित बात रखी—"देश के सम्मुख अपना ध्येय सबसे उत्तम एवं श्रेष्ठ ही रखना चाहिए। पूर्ण स्वतंत्रता से कम कोई भी लक्ष्य अपने सामने रखना उपयुक्त नहीं होगा। मार्ग कौन सा हो, इस

विषय में इतिहासवेत्ता श्रोताओं को कुछ भी करना उनका अपमान करना ही होगा। स्वतंत्रता के लिए संघर्ष करते हुए यदि मृत्यु भी आई तो उसकी चिंता नहीं करनी चाहिए। यह संघर्ष उच्च ध्येय पर दृष्टि तथा दिमाग ठंडा रखकर ही चलाना होगा।"

एक वर्ष की कठोर सजा भोगने के बाद डॉक्टरजी शारीरिक दृष्टि से तो आजाद हो चुके थे, पर उनका मन अनेक प्रकार की चिंताओं तथा योजनाओं से मुक्त नहीं हो सका। अंग्रेजों के पाश से भारतमाता को स्वतंत्र करवाने के लिए अब क्या किया जा सकता है। यही गंभीर चिंता डॉक्टरजी को परेशान कर रही थी। बालपन से लेकर अब तक स्वतंत्रता संग्राम के कई मोर्चों पर सफलता से लड़ते हुए अब यह सेनापति अगले मोर्चे पर संघर्ष के लिए तैयार हो गया। कारावास में एक वर्ष तक किया गया विचार-मंथन उनके भविष्य में होनेवाले गंभीर चिंतन का आधार बना।

□

8

चिंतनशील स्वतंत्रता सेनानी

विश्वगुरु भारत का पतन क्यों हुआ? इस प्रश्न का उत्तर डॉक्टरजी ने खोज निकाला। ''राष्ट्रीय भावना के शिथिल पड़ जाने से असंगठित एवं शक्तिहीन हुए हिंदू समाज की दयनीय स्थिति के कारण ही पूर्व काल में दिग्विजय का डंका बजाने वाला हिंदू समाज सैकड़ों वर्षों की पाशविक सत्ता के नीचे पद दलित है, अतः शक्तिसंपन्न, पुनरुत्थानशील एवं संगठित हिंदू समाज ही भारत की स्वतंत्रता, राष्ट्रीय अखंडता एवं सुरक्षा की गारंटी हो सकता है।" डॉक्टरजी ने 'रामराज्य' के दृष्टा महात्मा गांधी, 'स्वराज मेरा जन्मसिद्ध अधिकार है' का उद्घोष करनेवाले लोकमान्य तिलक, 'तुम मुझे खून दो, मैं तुम्हें आजादी दूँगा' की ललकार भरने वाले सुभाष चंद्र बोस, अखंड भारत की विजयी कल्पना करनेवाले अरविंद/सावरकर, 'भीख माँगने से आजादी नहीं मिलती' की गगनभेदी घोषणा करनेवाले लाला लाजपत राय, राष्ट्रीय एकता के लिए बलिदान देने वाले डॉ. शयामा प्रसाद मुखर्जी, हिंदुत्व की रणभेरी बजानेवाले भाई परमानंद, हिंदुस्तान समाजवादी प्रजातांत्रिक सेना के संस्थापक सरदार भगत सिंह तथा सामाजिक समरसता के पुरोधा डॉ. आंबेडकर के विचारों एवं कार्यपद्धति का गहराई से चिंतन किया।

कारावास में एक वर्ष की सश्रम सजा काट रहे डॉ. हेडगेवार को जब अचानक यह समाचार मिला कि महात्मा गांधीजी ने ब्रिटिश सरकार के विरुद्ध चल रहे देशव्यापी असहयोग आंदोलन को अचानक वापस लेने की घोषणा की है तो उनकी प्रतिक्रिया बहुत क्षुब्धकारी थी—

- जब यह आंदोलन अपने अंतिम चरण में था तो गांधीजी ने इकतरफा

फैसला क्यों ले लिया? आंदोलन का नेतृत्व सँभाल रहे नेताओं से मशवरे के बिना सत्याग्रह को समाप्त कर देने में कौन सी राजनीतिक बुद्धिमत्ता थी?

- महात्माजी घबरा गए अथवा अंग्रेजों के झाँसे में आ गए?
- कहीं ऐसा तो नहीं था कि कार्यकर्ताओं के अनुशासन एवं निष्ठा में कोई कमी आ गई थी?
- या फिर आंदोलनकारी नेताओं की क्षमता/पात्रता के अभाव ने आंदोलन की नैया डुबो दी थी?
- अहिंसा की एक-आध घटना होने पर सारे आंदोलन को वापस लेकर गांधीजी को आखिर क्या प्राप्त हुआ?

सत्य साबित हुई डॉक्टरजी की आशंका

गांधीजी की इच्छा एवं योजनानुसार असहयोग आंदोलन, अहिंसक रास्ते पर चल रहा था। 5 फरवरी को चौरी-चौरा (उत्तर प्रदेश) में अंग्रेजों द्वारा सताए हुए लोगों की भीड़ ने स्थानीय पुलिस चौकी में आग लगाकर अफसर सहित 22 सिपाहियों को मौत के घाट उतार दिया। इस घटना के मात्र एक सप्ताह बाद ही 12 फरवरी को गांधीजी ने आंदोलन को स्थगित कर दिया। महात्माजी ने अपनी मानसिक स्थिति और तीखे अनुभव को इन शब्दों में प्रकट किया था—'ईश्वर ने मुझे तीसरी बार सावधान किया है कि जिसके बल पर सामूहिक असहयोग समर्थनीय एवं न्यायोचित ठहराया जा सकता है, वह तथ्यपूर्ण एवं अहिंसा का वातावरण अभी भारत में नहीं है।' कहा जा सकता है कि डॉ. हेडगेवार के सार्थक चितंन 'अनुशासन, समर्पण, निरंतरता और ध्येयनिष्ठा ही संगठन का सशक्त आधार' को गांधीजी ने अपनी इस शाब्दिक व्यथा में स्वीकार कर लिया था।

डॉ. हेडगेवार के चितंन और गांधीजी द्वारा व्यक्त व्यथा का समर्थन पंडित जवाहर लाल नेहरू ने भी किया था—'ध्येयवाद का कहीं पता नहीं था। उसके स्थान पर सच्चे अनुकरणवाले भावनाशील व्यक्ति को राजनीति से घृणा हो जाए, इस प्रकार की चालबाजियाँ चल रही थीं। कांग्रेस को अपने हाथ में लेने के लिए कई गुट ताल ठोक रहे थे।' पं. नेहरू एवं स्वयं गांधीजी के इस निष्कर्ष से तो यही स्पष्ट होता है कि असहयोग आंदोलन गलत रास्ते पर चल पड़ा था, नेता डाँवाँडोल हो गए थे। गांधीजी असफलता के सागर में डूब रहे आंदोलन को तिनके का सहारा देने के लिए कोई बहाना खोज रहे थे। आंदोलन समाप्त हो गया।

लोगों को जबरदस्ती पिलाई जा रही कथित प्रेरक घुट्टी 'एक वर्ष में स्वराज्य' की धज्जियाँ उड़ गईं। विदेशी ताकत प्रसन्न हुई और भारतवासियों की बिजली का करंट लगने जैसी स्थिति हो गई। विद्यालयों, महाविद्यालयों में विद्यार्थी लौटने लगे। न्यायालयों में वकीलों ने अपना कारोबार शुरू कर दिया। खिलाफत-आंदोलन का समर्थन करके मुसलिम समाज को हिंदुओं के साथ जोड़कर मुख्यधारा में लाने का मकसद धाराशायी हो गया।'

खिलाफत आंदोलन को महात्मा गांधी के समर्थन में जो आशंका डॉ. हेडगेवार ने जताई थी, वह सही सिद्ध हुई। डॉक्टरजी के चिंतन के अनुसार मुसलमान भारतीय हैं, विदेश से नहीं आए, वे हिंदू पूर्वजों की संतान हैं। यही विचार-तत्त्व उन्हें भारत की मुख्यधारा में जोड़े रख सकता है, जिसके वे अभिन्न अंग हैं, परंतु महात्माजी इस प्रकार के चिरस्थायी मार्ग पर चलने की बजाय उनके तुष्टीकरण के पृथकतावादी मार्ग पर चल पड़े। 'हम भारतीय ही हैं, विदेशी हमलावरों की हमलावार तहजीब से हमारा कोई लेना-देना नहीं है, हिंदुत्व आधारित राष्ट्रवाद के हम अभिन्न अंग हैं'—मुसलिम समाज को यह अहसास दिलाने के बजाय गांधीजी ने अलगाववादी रास्ते पर चलने का अवसर दिया। परिणाम सामने आ गया। न खुदा मिला न विसाले सनम, न उधर के रहे न इधर के। डॉ. भीमराव आंबेडकरजी ने गांधीजी द्वारा खिलाफत आंदोलन को दिए गए समर्थन के बारे में लिखा—'क्या कोई भी समझदार व्यक्ति हिंदू-मुसलिम एकता के लिए इतनी दूर तक जा सकता है।'

डॉ. हेडगेवार जब कारावास के बाहर आए तो खिलाफत के बारे में व्यक्त की गई उनकी आशंका को और ज्यादा बल मिला। कुछ थोड़े ही मुसलिम नेताओं को छोड़कर शेष सारा समाज 'अलगाववादी' हो गया। मुसलमानों के मुँह से वंदे मातरम् का उद्घोष न होकर 'अल्ला हो अकबर' के नारे गूँजने लगे। इस समाज को जज्बाती बनाकर पृथकतावाद को बढ़ावा देने के उद्देश्य से मुसलिम नेता, मुल्ला मौलवी सक्रिय हो गए। पढ़े-लिखे समझदार मुसलमान भी अपने को अलग समझने/कहने लगे। पं. जवाहरलाल नेहरू ने अपनी आत्मकथा में लिखा है—'धार्मिकता के लिए कोई आकर्षण न रखनेवाले पश्चिमी रंग-ढंग के मुसलमान भी दाढ़ी बढ़ाने लग गए।' अलगाववाद का विषैला प्रचार तेज हो गया और मुसलिम समाज को अपने को हिंदुओं से अलग करने में ही फायदा नजर आने लगा।

24 घंटे स्वातंत्र्य की चिंता

डॉ. हेडगेवार असहयोग की विफलता एवं खिलाफत के समर्थन को हिंदू समाज की कमजोरी मानते हुए कहा करते थे कि मुसलमानों को दोष देने के बजाय हिंदुओं को अपने अंदर झाँकते हुए अपने जातिगत दोषों को दूर करने पर अपना ध्यान केंद्रित करना चाहिए। डॉक्टरजी का चिंतन यही था कि 'आत्मविस्मृत' हिंदू समाज की सामर्थ्यहीनता एवं दयनीय अवस्था ही हमारे देश के पतन का कारण है। डॉक्टरजी ने एक बार एक मुसलिम नेता समीउल्ला खाँ से बात-बात में पूछ लिया कि 'असहयोग आंदोलन' में इतना जबरदस्त प्रचार होने के बावजूद आपने खद्दर की सफेद टोपी न पहनकर तुर्की टोपी ही पहन रखी है, क्यों? खान साहब ने बिना लाग-लपेट के स्पष्ट कर दिया—'मैं पहले मुसलमान हूँ। यह टोपी इसकी निशानी है। इसे छोड़ने का सवाल ही पैदा नहीं होता।' डॉक्टरजी सोचते थे कि हिंदुओं द्वारा 'अल्ला हो अकबर' का नारा लगाने के बाद भी मुसलमान वंदे मातरम् का उद्घोष क्यों नहीं करते?

इस प्रकार से इन सब राजनीतिक हलचलों, कांग्रेस द्वारा कट्टरपंथी मुसलिम नेताओं का समाज का अंधाधुंध समर्थन अधिकांश मुसलमानों की आक्रामक वृत्ति और विघटित हिंदू समाज की दब्बू नीति का बहुत गहरा मंथन डॉक्टरजी के मानस-पटल पर चल रहा था। प्रत्येक परिस्थिति के केवल तात्कालिक निदान पर उनका ध्यान बहुत कम रहता था। वे तो समस्या की जड़ों तक पहुँचकर उसे गहराई से जानने और उसका स्थायी समाधान निकालने के अपने निर्धारित उद्देश्य के लिए चिंतनशील रहते थे। प्रत्येक समय राष्ट्र की सर्वांगीण उन्नति अर्थात् पूर्ण स्वतंत्रता के किसी सशक्त मार्ग पर विचार करते हुए भी उन्होंने अपनी तात्कालिक राजनीतिक और सामाजिक व्यवस्थाओं को नहीं छोड़ा, बल्कि उन्होंने अपनी समाज सेवा की इन गतिविधियों में से अनेक सामाजिक कार्यकर्ताओं की खोज करके उन्हें अपने राष्ट्रवादी विचारों की परिधि में जोड़ लिया। डॉक्टरजी के अंत:करण में 24 घंटे राष्ट्रभक्ति और हिंदू स्वाभिमान की आग प्रज्ज्वलित रहती थी।

मध्यप्रांत कांग्रेस के प्रांतीय सहमंत्री

सन् 1922 में डॉ. हेडगेवार को मध्यप्रांत की कांग्रेस इकाई में प्रांतीय सह मंत्री का पदभार सौंप दिया गया। डॉक्टरजी ने कांग्रेस के भीतर ही एक संगठित स्वयंसेवक दल बनाने का प्रयास किया, परंतु वे 'फरमाबरदार' वालंटियर दल खड़ा करने के पक्ष में कतई नहीं थे। उनकी स्वयंसेवक की कल्पना केवलमात्र दरियाँ बिछाना और कुरसियाँ उठाना तक सीमित नहीं थी। वे चाहते थे कि "देशभक्ति

से ओत-प्रोत, शील से विभूषित, गुणोत्कर्ष से प्रभावी और निस्सीम सेवाभाव से स्वयंस्फूर्त अनुशासित जीवन व्यतीत करने की आकांक्षा लेकर चलनेवाले क्रियाशील एवं कर्तव्यशील तरुण लाखों की संख्या में खड़े किए जाएँ।" इसी हेतु उन्होंने अपने एक विश्वस्त मित्र गंगाप्रसाद पांडे के नेतृत्व में 'राष्ट्रीय मल्लविद्या शाला' संस्था की स्थापना की। युवकों को शारीरिक तथा मानसिक दृष्टि से परिपक्व करने के लिए डॉक्टरजी की अध्यक्षता में एक 'विश्वस्त मंडल' का गठन भी हुआ। कुश्ती, मलखंभ, दंड संचालन के अलावा इस मंडल में वर्तमान राजनीतिक परिस्थितियों तथा स्वतंत्रता संग्राम के किसी सशक्त माध्यम पर भी विस्तार से चर्चा होती थी। जब सरकार की कुदृष्टि इस संस्था द्वारा दिए जा रहे सैन्य प्रशिक्षण पर पड़ी तो डॉक्टरजी ने उसकी समस्त गतिविधियों को गुप्त रूप से चलाने की व्यवस्था कर दी। काम भी चलता रहा और सरकारी गुप्तचर भी शांत हो गए।

डॉक्टरजी का खुलकर समर्थन न करनेवाले अनेक सामाजिक तथा धार्मिक नेता भी उनसे मिलने उनके घर पर आते रहते थे। "मैं आपका तो स्वागत करता हूँ, परंतु आपके विचारों का स्वागत नहीं कर सकता" इन सभी जानकारों के साथ डॉक्टरजी ने घनिष्ठ संबंध बनाए रखे। डॉक्टरजी नागपुर में कार्यरत विभिन्न परिषदों/संगठनों इत्यादि में रुचि लेने के साथ मध्यप्रांत के भिन्न-भिन्न संगठनों के गणमान्य नेताओं के साथ मित्रवत् वार्त्तालाप करने के लिए भी समय निकाल लेते थे। नागपुर शहर में किसी भी प्रकार के सार्वजनिक कार्यक्रम में वे पहुँचते ही थे। चाहे शराबबंदी के लिए धरने-प्रदर्शन हो, चाहे बच्चों द्वारा होनेवाले गणेशोत्सव हों, डॉक्टरजी सबकी पीठ पर अपना हाथ बनाए रहते थे। अपनी इस व्यस्त जीवनचर्या में भी समय निकालकर कलकत्ता में हुई क्रांतिकारियों की एक गुप्त बैठक में वे पहुँच गए। जब नागपुर के उनके मित्रों ने पूछा कि कलकत्ता में क्या करने जा रहे हैं तो उन्होंने सहज स्वभाव से उत्तर दिया, "नैशनल कॉलेज के पूर्व छात्रों के एक सम्मेलन में जा रहा हूँ।" इस तरह चारों ओर से चौकन्ने रहकर ही वे बोलते थे।

सर्वस्व त्याग करने का संकल्प

असहयोग आंदोलन के विफल होने के तुरंत बाद गांधीजी गिरफ्तार हो गए और उनको एक अदालत में ले जाकर नाटकीय ढंग से केस चलाकर छह वर्ष के कारावास की सजा दे दी गई। नागपुर में महात्मा गांधीजी के भक्तों ने उनकी गिरफ्तारी के दिन 18 मार्च को प्रत्येक वर्ष 'गांधी दिवस' मनाने की परंपरा प्रारंभ की। डॉक्टरजी इस कार्यक्रम को सफल बनाने के लिए हर संभव प्रयास करते थे।

ऐसे ही एक कार्यक्रम में डॉक्टरजी के हुए एक ओजस्वी भाषण में उनके अंत:करण में उठ रहे 'राष्ट्र की स्वतंत्रता' के तूफान को समझा जा सकता है। उन्होंने कहा, "आज का दिन अत्यंत पवित्र है। महात्माजी जैसे पुण्यश्लोक पुरुष के जीवन में व्याप्त सद्गुणों के श्रवण एवं चिंतन का यह दिन है। उनके अनुयायी कहलाने वाले के सिर पर तो उनके गुणों का अनुकरण करने की जिम्मेदारी है। महात्मा गांधी के आंदोलन को उनके अनुयायियों से यदि किसी चीज की अपेक्षा है तो वह है, स्वार्थ त्याग की। कहना एक और करना दूसरा, इस प्रकार के दोहरे व्यवहार वाले लोग महात्माजी को नहीं चाहिए।''' ऐसे दोगले अनुयायियों के सहारे महात्माजी की नौका कभी भी पार नहीं लगेगी। महात्माजी का अनुयायी बनना है तो अपने सिर पर तुलसी-पत्र रखकर सर्वस्व का त्याग करके रणांगण में उतरिए।"

डॉक्टरजी के मानस पर इस तरह के विचार रात-दिन छाए रहते थे और वे तत्कालीन सब प्रकार की समस्याओं का निदान खोजते और करते रहते थे। वे असहयोग आंदोलन के भीतरी स्वरूप एवं खिलाफत के पश्चात् हो रहे तथा भविष्य में विकराल रूप लेनेवाले मुसलिम कट्टरवाद के भीषण विस्फोट से चिंतित थे। वे इस समय भी कांग्रेस के सक्रिय नेता थे और खादी के वस्त्र ही पहनते थे। इस समय उनका ध्यान कांग्रेस के भीतर समर्पित स्वयंसेवकों की तैयारी पर केंद्रित था। 1923 में वर्धा में आयोजित स्वयंसेवक परिषद् में भी उन्होंने इसी विषय पर बल देते हुए कहा था कि प्रत्येक परिस्थिति से जूझकर मरने वाले स्वयंसेवक कार्यकर्ताओं की आवश्यकता है। आज के संदर्भ में एक संगठन के माध्यम से स्वतंत्रता आंदोलन के लिए यह अत्यंत जरूरी है। क्रांतिकारी नेता बापूजी पाठक के अनुसार, "डॉक्टरजी का रुख चुनावों की राजनीति से अलिप्त रहकर ऐसी संस्था बनाने का था, जिसमें नई पीढ़ी को संस्कारित किया जा सके।"

उधर नवोदित तुर्की के नेता कमाल पाशा ने खलीफा को पदच्युत करके इस पद को ही समाप्त कर दिया। भारत के मुसलिम समाज के अहं को बड़ी चोट पहुँची और यह समाज 'पैन-इस्लामिज्म' के नए पृथकतावादी एवं हिंदू विरोधी दंभ के साथ खंभ ठोकने के लिए तैयार हो गया। 1923 के बाद हुए भयानक सांप्रदायिक दंगे इसी कट्टरपंथी सोच का परिणाम थे। हिंदुओं के सामूहिक संहार को देखने के पश्चात् सशस्त्र क्रांति के एक अग्रणी सेनानी भाई परमानंद ने अपनी आत्मकथा में लिखा है—"वहाँ के हिंदुओं का दैन्य एवं यातनाएँ देखकर मैं बहुत व्यथित हो गया। जब मुझे पता चला कि स्थानीय 'खिलाफत समिति' के पदाधिकारी दंगा करने तथा

हिंदुओं की जान और माल का विनाश करने के लिए उत्तरदायी हैं, तो मुझे विवश होकर यह निष्कर्ष निकालना पड़ा कि खिलाफत आंदोलन ही हिंदू-मुसलिम दंगों की जड़ था।" भाई परमानंद ने एक गहरे चिंतन के बाद वापस लाहौर (पंजाब) में आकर 'हिंदू संघ' नामक संगठन की नींव रखी। मुसलिम समाज का यह घिनौना स्वरूप मोपला, नागपुर, सहारनपुर इत्यादि स्थानों समेत पूरे देश के सामने आया। डॉ. हेडगेवार का चिंतन भी इसी तात्त्विक आधार पर केंद्रित होता चला गया।

देश की स्वतंत्रता के लिए प्रत्येक आंदोलन एवं प्रयास का गहराई से अध्ययन करने के लिए डॉक्टरजी कोई भी अवसर नहीं छोड़ते थे। नागपुर में ही डॉ. मुंजे ने एक 'राइफल एसोसिएशन' बनाई, जो युवकों को निकटवर्ती जंगलों में ले जाकर निशानेबाजी तथा सामने खड़े शत्रु का प्रतिकार करने का प्रशिक्षण देते थे। डॉ. हेडगेवारजी ने भी डॉ. मुंजे के साथ कई-कई दिनों तक जंगलों में रहकर यह प्रशिक्षण प्राप्त किया। वैसे तो उन्होंने कलकत्ता में अनुशीलन समिति में अपनी सक्रियता के समय निशानेबाजी तथा बम विस्फोट करने की सारी विधियों की अच्छी जानकारी प्राप्त कर ली थी।

हिंदू स्वाभिमान हेतु दिंडी सत्याग्रह

इन्हीं दिनों नागपुर में मुसलिम समाज की हिंदू विरोधी आक्रामक मनोवृत्ति के खिलाफ डॉ. हेडगेवार के मार्गदर्शन में ऐतिहासिक दिंडी सत्याग्रह का आयोजन हुआ। नागपुर के प्रसिद्ध शुक्रवार तालाब के निकट 'गणेश पेठ' हिंदुओं का एक पूजास्थान था। मुसलिम नेताओं ने यहीं पर एक खुले स्थान में पहले एक झोंपड़ी बना दी। हिंदुओं के शांत रहने पर यहीं पर एक मसजिद तामीर कर दी गई। इन कट्टरपंथी मुसलिमों ने जिलाधीश से यह आदेश भी जारी करवा दिया कि इस मसजिद के पास से हिंदुओं की कोई भी धार्मिक यात्रा बाजे-गाजे के साथ नहीं निकल सकती। नतीजनत 1923 में होनेवाला गणेश-विसर्जन कार्यक्रम नहीं हो सका। हिंदुओं को इस इकतरफा एवं अधिनायकवादी सरकारी आदेश से गहरा धक्का लगा। इस आदेश ने हिंदू नेताओं को संगठित होकर 'हिंदू-जागृति' करने का अवसर दिया। फलस्वरूप राजा लक्ष्मणराव भोंसले, डॉ. मुंजे, परांजपे तथा डॉ. हेडगेवार ने इस काले आदेश का विरोध करने के लिए सत्याग्रह करने का फैसला किया। हिंदुओं के इस संगठिति वरोध के परिणाम को भाँपकर मुसलमान नेताओं ने प्रसिद्ध काकड़ आरती तथा भजन मंडली अर्थात् 'दिंडी यात्रा' को जाने देने की इजाजत दे दी।

प्रथम दिन 23 अक्तूबर को तो यात्रा विधिवत् निकल गई, परंतु बाद के दिनों में मुसलिम नेताओं ने फिर यात्रा को रोक दिया। एक दिन तो उन लोगों ने बकायदा लाठी-दंड के द्वारा हिंदू यात्रा पर आक्रमण करके यात्रा को समाप्त करने का प्रयास किया। डॉ. हेडगेवार ने अपने साथी हिंदू नेताओं के साथ घर-घर जाकर हिंदुओं को भारी संख्या में यात्रा में शामिल होने के लिए तैयार किया। हिंदुओं के अधिकारों की रक्षा करने के लिए एक 'रक्षा समिति' का गठन करके डॉक्टरजी को मंत्री बना दिया गया। इस यात्रा ने एक विशाल आंदोलन का रूप ले लिया। 8 नवंबर को डॉक्टरजी ने भारी भीड़ का नेतृत्व करते हुए सत्याग्रह किया। 11 नवंबर को एक जनसभा का आयोजन किया गया, जिसमें 40 हजार से ज्यादा लोग शामिल हुए थे। इस विशाल सभा की अध्यक्षता करने के पश्चात् राजा लक्ष्मणराव भोंसले ने 'हिंदू सभा' के गठन की घोषणा की। इस नए संगठन के महामंत्री डॉ. हेडगेवार को बनाया गया। इस सभा का उद्देश्य हिंदुस्थान के हिंदुओं के लिए अपने धार्मिक अधिकारों की प्राप्ति घोषित किया गया।

हिंदुओं को इस प्रकार संगठित होते देखकर मुसलिम कट्टरपंथियों ने 19 नवंबर को निकाली जा रही गणेश यात्रा पर हमला कर दिया। इसे देखते हुए डॉक्टरजी ने अब हिंदुओं को प्रतिकार के लिए तैयार करने हेतु मोहल्ला अनुसार बैठकों में हिंदुओं को लाठी-भालों के साथ यात्रा में शामिल होने का आह्वान किया। 21 नवंबर को यात्रा में लाठीधारी युवकों के साथ हिंदुओं की भारी उपस्थिति से मुसलिम नेताओं के होश उड़ गए। परिणाम यह हुआ कि 25 नवंबर को कार्तिक पूर्णिमा के दिन काकड़-आरती तथा गणेश पेठ में गणेश विसर्जन पूर्ण शांति एवं उत्साह के साथ संपन्न हुआ। दिंडी आंदोलन के इस सारे घटनाक्रम एवं कालखंड में डॉक्टरजी के असीम साहस, निडरता और गहरी सूझबूझ का परिचय हिंदू एवं मुसलमान दोनों को ही मिला।

निर्भीक पत्रकार डॉ. हेडगेवार

एक समय था जब कांग्रेस के सभी नेता 'पूर्ण स्वतंत्रता' के ध्येय को समक्ष रखकर स्वतंत्रता आंदोलन की दिशा तय करने से घबराते थे। उस समय भारतीय राष्ट्रीय कांग्रेस में भारतीय या राष्ट्रीय जैसा एक भी संस्कार नहीं था। ऐसे अंग्रेजपरस्त माहौल में डॉक्टरजी द्वारा गठित संस्था 'नागपुर नेशनल यूनियन' ने भारत की पूर्ण स्वतंत्रता का उद्घोष करके कांग्रेस और अंग्रेजों दोनों को खुली चुनौती दी थी। यह भी ध्यान देने योग्य तथ्य है कि कांग्रेस ने जिस स्वराज्य का शोर मचाया

था, वह भी अंग्रेजी साम्राज्यवाद के अधीन उपनिवेशक दर्जे का था। अपने पूर्ण स्वतंत्रता के लक्ष्य को जन-जन तक पहुँचाने के लिए डॉ. हेडगेवार और उनके साथी स्वातंत्र्य सेनानियों ने एक 'स्वातंत्र्य प्रकाशन मंडल' की स्थापना की। एक दैनिक समाचार-पत्र 'स्वातंत्र्य' चलाने का निश्चय किया। अनेक प्रकार की विपरीत परिस्थितियों में और विदेशी सरकार के रहनुमाओं के बीच देश के पूर्ण स्वातंत्र्य के अधिकार के लिए समाज की आवाज को बुंद करते हुए समाचार-पत्र निकालना कोई आसान काम नहीं था।

परंतु कठिन-से-कठिन पथ को भी अपने निरंतर एवं अथक परिश्रम से करना यही तो डॉ. हेडगेवार की स्वत: फितरत थी। इसी कर्मठता, साहस और उत्साह का परिचय देते हुए ना.ह. पालकर अपनी पुस्तक 'डॉ. हेडगेवार चरित' में लिखते हैं—"पहले से ही इतने साप्ताहिक एवं दैनिक समाचार-पत्र पत्रकारिता के क्षेत्र में अपनी जड़ें जमाकर बैठे थे, परंतु तरुणों का जोश ही कुछ ऐसा होता है कि वे परिस्थिति की विपरीतता को देखकर भी इस पर हावी होने की आकांक्षा रखते हैं। नागपुर से स्वातंत्र्य का एक्शन इसी तरह के उत्साह का द्योतक था। चिटणीस पार्क के पास बेनिगिरी महाराज के बाड़े में 'स्वातंत्र्य' दैनिक का कार्यालय खोला गया तथा 1924 के प्रारंभ में श्री विश्वनाथराव केलकर के संपादकत्व में पत्र का प्रकाशन प्रारंभ हो गया। डॉ. हेडगेवार प्रकाशक-मंडल के प्रवर्तकों में से थे तथा शुरू से ही स्वातंत्र्य के मार्ग में आने वाली बाधाओं को दूर करने में प्रमुखता से भाग लेते थे। अत: उन्हें एक प्रकार से समाचार-पत्र का संचालक कहना ही ठीक होगा। अब डॉक्टरजी का सारा समय इस पत्र के कार्यालय में ही व्यतीत होने लगा। यह काम करते हुए उनकी सशक्त एवं प्रभावशाली लेखनी की भी जानकारी देशवासियों को मिल गई। जब कभी लेखों की कमी आती, वे स्वयं लिखकर इस संकट को भी दूर कर देते थे। सोमवार को छोड़कर सप्ताह के सभी दिनों में प्रकाशित होनेवाले इस अंक की कीमत दो पैसे थी। इस समाचार-पत्र के प्रथम पृष्ठ पर वीर सावरकर की पुस्तक 'ईकोज फ्रॉम अंडेमान्स' तथा अंतिम पृष्ठ पर उन्हीं की पुस्तक 'हिंदुत्व' के विज्ञापन रहते थे।"

समाचार-पत्र की प्रसार संख्या तो बढ़ गई, परंतु आर्थिक स्थिति बहुत खराब हो गई। समाचार-पत्र जैसा अति कष्टसाध्य काम संभवतया डॉक्टरजी ने अपने वैचारिक आधार को साधारण जन तक पहुँचाने की इच्छा से ही किया। इस पत्र में अनेक काम अकेले ही करते हुए उन्होंने वेतन के नाम पर एक आना भी नहीं लिया। सेवा के अहंकार से भी मुक्त होकर बिना कुछ लिये निस्स्वार्थ भाव से काम

करना डॉ. हेडगेवार का सहज स्वभाव था। फिर भी समाचार-पत्र के बंद होने की नौबत आ गई। उस समय कोई भी व्यक्ति पत्र का संपादक बनने के लिए तैयार नहीं हुआ। डूबती नैय्या पर सवार होकर नैरया के डूबने की जिम्मेदारी कोई नहीं लेता। सफलता का श्रेय लेने के लिए सब दौड़े चले आते हैं, परंतु विफलता का अपयश लेने की हिम्मत कोई नहीं जुटा पाता। इस काम के लिए भी सुविचारित फैसला लेने की जरूरत रहती है। अत: स्वाभाविक ही था कि समाचार-पत्र को बंद करने की घोषणावाला संपादकीय डॉक्टरजी ने ही लिखा। परंतु इस एक वर्ष के बहुत छोटे से कालखंड में भी लोकसंग्रह के विशेषज्ञ डॉक्टरजी ने कई लेखकों, साहित्यकारों एवं पत्रकारों से दोस्ती बनाकर उन्हें अपने भविष्य की योजना में भागीदार बनने के लिए तैयार कर लिया।

निर्बल हिंदू समाज पर गंभीर चितंन

समाचार-पत्र के सभी प्रकार के क्रियापकलापों से मुक्त होने के बाद अब डॉक्टरजी की सारी शक्ति युवकों के साथ संपर्क बढ़ाने में लगने लगी। एक शक्तिशाली राष्ट्रवादी संगठन बनाने की उनकी इच्छा बलवती हो गई। डॉक्टरजी के साथ उनकी योजनानुसार काम करनेवाले युवकों के एक नेता प्रा.पा.कृ. सावलापुरकर के अनुसार, "नागपुर में तरुणों के सब कार्यक्रमों की ओर डॉ. हेडगेवार का ध्यान बार-बार रहता था तथा उस समय प्रत्येक तरुण उनकी ओर सहज ही मार्गदर्शन के लिए देखता था। क्रांतिकारी दल से उनका संबंध तथा उनकी कथाएँ तरुणों को बड़ी रोमांचकारी लगती थीं। 1923 अथवा 1924 में 'राष्ट्रप्रेम चर्चा मंडल' में हम लोगों ने डॉ. हेडगेवार को बुलाया था। उस समय शुद्ध राष्ट्रवाद कैसा होता है, इस विषय का उन्होंने मार्मिक विश्लेषण किया था।' इन्हीं दिनों नागपुर समेत देश के कई स्थानों पर कट्टरपंथी मुसलमानों ने हिंसक उत्पात किया। महात्माजी ने इन एकतरफा अत्याचारों से दुखी होकर 21 दिन का उपवास शुरू करते हुए कहा था, ''मेरी इच्छा है कि आवश्यकता पड़ी तो अपने रक्त से भी दोनों के बीच की खाई पाट दूँ।'' गांधी समुदाय के नेताओं ने 'शांति-परिषदों' की स्थापना की।

इन परिषदों के बारे में डॉ. आंबेडकरजी ने लिखा था, "एकता-परिषदों में केवल लुभावने प्रस्ताव होते थे तथा उनकी घोषणा होते हुए भी व्यवहार में उनका उल्लंघन होता था।" ऐसे विनाशकारी माहौल में भी महात्माजी ने अपने कथित बड़प्पन के अनुसार लिखा था—"शांति के भाषण तथा प्रवचन अब बहुत हो गए।" नारायणहरि पालकर के अनुसार, "गांधीजी को अमानुषता का नंगा नाच दिखाई देता

था, फिर भी वे हिंदुओं को यही कहते थे कि मेरी कौन सुनता है ? लेकिन इस समय मेरा हिंदुओं से यही कहना है कि तुम चाहे मर जाओ, पर मारो नहीं ? कट्टरपंथियों के द्वारा हिंदुओं पर ढाए जा रहे अत्याचारों को देख कर अनेक तत्कालीन हिंदू नेता 'हिंदुत्व' पर ठोस चर्चा करने लगे।'' मोपला नरसंहार के बाद स्वामी श्रद्धानंद ने स्पष्ट कहा था, "एक-एक प्रांत में दोनों जातियाँ एक-दूसरे के प्रति संशयग्रस्त हो गई हैं, यह मुझे स्वयं दिख रहा है। इसका कारण यही है कि मुसलमान जितने संगठित हैं, उतना हिंदू समाज नहीं है। वह अब भी विश्रृंखलित है। इसका एक ही उपाय है कि हिंदू नेताओं को अपना समाज संगठित करना चाहिए।"

इसी तरह 1924 में हिंदू महासभा के बेलगाँव अधिवेशन में पंडित मदन मोहन मालवीय ने कहा था—"हिंदुओं में भीरुता तथा दुर्बलता न होती तो हिंदू-मुसलमानों के बहुत से दंगे टल गए होते। इन दंगों से राष्ट्र के लिए विघातक परिस्थिति उत्पन्न हो जाने के कारण उनके लिए बहुत कुछ अंशों में जिम्मेदार हिंदुओं की दुर्बलता को दूर करना आवश्यक है।" पूना की एक सार्वजनिक सभा में बोलते हुए स्वामी श्रद्धानंद ने कहा था—"सिंहगढ़ सरीखे कठिन स्थान पर जिस महाराष्ट्र ने भगवाध्वज लहराया था, वह महाराष्ट्र अत्यंत निर्भय था। आज हम अपना भगवाध्वज छोड़कर किसी भी झंडे के नीचे एकत्र होने लगे हैं। यह भूल दूर करके पुन: अपने सही स्वरूप को पहचानिए तथा सच्चे वैदिक धर्म तथा आर्य संस्कृति की रक्षा कीजिए। देशबंधु चितरंजन दास तथा लाला लाजपत राय ने भी यही निष्कर्ष निकाला कि हिंदू समाज को संगठित करना अब समय की सबसे बड़ी आवश्यकता है।"

पंडित जवाहर लाल नेहरू ने भी अपनी आत्मकथा में लिखा—'हिंदू बाबूगिरी में रँगे हुए तथा निद्राशील हैं।' सतारा (महाराष्ट्र) में संपन्न 'महाराष्ट्र प्रांतीय परिषद्' में बै. रामराव देशमुख ने तो यहाँ तक कहा था—"हिंदी राष्ट्रीयत्व को यदि फिर से जिंदा करना है, तो हिंदुओं को भी मुसलमानों के समान संगठित तथा बलशाली बनना होगा।" चार वर्षों तक अली बंधु महात्माजी के साथ विदूषक जैसे चक्कर काटते रहे, पर उनको अभी तक राष्ट्रीयता की जानकारी नहीं हो सकी। वे आए तो कहाँ से ? डॉ. मुंजे तो अपने सार्वजनिक भाषणों में बहुत ही स्पष्ट शब्दों में कहते थे—"गले में तुलसी की माला पहनकर राजनीति नहीं हो सकती, नागपुर में डेढ़ लाख की आबादी में केवल बीस हजार मुसलमान होने के बावजूद हमें ही अपनी धन-संपत्ति एवं जान का खतरा लगा रहता है।" प्रसिद्ध कांग्रेसी नेता स्वामी सत्य देव परिव्राजक ने वर्धा की एक सभा में कहा था—"यह कल्पना अशुद्ध है कि हिंदू

संगठन मुसलमानों के विरुद्ध है। महात्माजी का यह विचार भी गलत है कि हिंदू संगठन केवल बदमाश लोगों की ठोक-पीट करने के लिए है। हिंदुस्थान हमारा प्राण है, वही हमारा जीवन-सर्वस्व है, हिंदुओं की यह निष्ठा है, परंतु मुसलमानों में यह भाव नहीं है। निष्ठा के विषय में जब कभी उनको समझाने के प्रयास होते हैं तो वे समझने लगते हैं कि हिंदू उनसे भयभीत हैं। उनका यह भ्रम दूर करने के लिए हिंदुओं के संगठन की आवश्यकता है।"

एक ऐतिहासिक विचार-बैठक

भारतीय राष्ट्रीय कांग्रेस की हिंदुत्व विरोधी राजनीति तथा मुसलमानों के तुष्टीकरण के फलस्वरूप पृथकतावाद गहरा गया तथा इसी समय मुसलिम नेताओं ने पश्चिमोत्तर सीमाप्रांत, सिंध तथा पंजाब आदि मुसलिम बहुल क्षेत्रों को मिलाकर एक स्वतंत्र मुसलिम राज्य की माँग उठा दी। महात्मा गांधीजी को भी अंत में यही अनुभव हुआ। इन दिनों की सारी राजनीतिक परिस्थितियों, सामाजिक गतिविधियों तथा धार्मिक क्रियाकलापों पर डॉक्टरजी ने अपने अंतरंग सहयोगियों अप्पाजी जोशी, विश्वनाथ राव केलकर तथा भाऊजी कावरे के साथ चर्चा-बैठकों का क्रम शुरू कर दिया। इन बैठकों में भावी संगठन पर गहरा मंथन होता था। "हिंदू समाज में तरुण पीढ़ी को साथ लेकर उसके अंदर हिंदुत्व, राष्ट्रीयता तथा अपने गौरवशाली अतीत के संस्कार डालने चाहिए··· हिंदुस्थान के हितों के साथ जिसके सारे हित संबंध हैं, जो देश को भारतमाता मानकर अति पवित्र दृष्टि से देखता है तथा जिसका इस देश के बाहर कोई अन्य आधार नहीं है, ऐसा एक महान् धर्म और संस्कृति से एक सूत्र में गुँथा हुआ हिंदू समाज ही यहाँ का राष्ट्रीय समाज है। इस समाज को जाग्रत् एवं संगठित करना ही वास्तव में राष्ट्र का जागरण एवं संगठन है। वही राष्ट्रकार्य है। इस प्रकार का राष्ट्रीय संगठन दलीय राजनीति से पूर्णतया अलिप्त रहना चाहिए तथा किसी भी राजनीतिक दल के व्यक्ति को अपने मत रखते हुए भी संगठन में काम करना चाहिए।"

उपरोक्त विवरण से स्पष्ट हो जाता है कि खिलाफत आंदोलन के समाज घातक दुष्परिणाम तथा असहयोग आंदोलन की विफलता ने अधिकांश राष्ट्रवादी हिंदू नेताओं को यह सोचने के लिए बाध्य कर दिया कि भारत और भारतीयता को बचाना है तो एक शक्तिशाली संगठित हिंदू समाज का निर्माण करना ही एक मात्र समाधान हो सकता है। कांग्रेस के ज्यादातर हिंदू नेताओं ने डॉ. हेडगेवार के विचार से, दबी जबान से ही सही, सहमति जता दी। इस प्रकार परिवर्तित हो रही राजनीतिक

मानसिकता, हिंदू संगठन के निर्माण पर बनती जा रही सहमति, मुसलमानों के तुष्टीकरण के विरोध में कांग्रेस के भीतर से उठनेवाली आवाजों तथा देशभक्त हिंदू युवकों का एकत्र होते जाना को डॉक्टरजी ने सुवर्णावसर जानकर एक विचार-बैठक बुलाई। इसमें अप्पाजी जोशी समेत डॉक्टरजी के प्राय: सभी सहयोगी उपस्थित हुए। डॉक्टरजी ने विभिन्न अखाड़ों के प्रमुखों को भी बैठक में भाग लेने का आग्रह किया।

डॉ. हेडगेवार ने हिंदुत्व ही राष्ट्रीयत्व है, इस विषय पर सबकी सहमति बनाते हुए विस्तृत चर्चा हेतु अनेक प्रश्न सबके समक्ष रखे। यह प्रश्न एवं विषय ऐसे थे कि जिन पर अभी तक किसी भी नेता अथवा दल ने सोचा तक नहीं था।

गंभीर प्रश्नों पर गहरा चिंतन

देश स्वतंत्र होना चाहिए, यह तो सर्वसम्मत-समयोचित सत्य है, परंतु यह परतंत्रता आई क्यों? विश्वगुरु भारत का इतना पतन कैसे हो गया? मुट्ठी भर विदेशी आक्रांता हमारे विशाल देश में लूट-खसोट, कत्लेआम, जबरन मतांतरण की क्रूर चक्की चलाने में कैसे सफल हो सके? तुर्क, पठान, अफगान, मुगल और अंग्रेजों जैसे लुटेरे हमलावरों और व्यापारियों के समक्ष हमारे देश के वीरव्रती योद्धा और सर्वगुणसंपन्न राजा-महाराजा बेबस क्यों हो गए? जब हमारी आँखों के सामने ही हमारे ज्ञान-विज्ञान के भंडार ग्रंथालयों, समग्र मानवता के प्रेरणा स्रोत मठ-मंदिरों, विश्वविद्यालयों/आश्रमों तथा अन्य धार्मिक संस्थानों को धू-धू करके जलाया गया, तब हम उसका प्रतिकार क्यों नहीं कर सके? यह सत्य है कि 1200 वर्षों में अनेक हिंदू वीरों एवं महापुरुषों ने अपने बलिदान देकर परतंत्रता के विरुद्ध अपनी जंग को जारी रखा, परंतु यह प्रतिकार राष्ट्रीय स्तर पर संगठित रूप से एक साथ क्यों नहीं हुआ?

उपरोक्त सभी प्रश्नों पर सभी के विचार सुनने के बाद डॉक्टरजी ने अपने सारगर्भित मंथन को सबके सामने रख दिया। उल्लेखनीय है कि सभी तरह के संगठनों, राजनीतिक दलों, धार्मिक संस्थाओं, समितियों, क्रांतिकारी गुटों, अखाड़ों इत्यादि में सक्रिय भागीदारी करने तथा उनकी कार्यपद्धति और उद्देश्य को समझने-परखने के बाद डॉक्टरजी का यह मंथन था। इस मंथन को संक्षेप में इस तरह सबके सामने रखा गया कि संगठित, शक्तिसंपन्न और पुनरुत्थानशील हिंदू समाज ही देश की रक्षा की गारंटी हो सकता है। अतीत में जब भी भारत का राष्ट्रीय समाज अर्थात् हिंदू समाज शक्तिहीन एवं असंगठित हुआ तो हमारा भारत पराजित हो गया, परंतु जब भी हमारे हिंदू समाज ने एकजुट होकर विदेशी हमलावरों का सामना किया, तब-तब विदेशी एवं विधर्मी शक्तियाँ न केवल पराजित ही हुईं, बल्कि हमने उन्हें

भारत की मुख्य और मूल सांस्कृतिक धारा में आत्मसात् भी कर लिया। डॉ. हेडगेवार के अनुसार यदि यही विघटनकारी चरित्र और यही मानसिकता बनी रही और हम एकजुट होकर एक राष्ट्रपुरुष के रूप में खड़े न हुए तो हमारी स्वातंत्रता को परतंत्रता में बदलने में देर नहीं लगेगी। इसलिए अंग्रेजों के विरुद्ध चल रहे देशव्यापी स्वतंत्रता संग्राम को राष्ट्रीय चेतना का आधार प्रदान करना अति आवश्यक है।

डॉ. हेडगेवार भारतीय स्वतंत्रता संग्राम के एक ऐसे सेनापति थे, जिन्होंने देश की स्वतंत्रता के लिए जूझ रहे सभी राजनीतिक, सामाजिक, धार्मिक संगठनों और क्रांतिकारी दलों को निकट से देखा, समझा और परखा था। डॉ. केशवराव बलिराम हेडगेवार ने महात्मा गांधी, लोकमान्य बालगंगाधर तिलक, महामना मदन मोहन मालवीय, भाई परमानंद, डॉ. मुंजे, नेताजी सुभाष चंद्र बोस, वीर सावरकर, डॉ. श्यामा प्रसाद मुखर्जी और सरदार भगत सिंह इत्यादि नेताओं के साथ संपर्क साधा हुआ था। डॉ. हेडगेवार ने स्पष्ट देखा कि भारतीय राष्ट्रीय कांग्रेस द्वारा चलाया जा रहा स्वतंत्रता आंदोलन अंग्रेज शासकों की हिंदुत्व एवं भारत विरोधी योजना के अनुसार चल रहा है। कांग्रेस के नेता विदेशी आक्रमणकारियों—मुहम्मद बिन कासिम, गजनी, गौरी, नादिरशाह, चंगेज खाँ, बाबर तथा इन्हीं के वंशज औरंगजेब की विरासत के रक्षक मतांतरित मुसलमानों का साथ लेने के लिए उनकी स्तुति में लगे हुए हैं। फलस्वरूप अलगाववाद बढ़ रहा है तथा देश में विभाजन का माहौल बनाया जा रहा है। वास्तव में अंग्रेज यही चाहते थे। इसी उद्देश्य के लिए एक कट्टरपंथी ईसाई ए.ओ. ह्यूम ने ब्रिटिश राज की योजना, सहायता एवं आशीर्वाद से ही कांग्रेस को जन्म दिया था।

डॉ. हेडगेवार मुसलिम विरोधी नहीं थे बल्कि अनेक राष्ट्रवादी मुसलमान उनके मित्र थे। डॉक्टरजी का स्पष्ट कहना था कि विदेशी हमलावरों ने जब भारत में लूट-खसोट कर तलवार के जोर पर अपनी सत्ता स्थापित की तो उन्होंने बलात् खून-खराबा करते हुए भारत के राष्ट्रीय समाज हिंदू को मुसलमान बनाना शुरू कर दिया। अधिकांश हिंदुओं ने आक्रमणकारियों का डटकर सामना किया। अपनी कुरबानियाँ दीं, धर्म नहीं छोड़ा। परंतु जो हिंदू इन दुर्दांत आक्रमणकारियों का सामना नहीं कर सके, उन्होंने अपना धर्म छोड़कर इसलाम कबूल किया और हमलावरों के साथ हो गए। हिंदू पूर्वजों की संतान इन नए मुसलमानों ने हमलावर शासकों के तलुए चाटने शुरू किए और अपने ही पूर्वजों के बनाए हुए मठ-मंदिर तोड़े अर्थात् अपनी ही राष्ट्रीय संस्कृति को बरबाद करने में जुट गए। वास्तव में यह एक तात्कालिक

धार्मिक परतंत्रता थी। जिसे इन लोगों ने स्थायी परतंत्रता के रूप में कबूल कर लिया। अपनी सनातन संस्कृति को ठुकराकर मुसलिम हमलावरों की हमलावर तहजीब को स्वीकार कर लिया। यह भी कहा जा सकता है कि भारतमाता के ये कुपात्र पुत्र अपनी माता की गोद छोड़ परायी माँ की गोद में जा बैठे।

स्वतंत्रता संग्राम के उस अज्ञात सेनापति डॉ. हेडगेवार ने अपने गहरे मंथन में से यह निष्कर्ष निकालकर सबके सामने रखा—"हमारे समाज और देश का पतन मुसलमानों या अंग्रेजों के कारण नहीं हुआ, अपितु राष्ट्रीय भावना के शिथिल हो जाने पर व्यक्ति और समष्टि के वास्तविक संबंध बिगड़ गए तथा इस प्रकार की असंगठित अवस्था के कारण ही एक समय दिग्विजय का डंका दसों दिशाओं में बजाने वाला हिंदू समाज सैकड़ों वर्षों से विदेशियों की पाशविक सत्ता के नीचे पद-दलित है।" डॉ. हेडगेवार के इसी चिंतन ने राष्ट्रीय स्वयंसेवक संघ को जन्म दिया।

□

9

स्वयंसेवक स्वतंत्रता सेनानी

"भारत में हिंदुत्व ही राष्ट्रीयत्व है और हिंदू समाज का प्रत्येक कार्य, आंदोलन, संस्था राष्ट्रीय ही है। हमारा संगठन देश को स्वतंत्र करने के लिए 'हिंदू सेनानियों' को तैयार करने हेतु है। भारतवर्ष की पूर्ण स्वतंत्रता ही हमारा अंतिम लक्ष्य है। इस उद्‍देश्य की प्राप्ति के लिए सभी स्वयंसेवक अपना सर्वस्व त्याग करने के लिए तैयार रहें।" 26 जनवरी, 1930 को शाखाओं में स्वतंत्रता दिवस मनाया गया। 'सविनय अवज्ञा आंदोलन' में सत्याग्रह करके स्वयं डॉ. हेडगेवार एवं हजारों स्वयंसेवकों ने कारावास में यातनाएँ सहन कीं। साइमन कमीशन का विरोध किया। राजनीतिक स्वतंत्रता तात्कालिक उद्‍देश्य था। संघ का अंतिम लक्ष्य सर्वांगीण स्वतंत्रता अर्थात् भारत को एक परमवैभवशाली राष्ट्र के रूप में स्थापित करना है।

भारतीय राष्ट्रीय कांग्रेस, अनुशीलन समिति एवं कई क्रांतिकरी दलों, विभिन्न संस्थाओं, लगभग तीस छोटी-बड़ी परिषदों/मंडलों, समाचार-पत्रों, आंदोलनों, सत्याग्रहों, व्यायामशालाओं की गतिविधियों में सक्रिय भूमिका निभाने तथा एक वर्ष की सश्रम जेलयात्रा करने के पश्चात् डॉ. केशवराव बलिराम हेडगेवार ने एक ऐतिहासिक, शक्तिसंपन्न और आत्मनिर्भर हिंदू संगठन बनाने के निश्चय को व्यवहार में परिणत करने का निर्णय ले लिया—विदेशियों के प्रतिकार के लिए स्वदेशियों का संगठन।

कमरे में संगठन बना और मैदान में कार्य शुरू

विक्रमी संवत् 1982 की विजयादशमी 27 सितंबर, 1925 को डॉक्टरजी ने अपने घर पर अपने विश्वस्त सहयोगियों को बुलाया। एक ही बैठक में थोड़ा विचार

करते हुए घोषणा कर दी—"हम लोग आज से संघ प्रारंभ कर रहे हैं।" अत: यह कहने में कोई भी अतिशयोक्ति नहीं होगी कि यही बैठक आज के अतिविशाल संगठन राष्ट्रीय स्वयंसेवक संघ की प्रथम शाखा/बैठक थी। इस बैठक में विश्वनाथ राव केलकर, देवघरे, नरायणराव वैद्य, अण्णा सोहणी, बालाजी हुद्दार, बापूराव भेदी सहित लगभग बीस युवक उपस्थित थे। 'संघ बन गया' इस वाक्य के बाद सबके विचारार्थ विषय रखा गया—'संघ के प्रत्यक्ष क्या कार्यक्रम किए जाएँ, जिससे हम कह सकें कि यह है हमारा संघ। संभी के विचार सुनने के पश्चात् डॉक्टरजी ने बहुत ही नपे-तुले और संक्षिप्त भाषण में स्पष्ट किया कि 'संघ प्रारंभ' करने का अर्थ है कि हम सब शारीरिक, सैनिक व राजकीय तीनों प्रकार की शिक्षा लें तथा दूसरों को देना प्रारंभ करें। डॉक्टरजी की इस छोटी सी पंक्ति में अर्थ का सागर समाया हुआ है। अर्थात् अन्यों को सिखाने और करवाने से पहले स्वयं सीखें और करें।

संगठन के निर्णय की घोषणा के पहले और बाद में डॉ. हेडगेवार ने अन्य किसी भी संस्था अथवा दल का किसी भी प्रकार का कोई अनुसरण नहीं किया। अर्थात् संस्था का नाम, संविधान, झंडा, कार्यालय, धन की व्यवस्था, कोई रजिस्टर, प्रधान, सचिव, रसीद-पुस्तक इत्यादि कुछ नहीं, बस संघ बना और काम शुरू। संघ के इन प्रारंभिक सदस्यों के सामने दो ही आधारभूत एवं प्रेरक आदर्श थे। प्रथम अपने हिंदू राष्ट्र का सर्वांगीण पुनरुत्थान तथा दूसरा, डॉ. हेडगेवार का सेवामय, ध्येयनिष्ठ, समर्पित, गतिशील और साफ-सुथरा जीवनचरित्र। राष्ट्रोत्थान के इस पवित्र कार्य को डॉक्टरजी ने विजयदशमी अर्थात् 'सीमोल्लंघन' जैसे राष्ट्रीय दिवस पर प्रारंभ करके ब्रिटिश साम्राज्यवाद को एक वीरोचित चुनौती दे दी। अपने विभेदों, स्वार्थों, दुर्बलताओं, अकर्मण्यताओं, कुंठाओं और सभी प्रकार के अंधविश्वासों की सीमाओं को तोड़कर हिंदू समाज अब दिग्विजयी सामर्थ्य को प्राप्त करेगा और विदेशियों, दुष्ट शासकों तथा घर के भेदियों का सर्वनाश हो कर रहेगा। सीमोल्लंघन के वीरव्रती दिवस विजयदशमी पर राष्ट्रीय स्वयंसेवक संघ के बीजोरापण का यही सार्थक अर्थ है।

प्रारंभ में संघ के सदस्यों से यही कहा जाता था कि वे किसी भी व्यायामशाला में जाकर व्यायाम करें। तत्पश्चात् प्रत्येक रविवार को सभी सदस्यों को एक मैदान में एकत्र करके मार्तंडराव जोग के द्वारा सैनिक प्रशिक्षण शुरू कर दिया गया। बाद में सप्ताह में दो दिन के 'राजकीय वर्ग' का आयोजन शुरू हो गया, जिसमें डॉक्टरजी तथा अन्य गण्यमान्य लोगों के भाषण होते थे। यही राजकीय वर्ग और भाषण

कालांतर में 'शिक्षा वर्ग' और 'बौद्धिक वर्ग' के रूप में विकसित हो गए। नागपुर के निकट रामटेक नामक स्थान पर प्रतिवर्ष रामनवमी पर लगनेवाले विशाल मेले की व्यवस्था संघ के लोगों ने सँभालकर अपना प्रभाव जमाया। संघ के अनुशासित स्वयंसेवकों ने अपने संगठन बल पर जो सेवाभावित काम किया, उससे प्रेरित एवं प्रभावित होकर अनेक तरुणों ने संघ में शामिल होने का निश्चय किया। इसी प्रकार नागपुर की विभिन्न व्यायामशालाओं तथा संघ के साप्ताहिक वर्गों में युवकों की संख्या बढ़ती चली गई।

संगठन का नामकरण एवं कार्य

अब डॉ. हेडगेवार तथा उनके कुछ प्रमुख सहयोगियों को संगठन का नाम, कार्यलय, खुले मैदान में सैनिक प्रशिक्षण, वेष इत्यादि की जरूरत महसूस हुई। 17 अप्रैल, 1926 को डॉक्टरजी के घर पर ही एक बैठक आयोजित की गई, जिसमें छब्बीस लोग थे। संगठन के तीन नामों पर विचार किया गया। 'जरीपटका मंडल', 'भारतोद्धारक मंडल' और राष्ट्रीय स्वयंसेवक संघ। सभी के विचार-विमर्श के बाद और डॉक्टरजी के विचार सुनने पर सर्वसम्मत निर्णय लेकर संगठन का नाम राष्ट्रीय स्वयंसेवक संघ तय कर दिया गया। अनेक हिंदू नेताओं ने इस नाम का विरोध किया। सबके मन में प्रश्न उठने लगा—डॉ. हेडगेवार जैसे प्रमुख हिंदू नेता ने अपने संगठन का नाम 'हिंदू स्वयंसेवक संघ' क्यों नहीं रखा? परंतु संघ संस्थापक का अटल विश्वास यही था कि भारत में 'हिंदुत्व ही राष्ट्रीयत्व है।' हिंदू समाज का प्रत्येक कार्य, संस्था तथा आंदोलन राष्ट्रीय ही हैं।

डॉक्टरजी सगर्व कहा करते थे, "राष्ट्र की सर्वांगीण उन्नति का मार्ग शक्तिशाली संगठित हिंदू समाज ही है। परस्पर विरोधी परंपरा, संस्कृति तथा भावनावाले लोगों की खींचतान करके बँधी हुई गठरी 'राष्ट्र' नहीं हो सकता, बल्कि धर्म, संस्कृति, देश, भाषा तथा इतिहास के संदर्भ से 'हम सब एक हैं' यह ज्ञान तथा 'एक रहेंगे' इसका निश्चय होकर जो अपूर्व आत्मीयता एवं तन्मयता हृदय से उत्पन्न होती है, वही राष्ट्र का अधिष्ठान है।" अत: अज्ञानवश लोगों की तात्कालिक नकारात्मक प्रतिक्रिया की ओर ध्यान न देते हुए डॉक्टरजी ने वही कहा और किया, जो सत्य था, इतिहाससम्मत तथा राष्ट्र के लिए हितकर था। 'धर्मक्षेत्र-कुरुक्षेत्र' में अधर्म को परास्त करने के निश्चय के साथ शुरू हुए संघ को विस्तार मिलता चला गया। उन दिनों में संघ में सभी को प्रवेश नहीं मिलता था। नए युवकों से कई प्रश्न पूछे जाते थे। इनके साहस एवं जीवनचर्या की परीक्षा के बाद भी दो पुराने कार्यकर्ताओं के

सहमति-पत्र से ही प्रवेश मिलना संभव होता था। बावजूद इसके युवकों की भीड़ डॉक्टरजी के निकट एकत्र होती गई।

दिनांक 28 मई, 1926 को संघ में लाठी चलाने का प्रशिक्षण अण्णा सोहनी द्वारा प्रारंभ कर दिया गया। इसी के साथ दक्ष-आरम जैसी आज्ञाएँ भी प्रारंभ हो गईं। शारीरिक अभ्यास के बाद मराठी भाषा में प्रार्थना भी होने लगी। इस प्रार्थना की प्रथम चार पंक्तियाँ मराठी में तथा अंतिम चार हिंदी में भी।

नमो मातृभूमी जिथे जन्मलो मी
नमो हिंदुभूमी जिथे बाढ़लो मी।
नमो धर्मभूमी जियेच्याच कामीं
पडो देह माझा सदा ती नमी मी।।
हे गुरो श्रीरामदूता-शील हमको दीजिए
शीघ सारे सद्‌गुणों से पूर्ण हमको कीजिए।
लीजिए हमको शरण में रामपंथी हम बनें
ब्रह्मचारी धर्मरक्षक वीरव्रतधारी बनें।।

हिंदुओं का वीरव्रती स्वरूप

धीरे-धीरे परंतु अंगद के स्थिर और शक्तिशाली पाँव की तरह मजबूत होते जा रहे हिंदू संगठन की चर्चा भी नागपुर से बाहर पहुँचने लगी। कई स्थानों के हिंदू नेताओं ने संघ की शाखा खुलने पर सहायता करने के आश्वासन दिए। विशेषतया वर्धा में संघ कार्य प्रारंभ करने के लिए स्थानीय हिंदू समाज मानो उतावला हो गया, परंतु डॉक्टरजी प्रथम नागपुर में ही संगठन के आधार को सुदृढ करने के पक्ष में थे। 1920 में सेना से सेवामुक्त होकर आए मार्तंडराव ने परिश्रमपूर्वक एक ही वर्ष में पचास से अधिक युवकों को सैनिक प्रशिक्षण देकर तैयार कर लिया। एक सैनिक अधिकारी उपासनी राव छुट्टियों में अपने घर नागपुर आते थे। डॉक्टरजी ने इस सैन्य अधिकारी को राष्ट्रीय स्वयंसेवक संघ का महत्त्व समझाकर, उसके पास कुछ युवा स्वयंसेवकों को सैनिक प्रशिक्षण लेने के लिए भेंजना शुरू किया। फलस्वरूप कृष्णराव लांबे जैसे बीस-पच्चीस युवा स्वयंसेवकों को सैनिक टुकड़ियों की व्यूह रचना तथा संचालन करने की रचना में पारंगत कर दिया। इन दोनों सैन्य अधिकारियों के प्रयास से संगठन को तो बल मिला ही, तरुणों की संघ में भर्ती होने की जिज्ञासा भी बढ़ी।

इसी वर्ष विजयादशमी के दिन संघ के तीस स्वयंसेवकों को कदम से कदम मिलाकर शहर में मार्च करते हुए देखकर आश्चर्य हुआ कि तीस हिंदू एक साथ

मिलकर चल रहे हैं, यह कैसे संभव हो गया। इस आश्चर्य में कहीं विश्वास की एक किरण भी थी कि एक दिन यह तीस युवा तीस लाख युवा स्वतंत्रता संनानी बनकर तैयार हो जाएँगे। अब तक स्वयंसेवकों का गणवेश (वरदी) भी तय हो चुका था। नागपुर में संपन्न इस प्रथम संचलन के बाद सबको लगा कि अपना घोष (बैंड) भी होना चाहिए। सबसे पहले स्वयंसेवकों ने आपस में धन संग्रह करके एक बिगुल खरीद लिया। वीरव्रतधारी स्वयंसेवकों के निर्माण में जुटे डॉक्टरजी ने कभी अपने घर की गरीबी की चर्चा किसी से नहीं की। कई बार तो उनके घर में उनसे मिलने आए स्वयंसेवकों अथवा विशेष व्यक्तियों को चाय पिलाने के लिए दूध-पत्ती तक नहीं होते थे। राजा लक्ष्मणराव भोंसले आदि कई मित्रों ने आर्थिक सहायता की पेशकश की तथा चुपचाप डॉक्टरजी के घर में थोड़े बहुत पैसे पहुँचाने की योजना भी बना ली, परंतु डॉक्टरजी ने उस मदद को सख्ती से ठुकरा दिया।

नागपुर में राष्ट्रीय स्वयंसेवक संघ की प्रारंभिक गतिविधियों से एक विशेष संकेत मिलता है कि सभी का।म डॉक्टरजी स्वयं ही दो-तीन स्वयंसेवकों की टीम के साथ करते थे। शाखा, प्रशिक्षण वर्ग, बैठकों, सामूहिक भोजन इत्यादि सभी कार्यक्रमों की शुरुआत डॉक्टरजी ने अपने घर से ही की। अर्थात् आज जिस वटवृक्ष के रूप में संघ दिखाई देता है, इसकी जड़ों में डॉक्टरजी ने अपने आप को बीज के रूप में खपा दिया था। संघ स्थापना के मात्र दो वर्ष में ही समाज के सामने संघ का एक वीरव्रती स्वरूप दिखाई देने लगा। नागपुर में मोहिते बाड़े में लगभग 150 स्वयंसेवकों को एक साथ लाठी चलाते, संचलन करते, गीत गाते और अंत में प्रार्थना करते हुए देखकर हिंदुओं को विश्वास होने लगा कि सज्जनों की रक्षा एवं दुष्टों के विनाश के लिए कृष्ण ने जन्म ले लिया है।

हिंदू विरोधियों में घबराहट

इन दिनों मुट्ठी भर मुसलमानों की संगठित शक्ति उनसे पाँच गुणा ज्यादा हिंदुओं की भीरूता पर भारी पड़ती थी। हिंदुओं में अपनी धार्मिक यात्राओं को निकालते समय मसजिदों के आगे बाजा बजाने की हिम्मत नहीं होती थी। हिंदू माता-बहनों का सम्मान भी सुरक्षित नहीं था, परंतु वीरव्रती संघ के स्वयंसेवकों को देख कर हिंदू समाज में निर्भयता के भाव उत्पन्न हुए। समाज अपने धार्मिक अधिकारों की रक्षा के लिए सक्षम हो गया। हिंदुओं के धार्मिक स्थानों पर पहरा देने वाले संघ के गणवेशधारी स्वयंसेवकों के कारण अब किसी की हिम्मत नहीं होती थी कि आँख उठाकर भी देख ले।

नागपुर में संघ के स्वयंसेवकों का दबदबा होने लगा। मोहिते बाड़े संघ स्थान पर शारीरिक एवं बौद्धिक प्रशिक्षण लेने वाले स्वयंसेवकों की संख्या दो सौ को पार कर गई। इन्हीं युवकों में से बालासाहेब देवरस, एकनाथ रानाडे इत्यादि प्रचारक तैयार हुए, जो बाद में संघ के सरसंघचालक तथा सरकार्यवाह बने। इस समय तक स्वयंसेवकों के साथ समाज में भी 'संघ-शाखा' नाम प्रचलित हो गया तथा वर्धा में भी शाखा प्रारंभ हो गई। डॉक्टरजी के अभिन्न मित्र अप्पा जी जोशी वर्धा में रहते थे। 18 फरवरी, 1926 को अप्पाजी जोशी द्वारा कुछ तरुणों को एकत्र करके संघ शाखा का श्रीगणेश किया गया। डॉक्टरजी स्वयं इस दिन वहाँ उपस्थित थे। इस तरह नागपुर के बाहर संघ की पहली शाखा वर्धा में शुरू हुई तथा वहाँ से हिंदुओं के संगठित होने के समाचार पूरे महाराष्ट्र में पहुँचने लगे। दोनों स्थानों पर संघ के स्वयंसेवक 'हिंदू रक्षक' के रूप में प्रकट होने लगे। उधर हिंदू शक्ति एवं हिंदुत्व विरोधी लोग भी गड़बड़ करने की अपनी जन्मजात मानसिकता को छोड़ने के लिए तैयार नहीं थे।

डॉक्टरजी के गुरुतुल्य साथी एवं मार्गदर्शक हिंदू नेता डॉ. मुंजे को एक पत्र प्राप्त हुआ, जिसमें लिखा था, "आज रात्रि तुम्हारा खून कर दिया जाएगा।" डॉक्टरजी तथा चार अन्य स्वयंसेवक पूरी तैयारी के साथ उनके घर पहुँचे तथा जैसे ही कुछ शरारती एवं धर्मांध लोग रात्रि को गालियाँ निकालते हुए गली में से निकले, उनको ऐसी सजा दी गई कि दिन को भी उनकी शक्लें पहचान में नहीं आ रही थीं। उन दिनों पूरे देश में हिंदू संगठन अथवा हिंदू समाज के दुश्मन सक्रिय हो रहे थे। निश्चित रूप से यह कांग्रेस की तुष्टीकरण की राजनीति तथा अंग्रेजों की 'फूट डालो-राज करो' वाली कुटिल चाल का ही परिणाम था। 23 दिसंबर, 1927 को हिंदू संगठन का मंत्र फूँकनेवाले स्वामी श्रद्धानंद की निर्मम हत्या कर दी गई। स्वामीजी के हत्यारे अब्दुल रशीद को कट्टरपंथी मुसलमानों ने गाजी की उपाधि से अलंकृत करते हुए स्थान-स्थान पर उसकी फोटो सहित पोस्टर चिपकाकर उसका सार्वजनिक अभिनंदन किया।

हुतात्मा स्वामी श्रद्धानंद की स्मृति में बंबई से प्रकाशित होनेवाले एक पत्र 'श्रद्धानंद' के लिए डॉक्टरजी ने नागपुर तथा वर्धा से पर्याप्त धन एकत्र करके भेजा तथा स्वामीजी को श्रद्धांजलि देने के लिए कार्यक्रमों का आयोजन करवाया। हिंदुओं का पौरुष, हिंदुत्व एवं भारत की पूर्ण स्वतंत्रता का पक्ष रखनेवाले पत्र-पत्रिकाओं की डॉक्टरजी न केवल प्रशंसा करते थे, अपितु उनकी हर प्रकार की मदद की व्यवस्था भी करते थे। इन पत्रों में छपे हुए राष्ट्रभक्ति से पूर्ण लेखों को वे स्वयं

पढ़ते थे और स्वयंसेवकों को पढ़ने के लिए कहते थे। स्वयंसेवकों तथा शाखा की गतिविधियों में स्वयं भागीदारी करने के लिए वे कभी-कभी शाखा लगने के पूर्व संघ स्थान पर पहुँचकर, वहाँ साफाई करने एवं पानी का छिड़काव जैसे काम करते थे। स्वयंसेवकों के साथ मस्ती से खेलते हुए वे शारीरिक कार्यक्रमों में भी रुचि लेते हुए युवकों का उत्साह बढ़ाते थे।

डॉक्टरजी अपने भाषणों में प्राय: कहते थे—'समाज के समक्ष उपस्थित अनेक भीषण प्रश्नों को यदि सदा के लिए मिटाना है तो उस के लिए प्रयत्नों के साथ-साथ कई पीढ़ियों तक राष्ट्रीयत्व की शिक्षा देकर देशहित के लिए जीवन भर अखंड रूप से जाग्रत् रहने वाले नागरिक संपूर्ण देश में भारी संख्या में खड़े करने होंगे तथा इस परंपरा को सदैव बनाए रखने की व्यवस्था करने की आवश्यकता है।' डॉक्टरजी केवल वर्तमान पर विचार नहीं करते थे। वे भविष्य में भी दूर तक देखने की क्षमता रखते थे। इसीलिए तरुणों के प्रशिक्षण के साथ ही बाल एवं शिशु स्वयंसेवकों को भी राष्ट्रीयत्व के संस्कारों से ओत-प्रोत करने की व्यवस्था उन्होंने की थी। तात्कालिक संकटों से जूझने के लिए डॉक्टरजी ने नागपुर में ही युवक स्वयंसेवकों के लिए एक प्रशिक्षण वर्ग का आयोजन किया। इस वर्ग का उद्देश्य यह था कि तरुण स्वयंसेवक योग्य कार्यकर्ता बनकर कहीं भी जाकर संघ का कार्य प्रारंभ कर सकें। इस वर्ग का नाम ओ.टी.सी. (ऑफिसर्स ट्रेनिंग कैंप) रखा गया। पहले शिक्षा वर्ग में केवल सत्रह स्वयंसेवकों को ही प्रवेश दिया गया।

अब पराभव नहीं, पराक्रम

डॉ. केशवराव हेडगेवार चारों ओर के वातावरण से चौकन्ने रहकर आनेवाले किसी भी संकट को भाँप लेते थे। ऐसे अवसरों पर हिंदू समाज की रक्षा कैसे की जाए, इस हेतु व्यावहारिक कदम भी उठा लेते थे। इसी समय मुसलिम समाज के कुछ कट्टरपंथी उद्दंड लोगों ने हिंदुओं को 'सबक' सिखाने की योजना बनाई। नागपुर में प्रत्येक वर्ष गणेशोत्सव के मौके पर महालक्ष्मी तथा गौरी के प्रसाद का भव्य कार्यक्रम आयोजित किया जाता था। शरारती तत्त्वों ने इसी दिन भीषण दंगे की योजना बनाकर गुप्त रूप से तैयारी शुरू कर दी। इस हिंसक वारदात के पूर्व डॉ. हेडगेवार तथा उनके साथियों को धमकी भरे पत्र मिलने शुरू हो गए। इनकी षड्त्रंकारी योजना की पूरी खबर डॉक्टरजी को नियमित रूप से मिल रही थी। कहाँ से गुंडे लोग आएँगे तथा कहाँ पहुँचकर हिंदुओं पर आक्रमण करके मंदिर को लूटा

जाएगा। संघ अधिकारी अण्णा सोहणी के नेतृत्व में करीब सौ स्वयंसेवकों ने इस संभावित आक्रमण का माकूल जबाव देने की रणनीति तैयार कर ली। आज तो संघ के स्वयंसेवकों ने इतिहास को बदल डालने का मन बना लिया था। इस बार हम हिंदू मार नहीं खाएँगे। ऐसा दृढ निश्चय करके पूर्व योजना के अनुसार स्वयंसेवक अपने-अपने निश्चित स्थानों पर डट गए।

सायं चार बजे के पश्चात् जैसे ही उपद्रवियों का जुलूस 'या अली' और 'दीन-दीन' के नारे लगाता हुआ हिंदुओं पर लाठियाँ, सलाखों से हमला करने लगा, स्वयंसेवकों ने चारों ओर से घेरकर जबरदस्त धुनाई शुरू की। अपनी जान बचाने के लिए इधर-उधर जहाँ भी गुंडों ने भागने की कोशिश की, वहीं पर हिंदुओं ने इन पर जमकर लाठियाँ भाँजी। नजारा कुछ ऐसा बना कि स्वयंसेवकों के साथ मिलकर अन्य हिंदू युवकों ने भी गुंडों का स्वागत किया। हिंदुओं के इस सफल प्रतिकार ने साबित कर दिया—'अब पराभव नहीं, पराक्रम होगा।' इस मार का दूरगामी असर हुआ। जिस नागपुर में आए दिन होनेवाले दंगों में हिंदू मार खाता था, वहाँ आज तक ऐसे असामाजिक तत्त्वों की हिम्मत नहीं हुई कि फिर से कोई दंगा करे। नागपुर के दंगों में हिंदू समाज द्वारा दिखाए गए साहस की प्रशंसा करते हुए राष्ट्रवादी विचारों की कई पत्र-पत्रिकाओं में लेख छपे। यह इतिहास की बदल रही धारा का संकेत था।

इस घटना को डॉक्टरजी ने हिंदुओं की तात्कालिक निडरता की व्याख्या देते हुए कहा कि हमारा संगठन देश को स्वतंत्र कराने के लिए हिंदू सेनानियों को तैयार करने के लिए है और भारतवर्ष की पूर्ण स्वतंत्रता ही हमारा अंतिम लक्ष्य है। इस वर्ष हिंदू महासभा का अधिवेशन नागपुर में हुआ। इस अधिवेशन में डॉक्टरजी ने सात स्वयंसेवकों को संघ के प्रतिनिधि बनाकर भेजा। ये सभी स्वयंसेवक संघ की गणवेश पहनकर बालाजी हुद्दार के नेतृत्व में अधिवेशन में गए थे। अधिवेशन के अध्यक्ष डॉ. मुंजे ने बालाजी को मध्यप्रांत की गतिविधियों का वृत्त देने के लिए आमंत्रित किया। बालाजी ने स्वाभिमानपूर्वक कहा, "मैं उस प्रांत से आया हूँ जहाँ के हिंदुओं ने उपद्रवियों की उद्दंडता को पंगु बना दिया है। अपने समाज की अत्यंत दयनीय दशा को दूर करने का यह जादू डॉ. केशवराव बलिराम हेडगेवार के बनाए संगठन संघ के द्वारा संभव हुआ है।" बालाजी के इस प्रकार के आत्मविश्वास से भरे भाषण ने उपस्थित सभी हिंदू प्रतिनिधियों को संघ और इसके संस्थापक के लिए सम्मान के भाव तथा कार्य को देखने एवं करने की प्रेरणा दी।

संघर्षरत रहने की प्रतिज्ञा

1927 में जिस प्रकार संघ के स्वयंसेवकों ने संगठित हिंदू शक्ति का परिचय दिया, उससे संघ के नाम और काम दोनों को यश मिलना स्वाभाविक ही था। नागपुर तथा वर्धा में स्वयंसेवकों की संख्या तीन हजार का आँकड़ा पार कर गई। अब डॉक्टरजी ने संघ के स्वयंसेवकों में निरंतर चलनेवाली संघ एवं राष्ट्रनिष्ठा निर्माण करने हेतु शारीरिक, बौद्धिक कार्यक्रमों की संतुलित व्यवस्था करना प्रारंभ किया। इस हेतु उन्होंने अपना ध्यान संघ पर ही केंद्रित करने का निश्चय किया। मार्च 1928 में नागपुर के निकट एक पहाड़ी पर स्वयंसेवकों को एकत्र करके, भगवाध्वज के समक्ष प्रतिज्ञा का कार्यक्रम संपन्न किया। देश की पूर्ण स्वतंत्रता तथा विकास के लिए संघ-स्वयंसेवकों को वीरव्रती बनाने के निमित्त आयोजित इस प्रथम कार्यक्रम में 99 स्वयंसेवकों ने प्रतिज्ञा की।

इस प्रतिज्ञा कार्यक्रम में डॉ. हेडगेवार ने संघ का ध्येय स्पष्ट करते हुए जो संक्षिप्त भाषण दिया उससे उन लोगों का मुँह बंद हो जाना चाहिए, जो आए दिन कहते हैं कि स्वतंत्रता संग्राम के समय डॉ. हेडगेवार और संघ कहाँ थे? डॉक्टरजी ने कहा था—'हमारा उद्देश्य हिंदू राष्ट्र की पूर्ण स्वाधीनता है। संघ का निर्माण इसी महान् लक्ष्य के लिए हुआ है।' प्रतिज्ञा में स्वयंसेवक भगवाध्वज के सामने प्रणाम की स्थिति में 'दक्ष' में खड़े होकर निश्चय करते थे—"मैं अपने राष्ट्र की स्वतंत्रता प्राप्ति के लिए तन-मन-धनपूर्वक आजन्म और प्रामाणिकता से प्रयत्नरत रहने का संकल्प लेता हूँ।" इसी वर्ष 1928 की आषाढ़ पूर्णिमा को संघ का गुरुपूजन कार्यक्रम शुरू हुआ। चिरसनातन काल से चले आ रहे भगवा ध्वज को अपने संघ का गुरु स्वीकार करके स्वयंसेवकों ने श्री गुरुदक्षिणा उत्सव का श्रीगणेश किया। इस तरह पुष्पों द्वारा भगवाध्वज के पूजन के साथ अपने सामर्थ्य के अनुसार धन अर्पित करने की आध्यात्मिक परंपरा का शुभारंभ हो गया। इसी वर्ष 23 अक्तूबर, 1928 को जब नागपुर की प्रमुख सड़कों पर 500 गणवेशधारी स्वयंसेवकों ने पथ-संचलन किया तो देखने वालों को विश्वास हो गया कि हिंदू भी संगठित हो सकते हैं।

कार्य विस्तार के लिए 'विद्यार्थी प्रचारक'

संघ के काम का विस्तार देश के अन्य प्रांतों में होना चाहिए, इस महान् मंतव्य के साथ डॉक्टरजी ने युवक स्वयंसेवकों को अन्य प्रांतों/विश्वविद्यालयों में अध्ययन हेतु जाने के लिए प्रेरित किया। अनेक युवा कार्यकर्ता, उत्तर प्रदेश, बंगाल, पंजाब, दिल्ली जैसे प्रमुख प्रांतों में विद्यार्थी प्रचारक के रूप में जाने लगे। इससे मध्यप्रांत एवं

विदर्भ प्रांत के बाहर भी संघ की शाखाओं का जाल बिछने लगा। डॉक्टरजी द्वारा संघ के विस्तार की यह अनूठी योजना बहुत सफल हुई। इन विद्यार्थी प्रचारकों ने अनेक प्रकार की कठिनाइयों के बीच संघ का काम न केवल खड़ा किया अपितु वहाँ से भी अनेक युवाओं को राष्ट्रभक्ति में संस्कारित करके आगे जिला एवं तहसील केंद्रों तक भेजना प्रारंभ कर दिया। इसी क्रम में पूर्ण कालिक प्रचारक व्यवस्था की सर्वोत्तम पद्धति निर्मित हुई।

इन प्रचारकों ने विविध प्रकार की विकटताओं का सहर्ष सामना करते हुए राष्ट्रीय स्वयंसेवक संघ का आधार मजबूत करने हेतु अपने जीवन झोंक दिए। न स्थानीय भाषा का ज्ञान, न जेब में पैसे, न रात्रि विश्राम का स्थान, न भोजन नाश्ते की कोई नियमित व्यवस्था और न ही स्थानीय लोगों से परिचय। न जाने कितने कष्टों के साथ इन लोगों ने संघ के काम की शुरुआत सफलतापूर्वक कर दिखाई। यहाँ यह बात भी ध्यान देने योग्य है कि सशस्त्र क्रांति, भारतीय राष्ट्रीय कांग्रेस, आर्यसमाज, हिंदू महासभा एवं पचासों सामाजिक/धार्मिक संस्थाओं में अपनी सक्रिय भूमिका के समय डॉ. हेडगेवार ने अपने मित्रों, सहायकों एवं जानकारों की एक विशाल श्रृंखला बना ली थी। डॉक्टरजी ने अपने इन्हीं घनिष्ठ मित्रों के नाम पत्र देकर युवा प्रचारकों को देश के विभिन्न भागों में भेजने की एक अद्‌भुत पद्धति प्रारंभ की। ये युवा प्रचारक किसी भगवाधारी संन्यासी से कम नहीं थे। स्वामी विवेकानंद, स्वामी दयानंद, स्वामी रामतीर्थ एवं महर्षि अरविंद जैसे महान् संतों तथा वीर सावरकर ने ऐसे ही युवा क्रांतिकारी संन्यासियों की कल्पना की थी, जिसे डॉ. हेडगेवार ने साक्षात् व्यवहार में करके दिखा दिया।

अपने घर-परिवार छोड़कर एवं जीवन भर अविवाहित रहकर राष्ट्र के लिए समर्पित होनेवाले इन युवा प्रचारकों को प्रेरणा देने एवं उनका मनोबल बनाए रखने के लिए डॉक्टरजी उनको समय-समय पर पत्र भी लिखते रहते थे। विभिन्न प्रांतों में संघ कार्य का विस्तार कर रहे प्रचारकों के लिए लिखे ये पत्र श्रीकृष्ण द्वारा अर्जुन को दिए गए गीता-वचनों के जैसे ही थे। जिस तरह शिथिल पड़ते जा रहे अर्जुन को अधर्म एवं असत्य के विनाश के लिए तैयार करके श्रीकृष्ण ने युद्ध करने की प्रेरणा दी थी, ऐसे ही डॉ. हेडगेवार ने युवा प्रचारकों को हिंदुत्व/भारतीय राष्ट्रवाद की रक्षा हेतु साक्षात् कर्मक्षेत्र में उतरने के लिए प्रेरित किया था। इन पत्रों में 'हिम्मत रखो', 'कष्टों को वरदान समझकर सहन करो', 'हिंदू संगठन आज के भारत की परम आवश्यकता है', 'हम नहीं करेंगे तो फिर कौन करेगा?', 'अपना कार्य ईश्वरीय कार्य है', 'निराश मत होना', 'अपने स्वभाव पर नियंत्रण रखते हुए सभी के साथ

प्रेमपूर्वक व्यवहार करो', 'बहुत शीघ हम अपने लक्ष्य को प्राप्त होंगे', इस प्रकार के पत्रों में एक ऐसा विश्वास, आस्था और सहज मार्गदर्शन होता था कि प्रचारकों को स्थानीय स्तर पर आनेवाली कष्टसाध्य परिस्थितियों पर विजय पाने में कठिनाई नहीं आती थी। अतः बहुत शीघ हो जानेवाले कार्य-विस्तार के पीछे कोई जादू की छड़ी नहीं थी। डॉक्टरजी का जीवन ही कार्य का आधार बनकर सबके सामने आया।

स्वातंत्र्य आंदोलनों में भागीदारी

इतना सब करते हुए भी डॉ. हेडगेवार ने कांग्रेस की आंदोलनात्मक गतिविधियों में भाग लेने का क्रम छोड़ा नहीं, बल्कि उन्होंने स्वयंसेवकों को महात्मा गांधीजी के नेतृत्व में होनेवाले सभी सत्याग्रहों एवं इसी तरह के आंदोलनों में भाग लेने के आदेश भी दिए। डॉ. हेडगेवार के अनुसार देश की स्वतंत्रता के लिए किया जा रहा प्रत्येक संघर्ष राष्ट्र के स्वाभिमान और अस्तित्व की लड़ाई है। भारत के प्रत्येक नागरिक का फर्ज है कि वे इसमें भाग ले। उनका स्पष्ट विचार था कि देश में सक्रिय सभी संगठनों, दलों एवं संस्थाओं को अपने तात्कालिक सैद्धांतिक मतभेदों को छोड़कर स्वतंत्रता संग्राम में भाग लेना चाहिए। वास्तव में राष्ट्रीय स्वयंसेवक संघ की स्थापना ही स्वतंत्रता संग्राम के सेनानियों के संगठन के रूप में हुई थी, परंतु राजनीतिक स्वतंत्रता से आगे बढ़कर डॉ. हेडगेवार का लक्ष्य 'भारत को एक मजबूत, परमवैभवशाली राष्ट्र के रूप में स्थापित करना था। यह काम स्वतंत्रता प्राप्ति के बिना संभव नहीं था।'

उल्लेखनीय है कि 1929 में वर्धा में संपन्न हुए एक प्रशिक्षण शिविर में डॉ. हेडगेवार ने स्वयंसेवकों तथा नगारिकों की एक सभा में जोरदार शब्दों में कहा था—"ब्रिटेन की सरकार ने अनेक बार भारत को स्वतंत्र करने का आश्वासन दिया है, परंतु वह झूठा साबित हुआ। अब यह साफ हो गया कि भारत अपने बल पर स्वतंत्रता प्राप्त करेगा।" इसी शिविर में स्पष्ट घोषणा की गई कि "संघ का अंतिम लक्ष्य प्राप्त करने के लिए सभी स्वयंसेवक अपना सर्वस्व त्याग करने हेतु तैयार रहे।"

डॉ. हेडगेवार तथा उनके अंतरंग सहयोगी अप्पाजी जोशी 1928 तक मध्यप्रांत कांग्रेस की प्रांतीय समिति के वरिष्ठ सदस्य के नाते सक्रिय रहे। कांग्रेस की इन प्रांतीय स्तर की बैठकों एवं अन्य कार्यक्रमों के आयोजन में डॉक्टरजी का पूरा सहयोग रहता था। सभी महत्त्वपूर्ण प्रस्ताव इन्हीं के द्वारा तैयार किए जाते थे। इन्हीं दिनों अंग्रेज सरकार ने भारतीय फौज की कुछ टुकड़ियों को चीन में भेजने का फैसला किया। नागपुर में कांग्रेस की एक जनसभा में डॉक्टरजी द्वारा रखे गए एक

प्रस्ताव को सर्वसम्मति से पारित किया गया, जिसमें कहा गया था—"यह जनसभा सभी भारतीय नागरिकों से अपील करती है कि सभी प्रकार के उचित तरीकों, यथा प्रदर्शनों, प्रचार, विरोध प्रस्तावों के जरिए सरकार द्वारा भारतीय नागरिकों का सैन्य उद्देश्य के लिए उपयोग करने का प्रतिरोध करें।"

साइमन कमीशन का विरोध

इन्हीं दिनों अर्थात् 1928 में इंग्लैंड की सम्राज्ञी की ओर से एक कमीशन अनेक सुधारों का एक बंडल लेकर भारत में आया। सर साइमन की अध्यक्षता में गठित इस कमीशन का पूरे भारत में विरोध किया गया। कहा जाता है कि साइमन कमीशन के विरोध में हुआ यह आंदोलन अब तक के आंदोलनों में सबसे बड़ा था। मध्यप्रांत एवं निकटवर्ती इलाकों में आंदोलन के लिए होनेवाले जनजागरण एवं प्रचार के सभी सूत्र डॉ. हेडगेवार के हाथ में सौंप दिए गए। पूरे देश में हड़ताल तथा विरोध प्रदर्शन करने का यह निर्णय कांग्रेस के बनारस अधिवेशन में लिया गया था। डॉ. हेडगेवार ने इस आंदोलन को सफल करने में अपनी सक्रिय भूमिका निभाई थी। इस समय तक नागपुर में संघ की 18-20 शाखाएँ थीं, जिनमें एक हजार से भी ज्यादा स्वयंसेवक नित्यप्रति होनेवाले शारीरिक एवं बौद्धिक कार्यक्रमों में शिक्षा लेते थे। इसी तरह वर्धा में संघ का काम बढ़ रहा था। अत: संघ के स्वयंसेवकों एवं समर्थकों के एक बड़े वर्ग ने साइमन कमीशन का विरोध किया। संघ के स्वयंसेवक संस्थागत भावना से ऊपर उठकर कांग्रेस के तत्त्वावधान में इस आंदोलन में भाग लेते रहे।

भारतीय राष्ट्रीय कांग्रेस ने नागपुर की एक जनसभा में एक प्रस्ताव पारित किया—"देश के सभी हिंदुओं और मुसलमानों को एकजुट होकर साम्राज्यवादी ताकत को उचित जबाव देना चाहिए।" डॉ. हेडगेवार चाहते थे कि सभी हिंदू नेताओं को अपने अलग राजनीतिक दृष्टिकोणों को छोड़कर इस राष्ट्रीय मुद्दे पर एक साथ आकर साइमन कमीशन का विरोध करना चाहिए। डॉ. हेडगेवार की इस अपील को मानकर हिंदू नेताओं ने तो कमीशन का विरोध किया, परंतु कांग्रेस द्वारा पारित प्रस्ताव को नामंजूर करते हुए अनेक मुसलमानों ने साइमन कमीशन का स्वागत किया।

स्वयंसेवक क्रांतिकारी शहीद राजगुरु

इसी तरह लाहौर (पंजाब) में साइमन कमीशन का विरोध राष्ट्रवादी नेता लाला लाजपत राय के नेतृत्व में हुआ। 'साइमन कमीशन वापस जाओ' और 'विदेशी सरकार मुर्दाबाद' के नारों से आकाश गूँज उठा। लाहौर रेलवे स्टेशन के बाहर

प्रदर्शनकारियों पर जमकर लाठियाँ भाँजी गईं। इस लाठी प्रहार से लाला लाजपत राय बुरी तरह से घायल हो गए। कुछ दिन के पश्चात् उनकी मृत्यु हो गई। अपने नेता की इस शहादत का बदला लेने के लिए सरदार भगत सिंह और राजगुरु ने लाठियाँ बरसानेवाले पुलिस अफसर सांडर्स को लाहौर की मालरोड पर दिन-दहाड़े गोलियों से उड़ा दिया। दोनों क्रांतिकारी फरार होकर लाहौर से बाहर निकल गए। राजगुरु नागपुर आकर डॉ. हेडगेवार से मिले। राजगुरु राष्ट्रीय स्वयंसेवक संघ की मोहिते बाड़े शाखा के स्वयंसेवक थे। नागपुर के एक हाई स्कूल भोंसले वेदशाला के विद्यार्थी रहते हुए राजगुरु का डॉ. हेडगेवार से घनिष्ठ परिचय था। अत: डॉक्टरजी ने अपने एक सहयोगी कार्यकर्ता भैयाजी दाणी के फार्म हाऊस में राजगुरु के ठहरने एवं भोजन आदि की व्यवस्था कर दी। राजगुरु को समझा दिया गया कि वे पूना अपने गाँव कभी न जाएँ, क्योंकि वहाँ पर उनके गिरफ्तार होने का पूरा खतरा है।

इस चेतावनी की ओर राजगुरु ने ध्यान नहीं दिया और अपने घर पूना चले गए। डॉक्टरजी की आशंका सत्य साबित हुई। राजगुरु गिरफ्तार कर लिये गए। उनपर मुकदमा चला और सरदार भगत सिंह एवं सुखदेव के साथ उनको मौत की सजा मिली और तीनों को फाँसी पर लटका दिया गया। इनकी शहादत पर डॉक्टरजी को दुख तो हुआ परंतु आश्चर्य नहीं हुआ। उन्होंने अपने सहयोगियों से इतना जरूर कहा कि यह बलिदान बेकार नहीं जाएगा। संघ कार्य में पूरी तन्मयता के साथ व्यस्त हो जाने के बाद भी डॉक्टरजी ने सशस्त्र क्रांति के झंडाबरदारों के साथ हमदर्दी और संपर्क बनाए रखा। यदा-कदा वे ऐसे देशभक्तों की सहायता करते रहे।

संघ शाखाओं में स्वतंत्रता दिवस (26 जनवरी, 1930)

यह एक ऐतिहासिक सच्चाई है कि ए.ओ.ह्यूम द्वारा गठित भारतीय राष्ट्रीय कांग्रेस ने अपने जन्मकाल 1885 से लेकर 1929 तक कभी भी भारत के पूर्ण स्वतंत्रता की बात नहीं की। कांग्रेस 'स्वराज्य' पर ही टिकी रही, वह भी ब्रिटिश साम्राज्यवाद के अंतर्गत 'उपनिवेश' के रूप में। परंतु दिसंबर 1929 में लाहौर में संपन्न कांग्रेस के अखिल भारतीय अधिवेशन में पूर्ण स्वतंत्रता का प्रस्ताव पारित कर दिया, परंतु हमें पूर्ण स्वतंत्रता ही चाहिए, उपनिवेशक दर्जा बिल्कुल नहीं, ऐसा प्रस्ताव पारित करके अपने जन्मदाता ए.ओ. ह्यूम की आत्मा को कष्ट देने का काम कांग्रेस नहीं कर सकी, तो भी अखंड भारत की पूर्ण स्वतंत्रता के ध्वजवाहक डॉ. हेडगेवार ने पूर्ण स्वतंत्रता के इस आधे-अधूरे प्रस्ताव का भी स्वागत किया। 26 जनवरी, 1930 को देश के प्रत्येक प्रांत में स्वतंत्रता दिवस मनाने वाले नेहरू के

आदेश पर प्रसन्नता प्रकट करते हुए समस्त देश में, विशेषतया संघ की शाखाओं पर स्वतंत्रता दिवस मनाने का निर्देश दिया। कांग्रेस तथा संघ दोनों के द्वारा देशभर में स्वतंत्रता दिवस मनाने का यह निर्णय एक ऐतिहासिक दस्तावेज बन गया।

21 जनवरी, 1930 को डॉ. हेडगेवार ने सभी संघ शाखाओं के नाम एक परिपत्र भेजा, जिसमें लिखा था—"इस वर्ष कांग्रेस ने स्वाधीनता को अपना लक्ष्य निश्चित करके, कांग्रेस वर्किंग कमेटी ने रविवार 26 जनवरी, 1930 को संपूर्ण भारत में 'स्वाधीनता दिवस' मनाया जाए, ऐसा घोषित किया है।" स्वाभाविक ही संघ के स्वयंसेवकों को इस बात से अपार प्रसन्नता हुई कि अखिल भारतीय कांग्रेस ने पूर्ण स्वतंत्रता के हमारे लक्ष्य को स्वीकार कर लिया है। उस लक्ष्य की ओर अग्रसर होने वाली किसी भी संस्था को सहयोग करना हमरा कर्तव्य है। इसलिए राष्ट्रीय स्वयंसेवक संघ की सभी शाखाएँ रविवार 26 जनवरी, 1930 को सायंकाल छह बजे अपने-अपने संघ-स्थानों पर सभी स्वयंसेवकों की सभा आयोजित करके राष्ट्रीय ध्वज का वंदन करें। भाषण के रूप में सभी को स्वातंत्र्य का सही अर्थ और सही ध्येय अपने सामने किस प्रकार रखना चाहिए, यह व्याख्या सहित स्पष्ट करें तथा कांग्रेस ने स्वतंत्रता के ध्येय को स्वीकार किया है, इस लिए कांग्रेस का अभिनंदन करें। इस कार्यक्रम की रिपोर्ट हमारे को भी भेजें।"

उपरोक्त आदेश मिलते ही सभी शाखाओं के अधिकारियों ने विभिन्न कार्यक्रमों की रचना की। 26 जनवरी, 1930 को सायं छह बजे भगवा ध्वज की वंदना करने के बाद राष्ट्रभक्तिपूर्ण गीतों के साथ संचलन भी किया गया। प्रत्येक शाखा में मनाए गए स्वतंत्रता दिवस पर पूर्ण गणवेशधारी स्वयंसेवकों के साथ गण्यमान्य नागरिकों की सभाएँ की गईं। इनमें दिए गए भाषणों के माध्यम से 'पूर्ण स्वतंत्रता' का अर्थ समझाया गया तथा स्वाधीनता प्राप्ति तक संघर्षरत रहने की प्रतिज्ञा भी की गई। स्वतंत्रता आंदोलन में भागीदारी के साथ अपने हिंदू संगठन के कार्य को भी करते रहने की इस नीति के बहुत सुखद परिणाम सामने आए। कर्तव्यनिष्ठ, देशभक्त, अनुशासित युवा स्वयंसेवक शाखाओं में तैयार होकर किसी भी संस्था द्वारा संचालित स्वतंत्रता आंदोलन में अपने संगठन के नाम को पीछे करके देशसेवक के नाते प्रत्येक सत्याग्रह में बढ़-चढ़कर भाग लेते थे।

लोकसंग्रही व्यक्तित्व का प्रभाव

उपरोक्त संदर्भ को समझाने हेतु एक ही उदाहरण पर्याप्त होगा। अकोला (महाराष्ट्र) में हिंदू युवकों का एक 'अखिल महाराष्ट्र तरुण हिंदू अधिवेशन'

संपन्न हुआ। हिंदू समाज के पुनरुत्थान के उद्देश्य से आयोजित इस सम्मेलन को मध्यप्रांत के कई हिंदू नेताओं का आशीर्वाद प्राप्त था। डॉक्टरजी भी अपने कुछ संघ अधिकारियों के साथ यहाँ पहुँचे थे। अधिवेशन के नेताओं लोकनायक शिवाजी राव पटवर्धन, मसूरकर महाराज इत्यादि से हुए अपने विचार-विमर्श में डॉक्टरजी ने राष्ट्रीय स्वयंसेवक संघ की विचारधारा, कार्यपद्धति और उद्देश्य की पूरी जानकारी दी, यह भी जानकारी दी कि सभी लोग अपने-अपने संगठन में काम करते हुए भी संघ के स्वयंसेवक बनकर शाखाओं में प्रशिक्षण ले सकते हैं। इसी तरह सभी स्वयंसेवकों को स्वतंत्रता आंदोलन के किसी भी मार्ग पर चलने की अनुमति है।

तरुण हिंदू अधिवेशन के नेताओं के साथ डॉक्टरजी के आत्मीय संबंधों के अनेक दूरगामी परिणाम निकले। इस सम्मेलन में भाग लेनेवाले कई युवक संघ के स्वयंसेवक बनकर शाखाओं में आने लगे। कई नेताओं को डॉक्टरजी ने संघ के कार्यक्रमों का अध्यक्ष बनाया। इस हिंदू अधिवेशन के एक वरिष्ठ नेता पांचलेगाँवकर महाराज अपनी एक संस्था 'मुक्तेश्वर दल' चलाते थे। संघ के कार्य एवं उद्देश्य से प्रभावित होकर उन्होंने दल को राष्ट्रीय स्वयंसेवक संघ में विलीन कर दिया। इससे संघ कार्य को बल प्राप्त हुआ। डॉक्टरजी के प्रभावशाली एवं व्यवहार-कुशल नेतृत्व को देखकर मध्यप्रांत की अनेक छोटी-मोटी संस्थाओं के सदस्य विशेषतया तरुण संघ की शाखा में आने लगे।

राष्ट्रीय स्वयंसेवक संघ की शाखाओं के विस्तार, खास तौर पर युवकों में उत्तरोत्तर बढ़ रहे आकर्षण से अंग्रेज प्रशासनिक अधिकारी न केवल परेशान ही हुए, अपितु उन्होंने डॉ. हेडगेवार एवं संघ की रिपोर्ट भी सरकार के पास भेजनी शुरू कर दी। इन रिपोर्टों में कहा गया था कि डॉ. हेडगेवार एक उभर रहे हिंदू नेता है और संघ के स्वयंसेवक स्वतंत्रता आंदोलनों में पूरी निष्ठा के साथ भाग लेते हैं।

सविनय अवज्ञा आंदोलन में स्वयंसेवक

पूर्व में हुए असहयोग आंदोलन की विफलता से शिक्षा लेकर भारतीय राष्ट्रीय कांग्रेस ने अब एक और देशव्यापी आंदोलन करने की विस्तृत योजना बनाई। फरवरी 1930 में अखिल भारतीय कांग्रेस समिति की एक महत्त्वपूर्ण बैठक में महात्मा गांधीजी को इस नए 'सविनय अवज्ञा आंदोलन' का नेतृत्व करने का अधिकार सौंपा गया। गांधीजी को प्रदर्शन, विरोध एवं सभाओं के आयोजन की रूपरेखा तैयार करने का भी अधिकार दे दिया गया। अत: गांधीजी ने 6 अप्रैल, 1920 को सविनय अवज्ञा आंदोलन की शुरुआत अपनी ऐतिहासिक दांडी यात्रा के माध्यम से कर दी। गांधीजी

ने सरकार द्वारा बनाए गए नमक कानून को तोड़ा और देशवासियों से अंग्रेजों के बनाए गए काले कानूनों को तोड़कर सत्याग्रह में शामिल होने का आग्रह किया। परिणामस्वरूप सारे भारत में शांतमय सत्याग्रहों द्वारा सभी प्रकार के तानाशाही कानूनों को तोड़ने का सिलसिला प्रारंभ हो गया।

जो आंदोलन अंग्रेज सरकार के खिलाफ हो और स्वतंत्रता आंदोलन को एक कदम और आगे बढ़ाने वाला हो, उसमें संघ के स्वयंसेवक भाग न लें, यह कैसे संभव था। युवा स्वयंसेवकों की टोलियाँ सत्याग्रह करने के लिए निश्चित स्थानों पर एकत्र होकर गांधीजी द्वारा निर्देशित आंदोलन में सत्याग्रह करने लगीं। इस प्रकार के मनोबल और देशसेवा के भाव देखकर संघचालकों की एक बैठक में निश्चित किया गया कि गांधीजी के नेतृत्व में कांग्रेस एवं कांग्रेस द्वारा घोषित सत्याग्रह में संघ बिना शर्त भाग लेगा। परंतु डॉक्टरजी इस आंदोलन को 'एक और कदम आगे' इस रूप में देखते थे। उनके अनुसार, "इस भ्रम में नहीं रहना चाहिए कि वर्तमान आंदोलन स्वतंत्रता प्राप्ति की अंतिम लड़ाई होगा; हमें सर्वस्व त्याग कर उसमें कूदने के लिए तैयार रहना चाहिए।" डॉक्टरजी जैसे सूझबूझवाले नेता से यह सच्चाई छिपी हुई नहीं थी कि गांधीजी द्वारा दी गई 'एक वर्ष में स्वराज्य' की घोषणा की कैसे धज्जियाँ उड़ गई थीं।" असहयोग आंदोलन में लोगों ने प्रारंभिक उत्साह तो दिखाया, परंतु बाद में चारों ओर निराशा एवं हीन भावना व्याप्त हो गई। इसीलिए संघ निर्माता ने स्वयंसेवकों को अपने पाँव धरती (संघस्थान) पर टिकाए रखते हुए प्रत्येक प्रकार के स्वाधीनता आंदोलन में शिरकत करने का निर्देश दिया था।

सविनय अवज्ञा आंदोलन में भाग लेने के पूर्व कुछ स्वयंसेवकों ने गणवेश (वरदी) पहनकर भगवाध्वज के साथ सत्याग्रह में जाने की इच्छा प्रकट की। वे संघ की पहचान को विस्तार देकर अपने अंतिम लक्ष्य 'देश की पूर्ण स्वतंत्रता' की ओर तेजी से कदम बढ़ाना चाहते थे। डॉक्टरजी ने स्वयंसेवकों की संघ निष्ठा का सम्मान करते हुए उन्हें समझाया—'आंदोलन में पूरी तरह समरस होने का प्रयास करना चाहिए। सभी स्वयंसेवक व्यक्तिशः आंदोलन में संघचालक की अनुमति से भाग लें।' स्वतंत्रता आंदोलन किसी दल अथवा एक नेता का नहीं हो सकता। यह सभी देशवासियों का आंदोलन है। नेता और दल तो बनते-बिगड़ते रहेंगे, परंतु स्वतंत्रता आंदोलन तो सतत चलता रहेगा, जब तक विदेशी राज्य पूर्णतया धाराशायी नहीं हो जाता, तब तक इस राष्ट्र यज्ञ में अपनी अलग-अलग डफली बजाना दूरदर्शिता नहीं होगी। डॉक्टरजी ने स्पष्ट कर दिया कि गांधीजी के नेतृत्व को सभी स्वीकार करें, भले ही कितनी ही मतभिन्नता क्यों न हो।

डॉ. हेडगेवार ने भी किया सत्याग्रह

संघ संस्थापक डॉ. हेडगेवार ने स्वयं भी सत्याग्रह करके जेल जाने की घोषणा कर दी। उन दिनों मध्यप्रांत की सरकार ने प्रदेश के 1618 वर्ग मील के जंगल को प्रतिबंधित कर दिया था। कानून के तहत कोई भी व्यक्ति चारे के लिए घास एवं निर्माण कार्य के लिए लकड़ी नहीं काट सकता था। फलतः अनेक लोगों के कारोबार प्रभावित हुए तथा चाराघास की कमी के कारण पशुपालन प्रभावित हुआ। अतः सरसंघचालक डॉ. हेडगेवार ने जंगल को काटकर, कानून का उल्लंघन करके सत्याग्रही जत्था ले जाने का निश्चय किया। सत्याग्रह करने के पूर्व उन्होंने सरसंघचालक पद से त्यागपत्र दिया और अपने स्थान पर डॉ. परांजपे को सरसंघचालक नियुक्त कर दिया। इस अवसर पर डॉक्टरजी ने स्पष्ट शब्दों में कहा, "हम लोग जो इस आंदोलन में भाग ले रहे हैं, सब अपने व्यक्तिगत स्तर पर ऐसा कर रहे हैं। संघ के विचारों एवं कार्यपद्धति में किसी प्रकार का कोई परिवर्तन नहीं हुआ है और न ही हमारी उस पर से श्रद्धा डिगी है।"

डॉक्टरजी और उनके साथ सत्याग्रह में जानेवाले साथियों की टोली को 14 जुलाई को नागपुर के रेलवे स्टेशन पर विदाई दी गई। वर्धा जाने वाली गाड़ी रास्ते में जहाँ भी रुकी, सत्याग्रहियों का अभूतपूर्व स्वागत किया गया। वर्धा पहुँचने पर डॉक्टरजी के स्वागत के लिए एक विशाल शोभायात्रा निकाली गई, जिसमें अनेक नेताओं ने सत्याग्रह में शामिल होने का मन बना लिया। इसी तरह शोभायात्राओं का सफल आयोजन यवतमाल एवं अन्य शहरों में भी किया गया। 21 जुलाई को जंगल कानून तोड़ने का फैसला किया गया। एक खुले मैदान में स्वयंसेवकों ने पहले भगवाध्वज को प्रणाम करके पूजा की और फिर सबको घास एवं लकड़ी काटने के औजार दिए गए। सत्याग्रह का स्थान यवतमाल से आगे 10 किलोमीटर पर लोहारा जंगल में धामण गाँव मार्ग पर था। इस सत्याग्रह को देखने के लिए दस हजार से भी ज्यादा लोग उपस्थित थे। सभी ने वंदे मातरम् के उद्घोष से वातावरण में वीरव्रती रस भर दिया। जब सत्याग्रहियों ने जंगल की घास काटकर कानून को तोड़ना चाहा तो उपस्थित पुलिस अफसरों ने ऊँची आवाज में कहा, 'मत काटो यह कानूनी गुनाह है।'

नौ मास का कठोर कारावास

डॉक्टरजी ने ऊँची आवाज में उत्तर दिया—'वंदे मातरम्, भारतमाता की जय।' सभी साथियों ने जैसे ही घास काटना शुरू किया, एक प्रकार से जंगल का जंगली कानून टूट गया। सभी को गिरफ्तार कर लिया गया। उसी दिन सायं को मुकदमा

चला और डॉक्टरजी को नौ महीने का कठोर कारावास तथा अन्य साथियों को चार महीने का ऐसा ही कारावास दिया गया। पुलिस द्वारा सौंपी गई रिपोर्ट में कहा गया था कि डॉक्टरजी क्योंकि अग्रणी थे, इसीलिए उनको शेष साथियों से ज्यादा सजा मिली। यह अन्य नेताओं को डराने का एक तरीका था। एक ही अपराध में भिन्न-भिन्न सजा के फैसले से समझ में आ जाता है कि तथाकथित न्यायप्रिय अंग्रेजों का स्तर क्या था? यह सविनय अवज्ञा आंदोलन का सर्वाधिक सफल सत्याग्रह माना गया। कांग्रेस ने भी डॉ. हेडगेवार के समर्थन में एक सभा का आयोजन किया।

हजारों स्वयंसेवक जेल में

अपने सरसंघचालक की गिरफ्तारी और कठोर सजा के बाद स्वयंसेवकों ने भारी संख्या में स्थान-स्थान पर सत्याग्रह करके स्वतंत्रता की अलख जगा दी। सरकार की ओर से वीर सावरकर की पुस्तकों पर प्रतिबंध लगा रखा था। अत: इस प्रकार के प्रतिबंधित साहित्य को सार्वजनिक स्थानों पर ऊँची आवाज में पढ़कर भी कानून तोड़ा गया। यह कहने में कोई अतिशयोक्ति नहीं होगी कि सविनय अवज्ञा आंदोलन को मध्यप्रांत में सफल ही संघ के स्वयंसेवकों ने किया था। संघ के सरकार्यवाह जी.एम. हुद्दार, नागपुर के संघचालक अप्पा साहेब हलदे, सिरपुर के संघचालक बाबूराव वैद्य, संघ के सरसेनापति मार्तंडराव जोग के साथ संघ के अन्य बड़े अधिकारियों सीता रामेहकर, विठलराव गाडगे ने सत्याग्रह करके चार-चार मास की जेल की सजा पाई थी। डॉक्टरजी के साथ सत्याग्रह में शामिल हुए लागों में अप्पा जी जोशी तथा दादाराव परमार्थ प्रमुख थे। इनके अलावा अधिकारी एवं स्वयंसेवकों की संख्या का अनुमान लगाना कठिन काम था, क्योंकि सबने अपनी संघ पहचान से ऊपर उठकर कांग्रेस के कार्यकर्ता के रूप में सत्याग्रह किया था।

आंदोलन करनेवाले स्वयंसेवकों पर पुलिस ने अत्याचार करने की सभी सीमाएँ पार कर दीं। सैकड़ों स्वयंसेवक जख्मी हुए। इनके इलाज का कोई प्रबंध प्रशासन की ओर से नहीं किया गया। इनकी देखभाल के लिए संघ की ओर से ही एक चिकित्सकीय व्यवस्था 'शुश्रूषा पथक' नाम से बनाई गई। मध्यप्रांत के लगभग एक दर्जन स्थानों पर की गई इस सेवा व्यवस्था में 100 से ज्यादा स्वयंसेवक सक्रिय हो गए थे। यह दल प्रदर्शनों, यात्राओं, विरोध सभाओं के समय मौजूद रहकर जख्मियों को उठाने एवं उनके उपचार की व्यवस्था करता था। उस समय के कार्यवाहक सरसंघचालक डॉ. परांजपे के निजी क्लीनिक में नि:शुल्क उपचार की व्यवस्था की गई थी।

राष्ट्रभक्तिपूर्ण पत्रक

प्रत्येक वर्ष दशहरे के दिन संघ के गणवेशधारी स्वयंसेवकों का पथ-संचलन लोगों के आकर्षण का केंद्र होता था। इस युवा हिंदू शक्ति को कदम-से-कदम मिलाकर घोष की आवाज के साथ परेड करते देखकर हिंदुओं को विश्वास होता था कि अब वे सुरक्षित हैं। 1930 में भी दशहरे के दिन पथ-संचलनों के कार्यक्रम हुए, परंतु इस बार सभी शाखाओं में एक पत्रकनुमा पेपर पढ़ा गया। यह पत्रक राष्ट्रभक्ति के भावों से तो भरा हुआ था ही, इसमें स्वतंत्रता संग्राम में पूरी ताकत से कूद पड़ने का आह्वान भी किया गया था—"जब तक हमारी मातृभूमि परतंत्रता की बेड़ियों से मुक्त नहीं हो जाती और राष्ट्र सबल व वैभवशाली नहीं हो जाता, हमें सुख की तनिक भी लालसा करने का कोई अधिकार नहीं। वह संतान निकृष्ट होती है, जो अपनी माँ को दुख-दर्द, अपमान एवं दासता में छोड़कर भौतिक सुखों के पीछे भागती है। वास्तविक सुख तो इन बेड़ियों को तोड़ने एवं राष्ट्र को स्वतंत्र करने में ही है।"

डॉ. केशवराव बलिराम हेडगेवार एक सेवाभावी राष्ट्रभक्त ही नहीं थे, वे एक अतुलनीय एवं महान् लोकसंग्रही भी थे। चाहे क्रांतिकारी दल हो, कांग्रेस का मंच हो, धरने-प्रदर्शन हों, सत्याग्रह हो एवं कारावास हो, उन्होंने सब जगह से अनेक युवकों तथा समाज में प्रतिष्ठा रखनेवाले लोगों को खोजकर अपनी विचारधारा से सहमत करवा कर राष्ट्रनिर्माण के कार्य में लगा दिया। डॉक्टरजी के इसी अतुलनीय गुण के कारण संघ और संघ की शाखाओं का विस्तार होता चला गया।

जेल में भी संघकार्य

अकोला कारावास में भी डॉक्टरजी ने राष्ट्रीय स्वयंसेवक संघ का काम करना नहीं छोड़ा। कारावास में स्वयंसेवकों के साथ संघ के विरोधी भी थे। अनेक कांग्रेसी नेता थे, जो संघ की प्रगति देखकर हताश हो रहे थे, परंतु व्यक्तियों के पारखी डॉ. हेडगेवार ने सबके साथ मित्रवत् व्यवहार करके उनको संघ का समर्थक ही नहीं अपितु स्वयंसेवक भी बना लिया। हिंदुत्व, हिंदूराष्ट्र, स्वतंत्रता का अर्थ, संघ शाखा का महत्त्व एवं काम करने के ढंग इत्यादि विषयों पर आनंदमय वातावरण में विस्तारपूर्वक चर्चा चलती रहती थी। इसका असर यह हुआ कि कारावास में ही प्रातः सभी लोग पंक्तियों में खड़े होकर संघ-प्रार्थना करने लगे। यह एक प्रकार की शाखा ही थी।

ऐसी ही एक प्रार्थना सभा (शाखा) में डॉक्टरजी ने भाषण दिया—'अंग्रेजी शासन के विरुद्ध लड़ाई का आज पहला अथवा अंतिम दिन नहीं है। अंग्रेजी दमन

तो सिर्फ इस बात का सूचक है कि विदेशी सरकार कितनी आलोकप्रिय है, कितनी भयभीत है एवं कितनी स्वतंत्रता-विरोधी है। हमें इस बात पर विचार करना होगा कि क्यों मुट्ठी भर लोगों ने हमें अपने अधीन बना रखा है। एक दिन के अति उत्साह एवं उत्तेजित भाव से स्वतंत्रता प्राप्त नहीं होगी। जेल में रहते हुए भी डॉक्टरजी बाहर हो रहे संघ के काम की चिंता करते रहते थे। संघ के दो प्रमुख अधिकारी डॉ. परांजपे तथा भाऊराव कुलकर्णी प्राय: जेल में आकर संघ की प्रगति के समाचार देते रहते थे। डॉ. हेडगेवार को जानकर अत्यंत हर्ष होता था कि उनके बिना भी संघ का विस्तार हो रहा है तथा गणवेशधारी स्वयंसेवकों की संख्या लगातार बढ़ती जा रही है।

14 फरवरी, 1930 को डॉ. हेडगेवार को कारावास से रिहा कर दिया गया। अकोला एवं वर्धा में डॉक्टरजी के स्वागत में शोभायात्राएँ निकाली गईं। 17 फरवरी, 1931 को नागपुर पहुँचने पर उनका भारी स्वागत हुआ। हाथीखाना मैदान में एक स्वागत सभा हुई, जिसमें डॉ. परांजपे ने सरसंघचालक पद की धरोहर वापस डॉक्टरजी को सौंप दी। यह भावुक दृश्य ऐसा था मानो भगवान राम वनवास के बाद वापस अयोध्या लौटने पर उनके भ्राता ने श्रीराम की धारोहर 'खड़ाऊँ' को वापस करके अयोध्या के सिंहासन पर उन्हें विराजमान कर दिया हो।

□

10

परिव्राजक स्वतंत्रता सेनानी

अस्वस्थ शरीर के साथ निरंतर प्रवास। दोपहर दो बजे भोजन, रात्रि दो बजे तक बैठकों का ताँता, ऐसी त्यागमयी दिनचर्या में विश्राम कहाँ? विभिन्न स्थानों पर जाकर विभिन्न प्रकार के विचारों के व्यक्तियों से मिलना, संघ विरोधी लोगों को शांतिपूर्वक सुनना और उनके तर्कों को मौन साधकर सुनना और युवक स्वयंसेवकों को प्रचारक के रूप में बाहर जाने की प्रेरणा देना इत्यादि कार्य डॉक्टरजी की दिनचर्या के अभिन्न अंग थे। इतना राष्ट्र समर्पित जीवन था उनका। कांग्रेस द्वारा संघ के विरोध के बावजूद वे स्वयंसेवकों को गांधीजी के सत्याग्रहों/आंदोलनों में भेजते रहे। इन्हीं दिनों में डॉक्टरजी सावरकर, आंबेडकर, मालवीय, सुभाष एवं गांधीजी जैसे राष्ट्रीय नेताओं को 'संघ' समझाने में सफल हुए।

14 फरवरी, 1930 को अपने दूसरे कारावास से मुक्त होकर डॉ. हेडगेवार ने पुनः सरसंघचालक का दायित्व सँभाला और संघ कार्य को देशव्यापी स्वरूप देने के लिए दिन-रात जुट गए। अब डॉक्टरजी की शारीरिक, मानसिक एवं बौद्धिक शक्तियाँ संघ-स्वयंसेवकों के शारीरिक, मानसिक तथा बौद्धिक विकास में लगने लगीं। स्वभाव से परिश्रमी, मन से दृढ निश्चयी और बुद्धि से चतुर इस युगपुरुष ने अपने स्वास्थ्य की तनिक भी चिंता न करते हुए 'हिंदू-राष्ट्र' भारत एवं हिंदू संगठन राष्ट्रीय स्वयंसेवक संघ के ध्येय पर दृष्टि जमाकर अहोरात्र साधना का श्रीगणेश कर दिया।

अस्वस्थ शरीर, अथक प्रवास

कुछ दिन नागपुर रहकर संघकार्य और संघ कार्यकर्ताओं की देखभाल करने के बाद वे अपने शरीर-रथ को लेकर ध्येय यात्रा के आगामी पड़ावों के लिए निकल पड़े। सर्वप्रथम वे बंबई जाकर बाबा सावरकर एवं नारायणराव सावरकर से मिले और संघ के विस्तार की चर्चा की। इसी समय विमना में चिकित्सा लाभ ले रहे विट्ठल भाई पटेल से भी उनकी गुप्त रूप से एक महत्त्वपूर्ण भेंट हुई थी। डॉक्टरजी के ध्येय और कार्य से प्रभावित होकर बाबा सावरकर ने अपने संगठन 'तरुण हिंदू महासभा' को संघ में विलीन कर दिया और अपना शेष जीवन शाखा कार्य हेतु समर्पित कर दिया। इन्हीं दिनों 'शुद्धि कार्य' के माध्यम से हिंदू समाज के उत्थान में कार्यरत मसूरकर महाराज से डॉक्टरजी ने राष्ट्रीय स्वयंसेवक संघ के कार्य पर विस्तारपूर्वक चर्चा की और शुद्धि कार्य में लगे हुए कार्यकर्ताओं को शाखा के कार्य में लगा दिया। डॉक्टरजी ने स्वयं भी मसूरकर महाराज के शुद्धि कार्यक्रमों में भाग लिया और स्वयंसेवकों को भी इसमें योगदान देने के लिए कहा। 11 मार्च, 1931 को डॉक्टरजी ने वाराणसी में जाकर हिंदू विश्वविद्यालय के संस्थापक महामना मदन मोहन मालवीय के साथ अन्य कई प्रतिष्ठित नागरिकों से हिंदुत्व, राष्ट्र की पूर्ण स्वतंत्रता एवं संघ पर विस्तृत गंभीर चर्चा की। मालवीयजी ने प्रभावित होकर विश्वविद्यालय के परिसर में शाखा तथा संघ कार्यालय प्रारंभ करने की अनुमति दे दी। यह शाखा डॉक्टरजी ने स्वयं शुरू की।

8-9 अगस्त, 1931 को डॉ. हेडगेवार अकोला (विदर्भ) में संपन्न हिंदू महासभा के अधिवेशन में पहुँचे। विभिन्न प्रांतों से आए हुए हिंदू नेताओं को विदर्भ में प्रगति कर रहे संघ कार्य की जानकारी देकर शाखाओं के कार्यक्रम भी दिखाए। परिणामस्वरूप विदर्भ के लगभग सभी बड़े नगरों में शाखाएँ शुरू हो गईं और अन्य प्रांतों में शाखा कार्य का आधार भी तैयार हो गया। डॉक्टरजी ने नवंबर 1931 में छत्तीसगढ़ इत्यादि क्षेत्रों में व्यापक प्रवास किया। उनके परिश्रम के परिणामस्वरूप इन हिंदी भाषी क्षेत्रों में भी शाखाएँ प्रारंभ हो गईं, परंतु अपने हिंदू राष्ट्र के लिए अपना तन, मन और बुद्धि सब कुछ समर्पित करनेवाले इस नवदधीचि का स्वास्थ्य भी बिगड़ना शुरू हो गया। कठोर परिश्रम, कार्य की चिंता, कार्य में आने वाली बाधाएँ, धन का भी अभाव तथा थोड़े समय में ही देशभर में संघ शाखाओं का जाल बिछा देने की व्याकुलता इत्यादि ने डॉक्टरजी के वज्र से भी ज्यादा कठोर शरीर को तिल-तिल कर जलाना शुरू कर दिया।

सिंध प्रांत के कराची नगर में आयोजित 'अखिल भारतीय तरुण हिंदू परिषद्' के वार्षिक अधिवेशन में पहुँकर डॉक्टरजी ने हिंदू युवकों से परिचय एवं बातचीत की। कराची में संघ का काम इन्हीं युवकों ने प्रारंभ किया। उसी अधिवेशन में भाग लेने आए पंजाब के युवाओं से भी घनिष्ठ संबंध बनाकर डॉक्टरजी ने वहाँ भी संघ का आधार तैयार करने में सफलता प्राप्त कर ली। इन्हीं दिनों डॉक्टरजी ने बाबा साहब सावरकर के साथ महाराष्ट्र का व्यापक दौरा करके प्रांत के अनेक राजनीतिक, सामाजिक-साहित्यिक क्षेत्रों के प्रतिष्ठित लोगों से संपर्क करके उनके साथ राष्ट्रीय स्वयंसेवक संघ के ध्येय और कार्य पर विचार-विमर्श किया। इस व्यापक संपर्क का व्यापक परिणाम निकला। अनेक युवकों ने संघ के शिक्षा वर्गों में प्रशिक्षण लेकर विद्यार्थी प्रचारक के रूप में बाहर के प्रांतों में जाने का निश्चय किया।

संघ पर सरकारी प्रतिबंध

चारों ओर से संघ-कार्य की प्रगति के समाचार प्राप्त होने के बाद जहाँ संघ अधिकारियों का उत्साह बढ़ता था, वहीं सरकार का दम भी घुटने लगा था। मध्यप्रांत की सरकार ने एक नोटिस जारी करके सरकारी कर्मचारियों के संघ में प्रवेश पर प्रतिबंध लगा दिया। पुलिस एवं गुप्तचरों की रिपोर्टों को आधार बना तैयार किए गए इस परिपत्रक में संघ को सांप्रदायिक कहा गया और राजनीतिक आंदोलनों में अधिक भाग लेने के आरोप लगाए गए। 15 दिसंबर, 1932 को यह परिपत्रक जारी किया गया और दूसरे ही दिन मध्यप्रांत की सरकार द्वारा शासित अनेक सरकारी संस्थानों ने इसे लागू कर दिया। डॉक्टरजी एवं स्वयंसेवकों ने इसे हिंदुओं के अधिकारों पर कुठाराघात के रूप में लेकर इस चुनौती को स्वीकार किया। डॉक्टरजी ने स्पष्ट कहा, "हिंदू धर्म तथा संस्कृति की रक्षा के लिए किया गया प्रयास हिंदुस्थान में सांप्रदायिक नहीं हो सकता। 'सरकार को यह जान लेना चाहिए कि संघ कार्य को दबाया नहीं जा सकता।"

7 मार्च, 1934 को मध्यप्रांत की विधानसभा में जब इस परिपत्रक से संबंधित प्रस्ताव पर चर्चा हुई तो सरकार, पुलिस अफसर और गुप्तचर अधिकारी दाँतों में अंगुली दबाकर आश्चर्यचकित हो गए कि सरकार के पक्षधर ज्यादातर विधायकों ने भी प्रस्ताव का विरोध कर दिया। इस प्रसंग से डॉ. हेडगेवार के विस्तृत संबंधों का आभास सहज ही हो सकता है। इस विवादास्पद चर्चा के समय डॉक्टरजी स्वयं भी दर्शक दीर्घा में बैठकर सारी बहस का आनंद ले रहे थे। यह बहस तीन दिन तक चलती रही। विधायकों में आपसी फूट पड़ी और मंत्रिमंडल का भी पतन हो गया।

संघगंगा का पुण्य प्रवाह

इसी समय नागपुर में एक 'अखिल भारतीय साहित्य सम्मेलन' संपन्न हुआ। इस सम्मेलन का संघकार्य के लिए लाभ उठाने की दृष्टि से डॉ. हेडगेवार ने सम्मेलन के अध्यक्ष प्रसिद्ध पत्रकार काकासाहब खडिलकर को संघ के एक शिविर में बुलाया। इनके साथ करीब एक दर्जन अन्य साहित्यकार संघ के काम को प्रत्यक्ष देखने के लिए आए। संघ के विचारतत्त्व को जानने तथा शाखा के स्वरूप को देखकर इन्होंने कहा था, "हम साहित्यिक लोग तो वाग्वीर हैं। परंतु यहाँ तो शक्ति की प्रत्यक्ष उपासना हो रही है। यही शक्ति का दृश्य स्वरूप है। सहस्रों व्याख्यान तथा लेख लिख कर हम जो काम सिद्ध नहीं कर सकते, जो भाव लोगों के मन पर अंकित नहीं कर सकते, वह संघ के इस दृश्य मात्र से ही संभव है। प्रत्यक्ष दृश्य मात्र से ही महान् तत्त्वों का बोध हो सकता है, संघ इसका अत्यंत प्रभावी उदाहरण है।"

इसी बीच हिंदुओं के विकास के लिए काम करनेवाले छोटे-छोटे दलों एवं संस्थाओं का संघ में स्वत: विलय होता चला गया। डॉ. हेडगेवार तथा बाबासाहब सावरकर की पृष्ठभूमि एवं 'विचार क्रांति' से प्रभावित होकर पाचलेगांवकर महाराज ने अपनी संस्था 'मुक्तेश्वर दल' का राष्ट्रीय स्वयंसेवक संघ में विलय कर दिया। राष्ट्रभक्ति का यह कार्य लगभग छह महीने तक चला। फलत: 25-30 स्थानों पर संघ की शाखाएँ प्रारंभ हो गईं। छोटे-बड़े सामाजिक/धार्मिक दलों का संघ-शाखाओं में बदल जाना ऐसा ही था मानो छोटे-बड़े नदी-नाले स्वयं विशाल गंगा में समाहित होकर गंगा की पवित्र धारा बन गए। यह कार्य डॉक्टरजी के मधुर व्यवहार की वजह से संपन्न हो रहा था। इसी क्रम में डॉक्टरजी ने महात्मा गांधी, वीर सावरकर, सुभाष चंद्र बोस तथा डॉ. श्यामाप्रसाद मुखर्जी जैसे राष्ट्रीय महापुरुषों को भी अपने ध्येयनिष्ठ व्यक्तित्व एवं संघ कार्य की आवश्यकता से प्रभावित करने में सफलता प्राप्त कर ली थी।

संघ शिविर में महात्मा गांधी

अब तक राष्ट्रीय स्वयंसेवक संघ द्वारा अधिकारी शिक्षा वर्गों, शीत शिविरों तथा इसी प्रकार के छोटे-छोटे संघ शिक्षा सम्मेलन के आयोजन प्रारंभ हो चुके थे।

प्रत्यक्षदर्शी ना.ह. पालकर लिखते हैं—"1934 में वर्धा का शीत-शिविर गांधीजी के आगमन के कारण काफी चर्चा का विषय रहा। यह शिविर वर्धा से शेगाँव (आजकल सेवाग्राम नाम से विख्यात) के मार्ग पर दाहिनी ओर सेठ जमनालाल बजाज की एक खाली जगह पर खुले मैदान में लगाया गया था। सैनिक पद्धति से

रचित शिविर का यह स्थान एक प्रकार से सामूहिक श्रम एवं अनुशासन का एक नमूना तथा विकास-केंद्र ही था। संघ के इन शिविरों में अनेक स्थानों से स्वयंसेवक अपने व्यय से गणवेश इत्यादि बनाकर तथा अपना बिस्तर आदि सामान लेकर एकत्र होते थे तथा तीन-चार दिन तक साथ रहकर अत्यंत उत्साह तथा दक्षतापूर्वक सैनिक पद्धति से संचलन आदि के कार्यक्रम करते थे। शिविर का संपूर्ण व्यय स्वयंसेवकों द्वारा दिए शुल्क अथवा धान्य से ही पूरा होता था। ये शिविर स्वयंपूर्ण होते थे। 1934 के वर्धा के शिविर में एक हजार पाँच सौ स्वयंसेवकों ने भाग लिया था। शिविर की व्यवस्था तथा तंबू आदि गाड़ने के लिए पंद्रह-बीस दिन पूर्व से ही स्वयंसेवकों का उस स्थान पर आना-जाना प्रारंभ हो गया था।''

इस स्थान के पास ही महात्माजी का उस काल का सत्याग्रह-आश्रम था। वे उसी में एक दुंजिले बँगले में रहते थे। नित्य प्रातः घूमने के लिए जाते समय उन्हें शिविर की व्यवस्था में संलग्न स्वयंसेवक देखने को मिलते। उनके मन में सहज ही उत्सुकता हुई कि यहाँ कौन सी परिषद् या सम्मेलन होनेवाला है। 22 दिसंबर को शिविर का उद्घाटन हुआ। उस समय की पद्धति के अनुसार नगर के प्रमुख एवं प्रतिष्ठित सज्जनों को आमंत्रित किया गया था।

शिविर में गणवेशधारी स्वयंसेवकों के कार्यक्रम प्रारंभ हुए। घोष की भी गर्जना होने लगी। महात्माजी अपने बँगले पर से इन सब कार्यक्रमों को सहज ही देख सकते थे। उनसे वे अत्यंत प्रभावित हुए तथा उन्होंने महादेवभाई देसाई से शिविर देखने के लिए जाने की इच्छा व्यक्त की। इस पर महादेवभाई देसाई ने वर्धा जिला के संघचालक श्री अप्पाजी जोशी को पत्र लिखा—"आपका शिविर आश्रम के सामने ही होने के कारण स्वाभाविक ही महात्माजी का ध्यान उधर गया है। उसे देखने की उनकी इच्छा है। अतः कृपा कर सूचित करें कि आपको कौन सा समय सुविधाजनक होगा। वे अत्यंत कार्यव्यस्त हैं फिर भी वे समय निकालेंगे। यदि आप आकर समय निश्चित कर सकें तो और भी उत्तम होगा।" इस पत्र के मिलते ही अप्पाजी जोशी आश्रम में गए तथा महात्माजी से कहा, "आप अपनी सुविधा के अनुसार समय बता दीजिए। हम उसी समय आपका स्वागत करेंगे।" महात्माजी का उस दिन मौनव्रत था। अतः उन्होंने लिखकर बताया कि "मैं कल 25 को प्रातः छह बजे शिविर में आ सकूँगा। वहाँ डेढ़ घंटा व्यतीत कर सकूँगा।" आप्पाजी ने समय की स्वीकृति देकर विदा ली। दूसरे दिन प्रातः ठीक छह बजे महात्माजी शिविर में आए। उस समय सभी स्वयंसेवकों ने अनुशासनपूर्वक उनकी मानवंदना की। उनके

साथ श्री महादेव भाई देसाई, मीराबेन तथा आश्रम के अन्य व्यक्ति भी थे। उस भव्य दृश्य को देखर महात्माजी ने अप्पाजी के कंधे पर हाथ रखकर कहा, "मैं सचमुच प्रसन्न हूँ। संपूर्ण देश में इतना प्रभावी दृश्य मैंने अभी तक नहीं देखा।" इसके बाद उन्होंने पाकशाला का निरीक्षण किया। उन्हें यह जानकर आश्चर्य हुआ कि पंद्रह सौ स्वयंसेवकों का भोजन एक घंटे में बिना किसी गड़बड़ के तैयार हो जाता है, एक रुपए तथा थोड़े से अनाज में दो समय भोजन दिया जाता है तथा घाटा हुआ तो स्वयंसवेक ही उसे पूरा कर देते हैं।

इसके उपरांत उन्होंने रुग्णालय तथा स्वयंसेवकों के निवास भी देखे। रुग्णालय में रोगियों का हालचाल पूछते हुए उन्हें यह भी पता चला कि संघ में गाँव के किसान तथा मजदूर वर्ग के स्वयंसेवक भी हैं। ब्राह्मण, महार, मराठा आदि सभी जातियों के स्वयंसेवक एक साथ घुल-मिलकर रहते हैं तथा एक ही पंक्ति में भोजन करते हैं, यह जानकर उन्होंने तथ्य की जाँच-पड़ताल करने के उद्‌देश्य से कुछ स्वयंसेवकों से प्रश्न भी किए। स्वयंसेवकों के उत्तर में उन्हें यही मिला कि "ब्राह्मण, मराठा, दर्जी आदि भेद हम संघ में नहीं मानते। अपने पड़ोस में किस जाति का स्वयंसेवक है, इसका हमें पता भी नहीं तथा यह जानने की हमारी इच्छा भी नहीं होती। हम सब हिंदू हैं और इसलिए भाई हैं। परिणामस्वरूप व्यवहार में ऊँच-नीच मानने की कल्पना ही हमें नहीं समझ में आती।"

इस पर महात्माजी ने अप्पाजी जोशी से प्रश्न किया, "आपने जातिभेद की भावना कैसे मिटा दी? इसके लिए हम लोग तथा अन्य कई संस्थाएँ जी-जान से प्रयत्न कर रहे हैं, परंतु लोग भेदभाव भूलते नहीं। आप तो जानते ही हैं कि अस्पृश्यता नष्ट करना कितना कठिन है। यह होते हुए भी आपने संघ में इस कठिन कार्य को कैसे सिद्ध कर लिया?"

इस पर अप्पाजी का उत्तर था, "सब हिंदुओं में भाई-भाई का संबंध है, यह भाव जाग्रत् करने से सब भेदभाव नष्ट हो जाते हैं। भ्रातृभाव शब्दों में नहीं, आचरण में आने पर ही यह जादू होता है। इसका संपूर्ण श्रेय डॉक्टर हेडगेवार को है।" इसी समय घोषवादन हुआ तथा सभी स्वयंसेवक सीधे 'दक्ष' में खड़े हो गए और ध्वजोत्तोलन हुआ। ध्वजारोहण होने पर अप्पाजी के साथ महात्माजी ने भी संघ की पद्धति से भगवा ध्वज को प्रणाम किया।

ध्वजप्रणाम के बाद महात्माजी शिविर के अंतर्गत संघ-वस्तु भंडार में गए। वहाँ एक ओर सूक्तियों, छायाचित्रों, घोषवाद्यों, आयुधों आदि की एक छोटी सी

प्रदर्शनी लगाई गई थी। उसके बीचोबीच सबकी निगाह को अपनी ओर आकृष्ट करनेवाला एक चित्र सजा हुआ था। महात्माजी ने उसे गौर से देखकर पूछा, "यह किसका चित्र है ?"

"ये ही पूजनीय डॉक्टर केशवराव हेडगेवार हैं।" आप्पाजी ने उत्तर दिया।

"अस्पृश्यता नष्ट करने के संबंध में जिनका आपने उल्लेख किया, वे डॉक्टर हेडगेवार ये ही हैं ? इनका संघ से क्या संबंध है ?" महात्माजी ने पूछा।

"वे संघ के प्रमुख हैं। उन्हें हम सरसंघचालक कहते हैं। उनके नेतृत्व में संघ का कार्य चल रहा है। उन्होंने ही संघ प्रारंभ किया था।" अप्पाजी ने कहा।

"क्या डॉक्टर हेडगेवारजी से भेंट हो सकेगी ? यदि यह भेंट हो सकी तो उनके द्वारा ही संघ-संबंधी जानकारी प्राप्त करने का विचार है।" महात्माजी बोले।

"कल डॉक्टर हेडगेवार इस शिविर में आनेवाले हैं। आपकी इच्छा हो तो वे आपके दर्शन करेंगे।" अप्पाजी ने बताया।

इस प्रकार वार्त्तालाप के बाद महात्माजी अपने आश्रम लौट गए। जाते-जाते वे यह मत व्यक्त करना नहीं भूले कि "यह कार्य केवल हिंदुओं तक सीमित है, इसमें सबको छूट होती तो अधिक अच्छा होता।" इस पर कुछ चर्चा हुई तथा उन्होंने यह मान्य किया कि "दूसरों का द्वेष न करते हुए केवल हिंदुओं का संघटन करना राष्ट्र-विघातक नहीं।"

दूसरे दिन प्रातः डॉक्टरजी वर्धा आए। उस समय वर्धा स्टेशन पर ही सैनिक पद्धति से उनका अभिवादन किया गया, तदनंतर सभी स्वयंसेवक संचलन करते हुए शिविर में आए। डॉक्टरजी के शिविर में आते ही स्वामी आनंदजी ने आकर महात्माजी से मिलने के लिए डॉक्टरजी को निमंत्रित किया तथा रात्रि को साढ़े आठ बजे का समय निश्चित किया। उसी दिन सायंकाल पूना के श्री अण्णासाहब भोपटकर की अध्यक्षता में शिविर का समारोप-कार्यक्रम संपन्न हुआ। इसके बाद डॉक्टरजी, अप्पाजी तथा भोपटकरजी तीनों महात्माजी से मिलने के लिए आश्रम में गए। महात्माजी दुंजिले पर अपनी बैठक में थे। महादेव देसाई ने द्वार पर ही सबका स्वागत किया तथा उन्हें ऊपर ले गए। महात्माजी भी आगे आकर सबको अंदर ले गए तथा अपने बगल में ही गद्दे पर बैठा लिया। लगभग एक घंटा महात्माजी तथा डॉक्टरजी के बीच चर्चा हुई। अण्णासाहब भोपटकर ने भी चर्चा में भाग लिया। इस संभाषण का कुछ प्रमुख एवं महत्त्वपूर्ण भाग इस प्रकार था।

महात्माजी—"आपको पता चल गया होगा कि कल मैं शिविर में गया था।"

डॉक्टरजी—"जी हाँ, आप शिविर में गए, यह स्वयंसेवकों का सुभाग्य ही है। मैं उस समय उपस्थित नहीं था, इसका दुख है। लगता है, आपने एकाएक शिविर में आने का निर्णय लिया। मुझे यदि पहले से पता होता तो उस समय आने का अवश्य प्रयत्न करता।"

महात्माजी—"एक दृष्टि से अच्छा ही हुआ कि आप नहीं थे। आपकी अनुपस्थिति के कारण ही आपके विषय में मुझे सच्ची जानकारी मिल सकी। डॉक्टर, आपके शिविर में संख्या, अनुशासन, स्वयंसेवकों की वृत्ति, स्वच्छता आदि अनेक बातों को देखकर बहुत संतोष हुआ। आपका बैंड तो मुझे सबसे अधिक पसंद आया।"

इस प्रकार प्रास्ताविक संभाषण के बाद महात्माजी ने "संघ दो-तीन आने में भोजन कैसे दे सकता है, हमें क्यों अधिक खर्च आता है? क्या कभी स्वयंसेवकों को पीठ पर सामान लादकर बीस मील तक संचलन करवाया है" आदि प्रश्न पूछे। अण्णासाहब भोपटकर का महात्माजी से निकट का परिचय एवं संबंध होने के कारण डॉक्टरजी द्वारा प्रथम प्रश्न का उत्तर देने के पूर्व ही उन्होंने कहा, "आपको अधिक खर्च आता है, उसका कारण आप सब लोगों का व्यवहार है। नाम तो रखते हैं 'पर्णकुटी', पर अंदर रहता है राजशाही ठाठ। मैं अभी संघ में सबके साथ दाल-रोटी खाकर आया हूँ। आपके समान वहाँ विभेद नहीं है। संघ के अनुसार चलोगे तो आपको भी दो-तीन आने ही खर्च आएगा। उसमें डॉक्टर हेडगेवार क्या करेंगे। आपको तो ठाठ चाहिए और खर्च भी कम चाहिए। ये दोनों बातें एक साथ कैसे हो सकेंगी?" अण्णासाहब की ये फबतियाँ सब लोगों के मुक्त हास्य में विलीन हो गईं।

इसके उपरांत महात्माजी ने संघ का विधान, समाचार-पत्रों में प्रचार आदि विषयों पर जानकारी के लिए प्रश्न पूछे। इसी समय मीराबेन ने गांधीजी को घड़ी दिखाकर बताया कि नौ बज गए हैं। इस पर डॉक्टरजी ने यह कहते हुए कि "अब आपके सोने का समय हो गया है" उनसे विदा माँगी। पर महात्माजी ने कहा, "नहीं, नहीं, अभी आप और बैठ सकते हैं। कम-से-कम आधा घंटा तो मैं सरलता से और जाग सकता हूँ।" अत: चर्चा जारी रही।

महात्माजी—"डॉक्टर! आपका संघटन अच्छा है। मुझे पता चला है कि आप बहुत दिनों तक कांग्रेस में काम करते थे। फिर कांग्रेस जैसी लोकप्रिय संस्था के अंदर ही इस प्रकार का स्वयंसेवक-संघटन क्यों नहीं चलाया? बिना कारण ही अलग संगटन क्यों बनाया?"

डॉक्टरजी—"मैंने पहले कांग्रेस में ही यह कार्य प्रारंभ किया था। 1920 की नागपुर कांग्रेस में मैं स्वयंसेवक-विभाग का कार्यवाह था तथा मेरे मित्र डॉ. परांजपे अध्यक्ष थे। इसके बाद हम दोनों ने इस बात के लिए प्रयत्न किया कि कांग्रेस में ऐसा संघटन हो, किंतु सफलता नहीं मिली। अत: यह स्वतंत्र प्रयत्न किया है।"

महात्माजी—"कांग्रेस में आपके प्रयत्न क्यों सफल नहीं हुए? क्या पर्याप्त आर्थिक सहायता नहीं मिली?"

डॉक्टरजी—"नहीं, नहीं, पैसे की कोई कठिनाई नहीं थी। पैसे से अनेक बातें सफल हो सकती हैं किंतु पैसे के भरोसे ही संसार में सब योजनाएँ सफल नहीं हो सकतीं। यहाँ तो प्रश्न पैसे का नहीं, अंत:करण का है।"

महात्माजी—"क्या आपका यह कहना है कि उदात्त अंत:करण के व्यक्ति कांग्रेस में नहीं थे अथवा नहीं हैं?"

डॉक्टरजी—"मेरे कहने का यह अभिप्राय नहीं है। कांग्रेस में अनेक अच्छे व्यक्ति हैं। किंतु प्रश्न तो मनोवृत्ति का है। कांग्रेस की मनोरचना एक राजनीतिक कार्य को सफल करने की दृष्टि से हुई है। कांग्रेस के कार्यक्रम इस बात को ही ध्यान में रखकर बनाए जाते हैं तथा उन कार्यक्रमों की पूर्ति के लिए उसे स्वयंसेवकों की आवश्यकता होती है। स्वयंप्रेरणा से कार्य करनेवालों के बलशाली संघटन से सभी समस्याएँ हल हो सकेंगी, इस पर कांग्रेस का विश्वास नहीं है। कांग्रेस के लोगों की धारणा तो स्वयंसेवक के संबंध में सभा-परिषदों में बिना पैसे के मेज-कुरसी उठाने वाले मजदूर की है। इस धारणा से राष्ट्र की सर्वांगीण उन्नति करनेवाले स्वयंस्फूर्त कार्यकर्ता कैसे उत्पन्न हो सकते हैं? इसलिए कांग्रेस में कार्य नहीं हो सका।"

महात्माजी—"फिर स्वयंसेवक के विषय में आपकी क्या कल्पना है?"

डॉक्टरजी—"देश की सर्वांगीण उन्नति के लिए आत्मीयता से अपना सर्वस्व अर्पण करने के लिए सिद्ध नेता को हम स्वयंसेवक समझते हैं तथा संघ का लक्ष्य इस प्रकार के स्वयंसेवकों के निर्माण का है। इस संघटन में स्वयंसेवक और नेता का भेद नहीं है। हम सभी स्वयंसेवक हैं, यह जानकर ही हम एक-दूसरे को समान समझते हैं तथा सबसे समान रूप से प्रेम करते हैं। हम किसी प्रकार के भेद को प्रश्रय नहीं देते। इतने थोड़े समय में धन तथा अन्य साधनों का आधार न होते हुए भी संघकार्य की इतनी वृद्धि का यही रहस्य है।"

महात्माजी—"बहुत अच्छा! आपके कार्य की सफलता में निश्चित ही देश का हित सन्निहित है। सुनता हूँ कि आपके संघटन का वर्धा जिले में अच्छा प्रभाव

है। मुझे लगता है कि यह प्रमुखता से सेठ जमनालाल बजाज की सहायता से ही हुआ होगा।"

डॉक्टरजी—"हम किसी से आर्थिक सहायता नहीं लेते।"

महात्माजी—"फिर इतने बड़े संघटन का खर्च कैसे चलता है?"

डॉक्टरजी—"अपनी जेब से अधिकाधिक पैसे गुरुदक्षिणा-रूप में अर्पण कर स्वयंसेवक ही यह भार वहन करते हैं।"

महात्माजी—"निश्चित ही विलक्षण है! क्या आप किसी से धन नहीं लेंगे?"

डॉक्टरजी—"जब समाज को अपने विकास के लिए यह कार्य आवश्यक प्रतीत होगा, तब हम अवश्य आर्थिक सहायता स्वीकार करेंगे। यह स्थिति होने पर हमारे न माँगते हुए भी लोग पैसे का ढेर संघ के सामने लगा देंगे। इस प्रकार की आर्थिक सहायता लेने में हमें कोई अड़चन नहीं। परंतु संघ की पद्धति हमने स्वावलंबी ही रखी है।"

महात्माजी—"आपको इस कार्य के लिए अपना संपूर्ण समय खर्च करना पड़ता होगा। फिर आप अपना डॉक्टरी का धंधा कैसे करते हैं?"

डॉक्टरजी—"मैं व्यवसाय नहीं करता।"

महात्माजी—"फिर आपके कुटुंब का निर्वाह कैसे होता है?"

डॉक्टरजी—"मैंने विवाह नहीं किया।"

यह उत्तर सुनकर महात्माजी कुछ स्तंभित हो गए। उसी प्रवाह में वे बोले, "अच्छा आपने विवाह नहीं किया? बहुत बढ़िया। इसी कारण इतनी छोटी अवधि में आपको इतनी सफलता मिली है।" इस पर डॉक्टरजी यह कहते हुए कि "मैंने आपका बहुत समय लिया। आपका आशीर्वाद रहा तो सब मनमाफिक होगा। अब आज्ञा दीजिए," चलने के लिए उठे। महात्माजी उन्हें द्वार तक पहुँचाने आए तथा विदा करते हुए बोले, "डॉक्टरजी, अपने चरित्र तथा कार्य पर अटल निष्ठा के बल पर आप अंगीकृत कार्य में निश्चित सफल होंगे।"

डॉक्टरजी ने महात्माजी को नमस्कार किया और वापस आ गए।

पूर्णकालिक प्रचारक व्यवस्था

संघ का काम उत्तरोत्तर बढ़ते रहने के कारण उसे सँभालने तथा नए स्थानों पर शाखाएँ प्रारंभ करने के लिए पूर्णकालिक समर्पित कार्यकर्ताओं की आवश्यकता महसूस होते ही डॉ. हेडगेवार ने प्रचार योजना को गति प्रदान की। अभी तक यह प्रचार योजना दो तरह की थी। प्रथमत: विद्यालयों/महाविद्यालयों में होनेवाले

शीतकालीन एवं ग्रीष्मकालीन अवकाश के दिनों में युवा स्वयंसेवक निकटवर्ती नगर से गाँव में जाकर रहते थे और वहीं पर शाखा प्रारंभ करते थे। प्रचार योजना की दूसरी श्रेणी उन युवा स्वयंसेवकों की होती थी जो डॉक्टरजी की योजनानुसार नागपुर के बाहर अन्य प्रांतों के विश्वविद्यालयों में अध्ययन करते थे, वहीं पर शाखा प्रारंभ करते थे। कालांतर में इन्हीं दो श्रेणियों की तृतीय कड़ी के रूप में पूर्णकालिक प्रचारक व्यवस्था का विकास हुआ। उस समय तक बाबासाहब आप्टे तथा दादाराव परमार्थ दो युवा संघ प्रचारक के रूप में कार्य में लगे हुए थे। इन्हीं के पदचिह्नों पर चलते हुए अब बाहर के प्रांतों में कार्य हेतु जानेवाले प्रचारकों की संख्या में वृद्धि होती जा रही थी।

ठुकरा दी राष्ट्र-सेनापति की पदवी

मई 1936 में एक बहुत ही दिलचस्प परंतु आश्चर्यचकित करनेवाला एक प्रसंग उपस्थित हुआ। राष्ट्रीय स्वयंसेवक संघ के रूप में बारह सौ वर्षों के इतिहास में प्रथम बार एक ऐसे अखिल भारतीय स्तर के शक्तिशाली हिंदू संगठन के आविर्भाव से हिंदू नेता एवं हिंदुत्वनिष्ठ लोगों के मन में डॉ. हेडगेवार के प्रति सम्मान का भाव बढ़ता जा रहा था। वैशाख शुक्ल पंचमी, मई 1936 को नासिक के शंकराचार्य ने आद्यशंकराचार्य जयंती के अवसर पर डॉ. हेडगेवार को 'राष्ट्र सेनापति' की उपाधि से विभूषित करने की घोषणा की। यह डॉक्टरजी के महान् व्यक्तित्व की हिंदू समाज द्वारा स्वीकृति ही थी। परंतु डॉक्टरजी इस पदवी से क्षुब्ध हो गए। उन्होंने इसे आग्रहपूर्वक अस्वीकार कर दिया। फिर भी अनेक स्थानों से स्वयंसेवकों के पत्र व्यवहार में 'राष्ट्र सेनापति' शब्दों का इस्तेमाल किया जाने लगा। तब डॉक्टरजी ने अत्यंत आदर, परंतु सख्ती से इस पदवी का उपयोग न करने के लिए कह दिया। यह पदवी उन्हें अव्यावहारिक तथा निम्नस्तरीय प्रतीत हुई, भले ही शंकराचार्य जैसे किसी बड़े हिंदू धार्मिक पुरुष ने ही क्यों न दी हो।

कष्टसाध्य दिनचर्या

संघ का कार्य बढ़ता जा रहा था, इसलिए डॉक्टरजी के तूफानी प्रवास में भी तेजी आती गई। बहुत अस्वस्थ होते हुए भी वे कुछ दिन विश्राम करने की वैद्यकीय सलाह को दरकिनार करते रहे। दोपहर दो बजे भोजन तथा रात्रि दो बजे तक निरंतर बैठकों का ताँता, ऐसी व्यस्तता में आराम होता भी कैसे ? विभिन्न स्थानों पर जाकर विभिन्न प्रकार के विचारों के व्यक्तियों से मिलना, युवक स्वयंसेवकों को प्रचारक

के रूप में बाहर जाने की प्रेरणा देना, संघ विरोधी लोगों को शांतिपूर्वक सुनना और उनके तर्कों को मौन साधकर सहन करना इत्यादि ऐसे कार्य थे, जो डॉक्टरजी की दिनचर्या के अभिन्न अंग थे। राष्ट्र समर्पित ऐसी दिनचर्या डॉक्टरजी ने अपने अंतिम श्वास तक निभाई थी।

संघ के स्वयंसेवकों को कांग्रेस के आंदोलनों में भाग लेने के लिए कभी नहीं रोका गया। अलबत्ता भारी संख्या में स्वयंसेवक गांधीजी के द्वारा संचालित सत्याग्रह में जाया करते थे। इतना ही नहीं, हजारों स्वयंसेवक कांग्रेस की सभी प्रकार की गतिविधियों में सक्रियता से भागीदारी करते थे। कांग्रेस के कई संगठनात्मक पदों पर भी संघ के लोग थे और परिश्रमपूर्वक काम करते रहे। परंतु कांग्रेस के नेता मुसलिम तुष्टीकरण के नशे में संघ जैसे हिंदू संगठनों से दूरी बनाए रखकर अपने आकाओं को प्रसन्न करने के लिए सत्य को भी अस्वीकार करते रहे। यह कहने में कोई अतिशयोक्ति नहीं कि अंग्रेज भक्ति तथा हिंदुत्व एवं सांस्कृतिक राष्ट्रवाद का विरोध, इस तरह के अपने जन्मजात संस्कारों के अभाव में कांग्रेस का संघ-विरोध स्वाभाविक ही था।

एक स्वयंसेवक ने फहराया कांग्रेस का झंडा

दिसंबर 1936 में फैजपुर (उत्तर प्रदेश) में कांग्रेस के अधिवेशन में एक प्रासंगिक घटना घटी। अधिवेशन में रोज होनेवाले ध्वजारोहण कार्यक्रम में एक व्यवधान खड़ा हो गया। ध्वज पोल करीब 90 फीट लंबा था। जब एक कांग्रेसी कार्यकर्ता ने रस्सी के माध्यम से तिरंगा झंडा पोल पर चढ़ाना शुरू किया तो वह आधे रास्ते पर रस्सी के फँस जाने से अटक गया। अनेक लोगों के प्रयत्न करने के बावजूद झंडा ऊपर नहीं गया। वहीं पर प्रतिनिधियों में बैठा एक युवक किशन सिंह परदेशी तुरंत फुर्ती के साथ पोल पर जा चढ़ा और झंडे को ऊपर फहराकर ही नीचे उतरा। सभी ने इस युवक की प्रशंसा करते हुए बधाइयाँ दीं। इस युवक का सार्वजनिक सत्कार करने का निर्णय लिया गया, परंतु जब कांग्रेस के नेताओं को पता चला कि वह युवक तो संघ का स्वयंसेवक है और अपने राष्ट्रवादी संस्कारों के कारण ही उसने यह काम किया है तो उसके सम्मान का कार्यक्रम स्थगित कर दिया गया। यह थी उस समय कांग्रेस की मानसिकता।

जब डॉ. हेडगेवार को अपने इस स्वयंसेवक के साहसिक कार्य का पता चला तो उन्होंने उसे अपने पास देवपुर शाखा में बुलाया और अपने पास बैठा कर उसका सम्मान किया। शाखा के लगभग सौ स्वयंसेवकों के समक्ष उसे चाँदी का

एक बरतन भेंट करते हुए कहा, "कहीं भी राष्ट्र के कार्य में विघ्न दिखाई पड़े तो संघ के स्वयंसेवकों का स्वाभाविक कर्तव्य हो जाता है कि उसे दूर करने में स्वयं के प्राणों की बाजी भी लगानी पड़े तो लगा दें।" भारत को स्वतंत्र करवाने के लिए संघर्षरत दो प्रमुख संस्थाओं के नेताओं की मानसिकता में कितना अंतर है। जहाँ एक ओर डॉ. केशवराव हेडगेवार विदेशी शासकों के विनाश के उद्देश्य से कांग्रेस के आंदोलनों में स्वयंसेवकों को पूरी निष्ठा के साथ भाग लेने की प्रेरणा देते थे, वहीं कांग्रेस के नेता तुष्टीकरण की भावना से ग्रसित होकर राष्ट्रीय स्वयंसेवक संघ के प्रति घृणा फैलाने से बाज नहीं आते थे।

सोन्या मारूति सत्याग्रह

पूना में प्रसिद्ध सोन्या मारूति मंदिर में सायंकालीन आरती में घंटा बजता था। इस मंदिर के निकट ही एक मसजिद थी, वहाँ पर मुसलमान भाई नमाज अदा करते थे। मंदिर में बजने वाले घंटे की आवाज को नमाजी लोग पसंद नहीं करते थे। हालाँकि सायं आरती के समय नमाज कम ही पढ़ी जाती थी। परंतु तुष्टीकरण की नीति पर चलनेवाले स्थानीय कांग्रेसी नेताओं की सलाह पर प्रशासन ने घंटा बजाने पर सरकारी प्रतिबंध लगा दिया। इस घोर अपमानजनक एवं अन्यायपूर्ण सरकारी फैसले के खिलाफ हिंदुओं ने 'सोन्य मारूति सत्याग्रह' शुरू कर दिया। संघ के स्वयंसेवक बिना किसी संघ अधिकारी के आदेश का इंतजार किए सत्याग्रह में कूद पड़े। स्वयंसेवकों ने संघ की विधि एवं परंपरा के अनुसार अपनी खुद की पहचान को पीछे करके दलीय भावना से ऊपर उठकर हिंदू हितार्थ सत्याग्रह किया। उसके बाद वहाँ पहुँचकर डॉ. हेडगेवार ने स्वयं भी अपने कुछ साथियों के साथ सत्याग्रह किया। पुलिस द्वारा इन सत्याग्रहियों को हिरासत में लेकर निजी मुचलके पर जमानत दे दी। एक सप्ताह के बाद अदालत ने डॉ. हेडगेवार और उनके साथियों पर 25-25 रुपए का जुर्माना लगाकर इन्हें छोड़ दिया।

वीर सावरकर का अभिनंदन

स्वातंत्र्यवीर वीर सावरकर की क्रांतिकारी गतिविधियों एवं उनके साम्राज्यवाद विरोधी प्रचार के कारण सरकार ने उन्हें रत्नागिरी जिले में नजरबंद कर दिया। 1937 में वीर सावरकर को उस कठोर प्रतिबंधता से मुक्त कर दिया गया। उनके स्वागत एवं अभिनंदन के कार्यक्रम पूरे महाराष्ट्र में दो महीने तक किए जाते रहे। इस तरह के हिंदुत्वनिष्ठ क्रांतिकारी नेता की मुक्ति के समाचार से डॉ. हेडगेवार बहुत प्रसन्न

हुए तथा पूरे महाराष्ट्र में संघ के स्वयंसेवकों को उनका भव्य अभिनंदन करने के निर्देश दिए, क्योंकि 'सावरकरजी एक व्यक्ति नहीं, एक हिंदू शक्ति हैं।' पूना में वीर सावरकर के एक अभिनंदन कार्यक्रम में डॉक्टरजी ने एक पत्र तैयार किया, जिसमें लिखा था—"इसमें शंका नहीं कि आप बहुत भाग्यशाली हैं। एक निस्सीम देशभक्त का आपको सहवास मिला तथा उनकी अमूल्य वाक्सुधा का आप रसास्वादन कर सके।" डॉक्टरजी ने संघ के कई कार्यकर्ताओं को ऐसे महान् राष्ट्रभक्त के दर्शन करने एवं उनसे हिंदू राष्ट्र के विषय पर बातचीत करने के लिए कहा था।

दिसंबर 1937 में डॉ. हेडगेवार ने वीर सावरकर के साथ महाराष्ट्र के कई जिलों का प्रवास करते समय संघ के कार्य की जानकारी दी। 12 दिसंबर को नागपुर में वीर सावरकर का जोरदार स्वागत किया गया। सभी स्थानों पर संघ के निर्माता ने उन्हें शाखाओं के कार्यक्रम दिखाए तथा संघ के ध्येय एवं कार्य-संस्कृति की विस्तृत जानकारी दी। संघ के रूप में हिंदू शक्ति का जाग्रत् एवं संगठित स्वरूप देखकर वीर सावरकर भावविभोर हो गए। राष्ट्रीय स्वयंसेवक संघ के शीत शिविर नागपुर से प्रारंभ होकर सारे देश में प्रचलित हो गए। ऐसे ही एक शीत शिविर का वीर सावरकर ने 1938 में नागपुर में उद्घाटन किया था।

संघ के कार्यक्रमों में राष्ट्रवादी नेता

संघ संस्थापक डॉ. हेडगेवार का यह भरसक प्रयास रहता था कि विभिन्न विचारधाराओं के वरिष्ठ नेताओं को संघ के कार्यक्रम में लाकर उनको इस नवोदित हिंदू शक्ति के दर्शन कराए जाएँ। उनकी यह नीति अत्यधिक सफल रही। उन्होंने विभिन्न जातिधर्म एवं राजनीतिक विचारों से संबंधित राष्ट्रभक्त नेताओं का दिल जीतने में अद्भुत सफलता प्राप्त की। डॉ. हेडगेवार ने केंद्रीय धारा सभा के तत्कालीन अध्यक्ष श्री विट्ठल भाई पटेल को नागपुर में मोहिते बाड़ा शाखा के वार्षिकोत्सव की अध्यक्षता करने का निमंत्रण दिया। उस निमंत्रण को सहर्ष स्वीकार करके वे आए और कार्यक्रम से प्रभावित होकर उन्होंने कहा, "सर्वत्र मैं निर्जीव उपकरण देखता रहता हूँ, परंतु यहाँ प्रथम बार जीवंत लोग देख रहा हूँ, जो साहस के पुतले हैं और देशभक्ति से अनुप्राणित भी हैं।"

सन् 1928 में संपन्न हुए कांग्रेस के कलकत्ता अधिवेशन में डॉ. हेडगेवार भी कांग्रेसी नेता के रूप में भाग लेने गए थे। वहाँ पर उन्होंने सुभाष चंद्र बोस सहित कई दिग्गज नेताओं के साथ भेंट की। डॉक्टरजी एवं सुभाष चंद्र बोस की यह एक ऐसी ऐतिहासिक भेंट थी, जिसमें भविष्य में संयुक्त रूप से स्वतंत्रता आंदोलन को एक

निश्चित दिशा एवं गति देने जैसे विषयों पर विस्तारपूर्वक चर्चा हुई थी। उस समय संघ के कार्य को देखने और समझाने के बाद सुभाष चंद्र बोस ने कहा था—"केवल ऐसे आधारभूत कार्य से ही राष्ट्र का सच्चा पुनरुद्धार किया जा सकता है।"

सन् 1939 में पूना में राष्ट्रीय स्वयंसेवक संघ का शिक्षा शिविर आयोजित हुआ। शिविर के अंतिम दिन हुए प्रदर्शन में स्वयंसेवकों के शारीरिक कार्यक्रम, समरसता की भावना, सामाजिक सौहार्द एवं अनुशासन को देखकर डॉ. आंबेडकर ने अपने भाषण में कहा था—"यह पहला अवसर है, जब संघ-स्वयंसेवकों का शिविर देख रहा हूँ। मुझे यह देखकर प्रसन्नता हो रही है कि यहाँ सवर्णों और हरिजनों के बीच पूर्ण समता विद्यमान है। यहाँ तो किसी को ऐसा भाव ही नहीं होता कि ऐसा कोई विभेद भी होता है।"

डॉ. हेडगेवार अकसर भारतीय राष्ट्रीय कांग्रेस के तथा अन्य राजनीतिक, सामाजिक एवं धार्मिक नेताओं को संघ के कार्यक्रमों, शविरों, पथ-संचलनों तथा प्रदर्शनों में बुलाते रहते थे। नागपुर की मोहितेबाड़ा शाखा के एक कार्यक्रम को देखने महामना मदन मोहन मालवीय आए तो संघ-स्थान एवं छोटे से कार्यालय की जीर्ण-शीर्ण अवस्था देखकर हैरान रह गए। उन्होंने अंदाजा लगाया कि संघ के पास धन के अभाव के कारण ही इस महत्त्वपूर्ण स्थान की इतनी दयनीय हालत है। महामनाजी ने डॉक्टरजी से कहा, "मैं संघ के लिए भी चंदा एकत्र कर सकता हूँ।" परंतु डॉ. हेडगेवार ने हाथ जोड़कर बड़ी ही विनम्रता से महामना के प्रस्ताव को अस्वीकार करते हुए कहा, हमें आपका आशीर्वाद चाहिए, पैसे नहीं। पंडित मदन मोहन मालवीय आश्चर्यचकित होकर बोले, "अन्यान्य संस्थाएँ पहले पैसे की बात सोचती हैं, परंतु आप तो उसके ठीक विपरीत काम कर रहे हैं। आपके लिए तो हृदय के भाव ही सर्वोपरि हैं।"

इसी तरह 1938 में पंजाब के मुख्यमंत्री सर सिकंदर हयात ने संघ स्वयंसेवकों से हुई एक भेंटवार्त्ता में कहा था—"एक दिन संघ भारत की एक बड़ी ताकत बन जाएगा।"

भावनगर सत्याग्रह

इसी वर्ष 1938 में हैदराबाद के निजाम ने हिंदुओं के ऊपर अत्याचारों का सिलसिला शुरू कर दिया। अत: निजाम की हिंदू विरोधी नीतियों के खिलाफ वीर सावरकर ने ऐतिहासिक भावनगर सत्याग्रह करने की घोषणा की। आर्यसमाज एवं राष्ट्रीय स्वयंसेवक संघ ने इस सत्याग्रह में पूरी ताकत के साथ भाग लिया था।

भैयाजी दाणी एवं माधवराव मूले उस सत्याग्रह की अंतिम पंक्ति में थे। इस सत्याग्रह के प्रत्यक्षदर्शी नारायणहरि पालकर ने सत्याग्रह की पूरी रिपोर्ट अपनी पुस्तक में इस प्रकार छापी है—

"निजाम का राज्य विदर्भ एवं महाराष्ट्र दोनों ही क्षेत्रों से सटा हुआ था तथा महाराष्ट्रवासियों के मन में तो निजाम के विरुद्ध चिढ़ पेशवाओं के काल से ही चली आ रही थी। फलत: इस सत्याग्रह के लिए यहाँ के तरुणों में विशेष उत्साह था। फिर पिछले पाँच-सात वर्षों में इस संपूर्ण क्षेत्र में संघकार्य का काफी प्रसार हुआ था। संघ ने तरुणों के मन में हिंदू समाज के प्रति लगन एवं कर्तव्यनिष्ठा का भाव जाग्रत् किया था। स्वाभाविक है कि यह भाव इस प्रकार के आंदोलनों के लिए पोषक ठहरा।"

आंदोलन प्रारंभ होने के उपरांत जिस-जिस स्वयंसेवक एवं कार्यकर्ता ने स्वप्रेरणा से उसमें भाग लेने की अनुमति चाही, डॉक्टरजी ने सहर्ष प्रदान की। किंतु जिनके ऊपर किसी क्षेत्रविशेष में संघकार्य का पूर्ण भार था, उनको उन्होंने बाहर रहने के लिए कहा। महाराष्ट्र प्रांत के संघचालक के पत्र का उत्तर देते हुए उन्होंने एक वाक्य में इस संबंध की नीति व्यक्त की थी—"सत्याग्रह में जो लोग भाग लेना चाहते हैं, वे व्यक्तिगत रूप से ले सकते हैं।" संघ के प्रारंभ से ही डॉक्टरजी ने प्रत्येक राजकीय आंदोलन के संबंध में यही नीति बरती थी कि संघ के स्वयंसेवक जैसे संघ के घटक हैं, वैसे ही वे हिंदू समाज के भी एक जागरूक एवं कर्तव्यशील नागरिक हैं। अत: उन्हें इस नाते ही राजनीतिक आंदोलनों में व्यक्तिश: भाग लेना चाहिए। 1930-31 के जंगल सत्याग्रह में सम्मिलित होने के पूर्व इसी नीति के अनुसार डॉक्टरजी ने सरसंघचालक पद का भार डॉ. परांजपे के सुपुर्द किया था तथा अपने सहयोगियों से भी उसी नीति का पालन करवाया था। एक ओर राजनीतिक आंदोलनों का तात्कालिक, नैमित्तिक एवं संघर्षमय स्वरूप था तो दूसरी ओर संघ का नित्य, अखंड एवं रचनात्मक कार्य। दोनों की भिन्नता भली-भाँति ध्यान में लेकर आंदोलनों की सफलता के साथ-साथ संघ का चिरंतन कार्य भी अबाध रूप से चलता रहे, इस उद्देश्य से ही डॉक्टरजी ने दूरदर्शिता एवं विचारपूर्वक इस नीति का निर्धारण किया था। तात्कालिक आवेश के कारण कुछ लोगों की अप्रसन्नता सहन करके भी डॉक्टरजी ने इस नीति का पूर्णत: पालन किया।

यद्यपि स्वयंसेवकों को संघ के नाते आंदोलन में भाग लेने की अनुमति नहीं थी, फिर भी डॉक्टरजी को पूर्ण विश्वास था कि नागरिक के नाते स्वयंसेवक उसमें काफी भाग लेंगे। 1938 में डॉक्टरजी ने आंदोलन के एक प्रमुख सूत्रधार श्री

गजाननराव केतकर को एक पत्र आंदोलन की ओर ध्यान देने के विषय में लिखा था—"...उपर्युक्त कार्य (सत्याग्रह) के संबंध में जो कुछ कर सकता हूँ, कर रहा हूँ। सत्याग्रह की ओर किसी भी प्रकार का दुर्लक्ष्य नहीं हो सकता।" इन्हीं दिनों डॉक्टरजी से, जब वे पूना आए थे, श्री शं.रा. उपाख्य मामा दाते तथा सातारा के श्री भाऊराव मोडक ने भेंट की थी। उस भेंट के संबंध में श्री मामा दाते लिखते हैं—"हमारे कथन का आशय समझकर उन्होंने विश्वासपूर्वक कहा, 'पाँच सौ लोग सत्याग्रह में भेजने हैं, इतना ही न? इसकी चिंता आप न करें। शेष बातें आप देख लीजिए।' जिस आत्मविश्वास के साथ उन्होंने यह कहा और जो संवेदना व्यक्त की, उसका स्मरण मुझे आज तक है।"

पाँच सौ ही नहीं, उससे तिगुनी-चौगुनी संख्या में स्वयंसेवकों ने सत्याग्रह में भाग लिया था, परंतु उनमें से किसी को भी डॉक्टरजी अथवा किसी संघ के अधिकारी ने 'तू जा' यह आदेश नहीं दिया था। जिनको अपने हृदय में ज्वलंत हिंदुत्व की ज्योति से आदेश मिला, वे गए, किंतु हम यह नहीं भूल सकते कि इस ज्योति का प्रदीपन संघ के संस्कारों का ही परिणाम था। डॉक्टरजी का चचेरा भाई श्री वामन हेडगेवार भी एक दिन सत्याग्रह में चला गया। वह उस समय स्कूल का एक नटखट विद्यार्थी मात्र था। कुछ दिनों बाद उसने निजाम के कारागृह से डॉक्टरजी को भेजे पत्र में लिखा, "अनुमति न लेते हुए मैंने सत्याग्रह में भाग लिया, अत: क्षमा करें।" उसके उत्तर में डॉक्टरजी ने लिखा, "मैं तुम्हारे स्थान पर होता तो वही करता जो तुमने किया। अत: संकोच न करते हुए सजा पूरी होने के बाद घर चले जाओ।" श्री भैयाजी दाणी ने, जो आगे चलकर संघ के सरकार्यवाह हुए, सत्याग्रह में जाने का विचार निश्चित करके डॉक्टरजी को सूचना दी। नागपुर में उनकी विदाई के कार्यक्रम में डॉक्टरजी स्वयं उपस्थित थे। अंत में जब भैयाजी ने उन्हें प्रणाम किया तो वे बोले, "तुम्हें पूछना चाहिए था कि 'क्या जाऊँ?' अब स्वयंप्रेरणा से जा रहे हो, अवश्य जाओ। मेरा तुम्हें आशीर्वाद है।" अत्यंत स्नेहपूर्वक अनुशासन का ज्ञान कराते हुए भी उन्होंने कभी भूलकर भी किसी के उत्साह पर पानी नहीं डाला। उनकी किसी भी बात में अति नहीं होती थी। उनके भाव सदैव लोकसंग्रह की मर्यादा में ही प्रकट होते थे।"

डॉक्टरजी की सत्याग्रह-संबंधी यह नीति कतिपय संघ के बाहर के हिंदुत्ववादी कहलानेवाले सज्जनों को पसंद नहीं आई। अत: उन्होंने डॉक्टरजी एवं संघ की टीका करनेवाले कुत्सित लेख इधर-उधर लिखे, किंतु उससे डॉक्टरजी की शांति में लेशमात्र भी अंतर नहीं आया।

इस प्रकार डॉ. हेडगेवार ने स्वतंत्रता आंदोलन के प्रत्येक मार्ग का अनुसरण करते हुए स्वयंसेवकों को निष्ठापूर्वक इनमें भागीदारी करने की प्रेरणा दी। बाहर के प्रांतों में शाखाएँ खोलने के लिए युवा प्रचारकों को न केवल भेजना अपितु उनके रख-रखाव की भी पूरी व्यवस्था करना जैसे अनेक कार्य वे सफलतापूर्वक संपन्न करा लेते थे। यथाशीघ्र राष्ट्र समर्पित स्वयंसेवी कार्यकर्ताओं की राष्ट्रव्यापि शृंखला खड़ी हो, यही उनके 24 घंटे का विचार चितंन था। घर-परिवार बसाया नहीं। कोई व्यवसाय किया नहीं। अपनी आत्मकथा भी नहीं लिखी। बस संघ के कार्य के लिए अपने वज्र से शरीर को तिल-तिल करके जला दिया।

□

11

भविष्यदृष्टा स्वतंत्रता सेनानी

यद्यपि डॉक्टरजी का शरीर शिथिल पड़ता जा रहा था, परंतु उनके विचार, कार्य और ध्येय में रत्ती भर भी शिथिलता नहीं आई। कार्य कितना हो गया, कितना हो रहा है और निकट भविष्य में कितना होना चाहिए, इसी गणित में वे दिन-रात उलझे रहते थे। द्वितीय विश्वयुद्ध के समय यदि ब्रिटिश साम्राज्यवाद पर भारत में करारी चोट नहीं पड़ी तो स्वतंत्रता-प्राप्ति का यह अवसर भी हाथ से निकल जाएगा और देश का विभाजन हो जाएगा। कांग्रेस ने यदि डॉक्टरजी की भविष्यदृष्टि को समझ लिया होता और सुभाष चंद्र बोस, वीर सावरकर तथा क्रांतिकारी नेताओं तथा उस समय सबसे बड़े शक्तिशाली संगठन राष्ट्रीय स्वयंसेवक संघ को साथ लेकर अंग्रेजों के विरुद्ध सशक्त प्रहार किया होता तो भारत को खंडित राजनीतिक स्वाधीनता के स्थान पर पूर्ण स्वतंत्रता प्राप्त हो जाती। अपने अंतिम श्वास तक डॉक्टरजी इसी चिंता में दिन-रात व्याकुल रहे।

राष्ट्र समर्पित डॉ. केशवराव बलिराम हेडगेवार का समस्त जीवन ही उनके ध्येय एवं कार्य का एक सशक्त हस्ताक्षर और वास्तविक परिचय है। वे एक ऐसा त्रिकालदर्शी व्यक्तित्व था, जिसमें भूतकाल को समझाने की विश्लेषात्मक क्षमता, विवेक; वर्तमान में कर्मयोग सामर्थ्य और भविष्य को जान लेने की दूरदृष्टि इत्यादि गुण एक साथ समाए हुए थे। अतः राष्ट्रीय स्वयंसेवक संघ जैसे शक्तिशाली अखिल भारतीय हिंदू संगठन का शिलान्यास डॉक्टरजी के इन्हीं गुणों, विवेक, सामर्थ्य और दूरदृष्टि, के साथ हुआ था।

डॉ. हेडगेवार का दूरगामी चिंतन

भारतवर्ष की सर्वांगीण स्वतंत्रता के लिए चलाए गए, चल रहे एवं चलाए जानेवाले आंदोलनों, संघर्षों पर उनकी दूरदृष्टि टिकी हुई थी। यही वजह रही कि डॉ. हेडगेवार ने अस्वस्थ रहते हुए भी अपनी पूरी ताकत संघ की शाखाओं में लाखों की संख्या में स्वयंसेवकों अर्थात् स्वतंत्रता सेनानियों के निर्माण कार्य में झोंक दी। भविष्य में होनेवाले द्वितीय विश्वयुद्ध के समय ब्रिटिश साम्राज्यवाद की होनेवाली पतली हालत को उन्होंने भाँप लिया था। द्वितीय महायुद्ध के समय सतह पर उभरने वाली संभावित परिस्थितियों को डॉ. हेडगेवार एक ईश्वरीय वरदान के रूप में देख रहे थे कि इसी समय भारत में ब्रिटिश राज पर एक जोरदार आघात करके अखंड भारत की पूर्ण स्वतंत्रता का लक्ष्य प्राप्त किया जा सकता है।

न केवल डॉ. हेडगेवार अपितु अनुशीलन समिति के त्रैलोक्यनाथ चक्रवर्ती, अभिनव भारत के संस्थापक वीर सावरकर, भावी आजाद हिंद फौज के सेनापति सुभाषचंद्र बोस, हिंदू महासभा के तत्कालीन अध्यक्ष श्यामाप्रसाद मुखर्जी जैसे राष्ट्रवादी एवं दूरदर्शी राजनीतिज्ञों को भी यही प्रतीत होता था कि अंग्रेजों की लाचारी का फायदा उठाकर देश को स्वतंत्र करवाने का यह एक सुवर्णावसर है।

तेजी से बदल रही अंतरराष्ट्रीय राजनीति का गहराई से अध्ययन करते हुए डॉ. हेडगेवार का ध्यान इस ओर भी केंद्रित था कि ब्रिटिश साम्राज्य के खिलाफ सशक्त क्रांति का स्वरूप क्या हो? महायुद्ध की ओर तेजी से बढ़ रहे विश्व को देखकर वे कहने लगे थे कि 'इस अवसर को हाथ से निकाल देना मूर्खता ही होगी।' भविष्य दृष्टा डॉक्टरजी के दूरगामी चितंन के मुताबिक यदि इस समय पर अंग्रेजों पर देशव्यापी तगड़ा प्रहार न किया गया तो वे ताकतवर हो जाएँगे और भारत को दो उपनिवेशों में बाँटकर ही यहाँ से जाएँगे। इसलिए देश के विभाजन को रोकने के लिए भी अंग्रेजों के विरुद्ध सशस्त्र क्रांति की समयोचित आवश्यकता है। एक बार देशभर में क्रांति की मशाल जल उठने के बाद सेना में भर्ती हमारे जवान अपने हथियार उठाकर अंग्रेजों के विरुद्ध इस संभावित क्रांति में शामिल हो जाएँगे।

इतिहास साक्षी है कि कालांतर में डॉ. हेडगेवार की भविष्यवाणी एवं चेतावनी दोनों ही सत्य साबित हुईं। भारतीय सेना के तीनों अंगों में न्यूनाधिक विद्रोह भी हुआ। सुभाषचंद्र बोस ने आजाद हिंद फौज का गठन करके ब्रिटिश साम्राज्यवाद पर सैनिक प्रहार किया और 'अंग्रेजो भारत छोड़ो' आंदोलन में पूरे देश की जनता ने एक साथ भागीदारी भी की। दूसरी ओर डॉक्टरजी की यह चेतावनी भी सत्य निकली कि यदि

पूरे भारत में एक प्रचंड हिंदू शक्ति तैयार न हुई तो मुसलिम लीग, कांग्रेस और अंग्रेजों की मिलीभगत की वजह से सदियों पुराने राष्ट्र का विभाजन भी हो जाएगा।

सर्वविदित है कि भविष्यदृष्टा स्वतंत्रता सेनानी डॉ. हेडगेवार ने सभी चतुर्दिक् परिस्थितियों का गहरा अध्ययन तथा विश्लेषण किया और देश में एक प्रचंड हिंदू शक्ति की तैयारी में जुट गए। 24 घंटे उनके मानस-पटल पर तीन ही विषय छाए रहते थे। शाखाओं का विस्तार, स्वयंसेवकों का निर्माण और सशस्त्र क्रांति की तैयारी। इस हेतु डॉक्टरजी ने अपना स्वास्थ्य भी दाँव पर लगा दिया। उन्हें अपनी लंबी आयु भी नहीं चाहिए थी। उन्हें तो बस अखंड भारत और इसकी पूर्ण स्वतंत्रता को साकार होते हुए देखना था। इस समय वे अकसर कहा करते थे—"चौदह वर्षों से हम लोग काम कर रहे हैं। यह अवधि कम नहीं कही जा सकती। हमें सोचना चाहिए कि हम अपने लक्ष्य के कहीं आस-पास भी पहुँचे हैं कि नहीं।"

डॉक्टरजी ने स्वयंसेवकों का आह्वान करते हुए स्पष्ट कहा, "इस काम को यदि हम आज न करें, तो भविष्य में हमें सफलता प्राप्त होना असंभव है। हमने तो यह कभी नहीं कहा था कि हम दो दिन में स्वतंत्रता प्राप्त कर लेंगे (ध्यान दें कि गांधीजी ने तो एक वर्ष में 'स्वराज्य' का नारा दे दिया था), परंतु हम यह भी नहीं चाहते कि हम पीढ़ियों और सदियों तक काम ही करते रहें तथा उसका फल कुछ भी न हो। हमारा तो प्रयास है कि हम जीते जी अपने उद्देश्य की पूर्ति देख सकें। डॉक्टरजी का मत था कि ब्रिटिश साम्राज्यवाद पर मँडराने वाला संभावित संकट भारत में जाग्रत् हो रहे राष्ट्रवाद के लिए वरदान बनकर आ रहा है। डॉक्टरजी ने यह कहा, "लोग कहते हैं कि आज का समय भीषण और संकटमय है, किंतु मैं कहूँगा कि आज की जैसी सर्वथा अनुकूल परिस्थिति इसके पहले कभी नहीं आई। बस यही समय है हम लोगों के लिए जी जान से काम करने का।... जो कुछ ठोस काम करना है, इसी समय पूरी शक्ति लगाकर अभी कर लो। चौदह साल से आज तक कभी हमारी हार नहीं हुई। कदम कभी पीछे नहीं हटा, फिर भला इस सुअवसर पर हम कैसे पीछे हट सकते हैं।"

भविष्यवाणी एवं चेतावनी

उधर वीर सावरकर, सुभाष चंद्र बोस और त्रैलोक्यनाथ चक्रवर्ती जैसे स्वतंत्रता सेनानी भी डॉक्टरजी के नेतृत्व में अंग्रेजों के विरुद्ध पूरे देश में एक न थमनेवाली सशस्त्र क्रांति की योजना बनाने में व्यस्त थे। यहाँ यह जानना भी जरूरी है कि डॉक्टरजी और सुभाष चंद्र बोस के विचार लगभग एक जैसे ही थे। दोनों उपनिवेश

दर्जे के सख्त विरोधी थे। पूर्ण स्वतंत्रता से कम पर कोई भी तैयार नहीं था। अपने इस ध्येय की प्राप्ति के लिए हिंसा अथवा अहिंसा किसी भी समयोचित तथा यथासंभव मार्ग को वे तुरंत अख्तियार करने के पक्ष में थे। दोनों ही नेता भारत के विभाजन के सख्त खिलाफ थे। अत: डॉ. हेडगेवार और सुभाष दोनों ही विश्वयुद्ध के समय पर अंग्रेजों को उखाड़ फेंकने के अवसर की प्रतीक्षा में थे। आखिर वह अवसर सामने दिखाई देने लगा।

डॉक्टरजी ने तो प्रथम विश्वयुद्ध के समय ही द्वितीय विश्वयुद्ध की भविष्यवाणी कर दी थी। प्रथम विश्वयुद्ध में भी कांग्रेस ने ब्रिटिश साम्राज्य का साथ देकर एक भारी भूल कर डाली थी। उस समय डॉक्टरजी द्वारा निर्देशित 'महाविप्लव' भी इसी कारण से विफल हुआ था। अत: इस बार डॉक्टरजी सोच-समझकर कदम रखने के पक्षधर थे। उधर जनवरी 1938 में सुभाष चंद्र बोस को भी इंग्लैंड और ऑस्ट्रेलिया के प्रवास के समय यूरोप के राजनीतिक माहौल में भावी युद्ध का आभास हो गया था। वे द्विमुखी रणनीति को अख्तियार करने के पक्ष में थे। एक ओर तो देश के भीतर एक उग्र आंदोलन प्रारंभ हो और दूसरी ओर अंतरराष्ट्रीय राजनीति में ब्रिटेन के शत्रु राष्ट्रों का समर्थन प्राप्त कर लिया जाए। डॉ. हेडगेवार तथा वीर सावरकर भी इस रणनीति से सहमत थे। परंतु इस विषय को लेकर गांधीवादी नेतृत्व और सुभाष चंद्र के बीच खाई गहरी हो गई। गांधीजी केवल अहिंसा के रास्ते पर चलना चाहते थे, परंतु सुभाष चंद्र का मानना था कि इस समय प्रत्येक (हिंसा अथवा अहिंसा) मार्ग पर चलकर अंग्रेजों को एक संयुक्त प्रतिकार से ही परास्त किया जा सकता है।

सुभाष, सावरकर और डॉ. हेडगेवार

29 अप्रैल, 1939 को सुभाष चंद्र बोस को गांधीवादी नेताओं ने कांग्रेस का अध्यक्ष पद छोड़ने के लिए मजबूर कर दिया। अत: बोस ने 3 मई, 1939 को कांग्रेस के भीतर अपने सहयोगियों की सहायता से 'फारवर्ड ब्लॉक' एक स्वतंत्र संगठन की स्थापना कर दी और कांग्रेस तथा कांग्रेस के बाहर सभी राष्ट्रवादी शक्तियों को एकत्र करने की मुहिम छेड़ दी। इसी उद्‌देश्य की प्राप्ति हेतु वे बंबई गए और हिंदू महासभा के नेता तथा सशस्त्र क्रांति के अग्रणी विनायक दामोदर सावरकर से भेंट करके आगे की रणनीति पर विचार किया। सारी योजना बनाने के बाद उन्होंने दो प्रसिद्ध राष्ट्रवादी नेता डॉ. संझागिरी और बालाजी हुद्‌दार को डॉ. हेडगेवार से सलाह-मशवरा करने के लिए नागपुर भेजा। इन दोनों नेताओं ने डॉक्टरजी के सामने कहा कि सुभाष चंद्र बोस एवं वीर सावरकर वर्तमान वैश्विक राजनीतिक

परिस्थितियों का लाभ उठाकर ब्रिटिश राज के खिलाफ विद्रोह की तैयारियाँ करना चाहते हैं। डॉक्टरजी का उत्तर था, 'यह तो सही है कि समय अनुकूल होता जा रहा है, किंतु क्रांति के लिए आपकी तैयारी कितनी है। प्रारंभ में कम-से-कम पचास प्रतिशत तो सिद्धता चाहिए।'

इस संदर्भ में राष्ट्रवादी इतिहासकार देवेंद्र स्वरूप लिखते हैं, "सितंबर 1939 में पालैंड पर जर्मनी के हमले के साथ द्वितीय विश्वयुद्ध प्रारंभ हो गया। ब्रिटेन और फ्रांस युद्ध में कूद पड़े। सुभाष चंद्र बोस को कांग्रेस से निष्कासित कर दिया गया। उन्होंने देश की समस्त क्रांतिकारी शक्तियों को एकत्र करने के प्रयत्न तेज कर दिए। उनसे विचार-विमर्श करके बंगाल के प्रमुख क्रांतिकारी त्रैलोक्यनाथ चक्रवर्ती 1940 के प्रारंभ में सभी पुराने क्रांतिकारियों को स्वातंत्र्य युद्ध में सम्मिलित करने के लिए देश-भ्रमण पर निकल पड़े। पंजाब और उत्तर प्रदेश के कई क्रांतिकारियों से भेंट करते हुए नागपुर पहुँचे और अचानक डॉक्टरजी के सामने आकर खड़े हो गए।

पच्चीस वर्ष पूर्व कलकत्ता में अपने विद्यार्थी जीवन में देखे हुए चेहरे को एकाएक डॉक्टरजी पहचान न सके, परंतु जब उन्होंने अपने क्रांतिकारी दिनों के 'कालीचरण दा' नाम का स्मरण करवाया तो डॉक्टरजी ने भाव-विभोर हो कर उन्हें अपने प्रगाढ़ आलिंगन में ले लिया।

श्री चक्रवर्ती ने डॉक्टरजी से आग्रह किया कि युद्ध से उत्पन्न अनुकूल परिस्थितियों का लाभ उठाने के लिए भावी क्रांति में उन्हें अपने संगठन के साथ कूद पड़ना चाहिए। डॉक्टरजी के मन में तो यह विचार पहले से ही विद्यमान था, परंतु एक ओर तो उनका शरीर रोग से जर्जर हो चुका था, दूसरी ओर संघ की शक्ति अपर्याप्त लग रही थी।...चलते-चलते श्री त्रैलोकीनाथ ने इतना तो कह ही दिया—"कम-से-कम अपने कुछ चुने हुए सहयोगियों को तो क्रांति के लिए तैयार रखिए। एक बार उनके साथ क्रांति का बिगुल बज गया तो शेष असंख्य अनुयायी अपने आप सम्मिलित हो जाएँगे।"

नींद में भी 'स्वतंत्रता संग्राम'

जिस अवसर का इंतजार डॉक्टरजी गत 20 वर्षों से करते आ रहे थे, वह तो सम्मुख आकर खड़ा हो गया, परंतु शरीर साथ नहीं दे रहा था। राष्ट्रीय स्वयंसेवक संघ का कार्य जिस तेज गति के साथ बढ़ रहा था, उससे भी कहीं ज्यादा गति के साथ डॉक्टरजी का स्वास्थ्य गिरता जा रहा था। मानो बढ़ते कार्य और गिरते स्वास्थ्य में प्रतिस्पर्धा चल रही हो। 31 जनवरी, 1940 को संघ के वरिष्ठ अधिकारियों के

आग्रह पर डॉक्टरजी बिहार प्रांत के राजगीर में उपचार हेतु गए। परंतु वहाँ भी वे विचारों के झंझावत से निकल नहीं सके। एक दिन भोजन के पश्चात् जब उनकी आँख लगी तो वे सोते-सोते ही बड़बड़ा उठे, 'यह देखो, 1941 भी जा रहा है। अभी हम कुछ भी नहीं कर पाए। आज भी हम परतंत्र हैं, परंतु हम स्वतंत्र होकर रहेंगे।' नींद में भी वे भारत को स्वतंत्र देखने के विचारों में ही उलझे रहते थे।

अत: स्वतंत्रता-प्राप्ति के लिए निर्णायक युद्ध हेतु कितने स्वयंसेवकों की आवश्यकता रहेगी, यह प्रश्न उनके मस्तिष्क को कुरेदता रहता था। स्वयंसेवकों अर्थात् स्वतंत्रता सेनानियों की संख्या पर विचार करने के उपरांत उन्होंने अपने वरिष्ठ अधिकारियों को कई पत्र लिख डाले। इसी तरह के एक पत्र में वे लिखते हैं—"अपने संघ को प्रभावी बनाने के लिए आपके समक्ष एक ही विचार रखता हूँ कि तीन वर्षों में (1940 से 1942 तक) स्वयंसेवकों की संख्या जनसंख्या के हिसाब से ग्रामों में एक प्रतिशत तथा नगरों में तीन प्रतिशत हो जानी चाहिए। यह सब कैसे होगा? इसका पूर्ण विचार करके आप सबने उत्साह एवं लगन के साथ यह कार्य अपने हाथ में लिया तो मुझे विश्वास है कि तीन वर्ष में यह कार्य पूरा हो जाएगा। परमेश्वर से मेरी यही प्रार्थना है कि वह आपको अंगीकृत कार्य में सफलता प्रदान करे।"

आजाद हिंद फौज और संघ

इस पत्र से इतना तो स्पष्ट हो ही जाता है कि परमात्मा ने भले ही कुछ और सोच रखा हो, परंतु डॉ. हेडगेवार ने तो अपने ध्येय को प्राप्त करने के लिए अपना कार्यक्रम निर्धारित कर लिया था। उनके हिसाब से 1942 का वर्ष ही स्वतंत्रता-प्राप्ति का वर्ष सिद्ध होनेवाला था। उनकी यह भविष्यवाणी भी सत्य साबित हो गई। 1942 के सितंबर मास में आजाद हिंद फौज का गठन हुआ। गांधीजी ने 'अंग्रेजो भारत छोड़ो' के देशव्यापी आंदोलन का बिगुल बजा दिया। सेना में भारतीय सैनिकों ने विद्रोह का बीजारोपण कर दिया और संघ के स्वयंसेवक पूरी शक्ति के साथ भारत छोड़ो आंदोलन में कूद पड़े। संघ स्वयंसेवकों ने अपनी संघ पहचान को सामने न लाकर स्वतंत्रता आंदोलन में सभी भारतीयों की एकजुटता का परिचय दिया।

इतिहासकार देवेंद्र स्वरूप के अनुसार, यूरोप में युद्ध का पासा मित्र राष्ट्रों के प्रतिकूल जा रहा था। 13 जून, 1940 को हिटलर ने फ्रांस को पूरी तरह रौंद डाला। 16 जून को इटली का अधिनायक मुसोलिनी युद्ध में कूद पड़ा। ब्रिटिश फौजें बड़ी कठिनता से फ्रांस से अपनी जान बचाकर स्वदेश भागीं। सुभाष बाबू और डॉक्टरजी

दोनों ही उस स्वर्णावसर का लाभ उठाने के लिए व्याकुल हो उठे। सुभाष बाबू को गांधीवादी नेतृत्व और ब्रिटिश सरकार दोनों से जूझना पड़ रहा था। डॉ. हेडगेवार संघ कार्य की वृद्धि और सामने खड़ी मृत्यु के बीच गहरी चिंता में थे।

आँसू बनकर बह गई मन की व्यथा

द्वितीय विश्वयुद्ध शुरू हो जाने के पश्चात् डॉक्टरजी ने अपनी अंतर्व्यथा को दरशाते हुए संघ के भूतपूर्व सरकार्यवाह ह.ब. कुलकर्णी से अपना प्रत्यक्ष अनुभव इन शब्दों में व्यक्त किया था—"एक दिन डॉक्टरजी ने मुझे अपने घर पर बुलाया। सभी के सो जाने के पश्चात् डॉक्टरजी ने मुझसे कहा, 'मुझे भय है कि कहीं इस महायुद्ध का सुवर्णावसर हम हाथ से न खो दें। इस युद्ध के पूर्व ही अपने संगठन का बलशाली होना आवश्यक था। इस युद्ध की युगों पूर्व से ही कल्पना थी, परंतु इस खंडप्राय देश के प्रत्येक ग्राम में यदि एक-एक हेडगेवार का निर्माण होता तो मैं इसी जन्म में मेरे हिंदू राष्ट्र को स्वतंत्र देख पाता।' परंतु ईश्वर की इच्छा कुछ और ही प्रतीत होती है। यह कहकर डॉक्टरजी का गला भर आया और उनकी आँखों से आँसू बहने लगे।"

''इन्हीं दिनों सुभाष चंद्र बोस ने 20 जून, 1940 को डॉक्टरजी के साथ भेंट का एक और प्रयास किया था, परंतु दोनों का मिलन संभव नहीं हो सका। अगले दिन 21 जून, 1940 को डॉ. हेडगेवार ने अपना शरीर छोड़ दिया। प्रत्यक्षदर्शयों के अनुसार वे मृत्यु के पूर्व फूट-फूटकर रोए थे। यहाँ एक महत्त्वपूर्ण प्रश्न खड़ा होता है कि अपनी सारी व्यक्तिगत एवं पारिवारिक इच्छाओं को पूर्णतया भस्म कर डालनेवाला डॉक्टरजी जैसा लौह पुरुष जोर-जोर से क्यों रोया ? इस प्रश्न का एक ही उत्तर है कि उनकी चिरप्रतीक्षित अभिलाषा परमेश्वर ने पूरी नहीं की। यही व्यथा उनकी आँखों से आँसुओं की बरसात बनकर बह रही थी।''

एकमात्र आशादीप

जुलाई 1930 में सत्याग्रह हेतु यवतमाल जाते हुए प्रसद में एक जनसभा में बोलते हुए डॉक्टरजी ने जो कहा, उससे 'स्वतंत्रता संग्राम' के संबंध में उनका दृष्टिकोण स्पष्ट हो जाता है—"स्वतंत्रता प्राप्ति हेतु मैं सबकुछ कर सकता हूँ। स्वतंत्रता के लिए अंग्रेजों के बूट की पॉलिश करने से लेकर उनके बूट को पैर से निकालकर उससे उनके ही सिर को लहूलुहान करने तक के सब मार्ग मेरे स्वतंत्रता प्राप्ति के साधन हो सकते हैं। मैं तो बस इतना ही जानता हूँ कि देश को स्वतंत्र कराना है।"

हिंदुत्व और हिंदू शब्द के उस समय के उदीयमान ध्वजवाहक विनायक दामोदर सावरकर, जो प्रारंभिक काल के संघ को मात्र लाठियाँ चलानेवाला दल कहा करते थे, उन्हें भी हिंदू शक्ति के उत्थान का स्वरूप संघ में दिखाई देने लगा था। मई 1940 में पूना के संघ शिक्षा वर्ग में स्वयंसेवकों को संबोधित करते हुए उन्होंने भविष्यवाणी की थी—"हिंदू समाज की वर्तमान दयनीय अवस्था में संघ ही एक मात्र किरण है। आज जो कुछ भी संघ कर रहा है, वही पुनरपि उठ खड़े होनेवाले सभी राष्ट्र सदा-सर्वदा करते ही हैं। संगठन के बिना निर्बल बलवान् नहीं हो सकता। राष्ट्र की रक्षा के लिए हमने गए समय में अनेक प्रकार के आंदोलन किए हैं, पर उनमें से किसी को भी अपेक्षित सफलता नहीं मिली। अत: मैं पुन: कहता हूँ कि यह महान् संगठन ही हमारे राष्ट्र का एकमात्र आशादीप है।"

अटूट मनोबल परिपक्व संयम

संघ संस्थापक डॉ. हेडगेवार का आत्मनियंत्रण, मनोबल तथा संयम तो बहुत ही आश्चर्यजनक था। देहावसान से कुछ ही दिन पूर्व 20 मई को डॉ. श्यामाप्रसाद मुखर्जी डॉक्टरजी से मिलने नागपुर आए थे। उन्हीं दिनों नागपुर में एक संघ शिक्षा वर्ग चल रहा था, उसे देखने पहुँचे डॉ. मुखर्जी को जानकारी मिली कि डॉ. हेडगेवार बहुत अस्वस्थ चल रहे हैं। वे उनका हालचाल पूछने तथा बंगाल में हिंदुओं पर हो रहे मुसलिम हमलों पर चर्चा करने के लिए डॉक्टरजी के निवास पर पहुँचे। शिथिलता की हालत में भी उठकर डॉक्टरजी ने उनका गर्मजोशी के साथ स्वागत किया। श्यामा प्रसादजी ने हैरान होकर कहा, "मैंने तो सुना था कि आप बहुत बीमार हैं और उठ-बैठ भी नहीं सकते।" डॉक्टरजी ने अत्यंत सहज स्वभाव से हँसते हुए उत्तर दिया—"आप जैसा बड़ा डॉक्टर मेरे पास आ रहा है, यह जानकर मेरी बीमारी डरकर भाग गई।" इस समय डॉक्टरजी को 104 डिग्री बुखार था। फिर भी उन्होंने लगभग आधे घंटे तक सभी विषयों पर विस्तृत बातचीत की। इसमें सुभाष चंद्र बोस एवं वीर सावरकर द्वारा बनाई जा रही सशस्त्र क्रांति की योजना पर भी डॉक्टरजी ने अपनी सहमति जताई।

इसी तरह दिनांक 19 जून, 1940 को जब सुभाष चंद्र बोस उनसे भावी क्रांति के संबंध में वार्त्ता करने के लिए आए, तब उसी समय डॉक्टरजी को हल्की नींद आ गई। इस झपकी को देखकर सुभाष बाबू ने उन्हें जगाना ठीक नहीं समझा। वे मात्र इतना कहकर चले गए—'अभी इनके आराम में खलल डालना ठीक नहीं होगा, इन्हें सोने दीजिए, मैं जल्दी ही फिर लौटकर किसी दिन मिल लूँगा।' परंतु जब डॉक्टरजी

को सुभाष बाबू के आने की जानकारी मिली तो वे नाराज हुए—"आपने मुझे जगाया क्यों नहीं, इतना बड़ा राष्ट्रभक्त स्वतंत्रता सेनानी मुझसे मिलने आया और उसे यों ही वापस जाना पड़ा, यह ठीक नहीं हुआ। दौड़कर जाओ और सुभाष बाबू को वापस लाओ।" परंतु तब तक तो वे बहुत दूर निकल चुके थे।

नागपुर संघ शिक्षा वर्ग में डॉक्टरजी का अंतिम भाषण 9 जून, 1940

"मान्यवर सर्वाधिकारीजी, प्रांत संघचालक महोदय, अधिकारी वर्ग तथा स्वयंसेवक बंधुओ! मैं यह नहीं जान सकता कि मैं आज आपके सम्मुख दो शब्द भी ठीक तरह से कह सकूँगा। आप तो जानते ही हैं कि गत 24 दिनों से मैं रुग्णाशैया पर पड़ा हुआ हूँ। संघ की दृष्टि से यह वर्ष बड़े सौभाग्य का है। आज अपने सामने मैं हिंदू राष्ट्र की छोटी सी प्रतिमा देख रहा हूँ, किंतु मेरी शारीरिक अस्वस्थता के कारण इतने दिन नागपुर में रहते हुए भी आपका परिचय प्राप्त कर लेने की अपनी इच्छा को मैं फलीभूत नहीं कर सका। पूना के ओ.टी.सी. में मैं 15 दिन तक था और वहाँ मैंने हर एक स्वयंसेवक से स्वयं परिचय कर लिया। मैं समझता था कि नगापुर के ओ.टी.सी. में भी मैं वैसा ही कर सकूँगा, किंतु मैं आपकी सेवा तनिक भी नहीं कर सका, यही कारण है कि मैं आज यहाँ पर आपके दर्शन करने आया हूँ।

"मेरा और आपका कुछ भी परिचय न होने पर भी ऐसी कौन सी बात है, जिसके कारण मेरा अंतःकरण आपकी ओर और आपका मेरी ओर दौड़ पड़ता है! राष्ट्रीय स्वयंसेवक संघ की विचारधारा ही ऐसी प्रभावशील है कि जिन स्वयंसेवकों का आपस में परिचय तक नहीं है, उनमें भी पहली ही नजर में एक-दूसरे के प्रति प्रेम उत्पन्न हो जाता है। बातचीत होते, न होते वे परस्पर मित्र हो जाते हैं। चेहरे की मुसकराहट मात्र से वे एक-दूसरे को पहचान लेते हैं। पिछले दिनों जब मैं पूना में था, तब एक बार मैं और साँगली के श्री काशीनाथ लिमये 'लकड़ी-पुल' पर से जा रहे थे। उसी समय हमारी ही ओर नौ-दस वर्ष की अवस्था के दो बालक आ रहे थे। हमारे पास से जाते समय किंचित् मुसकराकर वे आगे बढ़ने लगे। तब मैंने श्री काशीनाथ राव से कहा, 'ये लड़के संघ के स्वयंसेवक हैं?' मेरी इस बात पर श्री काशीनाथ राव ने आश्चर्य प्रकट किया। बिना किसी तरह की जान-पहचान के मैंने इन बालकों को असंदिग्ध स्वर में स्वयंसेवक कैसे बतलाया? यह उनके लिए एक समस्या हो गई। उन्होंने मुझसे पूछा, 'यह आप कैसे कह सकते हैं कि ये हमारे

स्वयंसेवक हैं?' कारण, दोनों की वेश-भूषा में स्वयंसेवकत्व का निदर्शक कोई भी बाहरी चिह्न नहीं था। मैंने कहा, 'केवल मैं कहता हूँ इसीलिए। क्या आपको इस बात की सत्यता जाननी है?' कुछ दूर आगे चले गए उन बालकों को मैंने वापस बुलाया और पूछा, 'क्यों, हमें पहचानते हो?' उन्होंने तुरंत उत्तर दिया, 'जी हाँ, दो साल पहले आप शिवाजी मंदिर में लगनेवाली बाल-शाखा में आए थे। आप हमारे संरसंघचालक डॉ. हेडगेवार हैं। आपके साथ के सज्जन साँगली के श्री काशीनाथ रावजी लिमये हैं।' यह संघ की तपश्चर्या का फल है। केवल किसी व्यक्ति का यह काम नहीं। अभी यहाँ पर जिन्होंने भाषण दिया, वे मद्रास के श्री संजीव कामथ यहाँ एक अपरिचित के रूप में आए थे और अब चार रोज में ही हमारे भाई बन वापस जा रहे हैं। इसका श्रेय किसी मनुष्य को नहीं, संघ को है। भाषा-भिन्नता अथवा आचार-भिन्नता होते हुए भी पंजाब, बंगाल, मद्रास, बंबई, सिंध इत्यादि प्रांतों के स्वयंसेवक परस्पर क्यों इतना प्रेम करते हैं? केवल इसलिए कि वे राष्ट्रीय स्वयंसेवक संघ पर अपने भाई से भी अधिक प्रेम करते हैं? सगे भाई भी कभी-कभी घर-बार के लिए आपस में लड़ते हैं, किंतु स्वयंसेवकों में वैसी बात नहीं हो सकती। मैं आज 24 दिन से घर में पड़ा हूँ, परंतु मेरा हृदय तो यहाँ ही था, आप लोगों के पास। मेरा शरीर घर में था, किंतु मन वर्ग में आप लोगों के बीच में ही रहा करता था। कल शाम को कम-से-कम पाँच मिनट के लिए, केवल प्रार्थना के लिए ही संघस्थान पर आने के लिए जी बहुत तड़प रहा था, किंतु डॉक्टर लोगों के सख्त मना करने पर मुझे चुप बैठना पड़ा।

"आज आप अपने-अपने स्थान को वापस जा रहे हैं। मैं आपको प्रेम से विदाई देता हूँ। यह अवसर यद्यपि बिछोह का है, फिर भी दुख का कदापि नहीं। जिस कार्य को संपन्न करने के निश्चय से आप यहाँ आए, उसी कार्य की पूर्ति के लिए ही आप अपने स्थान पर वापस जा रहे हैं। प्रतिज्ञा कर लें कि जब तक तन में प्राण हैं, संघ को नहीं भूलेंगे। किसी भी मोह से आपको विचलित नहीं होना चाहिए। अपने जीवन में ऐसा कहने का कुअवसर न आने दीजिए कि 'पाँच साल पहले मैं संघ का सदस्य था।' हम लोग जब तक जीवित हैं, तब तक स्वयंसेवक रहेंगे। तन-मन-धन से संघ का कार्य करने के लिए अपने दृढ निश्चय को अखंडित रूप से जाग्रत् रखिए।

"रोज सोते समय यह सोचिए कि आज मैंने क्या-क्या काम किया है, यह भी ध्यान में रखिए कि केवल संघ का कार्यक्रम ठीक रूप से करने या प्रतिदिन नियमित

रूप से संघस्थान पर उपस्थित रहने से ही संघ-कार्य पूरा नहीं हो सकता। हमें तो आसेतु-हिमाचल तक फैले हुए इस विराट् हिंदू समाज को संगठित करना है। सच्चा महत्त्वपूर्ण कार्य-क्षेत्र तो संघ के बाहर बसने वाला हिंदू जगत् ही है। संघ केवल स्वयंसेवकों के लिए नहीं, संघ के बाहर जो लोग हैं, उनके लिए भी है। हमारा यह कर्तव्य हो जाता है कि उन लोगों को हम राष्ट्र के उद्धार का सच्चा मार्ग बताएँ और यह मार्ग है केवल संगठन का।

"हिंदू जाति का अंतिम कल्याण इस संगठन के द्वारा ही हो सकता है। दूसरा कोई भी काम राष्ट्रीय स्वयंसेवक संघ नहीं करना चाहता। यह प्रश्न कि आगे चलकर संघ क्या करनेवाला है, निरर्थक है। संघ इसी संगठन-कार्य को कई गुना तेजी से आगे बढ़ाएगा। यों ही बढ़ते-बढ़ते एक ऐसा स्वर्ण-दिन अवश्य आएगा, जिस दिन सारा भारतवर्ष संघमय दिखाई देगा। फिर हिंदू जाति की ओर वक्र-दृष्टि से देखने का सामर्थ्य संसार की किसी भी शक्ति में न हो सकेगा। हम किसी पर आक्रमण करने नहीं चले हैं; पर इस बात के लिए सदा सचेष्ट रहेंगे कि हम पर भी कोई आक्रमण न कर सके।

"मैं आपको आज कोई नई बात नहीं बता रहा हूँ। हममें से हर एक स्वयंसेवक को चाहिए कि वह संघ के कार्य को ही अपने जीवन का प्रधान कार्य समझे। मैं आज आपको इस दृढ विश्वास के साथ विदाई दे रहा हूँ कि आप सब इस मंत्र को अपने हृदय पर अच्छी तरह अंकित कर यहाँ से विदा होंगे कि एकमात्र संघ-कार्य ही मेरे जीवन का कार्य है।"

डॉक्टरजी का भाषण सुनकर स्वयंसेवकों ने स्वयं को धन्य माना। उन्हें अपने सरसंघचालक के मुख से संघ का तत्त्वज्ञान, कार्य-पद्धति तथा उद्‌देश्य का स्पष्ट विवेचन इतनी सहज रीति से सुनने को मिला था कि वे भाव-विभोर हो उठे।

□

12

सांस्कृतिक राष्ट्रवाद के अग्रदूत सरसंघचालक श्रीगुरुजी

स्वामी अखंडानंद के दीक्षित शिष्य, काशी हिंदू विश्वविद्यालय के पूर्व प्राध्यापक एवं अध्यात्म पुरुष श्री माधवराव सदाशव गोलवलकर ने संगठन के सूत्र अपने सशक्त हाथों में थामते ही संघ शाखाओं में विस्तार, स्वयंसेवकों के निर्माण एवं पूर्णकालिक प्रचारकों की तैयारी में अपनी सारी शक्ति झोंक दी। वीर सावरकर, श्यामाप्रसाद मुखर्जी एवं आंबेडकर जैसे राष्ट्रवादी नेताओं से सजीव संपर्क बना लिया। 1942 के आंदोलन में संघ की भूमिका को स्पष्ट करते हुए स्वयंसेवकों को इस स्वातंत्र्य आंदोलन में बढ़-चढ़कर भाग लेने की प्रेरणा दी। संघ के वैचारिक आधार 'हिंदुत्व ही राष्ट्रीयत्व' को बल एवं गति प्रदान की। स्वतंत्रता आंदोलन में संघ के ठोस योगदान के सबूत राष्ट्रीय अभिलेखागार की फाइलों में सुरक्षित हैं।

बाल्यकाल से लेकर जीवन के अंतिम श्वास तक अपने राष्ट्र की स्वतंत्रता के लिए जी-जान से जूझने वाले स्वतंत्रता संग्राम के सेनापति डॉ. हेडगेवार की एक मात्र अंतिम इच्छा थी मातृभूमि को स्वतंत्र देखना। परंतु उनकी यह पीड़ायुक्त प्रार्थना न शरीर ने मानी और न ही भगवान् ने स्वीकार की। एक मराठी कवि ने मराठी भाषा में इस पीड़ा को व्यक्त किया था, जिसका हिंदी अनुवाद इस प्रकार है—

"इस समय तुम लौट आओ हे मृत्युदेव
मुझे अपनी आँखों से देख लेने दो
मेरी मातृभूमि की स्वतंत्रता
फिर मैं अपने आप प्रसन्नतापूर्वक
तुम्हारे पास भागा चला आऊँगा।"

अपना शरीर और संसार छोड़ने से पहले ही डॉक्टरजी ने राष्ट्रीय स्वयंसेवक संघ का भावी पथप्रदर्शक अर्थात् सरसंघचालक नियुक्त कर दिया था। देह त्यागने से पूर्व जीवन के अपने अंतिम समय में वे पूरी तरह से आश्वस्त थे कि जिस व्यक्ति के हाथों में उन्होंने संगठन की पतवार सौंपी है, वह संगठन का संचालन बड़ी ही कुशलतापूर्वक करेगा। डॉक्टरजी ने अपना उत्तराधिकारी श्री माधवराव सदाशिव गोलवलकर को नियुक्त कर दिया। अपने माता-पिता की एकमात्र संतान माधवराव बाल्यकाल से ही असाधारण व्यक्तित्व के धनी थे। इन्होंने प्राणिशात्र में एम.एस-सी. की डिग्री प्रथम श्रेणी में प्राप्त की और काशी हिंदू विश्वविद्यालय में प्राध्यापक नियुक्त हो गए। इनके गुरु तुल्य व्यवहार से प्रभावित होकर वहाँ के छात्र इन्हें 'गुरुजी' कहकर पुकारने लग गए। तभी से वे 'श्रीगुरुजी' के नाम से पहचाने जाने लगे।

प्रारंभ से ही इनकी रुचि आध्यात्मिकता की ओर थी। श्रीगुरुजी ने वकालत का अध्ययन भी किया था, परंतु व्यावसायिक अथवा पारिवारिक जीवन जीने की प्रवृत्ति न होने के कारण वकालत का धंधा नहीं किया। यद्यपि उन पर डॉ. हेडगेवार के चुंबकीय व्यक्तित्व का प्रभाव पड़ चुका था, परंतु संन्यस्त जीवन जीने के लिए वे किसी गुरु-महाराज से दीक्षा लेना चाहते थे। अत: एक दिन वे बिना किसी को बताए स्वामी विवेकानंद के गुरुभाई स्वामी अखंडानंद के सारगाछी आश्रम में चले गए। श्रीगुरुजी ने आश्रम एवं स्वामी अखंडानंद की सेवा में अपना समय लगाकर जब संन्यास दीक्षा की प्रार्थना की तो स्वामीजी ने दीक्षामंत्र तो दिया, परंतु साथ ही संघ के माध्यम से हिंदू समाज के पुनरुत्थान का काम करने का आदेश भी दे दिया। अर्थात् भगवावस्त्रधारी संन्यासी नहीं, अपितु श्वेत वस्त्रधारी जीवनपर्यंत, पूर्णकालिक सामाजिक कार्यकर्ता।

स्वामी अखंडानंदजी महाराज की महासमाधि के पश्चात् श्री गुरुजी नागपुर लौट आए। डॉक्टरजी ने उनसे अत्यंत स्नेहपूर्वक संबंध बनाकर धीरे-धीरे उन्हें संघ के कार्य में सक्रिय कर लिया। सर्वप्रथम उन्हें एक संघ शिक्षा वर्ग में सर्वाधिकारी बनाया गया। तत्पश्चात् उन्हें संघ के सरकार्यवाह की जिम्मेवारी सौंप दी। इस दौरान डॉक्टरजी ने उन्हें प्रवास पर भेजना शुरू किया। प्रवास के समय विभिन्न शाखा कार्यक्रमों में व्याख्यान, प्रवचन इत्यादि होने से सबके समक्ष उनके संगठन कौशल एवं बौद्धिक स्तर की जाज्वल्यमान तसवीर भी प्रस्तुत हो गई। मात्र तीन वर्ष की अवधि में ही श्रीगुरुजी संघ कार्य में पूरी तरह रम गए। डॉक्टरजी के स्नेहशील

सान्निध्य से उन्हें लगने लगा कि समाज सेवा अथवा संघ कार्य ही भगवान् की पूजा है। यही स्वामी विवेकानंद का दर्शन था, जिसे श्रीगुरुजी ने अपने जीवन में उतार लिया। वे पूर्ण तन्मयता से संघ के काम में जुट गए।

मुखर हुई प्रचंड हिंदू शक्ति

अब संघ के सभी अधिकारी एवं साधारण स्वयंसेवक अपने नए सरसंघचालक श्रीगुरुजी के नेतृत्व में डॉक्टरजी द्वारा निर्धारित कार्य-विस्तार के लक्ष्य को पूरा करने हेतु परिश्रमपूर्वक लग गए। श्रीगुरुजी एवं सहयोगी संघ अधिकारियों के सामूहिक प्रयास के फलस्वरूप अनेक युवा स्वयंसेवक अपने घर-परिवार छोड़कर देश के प्रायः सभी प्रांतों में प्रचारक के रूप में फैल गए। पहले जो संघ शिक्षा वर्ग केवल नागपुर में संपन्न होते थे, अब धीरे-धीरे प्रत्येक प्रांत में आयोजित होने लगे। डॉ. हेडगेवार ने अपने मात्र चौदह वर्ष के संघ-जीवन में प्रत्येक प्रांत में संघ का आधार तैयार कर ही दिया था। उनके रहते हुए ही नागपुर के अधिकारी संघ शिक्षा वर्ग में प्रत्येक प्रांत के कार्यकर्ता प्रशिक्षण प्राप्त करने के लिए आए थे, जिनको संबोधित करते हुए डॉक्टरजी ने कहा था—"आज मैं हिंदू राष्ट्र का एक लघु स्वरूप देख रहा हूँ।"

श्रीगुरुजी के नेतृत्व में संघ अर्थात् हिंदू राष्ट्र का यही लघु स्वरूप अब विस्तार लेने लगा। शाखाओं एवं स्वयंसेवकों की संख्या द्रुतगति से बढ़ने लगी। श्रीगुरुजी के सतत प्रवास और भाषणों/वक्तव्यों के फलस्वरूप सारे देश में हिंदू स्वतंत्रता सेनानियों (युवा स्वयंसेवकों) की टुकड़ियाँ संघ की शाखाओं में नजर आने लगीं। इस प्रचंड हिंदू शक्ति का दृश्य ब्रिटिश साम्राज्यवादियों और उनके गुप्तचर विभाग की आँखों में खटकने लगा। गुप्तचर विभाग की प्रारंभिक रिपोर्टों के आधार पर ब्रिटिश सरकार ने 5 अगस्त, 1940 को एक अध्यादेश के द्वारा भारत सुरक्षा कानून 56 व 58 के अंतर्गत किसी भी गैर-सरकारी संगठन द्वारा सैनिक वरदी पहनने और सैनिक परेड करने पर कानूनी प्रतिबंध लगा दिया। इस आदेश के बाद जब सरकार ने संघ की गतिविधियों पर नजर रखने के लिए गुप्तचर विभाग को सक्रिय किया तो देशभर से रिपोर्ट आने लगीं।

व्यवहारकुशल नेतृत्व

इन रिपोर्टों को देखकर ब्रिटिश शासकों को समझ में आ गया कि संघ का नया सरसंघचालक भी पूर्व के संघचालक की भाँति अत्यंत व्यवहारकुशल एवं परिस्थिति

के अनुसार तुरंत फैसला करनेवाला समझदार व्यक्ति है। इस नए नेता ने 1940 के आदेश का पालन करते हुए संघ की वरदी एवं शारीरिकि शिक्षण में थोड़ा परिवर्तन करके संघ को कानून की गिरफ्त में आने से बचा लिया। इतिहासकार देवेंद्र स्वरूप के अनुसार—"अंग्रेजों को यह समझ में आ गया कि संघ की कार्यपद्धति का बाहरी सैनिक रूप उसकी आत्मा नहीं, आवरण मात्र है। संघ का मूल उद्‌देश्य मुसलमानों से टक्कर लेनेवाली एक सशस्त्र हिंदू सेना खड़ी करना नहीं है, कुछ और ही है।" संघ का वास्तविक उद्‌देश्य तो है अंग्रेजों को भारत से खदेड़कर देश को स्वतंत्र करना। अपने इस निष्कर्ष के आधार पर गुप्तचर विभाग ने श्रीगुरुजी, बाबा साहेब आप्टे एवं अन्य संघ अधिकारियों के द्वारा विभिन्न स्थानों पर समय-समय पर दिए गए भाषणों के कुछ अंश भी एकत्र कर लिए।

राष्ट्रवादी इतिहासकार श्री देवेंद्र स्वरूप ने राष्ट्रीय अभिलेखागार में सुरक्षित रखे गए गुप्तचर विभाग के दस्तावेजों की एक मोटी फाईल का पूर्ण अध्ययन करने के बाद लिखा है—"द्वितीय विश्वयुद्ध के आरंभ होने पर अंग्रेज शासकों ने राष्ट्रीय स्वयंसेवक संघ को एक मुसलिम-विरोधी निजी हिंदू सेना से अधिक कुछ नहीं समझा था। कुछ अंग्रेज अधिकारियों का विचार था कि संघ हिंदू महासभा का स्वयंसेवक दल मात्र है और उसका सूत्र-संचालन डॉ. मुंजे या विनायक दामोदर सावरकर जैसे हिंदू सभा के नेता करते हैं। इसी प्रारंभिक धारणा के वशीभूत होकर अंग्रेज सरकार ने 5 अगस्त, 1940 को एक अध्यादेश निकालकर भारत सुरक्षा कानून 56 व 58 के अंतर्गत किसी भी निजी संगठन द्वारा सैनिक गणवेश धारण करने एवं सैनिक कवायद देने पर प्रतिबंध लगा दिया। यह अध्यादेश निकालने के तीन वर्ष बाद देशभर में गुप्तचर विभाग की रिपोर्ट आने लगी कि संघ का कार्य तो बड़ी तेजी से पूरे देश में फैल रहा है, ग्यारह स्थानों पर उसके अधिकारी शिक्षण शिविर लग रहे हैं, सैकड़ों लोग अपने घर-बार छोड़कर संघ की शाखाएँ खोलने के लिए दूसरे प्रांतों में जा रहे हैं। संघ के नेता श्री एम.एस. गोलवलकर शहरों के साथ-साथ देहाती क्षेत्रों में भी संघ की शाखाएँ खोलने का जोरदार आह्वान कर रहे हैं। वे अस्पृश्यता को मिटाने और हिंदू समाज के सब वर्गों को एकता के सूत्र में बाँधने की बात कर रहे हैं। तो अंग्रेज शासक बड़ी उलझन में पड़ गए। उनके लिए हैरानी की बात यह थी कि सन् 1940 के आदेश का पालन करते हुए संघ ने अपने गणवेश व शारीरिक शिक्षा में आवश्यक परिवर्तन करके स्वयं को कानून के उल्लंघन के आरोप से बचा लिया था। उनको यह समझ में आने लगा कि संघ की कार्य-पद्धति का बाह्य सैनिक रूप उसकी आत्मा नहीं आवरण मात्र है। संघ का मूल उद्‌देश्य मुसलमानों से टक्कर

लेनेवाली एक सशस्त्र हिंदू सेना खड़ी करना नहीं है, कुछ और है। ब्रिटिश सरकार के गुप्तचर विभाग की इस सूचना ने ब्रिटिश शासकों को बहुत चिंतित कर दिया कि सरकारी बंधनों एवं नजर से बचने के लिए संघ हिंदू रियासतों में अपने पैर फैला रहा है और गोलवलकर ने अधिकारी शिक्षा वर्ग लगाने के लिए कोल्हापुर नरेश की अनुमति प्राप्त कर ली है। गुप्तचर विभाग ने संघ के अधिकारियों के भाषणों और चर्चाओं के जो कुछ नोट्स उनके पास थे, उनका विश्लेषण आरंभ किया और वे इस निष्कर्ष पर पहुँचे कि 'संगठन संगठन के लिए', 'हमारा राजनीति से कोई संबंध नहीं', 'हमारा कार्य सांस्कृतिक है' जैसे वाक्य प्रयोग अपने वास्तविक उद्देश्य पर आवरण डालने के लिए इस्तेमाल किए जाते हैं और संघ का वास्तविक उद्देश्य है, अंग्रेजों को भारत से खदेड़कर देश को स्वतंत्र कराना। भषणों के कुछ अंश एकत्र किए। इन रिपोर्टों की कुछ बानगी नवंबर 1943 की गुप्तचार विभाग की रिपोर्ट में मिल सकती है।''

क्षेत्र-विस्तार

''एक महीने बाद 13 सितंबर, 1943 को केंद्रीय गुप्तचर विभाग की रिपोर्ट में संघ के प्रभाव-विस्तार एवं उसके ब्रिटिश-विरोधी इरादों का और भी भयावह चित्र प्रस्तुत किया गया। इस रिपोर्ट में कहा गया कि 'संघ बड़ी तेज गति से अपने प्रभाव-क्षेत्र का विस्तार कर रहा है। अब उसकी शाखाओं का जाल देशी रियासतों सहित पूरे भारत में फैल चुका है। उसकी सदस्य संख्या की हमें सही जानकारी नहीं है, पर वह हमारे अनुमान से बहुत अधिक है। सरकारी सेवाओं, यहाँ तक कि सेना में भी, संघ की घुसपैठ हो चुकी है।'

रिपोर्ट में आगे कहा गया है कि 'इसकी गुप्त गतिविधियों के बारे में जो कुछ जानकारी हम अब तक एकत्र कर पाए हैं, उससे पता चलता है कि यह संस्था बहुत सांप्रदायिक एवं ब्रिटिश-विरोधी है और इसका स्वर उत्तरोत्तर लड़ाकू होता जा रहा है। हिंदू महासभा इसे अपने अधीन लाने की कोशिश कर रही है; किंतु अभी तक यह स्पष्ट नहीं है कि गोलवलकर महासभा नेताओं के समक्ष अपनी व्यक्तिगत महत्त्वाकांक्षा का त्याग करने को तैयार होंगे या नहीं?'

रिपोर्ट कहती है कि 'यद्यपि गोलवलकर पर्याप्त चतुर हैं और समझते हैं कि ब्रिटिश सरकार से तुरंत खुला टकराव लेने में लाभ कम और हानि अधिक है, तथापि वे और उनके अनुयायी समय-समय पर सैनिक गणवेश और ड्रिल संबंधी सरकारी प्रतिबंध का उल्लंघन करते रहते हैं। सरकारी चेतावनियों का उनपर और संगठन पर

कोई असर नहीं हुआ लगता है। संघ की हाल की गतिविधियों के अध्ययन से यह स्पष्ट है कि गोलवलकर सरकारी आदेशों के पालन का जो बाहरी दिखावा कर रहे हैं, उसका अर्थ इससे अधिक कुछ नहीं है, वे संघ की कार्य-प्रणाली के जिन अंशों को छोड़ रहे हैं, उन्हीं को संशोधित रूप में गुप्त ढंग से चलाते भी हैं।''

''अभी संघ पर प्रतिबंध लगाने के पक्ष में केस तैयार कर पाना संभव नहीं है; किंतु यह स्पष्ट है कि गोलवलकर बड़ी तेज गति से स्वयंसेवकों का सुदृढ संगठन खड़ा कर रहे हैं, जो गोपनीयता की रक्षा करते हुए आदेशों का पालन करें और जब आवश्यकता हो तब नेता की इच्छानुसार विध्वंस या किसी भी प्रकार के काम में कूद पड़ें। ऊपर से देखने में इस संगठन का ढाँचा खाकसारों से मिलता-जुलता है; किंतु दोनों में मूलभूत अंतर यह है कि खाकसार नेता इनायतुल्लाह एक असंतुलित व शेखी बघारनेवाला पागल है तो गोलवलकर बहुत ही सावधान, चालाक और इससे कहीं अधिक क्षमतावान नेता है।''

''गुप्तचर विभाग चेतावनी देता है कि 'यद्यपि ऊपर देखने पर गोलवलकर की गतिविधियों में से पैदा होनेवाला खतरा अभी काफी दूर लगता है, किंतु उनकी गतिविधियों को अबाध गति से आगे बढ़ने देकर उन्हें एक शक्तिशाली अनुशासनबद्ध स्वयंसेवक दल के, जिसका उपयोग शांति भंग करनेवाली उपद्रवकारी गतिविधियों के लिए किया जा सकता है, एकछत्र नेता के रूप में स्वयं को स्थापित करने का अवसर देना अनावश्यक रूप से खतरा मोल लेना है।'

अंत में इस रिपोर्ट में संघ की गतिविधियों पर कड़ी नजर रखने, उसके दैनिक कार्यक्रमों के सैनिक अंश पर कड़ाई से रोक लगाने एवं शिक्षा वर्ग न लगाने देने का परामर्श दिया गया।''

''इन रिपोर्टों पर उच्च ब्रिटिश अधिकारियों में बहुत चर्चा हुई। एक ने प्रश्न उठाया कि संघ के ब्रिटिश-विरोधी इरादों के बारे में संशय का कोई कारण नहीं है; किंतु यदि वह सांप्रदायिक भी है तो हिंदू महासभा के साथ उसकी दूरी को किस अर्थ में लें। संघ के वास्तविक उद्देश्यों को समझने में हमें बहुत कठिनाई हो रही है। एक अन्य अधिकारी ने लिखा कि मुझे संघ के उद्देश्यों के बारे में कोई संदेह नहीं है। इस प्रश्न की कुंजी शिवाजी-परंपरा में विद्यमान है। इसी से स्पष्ट हो जाता है कि संघ महाराष्ट्र में अधिक शक्तिशाली क्यों है और क्यों हिंदू महासभा तथा उसके बीच घनिष्ठ संबंध-सूत्र नहीं है? हिंदू महासभा की जड़ें गहरी नहीं हैं और वह कुछ ऐसे व्यक्तियों की सत्ता जमाने की महत्त्वाकांक्षा में से पैदा हुई है, जो वर्चस्व-प्राप्ति की इच्छापूर्ति के लिए संघर्ष या त्याग करने को तैयार नहीं है।

''ब्रिटिश अधिकारियों में इस बात पर सहमति हुई कि फिलहाल संघ पर सीधा प्रहार तो न किया जाए, किंतु उसकी गतिविधियों को कानून के शिकंजे में अधिकाधिक जकड़ने की कोशिश की जाए। इसलिए एक ओर तो सभी हिंदू रियासतों में नियुक्त ब्रिटिश रेजीडेंटों को निर्देश दिए गए कि वे अपने-अपने नरेश पर दबाव डालें कि संघ कार्य को उनकी रियासत में किसी प्रकार का प्रश्रय व प्रोत्साहन न दिया जाए। साथ ही साथ रेजीडेंटों एवं प्रांतीय सरकारों को प्रत्येक जिले से संघ के इतिहास, वर्तमान स्वरूप और उसके प्रमुख कार्यकर्ताओं के बारे में जानकारी एकत्र करने के आदेश भेजे गए।''

भारत छोड़ो आंदोलन में संघ की भागीदारी

''राष्ट्रीय अभिलेखगार में गुप्तचर विभाग की यह रिपोर्ट बड़े साइज की मोटी फाईल में सुरक्षित रखी हुई है। इसी फाईल में संघ के अनेक कार्यकर्ताओं के नाम भी मिलते हैं, जो 1942 के आंदोलन में भागीदारी करने के कारण विभिन्न स्थानों पर हिरासत में लिये गए और जेलों में सजा भुगतते रहे। इन रिपोर्टों से यह भी पता चलता है कि विदर्भ के चिमूर आष्ठी नामक स्थान पर तो संघ के कार्यकर्ताओं ने स्वतंत्र सरकार की स्थापना भी कर ली थी। संघ के स्वयंसेवकों ने अंग्रेजों की पुलिस द्वारा किए गए कई प्रकार के अमानुषिक अत्याचारों का सामना किया। गुप्तचर विभाग की रिपोर्टों से पता चलता है कि अपनी सरकार स्थापित करने के बाद सरकारी आदेशों से हुए लाठी चार्ज/गोली वर्षा में एक दर्जन से ज्यादा स्वयंसेवक शहीद हुए थे। नागपुर के निकट रामटेक के संघ के नगर कार्यवाह श्री रमाकांत केशव देशपांडे उपाख्य बाला साहेब देशपांडे को 1942 के 'अंग्रेजो भारत छोड़ो' के आंदोलन में भाग लेने पर मृत्युदंड की सजा सुनाई गई थी, परंतु बाद में उन्हें सजा से मुक्त कर दिया गया। यह वही सज्जन हैं, जिन्होंने बाद में 'वनवासी कल्याण आश्रम' की स्थापना की।''

महात्मा गांधी की अगुवाई में चलनेवाले इस स्वतंत्रता आंदोलन में भारत के प्रत्येक शहर में संघ के स्वयंसेवक अंग्रेज सरकार और उसकी पुलिस से टक्कर ले रहे थे। इन स्वयंसेवकों ने अनेक तहसीलों एवं जिला परिषदों के भवनों पर तिरंगा झंडा फहराकर सत्याग्रह किया। कई स्थानों पर तो यूनियन जैक झंडे को उतारकर जलाया जाता रहा और उसके स्थान पर तिरंगा झंडा फहराया गया। उत्तर प्रदेश के मेरठ जिले में मवाना तहसील पर तिरंगा झंडा फहराते समय पुलिस की गोलियों से कई स्वयंसेवक जख्मी हो गए। इस समय तक राष्ट्रीय स्वयंसेवक संघ के नाम का तहलका लगभग पूरे देश में मच रहा था। स्वयंसेवकों की टोलियाँ अपने संघ की

वरदी न पहनकर साधारण नागरिक की तरह महात्मा गांधी की जय एवं ब्रिटिश सरकार मुर्दाबाद के नारे लगाती हुई निकलती थी। तब पहले से निर्धारित स्थान पर पहुँचकर कानून का उल्लंघन करके अपनी गिरफ्तारी देती थी। पुलिस के साथ भिड़ंत होने पर भी संघ के स्वयंसेवकों ने संयम बनाए रखा, क्योंकि महात्माजी की ऐसी ही आज्ञा थी।

केवल अंग्रेज सरकार के गुप्तचर ही नहीं, कम्युनिस्ट पार्टी के कार्यकर्ता भी अपनी पार्टी के निर्देशानुसार देशभक्तों को पकड़वा रहे थे। ऐसे में जयप्रकाश नारायण एवं अरुणा आसफ अली दिल्ली के संघचालक मा. हंसराज गुप्त के यहाँ आश्रय पाते थे। इसी तरह प्रसिद्ध समाजवादी नेता श्री अच्युत पटवर्धन और साने गुरुजी ने पूना के संघचालक श्री भाऊसाहब देशमुख के घर पर केंद्र बनाया था। पाटील सरकार का गठन करनेवाले प्रसिद्ध क्रांतिकारी नाना पाटील को जिला सतगरा के संघचालक पं. सातवलेकरजी ने आश्रय दिया था।

भूमिगत नेताओं को शरण एवं सुरक्षा

गुप्तचर विभाग की रिपोर्टों में यह भी कहा गया कि 20 सितंबर, 1943 को नागपुर में हुई संघ की गुप्त बैठक में जापान की सहायता से 'आजाद हिंद फौज' के भारत की ओर होनेवाले कूच के समय संघ की संभावित योजना पर भी विचार हुआ था। संघ के स्वयंयेवकों ने जब आंदोलन में भाग लेकर जेलों में जाना प्रारंभ किया तो सरसंघचालक श्रीगुरुजी ने स्पष्ट कहा, "जो स्वयंसेवक कारावास में नहीं जा सकते, वे बाहर रहकर इस आंदोलन में भाग लेनेवाले बंधुओं एवं उनके परिवारों की सब प्रकार की सहायता करें।" अत: संघ के कार्यकर्ताओं ने आंदोलन का संचालन कर रहे भूमिगत नेताओं को न केवल अपने घरों में सुरक्षित शरण दी अपितु उनके परिवारों की भी हर तरह से देखभाल करते रहे।

इस आंदोलन में '1942 की बिजली' के नाते विख्यात हुई कांग्रेस की बड़ी नेता अरुणा आसफ अली ने 1968 में 'साप्ताहिक हिंदुस्तान' के संपादक के साथ हुई अपनी एक महत्त्वपूर्ण भेंट-वार्त्ता में कहा था—"बयालीस के आंदोलन में जब मैं भूमिगत थी, तब दिल्ली के संघचालक लाला हंसराजजी ने अपने घर पर दस-पंद्रह दिन आश्रय देकर सुरक्षा का पूरा प्रबंध किया था। अपने यहाँ मेरे निवास का पता उन्होंने किसी को नहीं चलने दिया था। अंत में भूमिगत कार्यकर्ताओं को इतने दिन एक ही स्थान पर नहीं रहना चाहिए, अत: उनके घर से पटीवाला घाघरा और चुनरी ओढ़कर पास से गुजरनेवाली एक बारात में भाँगड़ा करते हुए वहाँ से निकल आई।" 1942 की इस बिजली ने अपनी इसी भेंटवार्त्ता में यह भी स्वीकार किया—"सभी

बड़े-बड़े नेता तो जेलों में जाकर बैठ गए। बाहर हम सब का मार्गदर्शन करने के लिए कोई नहीं था। जिसके मन में जो भी आया, वैसा उसने किया। मैं नहीं मानती कि सन् 1942 के आंदोलन के कारण अपने देश को स्वाधीनता मिली।"

श्रीमान के.सी. सुदर्शनजी ने राष्ट्रधर्म मासिक के नवंबर 2009 के अंक में अपने एक लेख 'पाकिस्तान के निर्माण की व्यथा-कथा' में लिखा था—"जिस ब्रिटिश प्रधानमंत्री एटली के काल में भारत को स्वतंत्रता मिली, वे 1965 में एक निजी दौरे पर कलकत्ता आए थे और उस सयम के कार्यकारी राज्यपाल तथा कलकत्ता उच्च न्यायालय के मुख्य न्यायाधीश श्री सी.डी. चक्रवर्ती के साथ राजभवन में ठहरे थे। बातचीत के दौरान उन्होंने सहज भाव से पूछा कि 1942 का आंदोलन तो असफल हो चुका था और द्वितीय महायुद्ध में भी आप विजयी रहे, फिर आप ने भारत क्यों छोड़ा? तब एटली ने कहा था कि हमने 1942 के आंदोलन के कारण भारत नहीं छोड़ा, हमने भारत छोड़ा नेताजी सुभाषचंद्र बोस के कारण। नेताजी अपनी फौज के साथ बढ़ते-बढ़ते इंफाल तक आ चुके थे उसके तुरंत बाद नौसेना एवं वायुसेना में विद्रोह हो गया था।"

यह एक निर्विवाद ऐतिहासिक सत्य है कि भारतीय राष्ट्रीय कांग्रेस ने 1942 का 'भारत छोड़ो' आंदोलन प्रारंभ करने के पहले अन्य किसी राजनीतिक दल, सामाजिक/धार्मिक संस्था के किसी भी नेता के साथ कोई चर्चा नहीं की। 8 अगस्त, 1942 को बंबई में हुई कांग्रेस की अखिल भारतीय समिति ने, पूर्व में कार्यकारिणी के प्रस्ताव को स्वीकार करते हुए महात्मा गांधीजी के नेतृत्व में अहिंसात्मक संघर्ष को हरी झंडी दिखा दी। इस देशव्यापी भारत छोड़ो आंदोलन की विस्तृत रूपरेखा का कोई खाका तैयार नहीं किया गया। कौन-कौन नेता जेलों में जाएँगे? कौन पीछे रहकर सत्याग्रह का संचालन करेंगे? किन स्थानों पर आंदोलन पहले और बाद में होगा? तहसील एवं जिला स्तर पर सत्याग्रह करने की योजना को सफलतापूर्वक साकार करने के लिए प्रचार के कौन से साधन अपनाएँ जाएँगे? जनसभाओं, प्रदर्शनों, धरनों इत्यादि की व्यवस्था के लिए संगठनात्मक तंत्र नहीं तैयार किया गया। परिणामस्वरूप आंदोलन बिखरा-बिखरा सा रहा।

संघ की स्पष्ट भूमिका

1942 के आंदोलन पर संघ की भूमिका बहुत स्पष्ट थी। सरसंघचालक श्रीगुरुजी के अनुसार—"हम अपनी प्रतिज्ञा में शपथ लेते हुए कहते हैं कि हिंदू राष्ट्र को स्वतंत्र करने के लिए मैं राष्ट्रीय स्वयंसेवक संघ का घटक बना हूँ। अत: देश की

स्वतंत्रता के लिए चल रहे इस आंदोलन में भाग लेने की स्वयंसेवकों की तीव्र इच्छा का होना स्वाभाविक ही है···परंतु जिस कांग्रेस ने यह आंदोलन चलाने का निश्चय किया है, उन्होंने यह नहीं सोचा कि देश में और भी संस्थाएँ हैं, जो देश को अंग्रेजों के पाश से मुक्त कराना चाहती हैं। उन सबके साथ मिलकर एक संयुक्त रणनीति बनाई जा सकती थी। तो भी संघ के स्वयंसेवक पहले की ही तरह इस आंदोलन में भी निजी हैसियत से, कांग्रेस के नेतृत्व में भाग ले रहे हैं और लेंगे।" वास्तविकता तो यह है कि इस समय राष्ट्रीय स्वयंसेवक संघ ही एक ऐसा संगठन था, जिसके पास निस्स्वार्थ भाव से अपने देश और समाज के लिए काम करनेवाले युवकों की शक्ति थी। अत: संघ के स्वयंसेवक अपने प्रभाववाले क्षेत्रों में स्वयंस्फूर्ति से 1942 के 'भारत छोड़ो आंदोलन' में कूद पड़े।

नेता जेल में, आंदोलन डाँवाँडोल

अभी तक के अनुभव के आधार पर महात्माजी ने तो यही समझा कि सरकार की ओर से वार्त्ता का 'निमंत्रण पत्र' मिलेगा और पहले की तरह ही इस आंदोलन को भी वापस लेने का बहाना मिल जाएगा। परंतु इस बार ब्रिटिश सरकार ने फुर्ती दिखाते हुए दो-चार दिन में ही कांग्रेस कार्यकारिणी के सभी सदस्यों को गिरफ्तार करके जेलों में बंद कर दिया। ब्रिटिश सरकार ने सतर्कता बरतते हुए इन सभी नेताओं को आपस में विचार-विनिमय का मौका ही नहीं दिया और कांग्रेस को अवैध संगठन घोषित करके आंदोलनकारियों को दिशाहीन एवं नेतृत्वविहीन कर दिया गया।

राष्ट्रवादी इतिहासकार प्रो. सतीश चंद्र मित्तल लिखते हैं—"इस आंदोलन में सर्वाधिक भूमिका विद्यार्थियों की थी। समाज का उच्च वर्ग अथवा उपाधि प्राप्त वर्ग सरकार के साथ रहा। मजदूर वर्ग प्राय: विभाजित रहा। नौकरशाही राजभक्त रहीं। निम्न-मध्यम वर्ग ने इस आंदोलन में सक्रिय योगदान दिया··· यह आंदोलन ब्रिटिश सरकार के लिए भयंकर था, इसमें सरकार ने 538 बार गोलियाँ चलाईं। इसमें 60229 लोगों को जेल में रखा। इसमें कम-से-कम 7000 व्यक्ति मारे गए। इस आंदोलन में विभिन्न पार्टियों की भूमिका एक जैसी नहीं रही। इसमें सर्वाधिक देशद्रोहितापूर्ण भूमिका भारतीय कम्युनिस्ट पार्टी की रही। उन्होंने आंदोलन के विरुद्ध एवं ब्रिटिश सरकार के समर्थन में काम किया। वस्तुत: उन्होंने ब्रिटिश सरकार के एजेंट या गुप्तचरों का कार्य किया। कम्युनिस्ट पार्टी के पोलित ब्यूरो तथा भारत की सरकार के गृह विभाग के सचिव में समझौता हुआ, जिसमें पी.सी. जोशी को ब्रिटिश सरकार की सहायता के लिए छोड़ दिया गया।''

पाकिस्तान की माँग बढ़ी

मुसलमानों के सरकारी समर्थन से पाकिस्तान की माँग बढ़ी। उन्होंने कहा, "वे कभी हिंदुओं के अधीन नहीं रहेंगे।" युद्ध जीतने से पहले उन्होंने पाकिस्तान की माँग की। उन्होंने नारा दिया—'पहले पाकिस्तान, बाद में आजादी।' हिंदू महासभा के नेता डॉ. श्यामा प्रसाद मुखर्जी ने सरकार द्वारा हिंसा की कटु आलोचना की तथा इसके लिए सरकार को उत्तरदायी बतलाया। उन्होंने कहा कि किसी भी देश को बाँटने के प्रयत्न का पूरी शक्ति से विरोध, न केवल हिंदू हित में बल्कि संपूर्ण भारत के हित में होगा।" 6 मई, 1944 को गांधीजी को जेल से छोड़ दिया गया। उन्होंने राजनीतिक बाधाओं को दूर करने के लिए वायसराय से मिलना चाहा, परंतु उसने मिलने से इंकार कर दिया। गांधीजी को देश का वातावरण भी बदला-बदला सा लगा। गांधीजी ने 1942 का आंदोलन केवल शुरू किया था, पर वे न उसकी दिशा और न ही उसके दूरगामी परिणाम से परिचित थे।"

1942 में हुए 'भारत छोड़ो आंदोलन' की डाँवाँडोल हालत के बाद सुभाषचंद्र बोस जापान की सहायता से 'आजाद हिंद फौज' के द्वारा ब्रिटिश साम्राज्य पर एक सशक्त प्रहार करने की तैयारी में जुट गए। वीर सावरकर और डॉ. श्यामा प्रसाद मुखर्जी हिंदू महासभा का विस्तार करने में जुटे और राष्ट्रीय स्वयंसेवक संघ के सरसंघचालक माधव राव सदाशवराव गोलवलकर, आद्य सरसंघचालक डॉ. हेडगेवार के निर्धारित लक्ष्य 'अखंड भारत की सर्वांगीण स्वतंत्रता' के लिए संघ की शाखाओं के विस्तार और युवा स्वयंसेवकों को सच्चे एवं कर्मठ स्वतंत्रता सेनानी बनाने के राष्ट्रीय कार्य में अहोरात्र देश का प्रवास करने में व्यस्त हो गए।

दोनों सरसंघचालकों का एक ही लक्ष्य

आद्य सरसंघचालक डॉ. केशवराव बलिराम हेडगेवार द्वारा निर्धारित लक्ष्य 'अखंड भारत की पूर्ण स्वतंत्रता' की तरह ही द्वितीय सरसंघचालक श्री माधवराव सदाशवराव गोलवलकर भी इसी उद्देश्य की पूर्ति के लिए डॉक्टरजी के पदचिह्नों पर चल पड़े। यथाशीघ्र देश में 'स्वयंसेवक' स्वतंत्रता सेनानियों की टोलियाँ खड़ी की जाएँ, अवसर आने पर ब्रिटिश सरकार पर प्रचंड प्रहार किया जाए एवं स्वतंत्रता आंदोलन में सभी देशवासियों का योगदान सुनिश्चित किया जाए, इसके लिए वे परिश्रमपूर्वक संघकार्य में जुट गए।

श्रीगुरुजी ने 7 जुलाई, 1936 को काशी हिंदू विश्वविद्यालय के अपने एक मित्र एवं संघ स्वयंसेवक डॉ. सद्गोपाल को एक पत्र लिखा था, जिससे उनके एवं

डॉक्टरजी के विचारों में एक जैसी मानसिकता का पता चलता है। "विश्व राजनीति हर क्षण बदल रही है। कौन कह सकता है कि कभी अचानक ऐसा अवसर आ जाए, जब हमें मैदान में कूदना पड़े ... अत: हमें वक्त का मूर्ख बनने के बजाय अवसर को पकड़ने के लिए तैयार रहना चाहिए। अत: हम समय रहते खड़े हों और देशभर में अपने संघ की शाखाओं का जाल बिछा दें, ताकि जब भी अवसर नजदीक हो, हम एकदम कड़ा प्रहार करके स्वतंत्रता प्राप्त कर लें।"

□

13

सनातन राष्ट्र का दुखित विभाजन और राष्ट्रीय स्वयंसेवक संघ

निरंतर 1200 वर्षों तक चले स्वतंत्रता संग्राम को अँगूठा दिखाकर भारतीय राष्ट्रीय कांग्रेस ने भारत का विभाजन स्वीकार करके खंडित राजनीतिक स्वाधीनता प्राप्त कर ली। 12 सदियों के लंबे कालखंड में असंख्य भारतीयों ने बलिदान दिए, सशस्त्र प्रतिकार किए, खून के फाग खेले, फाँसी के तख्तों पर झूले, माताओं ने जौहर किए। विभाजन की घोषणा के बाद करीब 30 लाख लोगों का कत्लेआम हुआ और इधर दिल्ली में 'आजादी के जश्न' में गीत गाया जा रहा था—'दे दी हमें आजादी बिना खड्ग बिना ढाल¨ दागी न कहीं तोप न बंदूक चलाई¨ चुटकी में दुश्मनों को दिया देश से निकाल¨ ।' विभाजन के पहले और बाद में यदि संघ ने अपनी संगठित शक्ति न लगाई होती तो 'स्वतंत्र भारत' भी पाकिस्तान बन गया होता। कांग्रेस के नेताओं सहित लाखों हिंदुओं की सुरक्षा एवं पुनर्वास हेतु संघ ने रेडक्रॉस की भूमिका निभाई थी।

1942 में हुए 'अंग्रेजो भारत छोड़ो' आंदोलन को अपना पूर्ण समर्थन देने के साथ ही स्वातंत्र्य वीर सावरकर ने एक आशंका प्रकट करते हुए भारतीय राष्ट्रीय कांग्रेस को विशेषतया महात्मा गांधी को चेताया था, "भारत छोड़ो का अंत कहीं भारत तोड़ो न हो जाए।" 1857 का प्रथम स्वातंत्र्य समर जैसी ऐतिहासिक पुस्तक के लेखक तथा अंडमान जेल में कोल्हू के बैल की तरह अमानवीय यातनाएँ भोगनेवाले बैरिस्टर विनायक दामोदर सावरकर की यह चेतावनी सत्य साबित हुई। भारतीय राष्ट्रीय कांग्रेस और मुसलिम लीग की पूर्ण सहमति के बाद विश्व के सबसे प्राचीन राष्ट्र के टुकड़े करके अंग्रेज अपने घर चले गए। इस दुर्भाग्यशाली और

अशुभ अवसर पर 'अखंड भारत की अखंड स्वतंत्रता' के लिए अपना सर्वस्वार्पण करनेवाले लाखों स्वतंत्रता सेनानियों की आत्मा कितना रोई होगी, कितना तड़पी होगी, इसका अंदाजा वह कांग्रेसी नहीं लगा सकते, जो 'दे दी हमें आजादी बिना खड्ग बिना ढाल' जैसे गीत गाते नहीं थकते।

कांग्रेस ने घुटने टेक दिए

1945 में हुए दूसरे विश्वयुद्ध की समाप्ति के तुरंत पश्चात् ही ब्रिटिश साम्राज्यवाद के झंडाबरदार अंग्रेज शासक इस निष्कर्ष पर पहुँच चुके थे कि अब भारत में उनका रहना और शासन करना संभव नहीं होगा। उन्हें अब भारत छोड़ना ही होगा। दुनिया के अधिकांश देशों पर अपना आधिपत्य जमाए रखने की उनकी शक्ति और संसाधन पूर्णतया समाप्त हो गए थे। नेताजी सुभाषचंद्र की आजाद हिंद फौज ने जो स्वाधीनता संग्राम छेड़ा, उसने तो ब्रिटिश साम्राज्यवाद के विनाश का बिगुल बजा दिया था। सुभाष चंद्र बोस ने स्वतंत्रता संग्राम की गगनभेदी रणभेरी बजा कर जैसे ही 'दिल्ली चलो' का उद्घोष किया, भारतीय सेना में विद्रोह की आग लग गई। राष्ट्रीय स्वयंसेवक संघ, सावरकर एवं सुभाष चंद्र बोस के साथ पूर्व में बनी एक गुप्त योजना के अनुसार सेना में भर्ती हुए जवानों ने सरकार के खिलाफ कमर कस ली। ये जवान सैनिक प्रशिक्षण लेकर अंग्रेजों के ही खिलाफ युद्ध करें, इस उद्देश्य के साथ सेना में भर्ती हुए थे। राष्ट्रीय अभिलेखागार में मौजूद गुप्तचर विभाग की रिपोर्टों में कहा गया है—"20 सितंबर, 1943 को नागपुर में हुई संघ की एक गुप्त बैठक में जापान की सहायता से आजाद हिंद फौज के भारत की ओर होनेवाले कूच के समय संघ की संभावित योजना के बारे में विचार हुआ था।"

लिहाजा अंग्रेजों ने भारत छोड़ने के अपने मन्तव्य की घोषणा कर दी और उसके लिए जून 1948 के अंत की समय-सीमा भी तय कर दी। अब यह लगभग स्पष्ट हो गया था कि सदियों पुराना स्वतंत्रता संग्राम अपने अंतिम चरण में पहुँच गया है। देश के राष्ट्रवादी नेताओं और राष्ट्रवादी संस्थाओं के सामने राजनीतिक स्वाधीनता नहीं, अपितु भारत की एकता एवं अखंडता की रक्षा करना सबसे बड़ी चुनौती थी। परंतु राष्ट्र का यह दुर्भाग्य है कि जिस भारतीय राष्ट्रीय कांग्रेस के हाथ में 1200 वर्षों के स्वतंत्रता की अंतिम निर्णायक बागडोर थी, वह उस चुनौती के सामने टिक न सकी। बूढ़े हो रहे कांग्रेसी नेताओं ने संग्राम की बागडोर अगली पीढ़ी के हाथों में सौंपने के बजाय देश का विभाजन स्वीकार कर लिया और सत्ता पर आसीन हो गए। राजनीतिक पंडितों के अनुसार, यदि कांग्रेस के नेता मात्र एक वर्ष और रुक

जाते तो अखंड भारत की सर्वांगीण स्वतंत्रता का ध्येय साकार हो जाता, परंतु कांग्रेस ने अंग्रेजों के जाल में फँसकर तुष्टीकरण पर आधारित अलगाव के आगे दंडवत् किया और पृथकतावाद/सांप्रदायवाद की वेदी पर राष्ट्रवाद की बलि चढ़ा दी।

लाखों बलिदानों का महाविध्वंस

विभाजन पूर्व के सारे घटनाक्रम के प्रत्यक्षदर्शी श्रीमान दत्तोपंत ठेंगड़ी लिखते हैं—"अंग्रेजों का भारत छोड़कर जाना अपरिहार्य हो गया था। परंतु वास्तव में विभाजन अपरिहार्य नहीं था। इंडियन नैशनल कांग्रेस ने भारतीय जनता को देशभक्तिपूर्ण आह्वान किया होता तो देश की अखंडता बनाए रखने हेतु सर्वोच्च त्याग करने के लिए लाखों की संख्या में लोग आगे बढ़ते।" डॉ. आंबेडकर जैसे कानून पुरुष के मुताबिक—"हमारी समझ में नहीं आता कि किस प्रकार का यह तथ्य है कि भारत में मुसलमान एक राष्ट्र है, यह राजनीतिक अलगाववाद को एक सुरक्षित और ठोस बना देता है। दुर्भाग्यवश मुसलमान इस बात को नहीं समझते कि इस नीति के द्वारा मिस्टर जिन्ना ने उनका कितना नुकसान किया है।" उसी तरह डॉ. लोहिया लिखते हैं—"नेताओं की तो अधोगति हुई। वे लालच के फंदे में फँस गए।"

इस तरह कांग्रेस, मुसलिम लीग और वामपंथी संगठनों ने जब अंग्रेजों के भारत राष्ट्रविरोधी षड्यंत्र के आगे घुटने टेक दिए तो विभाजन का विरोध करनेवाली राष्ट्रवादी शक्तियाँ तेजी से उभरने लगीं। इन संगठित होती शक्तियों को भाँपकर अंग्रेजों ने सोचा कि यदि इन राष्ट्रवादी ताकतों को और भी ज्यादा संगठित होने और शक्ति अर्जित करने का अवसर दे दिया तो भारत को तोड़ने की उनकी कुटिल चाल सफल नहीं हो सकती। संघ के तृतीय सरसंघचालक बालासाहेब देवरस के अनुसार—"इस व्यापक विरोध से बचने के लिए ब्रिटिश शासन ने अपने भारत छोड़ने की पूर्व घोषित तिथि जून अंत 1948 के दस महीने पहले ही भारत छोड़ दिया।" तत्कालीन गवर्नर जनरल लार्ड माउंटबेटन ने भी माना था—"इससे पूर्व के देश की विभाजन के विरुद्ध कोई प्रभावी प्रतिरोध खड़ा हो सके, हमने समस्या का निवारण कर डाला।"

15 अगस्त, 1947 को हुआ भारत का यह विभाजन केवल मातृभूमि के टुकड़े का विभाजन नहीं था। चिरसनातन काल से हिंदू समाज द्वारा एक चैतन्यमयी देवी की तरह पूजित भारतमाता का खंडन, अपमान और असंख्य स्वतंत्रता सेनानियों, हुतात्मा संतों/महात्माओं के बलिदानों का महाविध्वंस था।

आक्रांताओं का विजय-स्तंभ

भारत विभाजन का शोर सुनते ही सारे देश में इसका विरोध शुरू हो गया। आजादी की लड़ाई लड़ रहे देशभक्त नेताओं, संस्थाओं और दलों ने एकजुट होकर भारत की अखंडता को बचाए रखने के लिए यथासंभव संघर्ष छेड़ दिया। विनायक दामोदर सावरकर ने एक जनसभा में घोषणा की, "भारत माता के अंग भंग कर उसके एक भाग को पाकिस्तान बनाए जाने की मुसलिम लीग व मियाँ जिन्ना की कुत्सिक योजना का समर्थन कर कांग्रेस राष्ट्रीय अपराध कर रही है। देश की बहुंख्यक हिंदू जनता, हिंदू समाज के सभी अंग, सनातन धर्मी, आर्यसमाजी, सिख, जैन अपनी मातृभूमि के टुकड़े नहीं होने दें।" इसी तरह सन् 1943 में अमृतसर में आयोजित हिंदू महासभा के अधिवेशन में डॉ. श्यामाप्रसाद मुखर्जी ने चेतावनी दी थी—"यदि कांग्रेस मुसलिम लीग को प्रसन्न करने के लिए उसकी हर माँग को घुटने टेककर स्वीकार करती रही तो उसके दुष्परिणाम देश की अखंडता के विच्छिन्न होने के रूप में सामने आएँगे। पाकिस्तान की माँग के आधार पर मुसलिम लीग से समझौता किया जाना राष्ट्रघातक होगा।"

आर्य समाज, सनातन धर्म सभा, हिंदू महासभा और राष्ट्रीय स्वयंसेवक संघ इत्यादि राष्ट्रभक्त हिंदू संस्थाओं ने कभी भी भारत का विभाजन स्वीकार नहीं किया। अनेक संत-महात्माओं ने पाकिस्तान निर्माण के खिलाफ पूरे देश में अपनी आवाज उठाई। भारत विभाजन की त्रासदी को रोकने के लिए सभी प्रयास पूरी ताकत से किए गए, परंतु अंग्रेज शासकों, मुसलिम लीग और बूढ़े हो चुके कांग्रेसी नेताओं पर पाकिस्तान के निर्माण का नशा इस कदर चढ़ चुका था कि अखंड भारत के समर्थकों की आवाज नक्कारखाने में तूती की आवाज बनकर रह गई।

पाकिस्तान की स्थापना का ऐलान होते ही देश के विभिन्न मुसलिम बहुल इलाकों में मोहम्मद अली जिन्ना के इशारे पर हिंदुओं पर जुल्मों की बरसात शुरू हो गई। हिंदुओं का सामूहिक नरसंहार, माताओं-बहनों का सरेआम बलात्कार, आगजनी, लूटपाट और मार-धाड़ आदि अपनी चरम सीमा पर पहुँच गए। 15 अगस्त से पहले और बाद में 30 लाख से ज्यादा लोगों की हत्याएँ हुईं। जिस समय भारत विभाजन के पहले हस्ताक्षर और खंडित भारत के पहले प्रधानमंत्री पंडित जवाहर लाल नेहरू दिल्ली में यूनियन जैक उतारकर राष्ट्रीय ध्वज तिरंगा फहरा रहे थे, उसी समय पाकिस्तान से उजड़े और खून से लथपथ लाखों हिंदू भारत की सीमा में पहुँच रहे थे। भारतीय इलाकों में पहुँचनेवाली लाशों और जख्मियों से भरी हुई

गाड़ियाँ आजादी की कीमत अदा कर रही थीं। इस आजादी के लिए हुए असंख्य बलिदानों, फाँसी के फंदों, कत्लोगारत, माताओं-बहनों के चीत्कार के बीच उस समय कलेजा काँप उठा, जब हमारे कानों में नेताओं द्वारा गाए जा रहे एक गीत की ये पंक्तियाँ सुनाई दीं—'दे दी हमें आजादी बिना खडग बिना ढाल, साबरमति के संत तूने कर दिया कमाल।' वर्तमान इतिहास में लिखे जा रहे इस महाझूठ में यह भी कहा जा रहा है, दागी न कहीं तोप न बंदूक चलाई, दुश्मन के किले पर भी न की तुने चढ़ाई, वाह रे फकीर खूब करामात दिखाई। इसी गीत में यह कहकर 'चुटकी में दुश्मनों को दिया देश से निकाल' गीतकार ने 1200 वर्ष तक निरंतर चले स्वतंत्रता संघर्ष को नकार दिया है। ऐसा लगता है, मानो हिंदू सम्राट् दाहिर, दिल्लीपति पृथवीराज चौहान, राणा सांगा, महाराणा प्रताप, छत्रपति शवाजी, श्रीगुरुगोविंद सिंह, वीर सावरकर, सुभाषचंद्र बोस और सरदार भगत सिंह जैसे स्वतंत्रता संग्राम के हजारों नायकों, शहीदों और महापुरुषों को साबरमती के संत की चुटकी का ही इंतजार था। सच्चाई तो यह है कि महात्मा गांधी की इच्छा के विरुद्ध कांग्रेस ने पूरे भारत की स्वतंत्रता के लिए लगातार 1200 वर्षों तक चले संघर्ष की पीठ में छुरा घोंपकर भारत का विभाजन स्वीकार करके स्वतंत्रता संग्राम को समाप्त कर दिया। उल्लेखनीय है कि 1200 वर्षों का विदेशी आधिपत्य भारत के राष्ट्रीय समाज ने एक दिन भी स्वीकार नहीं किया। प्रत्येक पीढ़ी आजादी की जंग को लड़ते हुए आनेवाली पीढ़ी के हाथ में संघर्ष की बागडोर सौंपती चली गई, परंतु जब यह बागडोर इंडियन नेशनल कांग्रेस के हाथों में पहुँची, तो याचक की तरह आजादी माँगने की कायर मनोवृत्ति प्रारंभ हो गई। फलस्वरूप सदियों पुराने राष्ट्र को तोड़कर पाकिस्तान का निर्माण कर दिया गया।

दुनिया के नक्शे पर उभरकर आया यह पाकिस्तान भारत पर हुए विदेशी आक्रमणकारियों का पहला विजय-स्तंभ है।

हिंदुओं की सुरक्षा एवं पुनर्वास

14 अगस्त, 1947 की पाकिस्तान की निर्धारित निर्माण तिथि से बहुत पहले ही लीगियों ने 'पाकिस्तान' के प्रायः सभी शहरों में हिंदुओं पर हिंसक जेहाद का कहर ढाना शुरू का दिया था। संघ के स्वयंसेवकों ने हिंदुओं को सुरक्षित भारत में लाने का काम युद्धस्तर पर शुरू कर दिया। संघ के उस समय के प्रांत प्रचारक माधवराव मूले के नेतृत्व में कई टोलियाँ गठित हुईं। इन टोलियों के संचालन का काम कृष्णलाल शर्मा एवं विश्वनाथजी जैसे कई प्रमुख प्रचारकों को सौंपा गया। पूरी सुरक्षा के साथ

हिंदुओं को हिंसक लीगी तत्त्वों से बचाना, उन्हें सुरक्षा के घेरे में भारत में लाने तक के सारे काम संघ के स्वयंसेवकों ने पूरी मुस्तैदी से संपन्न किए। हिंदुओं के जान, माल और सम्मान की रक्षा करने में इन देशभक्त/समाजसेवी जवानों ने एक ऐसे त्याग, शौर्य और बलिदान का उदाहरण प्रस्तुत किया, जो इतिहास की एक अमर रोमांचकारी गाथा बन गई। सरसंघचालक श्रीगुरुजी ने स्वयंसेवकों को स्पष्ट निर्देश दिया—"अपने ही देश में आनेवाले ये हिंदू बांधव शरणार्थी नहीं, स्वातंत्र्य की रक्षा में सर्वस्व न्योछावर करनेवाले पुरुषार्थी हैं। उनकी सब प्रकार से सेवा करो।" इस तरह श्रीगुरुजी ने निराश्रित बंधुओं की सहायता का आदेश दिया।

संघ ने रेडक्रॉस की भूमिका निभाई

हिंदू होने के कारण अपने पूर्वजों की धरती छोड़कर, अपमान के घूँट पीकर, अपने ही घरों से खदेड़े गए इन लोगों को सरकार ने जब शरणार्थी कहा तो संघ के रवयंसेवकों ने इन्हें 'पुरुषार्थी' कहकर इनको सर-आँखों पर बिठा लिया। उस समय के प्राप्त संघचालक राम बहादुर बद्रीदास की अध्यक्षता में लाहौर में 'पंजाब सहायता समिति' का गठन किया गया। संघ के ही एक वरिष्ठ अधिकारी डॉ. गोकुलचंद नारंग ने कोषाध्यक्ष के नाते परिश्रमपूर्वक काम किया था। इसी प्रकार पूर्वी पाकिस्तान से (अब बांग्लादेश) से विस्थापित होकर आनेवाले हिंदुओं के लिए 'वास्तुहारा-समिति' का गठन करके स्वयंसेवकों ने सहायता कार्य प्रारंभ किए। भारतीय राष्ट्रीय कांग्रेस की एक ऐसी ही जुंडली थी, जो नेहरूभक्त थी और संघ को सांप्रदायिक कहकर बदनाम करने में गौरवास्पद हो रही थी। तभी डॉ. जाकिर हुसैन ने आगे आकर हिम्मत के साथ कहा, "मुसलमानों के प्रति घृणा फैलाने या उनके कत्लेआम करने का संघ पर लगाया जा रहा आरोप पूरी तरह निराधार और गलत है। मुसलमानों को चाहिए कि वे संघ से पारस्परिक प्रेम, सहकार तथा संगठन के गुणों से शिक्षा लें।"

संघ के स्वयंसेवकों द्वारा किए इस प्रकार के रक्षा एवं सेवाकार्यों के समाचार सुनकर सरदार पटेल ने भी प्रशंसा की—"इस बात से इनकार नहीं किया जा सकता कि संघ के बहादुर जवानों ने असंख्य निर्दोष स्त्री और बच्चों की रक्षा की। दूर-दूर के क्षेत्रों से उन्हें बचाकर ले आए।" सर ब्राईट ने अपनी पुस्तक 'गुरुजी गोलवलकर एवं आर.एस.एस. में लिखा है—"संघ ने उन दिनों रेडक्रॉस की भूमिका निभाई थी। आजादी के पूर्व व बाद में हुए दंगों में मुसलिम उन्माद के शिकार निर्दोष लागों को बचाकर लाने में संघ ने अत्यंत उपयोगी भूमिका निभाई।" इसी तरह प्रसिद्ध

सर्वोदयी नेता ना. बनहट्टी ने साप्ताहिक 'समाधान' में एक लेख लिखकर कांग्रेस की घबराहट की वजह बताई थी—"वर्तमान में राष्ट्रीय स्वयंसेवक संघ ही एक ऐसा संगठन है, जो कांग्रेस को चुनौती दे सकता है। संघ की संगठन शक्ति से प्रभावित होकर देश का प्रतिभावान चरित्र संपन्न तथा समर्पित युवा वर्ग संघ की ओर आकर्षित हो रहा है। इसी कारण से कांग्रेस की आँखों में संघ खटकने लगा है।"

अन्यथा भारत भी 'पाकिस्तान' होता

भारत और भारतीयता के विनाश की चाह पालनेवाले दुर्दांत मुसलिम हमलावरों की आक्रामक तहजीब की रक्षक मुसलिम लीग ने यद्यपि भारत के टुकड़े करके पाकिस्तान के नाम का देश बनवा दिया, परंतु उनकी इससे तसल्ली कहाँ होने वाली थी। 'हँस के लिया है पाकिस्तान, लड़ के लेंगे हिंदुस्तान' मुहम्मद अली जिन्ना की इस ख्वाहीश को पूरा करने के लिए भारत में रह गए पाकिस्तानी एजेंटों ने दिल्ली में एक सुनियोजित सशस्त्र विद्रोह के द्वारा भारत की सरकार को उखाड़ फेंकने की साजिश रची थी। इस काम के लिए कई प्रशिक्षित लीगियों ने पर्याप्त हथियार एवं गोला-बारूद जमा कर लिया था। महान् विद्वान् एवं देश का पहला 'भारत रत्न' पुरस्कार प्राप्त करनेवाले यशस्वी नेता भगवानदास ने 16 अक्तूबर, 1948 को लिखा था—"मुझे विश्वसनीय जानकारी है कि आर.एस.एस. के नवयुवकों ने जवाहर लाल नेहरू और सरदार पटेल को समय रहते मुसलिम लीग के इस षड्यंत्र की सूचना दे दी थी, जिसके तहत 10 सितंबर, 1947 को लीग दिल्ली में सशस्त्र विद्रोह करके भारत के बड़े मंत्रियों और अधिकारियों की हत्या कर लाल किले पर पाकिस्तानी झंडा फहरा देती और हिंदुस्तान को कब्जे में ले लेती। यदि यह देशभक्त और कर्तव्यनिष्ठ तरुण नेहरू और पटेल को समय पर सूचना नहीं देते, तो सारे देश का नाम बदलकर पाकिस्तान हो जाता, दसियों लाख हिंदू मारे जाते, उससे अधिक इस्लाम में धकेल दिए जाते और भारत फिर गुलाम बन जाता। उस सबका निष्कर्ष क्या है ? साफ तौर पर यही कि हमारी सरकार लाखों संघ कार्यकर्ताओं की राष्ट्रवादी शक्ति का उपयोग करे, उसे कुंठित न करे।"

उल्लेखनीय है कि डॉ. भगवान दास ने उपरोक्त वाक्य उस समय लिखे थे, जब सरकार द्वारा मात्र राजनीतिक विद्वेष के कारण संघ पर कानूनी प्रतिबंध लगाकर स्वयंसेवकों के ऊपर दमन की चक्की चला रखी थी। संघ के जवानों ने सभी मतभेदों को दरकिनार करके सरकार को यह सूचना देकर अपनी राष्ट्रभक्ति का एक अद्वितीय उदाहरण प्रस्तुत किया था। संघ के जन्मदाता डॉ. हेडगेवार द्वारा दी

गई शिक्षा 'अपनी तथा अपने संगठन के बारे में सोचने से पहले राष्ट्रहित की बात सोचो।' को ध्यान में रखकर स्वयंसेवक हमेशा स्वयं के बलिदान देने के लिए भी सदैव तैयार रहते हैं। उपरोक्त उदाहरण इसकी जीती-जागती मिसाल है।

लाठीधारी स्वयंसेवकों का विजय अभियान

भारत विभाजन के पहले जिस तरह संघ के स्वयंसेवक कांग्रेस के नेतृत्व में हो रहे प्राय: सभी आंदोलनों में लाखों की संख्या में भाग लेते रहे, उसी प्रकार कांग्रेस के नेताओं और उनकी सभाओं की रक्षा भी निस्स्वार्थ भाव से करते रहे। 1946 के सितंबर मास में कांग्रेस और मुसलिम लीग की संयुक्त सरकार दिल्ली में सत्तासीन थी। उसी समय केंद्रीय असेंबली के एक अधिवेशन को लीगी गुंडों ने घेरकर पत्थरबाजी की। कहीं से कोई प्रतिकार न होने पर लीगियों ने फिर जोरदार हमला करने की योजना बनाई। उस समय दिल्ली प्रदेश के कांग्रेस के नेता देशबंधु चितरंजन दास गुप्ता ने संघ के दफ्तर में जाकर सहायता के लिए निवेदन किया। इस चुनौती को स्वीकार करके बहुत शीघ अर्थात् एक ही दिन में संघ के सैकड़ों जवान केंद्रीय असेंबली भवन के इर्द-गिर्द एकत्र हो गए। लाठीधारी साहसी युवकों को देखते ही लीगी गुंडे सर पर पाँव रखकर भाग खड़े हुए।

1946 तक सिंध प्रांत में राष्ट्रीय स्वयंसेवक संघ एक बड़ी शक्ति के रूप में स्थापित हो चुका था। इन्हीं दिनों सिंध के एक शहर हैदराबाद में पंडित जवाहर लाल नेहरू की एक जनसभा थी। गुप्तचर विभाग की रिपोर्ट के अनुसार लीगी गुंडों ने उस सभा को न होने देने के लिए पथराव करने की योजना बनाकर मुसलिम युवकों को एकत्र करके सभा को घेरने की साजिश रची। सिंध के प्रमुख कांग्रेसी नेताओं बाबा किशनदास और डॉ. चितरंजन दास ने संघ के अधिकारियों के साथ मिलकर इस साजिश को विफल करने की योजना बनाई। लीगी गुंडों द्वारा जमघट करने से पहले ही संघ के लाठीधारी वीरव्रती स्वयंसेवक वहाँ पहुँच गए। किसी की हिम्मत नहीं हुई कि वे सभा में कोई विघ्न डाल सकें। पं. नेहरू आए, सभा में उनका भाषण हो गया। सभा के समाप्त होने के बाद ही स्वयंसेवक वापस लौटे।

स्वयंसेवकों ने की गांधीजी की रक्षा

दिल्ली के प्रसिद्ध मंदिर मार्ग के निकट एक बाल्मीकि बस्ती है। इसी के पास एक बाल्मीकि मंदिर में महात्मा गांधी ठहरे हुए थे। उन दिनों में इस बस्ती का नाम भंगी कॉलोनी था। उस बस्ती से थोड़े ही दूरी पर मुसलिम लीग का दफ्तर था, जहाँ

पचास-साठ लीगी हमेशा हथियारों के साथ तैयार रहते थे। गुप्तचरों की सूचना के मुताबिक इनकी ओर से गांधीजी पर हमला होने का खतरा था। कठिनाई यह थी कि महात्माजी पुलिस के सुरक्षा घेरे में रहना पसंद नहीं करते थे। इनके निकट के सहयोगी कृष्णा नायर (जो बाद में सांसद भी रहे) का राष्ट्रीय स्वयंसेवक संघ के अधिकारियों के साथ निकट का संबंध था। उन्होंने संघ कार्यालय में जाकर दिल्ली के प्रांतप्रचारक बसंत राव ओक के साथ गांधीजी की सुरक्षा की व्यवस्था से संबंधित चर्चा की। संघ ने महात्मा गांधीजी की सुरक्षा की जिम्मेदारी ली। उनकी कुटिया के चारों ओर स्वयंसेवकों की प्रशिक्षित टोलियों ने रात-दिन पहरा देने का काम सँभाला। दिल्ली के दो संघ अधिकारी दुलीचंदजी एवं विश्वामित्रजी की अगुवाई में संघ के जवानों ने निरंतर दो महीने तक अपने राष्ट्रीय दायित्व की पूर्ति की। ध्यान देने की बात है कि उन दिनों लोग पुलिस पर कम, संघ पर ज्यादा भरोसा करते थे।

श्रीगुरुजी का उदात्त आदर्श

राष्ट्रीय स्वयंसेवक संघ की दिन-रात बढ़ती हुई मानव शक्ति तथा महात्मा गांधीजी के साथ संघ के बन रहे घनिष्ठ संबंधों से भारतीय राष्ट्रीय कांग्रेस के पेट में मरोड़ उठने लगे। जहाँ एक ओर कांग्रेस के कुछ नेता संघ को समाप्त करने के मंसूबे गढ़ने लगे, वहीं दूसरी ओर संघ के सरसंघचालक माधवराव सदाशिवराव गोलवलकर ने स्वाधीन भारत की प्रथम सरकार का पूर्ण सहयोग करने के लिए हाथ बढ़ाए। सितंबर 1947 में श्रीगुरुजी ने पंडित नेहरू और सरदार पटेल से दिल्ली में भेंट की और उन्हें आश्वस्त किया। संघ संकट की प्रत्येक घड़ी में सरकार का पूर्ण सहयोग करेगा।

14 जनवरी, 1948 को बंबई में शिवाजी पार्क में एक बड़ी जनसभा को संबोधित करते हुए श्रीगुरुजी ने अपने स्वयंसेवकत्व एवं अदम्य राष्ट्रप्रेम का परिचय देते हुए कहा था—"हमारे देश का यह संक्रमण काल है। दासता की काली रात्रि अभी समाप्त हुई है। हमारे कर्णधार नेताओं के कंधों पर नए दायित्वों का भारी भार है। नया काम है, हो सकता है कि वे कुछ भूल भी कर बैठें। पर हमें उस बात का ध्यान रखना चाहिए कि वे हमारे अपने हैं। हमें कटुता से परे रहना होगा। युधिष्ठिर के उदात्त आदर्श से प्रेरणा लेते हुए हम अपने विचार एवं व्यवहार को ढालें। पांडवों को नीचा दिखाने के निश्चय से आए हुए कौरव जब स्वयं गंधर्वों द्वारा बंदी हो गए तो युधिष्ठिर ने अर्जुन को कौरवों की रक्षा करने का आदेश देते हुए कहा था कि

आपसी झगड़े में हम पाँच हैं और वे सौ हैं, परंतु जब शत्रु सामने हो तो हम एक सौ पाँच हैं। 'वयं पंचाधिकं शतम्।"

संघ-शाखा में गांधीजी

सितंबर 1947 को विभाजन के तुरंत बाद गांधीजी ने श्रीगुरुजी से मिलने की इच्छा प्रकट की। महात्माजी संघ की बढ़ती हुई शक्ति से परिचित थे। गांधीजी की इच्छा की जानकारी मिलते ही श्रीगुरुजी ने तुरंत दिल्ली में आकर बिड़ला भवन में गांधीजी से भेंट की। भेंट-वार्त्ता में गांधीजी ने संघ के किसी कार्यक्रम में जाकर स्वयंसेवकों को संबोधित करने की इच्छा व्यक्त की। 16 सितंबर, 1947 को बिड़ला भवन की एक निकटवर्ती भंगी कॉलोनी के एक मैदान में 500 से ज्यादा संघ के स्वयंसेवकों को संबोधित करते हुए गांधीजी ने संघ के कार्य और ध्येय की खुली प्रशंसा की। अगले ही दिन 17 सितंबर, 1947 को एक प्रसिद्ध समाचार-पत्र 'हिंदू' ने यह समाचार इस तरह प्रकाशित किया था—"वर्षों पूर्व जब संघ के संस्थापक डॉ. हेडगेवार जीवित थे, गांधीजी ने संघ का शिविर देखा था। वे उनका अनुशासन, उनकी कठोर सादगी और अस्पृश्यता से सर्वथा मुक्त उनका आचरण देखकर गद्गद हो उठे थे। उसके बाद तो संघ फलता-फूलता ही गया। गांधीजी ने विश्वास व्यक्त किया कि जो संगठन इस प्रकार की सेवा और त्याग के उच्चादर्श से अनुप्राणित होगा, उसकी शक्ति तो दिनोदिन बढ़ती ही जाएगी।"

गांधीजी की निर्मम हत्या और संघ पर प्रतिबंध

सरदार पटेल सहित कांग्रेस में एक ऐसा वर्ग भी था, जो राष्ट्रीय स्वयंसेवक संघ की राष्ट्रवादी विचारधारा एवं लक्ष्य से हमदर्दी रखता था। 6 जनवरी, 1948 को आकाशवाणी लखनऊ से भाषण करते हुए सरदार पटेल ने कहा था—"कांग्रेस के जो नेता इस समय सत्तारूढ़ हैं, वे सोचते हैं कि वे अपनी सत्ता के बल पर संघ को कुचल देंगे। डंडे के बल पर आप किसी संगठन को दबा नहीं सकते। डंडा तो चोर-डाकुओं के लिए होता है। आखिरकार संघ के लोग चोर-डाकू तो नहीं हैं। वे देशभक्त हैं और अपने देश से प्रेम करते हैं।" परंतु संघ के विरोधी कांग्रेस नेता संघ के विरोध में किसी गहरी साजिश की तलाश में थे। तभी अचानक संघ को कुचलने का एक चिरप्रतीक्षित 'सुनहरा मौका' कांग्रेस के संघ विरोधी नेताओं के हाथ में आ टपका। महात्मा गांधीजी की दुखद हत्या हो गई। इस घिनौनी हत्या का समाचार सुनते ही गुरुजी अपने सभी कार्यक्रम स्थगित कर विमान द्वारा नागपुर पहुँच

गए। उन्होंने एक प्रेस वार्त्ता जारी करते हुए महात्माजी को हृदयविदारक श्रद्धांजलि दी। श्रीगुरुजी ने पंडित नेहरू एवं सरदार पटेल को पत्र लिखकर इस दुखद समय में हिम्मत और शक्ति बनाए रखने का निवेदन किया, परंतु सरकार में शामिल हिंदू एवं संघ विरोधी तत्त्वों ने उस संवेदनशील अवसर पर श्रीगुरुजी के मनोभावों की अवहेलना करते हुए संघ पर प्रतिबंध लगा दिया। गांधीजी की हत्या का महाझूठा आरोप लगा कर संघ के स्वयंसेवकों की धड़-पकड़ शुरू हो गई।

श्रीगुरुजी तथा लगभग 17000 स्वयंसेवकों को गांधीजी की हत्या के आरोप में गिरफ्तार कर लिया गया। अवसर का लाभ उठाकर कम्युनिस्टों, समाजवादियों तथा अधिकतर कांग्रेसियों ने आम लोगों को संघ के स्वयंसेवकों को लूटने, मारने एवं पकड़वाने के लिए उकसाया। परिस्थिति की गंभीरता को देखते हुए एवं स्वयंसेवकों को प्रतिबंध के कानूनी शिकंजे से बचाने के उद्देश्य से श्रीगुरुजी ने संघ को विसर्जित करने की घोषणा कर दी। धीरे-धीरे प्राय: समझ आने लगा कि संघ पर लगाया गया गांधीजी की हत्या का आरोप पूर्णतया निराधार, झूठा एवं राजनीति से प्रेरित है। 26 फरवरी, 1948 को सरदार पटेल ने नेहरूजी को पत्र लिखा—"बापू की हत्या के मामले में जो जाँच-पड़ताल चल रही है, उसकी प्रगति से मैं अपने को प्राय: प्रतिदिन अवगत रखता हूँ। सभी मुख्य अभियुक्तों ने अपनी गतिविधियों के बारे में बड़े ही विस्तार से बयान दिए हैं। उन बयानों से यह बात स्पष्ट हो जाती है कि राष्ट्रीय स्वयंसेवक संघ का उस हत्या में तनिक भी हाथ नहीं है।" यहाँ यह जान लेना भी जरूरी है कि संघ पर प्रतिबंध लगाने वाली 4 फरवरी, 1948 की सरकारी विज्ञप्ति में यह भी कहा गया था कि एक बैठक में सर्वसम्मति से यह स्वीकार किया गया कि अभी वह स्थिति नहीं आई कि संघ के पूरे संगठन के प्रति कोई पग उठाया जाए, परंतु महात्मा गांधीजी की नृशंस हत्या ने कांग्रेस के नेताओं को संघ पर अपनी दुश्मनी निकालने का अवसर प्रदान कर दिया।

संघ का ऐतिहासिक सत्याग्रह

कांग्रेस की सरकार की सारी घोषणाएँ तथा फैसले एकदम अचानक ही हो रहे थे। एक दिन प्रात: 6 मास की नजरबंदी के बाद श्रीगुरुजी को रिहा कर दिया। बिना किसी सबूत के संघ पर लगाए गए प्रतिबंध को वापस लेने के लिए श्रीगुरुजी ने तर्कसंगत ढंग से सरकार से अपील की। स्वयंसेवकों को संयम, धैर्य एवं संतुलन बनाए रखने के आदेश के साथ उन्होंने सरकार से न्याय की माँग की। जब सरकार पर कोई भी असर नहीं हुआ तो श्रीगुरुजी ने शाखाएँ लगाकर सत्याग्रह करने की

घोषणा कर दी। एक प्रत्यक्षदर्शी सामाजिक नेता के अनुसार, "कष्ट एवं बलिदान के मार्ग का आह्वान राष्ट्रजीवन में न्याय एवं औचित्य की प्रतिष्ठा के लिए किया गया था।" 14 से 75 वर्ष तक की आयु के 60,000 स्वयंसेवकों ने गिरफ्तारियाँ दीं। कांग्रेस के 1921-1930-1932-1942 के सत्याग्रहों में हुई गिरफ्तारियों से कहीं ज्यादा इस संघ-सत्याग्रह में लोग जेलों में गए। स्वयंसेवकों ने कारावास की सर्दी एवं यातनाओं को संयम एवं गरिमापूर्वक सहन किया। महात्मा गांधी द्वारा प्रदत्त सत्याग्रही की परिभाषा के अनुसार भी यह सत्याग्रह अनोखा और अतुलनीय था। पुलिस द्वारा स्वंयंसेवक सत्याग्रहियों के साथ बर्बरतापूर्ण अमानवीय व्यवहार किया था, परंतु स्वयंसेवकों ने उपद्रव एवं हिंसा की एक भी घटना को अंजाम नहीं दिया।

स्वयंसेवकों के सत्याग्रह से समाज में यह सत्य प्रकट होने लगा कि संघ पर लगाया गया प्रतिबंध पूरी तरह बेबुनियाद है। इन्हीं दिनों 'इंडियन लिबरेशन फेडरेशन' के प्रधान टी.आर.वी. शास्त्री ने सरकार के साथ वार्त्तालाप शुरू किया, परंतु सरकार टालमटोल करती रही। अंत में टी.आर.वी. शास्त्री के वक्तव्य ने बाजी पलट दी। शास्त्रीजी ने कहा, "मेरे विचार में प्रतिबंध को बनाए रखना तथा संघ के कार्यकर्ताओं को गिरफ्तार करना न्यायसंगत एवं विवेकपूर्ण नहीं है।" 12 जुलाई, 1949 को प्रतिबंध उठा लिया गया।

□

14

स्वतंत्रता के बाद 'स्वातंत्र्य रक्षा' के अग्रिम मोर्चों पर संघ स्वयंसेवक

विभाजन के पूर्व स्वाधीनता आंदोलन के प्रत्येक मोर्चे, सशस्त्र क्रांति, सत्याग्रह, भारत छोड़ो आंदोलन इत्यादि में बढ़-चढ़कर भाग लेने वाले 'स्वयंसेवक सेनानियों' ने स्वाधीनता के बाद भी पूर्ण स्वतंत्रता अर्थात् 'सर्वांगीण स्वतंत्रता' के लिए संग्राम को गतिशील बनाए रखा। जम्मू कश्मीर, हैदराबाद, गोवा इत्यादि रियासतों में भारतीय संविधान तथा राष्ट्र-ध्वज तिरंगे की रक्षा के लिए संघ के स्वयंसेवकों के बलिदान इतिहास का एक स्वर्णिम अध्याय है। हिंदू समाज सहित समस्त राष्ट्र की आस्था गोमाता के संरक्षण के लिए महा हस्ताक्षर अभियान, 1948-1962-1965-1971 में विदेशी आक्रमणों के समय भारतीय सेना की सहायता एवं अनेक प्रकार की प्रशासनिक व्यवस्था में योगदान करके संघ स्वयंसेवक ने अपने राष्ट्रीय कर्तव्य को निभाकर यह साबित कर दिया कि वे डॉ. हेडगेवार के पदचिह्नों पर दृढता से चलते रहेंगे।

15 अगस्त, 1947 को देश दो भागों में विभाजित होकर संसार के सामने 'पाकिस्तान' और 'इंडिया दैट इज भारत' के रूप में अस्तित्व में आ गया। भारत को राजनीतिक स्वतंत्रता प्राप्त होने के बाद गांधीजी ने 'कांग्रेस का काम पूरा हो गया, उसे समाप्त कर देना चाहिए' का सुझाव कांग्रेस के नेताओं के समक्ष रखा। परंतु सत्ता के मोह में फँस चुके कांग्रेस के नेताओं ने गांधीजी की एक नहीं सुनी। दूसरी ओर राष्ट्रीय स्वयंसेवक संघ का उद्देश्य केवल राजनीतिक स्वाधीनता न होकर 'अखंड भारत की सर्वांगीण स्वतंत्रता था', अत: संघ ने अपना 'स्वतंत्रता-संग्राम' जारी रखा।

नेहरू-शेख दोस्ती का शिकार कश्मीर

स्वतंत्रता अधिनियम 1947 के अनुसार अंग्रेज शासकों ने भारत की सभी रियासतों को छूट दे दी कि वे भारत अथवा पाकिस्तान किसी भी उपनिवेश में शामिल हो सकती हैं। रियासतों के महाराजाओं तथा नवाबों को ही यह अधिकार सौंपा गया। यह भी अंग्रेजों की एक कुटिल चाल ही थी। उन्होंने यही समझा था कि भारत की रियासतें बगावत कर देंगी अथवा आपसी जंग में एक-दूसरे के खिलाफ भिड़ जाएँगी, परंतु भारत के गृहमंत्री सरदार वल्लभ भाई पटेल की सूझबूझ तथा बलशाली निर्णायक क्षमता के कारण तीन रियासतों को छोड़कर शेष सभी ने भारत में मिलने के लिए विलय-पत्र पर हस्ताक्षर कर दिए। जूनागढ़, हैदराबाद एवं जम्मू-कश्मीर के विलय का मामला अटक गया। इनमें से प्रथम दो का तो सरदार पटेल ने सैन्य शक्ति के द्वारा भारत में विलय करवा लिया। परंतु जम्मू-कश्मीर रियासत की जिम्मेवारी नेहरूजी ने अपने हाथ में लेकर मामले को सदा के लिए उलझाने का रास्ता खोल दिया।

जम्मू कश्मीर रियासत के महाराजा हरिसिंह ने भारत में विलय न करके अपनी रियासत को यथास्थिति (स्टैंड स्टिल) में रखने की घोषणा कर दी। महाराजा हरिसिंह द्वारा यथास्थिति बनाए रखने के पीछे दो कारण थे। एक तो यह कि जम्मू-कश्मीर को भारत से मिलाए रखने का सड़क मार्ग पाकिस्तान से होकर गुजरता था। इससे रियासत पर 24 घंटे सुरक्षात्मक खतरा बना रहता, परंतु महाराजा की भारत में मिलने की तत्काल हिचकिचाहट यह नहीं थी। वास्तव में भारत के उस समय के मनोनीत प्रधानमंत्री जवाहरलाल नेहरू के साथ उनकी पुरानी खटपट ही बाधा बन रही थी। अलीगढ़ मुसलिम यूनिवर्सिटी से स्नातक होकर कश्मीर में लौटे एक कट्टरपंथी पाकिस्तान समर्थक शेख मुहम्मद अब्दुल्ला की महाराजा हरिसिंह एवं जम्मू-कश्मीर की हिंदू प्रजा के खिलाफ रची जानेवाली साजिशों को नेहरूजी का बेलगाम समर्थन ही मुख्य वजह थी। 1939 में जब शेख ने 'महाराजा वापस जाओ' का नारा लगाकर कश्मीर को आजाद मुल्क बनाने का प्रयास किया था, तब नेहरूजी ने शेख के समर्थन में कश्मीर में जाकर आंदोलन में भाग लिया था। महाराजा ने उन्हें गिरफ्तार करके थोड़े समय के लिए हवालात के दर्शन करवाए थे।

महाराजा हरिसिंह एवं जवाहरलाल नेहरू की शत्रुता की वजह तो सबको समझ में आती है, परंतु शेख मोहम्मद अब्दुल्ला एवं पंडित नेहरू की दोस्ती के पीछे कौन सा रिश्ता था, यह आज तक एक पहेली बना हुआ है। आगे चलकर यही दोस्ती महाराजा हरिसिंह का रियासत से देश निकाला और हिंदू विरोधी, पाक समर्थक शेख

साहब की ताजपोशी का आधार बनी। यही व्यक्तिगत दोस्ती अथवा कथित रिश्तेदारी पृथकतावाद को जन्म देनेवाले अनुच्छेद 370 की वजह बनी।

विलय करवाने में संघ की भूमिका

जब यह सारी राजनीतिक मशक्कत चल रही थी, उसी समय के नाजुक हालात को भाँपकर एवं जम्मू-कश्मीर के भौगोलिक, राजनैतिक एवं सांस्कृतिक महत्त्व को भारत की एकता सुरक्षा के संदर्भ में समझते हुए महात्मा गांधी तथा सरदार पटेल के महाराजा को मनाने/समझाने के सभी प्रयास विफल हो गए। महाराजा हरिसिंह राष्ट्रीय स्वयंसेवक संघ के सरसंघचालक श्रीगुरुजी गोलवलकर का बहुत सम्मान करते थे। गांधीजी एवं सरदार पटेल भी इस मित्रता को जानते थे। अत: उन्होंने श्रीगुरुजी से इस समस्या के समाधान हेतु निवेदन किया। श्रीगुरुजी सरदार पटेल की व्यवस्था के अंतर्गत सरकारी विमान से पहले दिल्ली पहुँचे। उन्होंने सरदार पटेल से संक्षिप्त बातचीत की और उसी दिन 17 अक्तूबर, 1947 को वे श्रीनगर पहुँच गए। उनके साथ संघ के पंजाब प्रांत प्रचारक माधवराव मूले तथा उत्तर प्रदेश के प्रांत संघचालक बैरिस्टर नरेंद्रजीत सिंह भी थे। ये सब लोग श्रीनगर में बैरिस्टर साहब की ससुराल में ठहरे तथा 18 अक्तूबर, 1947 को महाराजा से भेंट हुई। इस भेंट के समय युवराज कर्णसिंह, रियासत के दीवान मेहरचंद महाजन एवं महाराज के निजी सहायक कैप्टन दीवान सिंह भी मौजूद थे।

बहुत ही प्रेमपूर्वक माहौल में हुए इस वार्त्तालाप में श्रीगुरुजी ने महाराजा को सरदार पटेल के हवाले से आश्वस्त कराते हुए कहा, "आप हिंदू राजा हैं। पाकिस्तान में विलय करने से आपकी हिंदू प्रजा को भीषण संकटों से संघर्ष करना पड़ेगा। यह ठीक है कि अभी हिंस्दुतान और कश्मीर के रास्ते में रेल लाईन नहीं है, परंतु सब ठीक हो जाएगा। आपका और 'जम्मू-कश्मीर' रियासत का भला इसी में है कि आप भारत में विलय करें।' महाराजा हरिसिंह जो सरदार पटेल एवं महात्मा गांधी जैसे बड़े राजनीतिक नेताओं की बातों से आश्वस्त नहीं हए, उन्होंने एक सफेद वस्त्रधारी संन्यासी के आगे नतमस्तक होकर भारत में विलय करने का फैसला कर लिया। श्रीगुरुजी वापस दिल्ली आए और सरदार पटेल को सारी जानकारी देकर नागपुर लौट गए। तत्पश्चात् महाराजा हरिसिंह ने 26 अक्तूबर को जम्मू-कश्मीर के भारत में विलय के 'विलय-पत्र' पर हस्ताक्षर कर दिए। 27 अक्तूबर को भारत के गवर्नर जनरल लार्ड माउंटबेटन ने विलय स्वीकार करते हुए जम्मू-कश्मीर को भारत में शामिल कर लिया।

रक्षा मोर्चे पर संघ

देश विभाजन के समय संघ के तरुण स्वयंसेवकों ने कश्मीर की रक्षा के लिए जो बलिदान दिए, वे भारत के इतिहास में स्वर्ण अक्षरों में लिखने योग्य हैं। 15 अगस्त, 1947 को प्रात: श्रीनगर में पाकिस्तानी तत्त्वों ने गड़बड़ी करनी शुरू कर दी। सभी सरकारी भवनों पर पाकिस्तान के हरे झंडे फहरा दिए। संघ के देशभक्त स्वयंसेवकों ने ये चुनौतियाँ स्वीकार कीं, तुरंत संघ कार्यालय पर योजना बनी। दस बजे तक अमरीका दल के पुल के पास सैकड़ों स्वयंसेवक एवं अन्य हिंदू इकट्ठा हो गए। इनका राष्ट्रप्रेम देखने वाला था। कश्मीरी पंडितों को डरपोक और कायर कहने वाले लोगों ने भी उस दिन दाँतों तले उँगली दबा ली। देखते ही देखते पाकिस्तान के झंडे उतार फेंके गए। नगर की प्रमुख सड़कों पर ठाठें मारता हुआ विशाल जुलूस निकाला गया और पाकिस्तानी तत्त्वों को ललकारा गया। सारा वातावरण 'भारत माता की जय' के नारों से गूँज उठा। हिंदू समाज का हौसला बढ़ा और महाराजा को भी संघ की शक्ति एवं देशभक्ति का आभास हुआ।

संघ के दो प्रमुख प्रचारकों हरीश भनोट और मंगल सेन ने पाकिस्तान की सैनिक गतिविधियों और संभावित आक्रमण की सूचना संघ प्रमुख प्रो. बलराज मधोक को दी। इन्होंने आक्रमण के मार्ग और तिथि तक की जानकारी दी। महाराजा ने बलराज मधोक को बुलाया। श्रीनगर में ही महाराजा के महल में भेंट हुई। सारी जानकारी प्राप्त करने के बाद महाराजा ने संघ के दो सौ स्वयंसेवक उपस्थित करने का निर्देश दिया।

रात्रि दो बजे स्वयंसेवकों को आकस्मिक सूचना घरों में भेजी गई कि प्रात: छह बजे आर्यसमाज मंदिर पहुँचो। प्रात: छह बजे दो सौ से भी अधिक स्वयंसेवक वहाँ उपस्थित थे। प्राय: सभी कॉलेज के छात्र थे और देश पर बलिदान होने के लिए आए थे। सामूहिक गीत हुआ। संघ की प्रार्थना की गई। थोड़ी देर बाद फौजी ट्रक आए और इन तरुणों को लेकर बादामीबाग छावनी पहुँच गए। वहाँ कुछ सैनिक तैयार खड़े थे। उन्होंने तुरंत स्वयंसेवकों को राइफल चलाना सिखाना प्रारंभ किया। शाम तक ये युवक मोर्चे पर जा पहुँचे। भारतीय फौजों के आने तक दो दिन तक इन स्वयंसेवक सिपाहियों ने रियासती फौज की मदद की। इतिहास के इस अद्‌भुत बलिदानी क्षण को सब जानते हैं, परंतु बोलता कोई नहीं। पता नहीं क्यों और किस दबाव में सैनिक अधिकारी भी इस प्रसंग पर मौन साधे रहे। शेख अब्दुल्ला भी जानता था। वही शेख अब्दुल्ला श्रीनगर पर आक्रमण होने के समाचार की जानकारी मिलते ही कश्मीरी जनता को उनके हाल पर छोड़कर परिवार सहित बंबई भाग गया

था। घाटी को सँभाला और बचाया था पहले संघ के इन स्वयंसेवकों ने और बाद में भारतीय सेना ने, भगोड़े शेख अब्दुल्ला ने नहीं।

कोटली के अमर शहीद

सँकरी घाटी में नाले के उस पार गोला-बारूद के बक्से अपनी हवाई सेना की गलती से पाकिस्तानी सेना की फायरिंग रेंज में गिर गए। उन्हें उठाकर कैसे लाया जाएगा? कौन लाएगा? यदि सैनिकों को यह काम सौंपा जाए तो साक्षात् मृत्यु के खुले जबड़े में पहुँच जाएँगे। बाद में लड़ेगा कौन? बक्से उठाए नहीं जाते तो भी अपने सैनिक निहत्थे मरेंगे। क्या किया जाए?

बारूद के बक्सों को घाटी से उठाकर लाने के काम में अपनी जान हथेली पर रखकर आगे बढ़ने की जरूरत थी। सेना के उस कमांडर को एक मार्ग सूझा। संघ के जवान ही यह काम कर सकते हैं। इसी विश्वास के आधार पर सेनाधिकारी कोटली के संघ कार्यालय पहुँचा। उस समय पंजाब नैशनल बैंक के मैनेजर श्री चंद्र प्रकाशजी कोटली शाखा के नगर कार्यवाह थे। उन्होंने सैनिक कमांडर की बात ध्यानपूर्वक सुनी और पूछा, "कितने जवान चाहिए?"

सैनिक अधिकारी बोला, "आठ से काम चलेगा।" चंद्र प्रकाशजी, जो देश पर मरने के जुनून में भावुक हो रहे थे, ने कहा, "ठीक है, एक मैं हूँ, बाकी सात को मैं आधे घंटे में लेकर आता हूँ। आप यहाँ निश्चिंत होकर बैठें।"

इतना कहकर चंद्रप्रकाशजी फुर्ती से शहर गए। स्वयंसेवकों को इकट्ठा किया और बलिदान के लिए नाम माँगे। एक दो नहीं, अपितु तीस से ऊपर जवान तैयार हो गए। चंद्र प्रकाशजी के लिए चुनाव करना कठिन हो गया। आखिर उन्होंने वतन के लिए जिद के साथ जान लुटानेवाले जवानों में से सात को छाँट लिया, परंतु शेष को समझाना कठिन हो गया। अंत में उन्हें 'आज्ञा' शब्द का प्रयोग करना पड़ा। संघ के स्वयंसेवक के लिए अपने अधिकारी की आज्ञा भगवान् के आदेश के समान होती है। सभी रुक गए। सबने सजल नेत्रों से अपने आठ साथियों को भावभीनी विदाई दी। सब इस विदाई का अर्थ समझते थे, इसलिए मौन विदाई थी यह।

चंद्र प्रकाशजी इन सात स्वयंसेवकों को लेकर आधे घंटे से पहले ही इंतजार कर रहे सैनिक अधिकारी के पास पहुँच गए।

आठों युवक सैनिक कमांडर के साथ मोर्चे पर जा पहुँचे। उन्हें सारा काम समझा दिया गया कि किस तरह पाकिस्तानी सेना की नजरों से बचकर बारूद की पेटियों तक जाना, कैसे उठाना और फिर सारे 'एम्युनिशन' को अपनी सैनिक टुकड़ी

के पास सुरक्षित पहुँचाना है। सारी योजना को भली-भाँति समझकर युवक अपने गंतव्य की ओर बढ़ने लगे। रेंगते-फिसलते और गिरते-पड़ते ये आठों जवान उस नाले के करीब जा पहुँचे, जिसके दूसरे किनाने पर बारूद के बक्से पड़े थे। नाले का बहाव तेज था। जवान धीरे से पानी में उतरे और तेज गति से पार हो गए। लक्ष्य तक पहुँच गए दीवाने।

हरेक जवान ने एक-एक बक्सा उठाया। किसी ने सिर पर तो किसी ने पीठ पर बाँधा। बक्से लेकर पानी में धीरे-धीरे उतरे। परंतु इस बार पानी भी अपने आपको खामोश न रख सका। हलचल की आहट पाकिस्तानी फौज तक पहुँच गई। बस फिर क्या था, तुरंत मशीनगनों से अंधाधुंध गोलियों की बौछार होने लगी। ये जवान आज घर से ही शहीदी बाना पहनकर निकले थे। मौत का डर किसे था, परंतु प्राण निकलने से पूर्व बारूद के बक्से अपनी सेना के पास पहुँच जाएँ, यह चिंता अवश्य थी। गोलियों की बौछार के बीच नाला पार कर ये जवान सैनिक कैंप की ओर बढ़ने लगे।

गोलियाँ तेज रफ्तार से आने लगीं। चंद्र प्रकाश और वेद प्रकाश दो युवकों को गोलियाँ लगीं। दोनों घायल होकर गिर पड़े, परंतु उनकी ओर ध्यान देने का समय था ही नहीं। उन दोनों को वहीं छोड़कर बाकी के छह युवक सारा बारूद अपने कंधे पर लादकर बढ़ते गए। इन युवकों ने सफलतापूर्वक सारे बक्से अपनी सेना के हवाले किए। परंतु इनका ध्यान अपने दोनों घायल साथियों की ओर भी था, जिन्हें वे पीछे छोड़ आए थे। वे छह युवक गोलियों की बौछार में अपने दोनों साथियों को लेने वापस उसी मार्ग पर चल दिए। कितना जोखिम था! परंतु ध्येयनिष्ठा के साथ-साथ अपने स्वयंसेवक बंधुओं के प्रति अपार स्नेह भी था। ध्येय के प्रति अपने कर्तव्य को वे निभा चुके थे, अब साथी स्वयंसेवकों को बचाने निकल पड़े। परस्पर स्नेह की इतनी अनूठी मिसाल कहाँ मिलेगी!

गोलियों की बौछार अब पहले से कहीं अधिक तेज थी। पेट के बल रेंगकर जवान उस स्थान पर पहुँचे, जहाँ इनके साथी जख्मी हालत में रह गए थे, परंतु इन्हें मिले नश्वर शरीर। दोनों जवान मातृभूमि के श्रीचरणों में अपने देहपुष्प अर्पित कर चुके थे। उनके पास बैठकर विलाप करने का समय कहाँ था? दोनों के शव उठाए और अपनी पीठ पर बाँधकर लेटकर ही चट्टानी पथ और झाड़ियाँ पार करते हुए अपने सैनिक कैंप की ओर आने लगे।

परंतु लगातार गोलीवर्षा से बचना कठिन हो गया था। अभी थोड़ा ही रास्ता चले होंगे कि एक और साथी की कनपटी पर दो गोलियाँ लगीं और वह भी वहीं

शहीद हो गया। उसका शव भी बाकियों ने उठाया और फिर बढ़ने लगे। नीचे दुर्गम मार्ग, पीठ पर साथियों के शव, ऊपर से अंधाधुंध गोलियों की बरसात और चलना भी पेट के बल रेंगकर। कैसी परीक्षा हो रही थी इन राष्ट्रभक्तों की ? वे चलते गए। सैनिक कैंप थोड़ी ही दूर था, परंतु नियति को अभी और खून की जरूरत थी। एक गोली आई और एक और साथी को समाप्त कर गई। वह भी अपने बंधुओं की आँखों के सामने मातृभूमि को समर्पित हो गया। इसका शव भी साथ लेकर शेष जवान अपने दिल को पत्थर बनाकर फिर चलने लगे।

हृदय विदारक दृश्य था। युवक वापस अपने कैंप में पहुँचे। आठ गए थे, चार वापस लौटे। प्रत्येक की पीठ पर एक-एक शहीद का शव था। कोटली शहर के सभी स्वयंसेवकों, नागरिकों तथा माता व बहनों ने इनके इंतजार में सारा दिन सिसक-सिसककर गुजारा। सैनिक अधिकारियों के साथ मातृभूमि के सच्चे सपूत नगर में पहुँचे। 'शहीदों की जय', 'भारत माता की जय' के उद्घोष हुए। लोगों ने चारों शवों को फूलों से ढक दिया। कुछ लोग चिता तैयार करने में लग गए। शहीदों को सम्मान के साथ विदाई देने की घड़ी थी। सबकी आँखें अविरल अश्रुधारा प्रवाहित कर रही थीं।

कोटली नगर के बाहर बहुत बड़ी चिता बनाई गई। चारों शहीदों को उस पर रख दिया गया। सैनिक अधिकारियों ने सलामी दी। स्वयंसेवकों ने प्रणाम किया। माताओं-बहनों ने पुष्प वर्षा की और चिता को आग दिखा लगा गई। लपटें आकाश को चूमने लगीं। चारों साथी जो इनकी लाशों को कंधों पर उठाकर लाए थे, फूट-फूटकर रोने लगे। हजारों आँखें बरस पड़ीं। परंतु सैनिक अधिकारियों ने सब को शीघ्र अपने-अपने घरों को लौट जाने का आदेश दिया। अँधेरा बढ़ रहा था। पाकिस्तानी फौज भी सामने की पहाड़ी पर से आग बरसा रही थी।

बारूद के बक्से खोले गए। सैनिक एम्युनिशन से लैस हुए। अब हमारी सेना के पास भी गोला-बारूद था। भूखे शेर की तरह उन्होंने पाकिस्तानी टुकड़ी पर हमला बोल दिया। आक्रमण पूरे जोर से किया गया था। पाकिस्तानी फौज के पाँव उखड़ने लगे। रात भर शौर्य से हमारे सैनिक लड़ते रहे। प्रातः जब सूर्य की पहली किरण ने अपनी लालिमा उस पहाड़ी क्षेत्र पर फेंकी तो उस समय वहाँ भारतीय सैनिक विजय पाकर झूम रहे थे। इधर शहीदों की चिता शांत हुई और उधर पहाड़ी पर तिरंगा लहर गया।

हवाई पट्टियाँ तुरंत तैयार

भारतीय हवाई सेना को जम्मू कश्मीर में उतारने के लिए हवाई पट्टियाँ नहीं थीं। अगर थीं तो दयनीय हालत में। जहाजों का उतरना तो दूर, वहाँ आदमी तक नहीं चल सकते थे। उन्हें शीघ्र ठीक करने की जरूरत थी। परंतु इतनी बड़ी संख्या में मजदूरों का उपलब्ध होना संभव नहीं था। यदि हजारों मजदूर मिल भी जाते तो इतनी मजूदरी देना उस समय कठिन था। यहाँ तो ऐसे सरफिरे मजदूर चाहिए थे, जो अपने घर से रोटी खाकर रात-दिन लगातार मेहनत कर हवाई पट्टियों को यथाशक्ति ठीक कर दें। अत: फौजी अफसरों और नागरिक अधिकारियों की निगाह संघ के स्वयंसेवकों पर चली गई। उन्हें मालूम था कि जहाँ सरफिरे हैं वहाँ सरफरोश भी हैं।

संघ के अधिकारी से बातचीत की गई। सब तैयार थे। आदेश मिलते ही हजारों स्वयंसेवकों ने कमर कस ली। श्रीनगर, पुंछ और जम्मू, इन तीन स्थानों पर हवाई पट्टियाँ बनाने और सँवारने का काम शुरू हो गया। यह काम दिन को तो चला ही था, परंतु समय की कमी और जरूरत की वजह से रात को भी चलता रहा। जमीन साफ करने का सामान अर्थात् गेंती-फावड़ा-खुर्पे इत्यादि की व्यवस्था भी संघ ने ही की।

'देश को सबकुछ देंगे, बदले में कुछ नहीं लेंगे' के सिद्धांत पर चलनेवाले स्वयंसेवकों ने न रात देखी और न दिन, अपने कड़े परिश्रम से निश्चित अवधि के भीतर तीनों हवाई पट्टियों को हवाई जहाजों के उतरने योग्य बना दिया।

गोलियों की बौछार में डट गए

इस बीच कोटली से 20 किलोमीटर उत्तर-पश्चिम में पलंधरी से समाचार आया कि वहाँ 1200 हिंदुओं-सिखों को दुश्मन ने घेर लिया है और उनका जीवन खतरे में है। कोटली संघ शाखा के स्वयंसेवक संघ प्रचारक केदारनाथ साहनी के नेतृत्व में स्थानीय सेना के बड़े अधिकारियों से मिले और उनसे प्रार्थना की कि पलंधरी में 1200 के लगभग हिंदू-सिख मौत की घड़ियाँ गिन रहे हैं, कृपा कर इन्हें सुरक्षित निकाल लाने का प्रयास किया जाए। सेना के अधिकारियों ने स्थिति की गंभीरता को तो समझा, किंतु मदद करने से इनकार कर दिया। उनका कहना था कि जितने भी सैनिक उनके पास हैं, वे नगर के लिए ही अपर्याप्त हैं तो उन्हें बाहर के क्षेत्र की रक्षा के लिए कैसे भेजा जा सकता है? जब संघ के कार्यकर्ताओं ने जोर दिया कि बड़ी संख्या में हिंदू मौत के कगार पर खड़े जीवन की घड़ियाँ गिन रहे हैं तो सेना के अधिकारियों का दिल पसीज गया। उन्होंने 31 सैनिक लेफ्टिनेंट ईश्वरी

सिंह के नेतृत्व में भेजना स्वीकार कर लिया। उनके साथ पुलिस इंस्पेक्टर श्री हरिसिंह और संघ के लगभग 100 स्वयंसेवक भी गए।

सेना के साथ संघ के लोगों की पलंधरी के लोगों को छुड़ाने की योजना की सूचना मुसलमान तहसीलदार ने सरसावे के जेलदार और नंबरदार को भेज दी। दोनों मुसलमान थे और उन्होंने इसकी सूचना कबाइलियों को दे दी। दूसरे दिन प्रातःकाल लेफ्टिनेंट ईश्वरी सिंह के नेतृत्व में 30 जवान मिलिट्री, 12–15 जवान पुलिस और 100 के लगभग संघ के स्वयंसेवकों का काफिला पलंधरी की ओर चला। जैसे ही काफिला चढ़ाई चढ़ने लगा तो एकदम अंधाधुंध गोलियों की बौछार होने लगी। दुश्मन ने अपने मोर्चे चढ़ाई पर बनाए थे। मशीनगनों, मोर्टार आदि से दुश्मन लैस था। उनका हमला तेज हो गया।

चारों ओर से अचानक घिर जाने के बावजूद कई घंटों तक संघर्ष चला। शत्रुओं की तुलना में बहुत कम होने और साधनहीन होने पर एक भी हिंदू सैनिक या संघ स्वयंसेवक ने पीछे मुड़कर नहीं देखा। गोलियों की दनदनाती बौछार में उनके कदम लड़खड़ाए नहीं। अनेक शत्रुओं को यमलोक पहुँचाते हुए अनेक स्वयंसेवक एवं सैनिक शहीद हुए। सैनिकों और स्वयंसेवकों के रक्त से लाल पलंधरी की इस भूमि की मिट्टी को आज भी मस्तक पर लगाने पर हृदय में बलिदानी उमंगें हिलोरें लेने लगती हैं। इन वीर बलिदानियों को शत-शत प्रणाम।

प्रजा परिषद् आंदोलन और डॉ. मुखर्जी का बलिदान

जम्मू-कश्मीर के वजीर-ए-आला शेख मुहम्मद अब्दुल्ला के हिंदू विरोधी व्यवहार से जम्मू संभाग में त्राहि-त्राहि मच गई। अब्दुल्लाशाही के जुल्मों की चक्की बौद्ध बहुमत वाले लद्दाख में भी चलने लगी। जिस तरह अंग्रेजों के शासन काल में समस्त भारत की जनता पीड़ित थी, उसी प्रकार जम्मू और लद्दाख के लोग शेख अब्दुल्ला की मुसलिमपरस्त नीतियों से तंग आ गए। शेख का सारा ध्यान कश्मीर के विकास पर केंद्रित था। जम्मू के लोग, विशेषतया हिंदू समाज को उसके जायज और कानूनी अधिकारों से भी वंचित किया जाने लगा। हिंदुओं को अपने सामाजिक और धार्मिक रस्मो-रिवाजों को पूरा करने के लिए शेख के राजनीतिक दल नेशनल कॉन्फ्रेंस का सहारा लेना पड़ता था। सरकारी मशीनरी पर शेख के खास लोगों का एकाधिकार स्थापित हो गया। नेशनल कॉन्फ्रेंस के झंडे तले शेख के 'नया कश्मीर' का शगूफा छोड़ा जाने लगा।

शेख के मार्गदर्शन और सरकारी मशीनरी, विशेषतया जम्मू-कश्मीर मिलीशिया

(पुलिस) के सक्रिय सहयोग से नेशनल कॉन्फ्रेंस की एक नई इकाई 'अमन ब्रिगेड' की स्थापना की गई। इस अमन ब्रिगेड के नेताओं और सदस्यों द्वारा हिंदुओं का विधिवत् उत्पीड़न शुरू हो गया। इस तरह माहौल को सांप्रदायिक रंग देना ही शेख की राजनीति थी। शेख सरकार ने कुछ ऐसे राजनीतिक और संवैधानिक कदम भी उठाए, जिनसे उनके जहन में छिपे हिंदू विरोध और कट्टपंथी मुसलिम जुनून का परिचय मिलता है।

उपरोक्त संदर्भ में यह जान लेना भी जरूरी है कि पंडित नेहरू और शेख अब्दुल्ला के मध्य हुआ 'दिल्ली एग्रीमेंट' मात्र इकतरफा एक वार्त्तालाप ही था। शेख और उनके सत्ताधारी दल नेशनल कॉन्फ्रेंस ने इसी बातचीत को 'भारत और कश्मीर' के बीच समझौता बना दिया। इस तथाकथित समझौते के अंतर्गत जम्मू-कश्मीर को अपना अलग संविधान बनाने और अलग झंडा बनाने की अनुमति दे दी गई। यही नहीं मुख्यमंत्री के स्थान पर प्रधानमंत्री और राज्यपाल के स्थान पर सदरे-रियासत का नामकरण करने की भी छूट दे दी गई। इसके साथ ही जम्मू-कश्मीर राज्य की सुरक्षा, विदेश नीति और दूर संचार व्यवस्था को छोड़कर शेष सभी मामलों में राज्य को पूर्ण स्वतंत्रता दे दी गई। इसी स्वतंत्रता का फायदा उठाकर शेख की सरकार ने जम्मू के लोगों को लताड़ना शुरू कर दिया। यहाँ से शुरू हुआ राजनीतिक, आर्थिक, सामाजिक और धार्मिक भेदभाव का काला दौर।

दरअसल 1952 में हुए इकतरफा दिल्ली समझौते के पश्चात् जम्मू के लोगों को यह समझ में आने लगा कि शेख अब्दुल्ला पंडित जवाहर लाल की छत्रच्छाया में 'स्वतंत्र जम्मू-कश्मीर' के अपने इरादों को अमली जामा पहनाने की फिराक में है। अगर जम्मू की जनता ने एकजुट होकर शेख की खतरनाक साजिशों के खिलाफ संघर्ष न किया तो जम्मू के साथ लद्दाख का भविष्य भी गर्त में चला जाएगा।

जम्मू क्षेत्र में विरोध की चिनगारियाँ सुलगने लगीं, परंतु इस भारत समर्थक माहौल को दिशा देने और देशभक्त जनता को संगठन सूत्र में बाँधने के लिए कोई सक्षम राजनीतिक दल नहीं था। जम्मू क्षेत्र में राष्ट्रीय स्वयंसेवक संघ ही एक ऐसी गैर-राजनीतिक सामाजिक संस्था थी, जो जम्मू क्षेत्र, विशेषतया हिंदू समाज का नेतृत्व कर सकती थी। अतः शेख अब्दुल्ला की इकतरफा इस्लामिक मनोवृत्ति, जम्मू-कश्मीर को आजाद मुल्क बनाने के षड्यंत्र, जम्मू के हिंदुओं के उत्पीड़न और जम्मू को बचाकर रखने की आवश्यकता के गहरे मंथन में से निकलकर सामने आई थी एक प्रचंड सत्याग्रह की योजना।

प्रजा परिषद् का गठन

जम्मू के एक देशभक्त और निष्ठावान नेता पंडित प्रेमनाथ डोगरा की जम्मू स्थित कोठी में 9-11-1947 को हिंदू नेताओं की एक विचार-बैठक संघ की कश्मीर इकाई के प्रमुख प्रो. बलराज मधोक की अध्यक्षता में हुई। दो दिन तक चली इस चिंतन-बैठक में जम्मू की जनता की आवाज बुलंद करने के लिए 'प्रजा परिषद्' राजनीतिक संगठन की स्थापना की गई। परिस्थितियाँ तेज गति के साथ बदल रही थीं। राष्ट्रीय स्वयंसेवक संघ के प्राय: सभी प्रचारक प्रजा परिषद् के संगठन को गाँवों तक पहुँचाने के लिए कार्य में जुट गए। पंडित प्रेमनाथ डोगरा, श्यामलाल शर्मा और दुर्गादास वर्मा को क्रमश: अध्यक्ष, संगठन मंत्री और महासचिव का पदभार सौंपा गया। इसी तरह संघ की कश्मीर इकाई के अनेक स्वयंसेवक एवं प्रचारक भी इस राष्ट्रीय यज्ञ में अपनी आहुतियाँ देने के लिए तैयार हो गए। उल्लेखनीय है कि इस समय पूरे जम्मू संभाग में दूरदराज के गाँवों तक फैल चुके प्रजा परिषद् आंदोलन के मुख्य सूत्रधार, संगठन मंत्री और प्रचारक प्रमुख की जिम्मेदारी युवा संघ प्रचारक भगवत स्वरूप के कंधों पर थी।

प्रजा परिषद् ने अपने जन्मकाल 9 नवंबर, 1947 से लेकर नवंबर 1952 तक प्रदर्शनों, जलसों, जनसभाओं इत्यादि के माध्यम से जम्मू की आवाज को बुलंद किया। नेशनल कॉन्फ्रेंस की भेदभावपूर्व नीतियों का पर्दाफाश होने लगा। जम्मू-कश्मीर राज्य को भारत के शेष प्रांतों की श्रेणी में लाने की माँग उठाई जाने लगी। परंतु इस प्रकार के प्रयासों और साधारण संघर्ष का शेख की सरकार पर तनिक भी असर नहीं हुआ। इसलिए जम्मू संभाग समेत भारत के अन्य प्रांतों, विशेषतया दिल्ली में प्रचंड सत्याग्रह की जरूरत महसूस की गई। इस योजना के अंतर्गत नवंबर 1952 से अप्रैल 1953 तक चार चरणों में सफल सत्याग्रह किया गया।

प्रजा परिषद् के अध्यक्ष पंडित प्रेमनाथ डोगरा के नेतृत्व में 21 नवंबर, 1952 को जम्मू में सत्याग्रह का पहला चरण प्रारंभ हुआ। जम्मू संभाग के सभी जिलों और तहसील केंद्रों पर गिरफ्तारियाँ दी गईं। 'एक देश में दो विधान, दो प्रधान, दो निशान नहीं चलेंगे, नहीं चलेंगे' के उद्घोष आकाश में गूँज उठे। शेख की पुलिस ने सत्याग्रहियों पर जुल्म ढाने में कोई कसर नहीं छोड़ी। देश की रक्षा के लिए शुरू हुए इस दूसरे स्वतंत्रता आंदोलन में लोगों ने तन-मन-धन के साथ अपना खून और कुरबानियाँ देने में भी कोई कसर नहीं छोड़ी।

तिरंगे के लिए शहादतें

प्रजा परिषद् के नेताओं ने आंदोलन तेज कर दिया। आंदोलनकारियों के जख्मों पर नमक छिड़कने के लिए सरकार ने जम्मू के सचिवालय और प्राचीन किले पर

लहरानेवाला महाराजा का झंडा उतारकर जला डाला और उसके स्थान पर लाल रंग का रियासती झंडा फहरा दिया। लोगों के सब्र का बाँध फूट गया। अपने हाथों में तिरंगा लेकर सत्याग्रहियों के जत्थे निकलने लगे। हिंदू नेताओं ने सरकारी भवनों और सार्वजनिक स्थानों पर तिरंगे फहराने शुरू कर दिए। इस आंदोलन रूपी राष्ट्रयज्ञ में पहली आहुति दी छंब क्षेत्र के मेलाराम ने। यह युवक अपने साथियों के साथ सारे शहर में प्रदर्शन करता हुआ कचहरी जा पहुँचा। इस देशभक्त ने जैसे ही कचहरी की छत पर तिरंगा फहराया, उसे गोलियों से भून डाला गया। इसी तरह हीरानगर के तहसील कार्यालय पर तिरंगा फहराने पर पुलिस ने दो युवकों, माखन सिंह और बिहारी लाल को गोलियों से छलनी कर दिया। पुलिस ने दोनों शहीदों के शवों को घसीटते हुए रावी नदी के किनारे फेंका और मिट्टी का तेल डालकर जला डाला। इससे आंदोलन और भी गरमा गया।

'अखंड भारत अमर रहे' और 'कश्मीर को पाकिस्तान नहीं बनने देंगे' के उद्घोष के साथ देश की बलिवेदी पर शहीद होने की होड़ लग गई। ज्यौड़ियाँ तहसील के नहते गाँव के करीब 60 युवक अपने गले में राष्ट्रपति राजेंद्र प्रसाद के चित्र डालकर, हाथों में तिरंगा लेकर जैसे ही आगे बढ़े, पुलिस ने बिना किसी चेतावनी के गोलियाँ दागनी शुरू कर दीं। छह युवक शहीद हो गए। शेष लहूलुहान हो गए। इनके परिवारों में जाकर कश्मीर मिलीशया के बर्बर अत्याचारियों ने गुंडागर्दी की सारी हदें पार कर दीं। 'एक विधान, एक प्रधान, एक निशान' की प्राप्ति के लिए छिड़े आंदोलन में जी जान से कूदनेवाले राष्ट्रभक्तों की संख्या बढ़ती गई और सरकारी दमनचक्र भी भीषण रूप लेता गया। हजारों सत्याग्रही जेल के सींखचों में बंद कर दिए गए। श्रीनगर जेल में दो खूँखार पठान कैदियों अली अहमद और पैंदे खाँ को नंबरदार बना रखा था। इन दोनों ने देशभक्त सत्याग्रहियों के साथ ऐसे पाशविक कृत्य किए, जिन्हें लिखा नहीं जा सकता।

प्रजा परिषद् के अनेक नेताओं ने दिल्ली जाकर प्राय: सभी राजनीतिक दलों के नेताओं, प्रमुख सांसदों, केंद्रीय मंत्रियों और समाचार-पत्रों को जम्मू क्षेत्र में हो रहे सरकारी जुल्मों की जानाकरी दी, किंतु उन्होंने सारी दुखद कथा सुनने के बाद भी शेख की करतूतों पर अंकुश लगाने के लिए कोई संवैधानिक कदम नहीं उठाया। नेहरू ने तो एक प्रेस वार्त्ता में यहाँ तक कह दिया—"अगर मैं शेख के स्थान पर होता तो इससे भी ज्यादा सख्ती करता।"

पंडित नेहरू ने डॉ. मुखर्जी पर ही संदेह व्यक्त कर दिया। कोई भी समझौता

अथवा रास्ता दिखाई न देने पर डॉ. मुखर्जी ने बिना परमिट जम्मू-कश्मीर में प्रवेश करने का फैसला कर लिया। उनकी इस घोषणा में देश की अखंडता के लिए बलिदान देने की उमंग स्पष्ट झलकती थी।

9 मई, 1953 को प्रात: 6:30 बजे डॉ. मुखर्जी रेलगाड़ी से अपने चंद साथियों, जिनमें अटल बिहारी वाजपेयी भी थे, के साथ जम्मू के लिए रवाना हुए। रास्ते में प्रत्येक स्टेशन पर उनका जोरदार स्वागत हुआ। 'परमिट सिस्टम तोड़ दो', 'कहाँ मिलेंगे जम्मू में', 'एक देश में दो विधान, दो प्रधान, दो निशान नहीं रहेंगे, नहीं रहेंगे', इत्यादि नारों से आकाश गूँजने लगा। डॉ. मुखर्जी ने अमृतसर और पठानकोट में विशाल जनसभाओं को संबोधित किया। अपने दो दिन के पंजाब प्रवास के बाद वे 11 मई को अमृतसर से पठानकोट पहुँचे। गुरुदासपुर के उपायुक्त ने सूचना दी कि सरकार ने उन्हें बिना परमिट जम्मू जाने की इजाजत दे दी है, परंतु जब वे अपने साथियों सहित जम्मू की सीमा रावी नदी के किनारे लखनपुर पहुँचे तो कश्मीर मिलीशया पुलिस ने उन्हें गिरफ्तार कर लिया। डॉ. मुखर्जी ने अटल बिहारी वाजपेयी से कहा, "वापस जाओ और सारे देश को बताओ कि मैंने बिना परमिट जम्मू-कश्मीर में प्रवेश कर लिया है, परंतु एक कैदी की हैसियत से।"

डॉ. श्यामा प्रसाद मुखर्जी को गिरफ्तार कर सीधा श्रीनगर की जेल में डाल दिया गया। किसी सचिव, सहायक, निजी चिकित्सक को उनके साथ नहीं रखा गया। जेल की काल कोठरी में डॉ. मुखर्जी को एकांत में रखा गया। डॉक्टरजी बीमार हो गए। उनकी बीमारी का समाचार बाहर नहीं आने दिया गया। सारे देश में हाहाकार मच गया। देशभर से रोज सैकड़ों सत्याग्रही बिना परमिट के जम्मू-कश्मीर में घुसने लगे। दिल्ली और कोलकाता में विशाल प्रदर्शन हुए। शेख अब्दुल्ला की देशघातक करतूतों की कलई खुलने लगी। पूरे भारत में प्रजा परिषद् और जनसंघ के झंडे फहराने लगे।

डॉ. मुखर्जी समेत पूरे देश में लाखों देशभक्तों की गिरफ्तारी से पंडित नेहरू की शेख के साथ कुटिल दोस्ती पर उँगलियाँ उठने लगीं। शेख की पाकिस्तान के इशारे पर भारत विरोधी षड्यंत्र रचने की भी पोल खुली। प्रजा परिषद् का आंदोलन इतना प्रचंड और देशव्यापी हो गया कि भारत सरकार काँप उठी। डॉ. मुखर्जी को जेल में ज्यादा देर तक रखना गैरकानूनी साबित होने लगा। पंडित नेहरू जब प्रजा परिषद् के नेताओं से बात करने को तैयार हुए तो शेख अब्दुल्ला तैश में आ गए। तब अचानक 23 जून, 1953 को प्रात: रेडियो से समाचार आया कि डॉ. श्यामा प्रसाद मुखर्जी का निधन हो गया है। सारे देश में दुख की लहर-व्याप्त हो गई। लोग कराह उठे।

डॉ. श्यामा प्रसाद मुखर्जी को शेख अब्दुल्ला ने जेल में मरवा दिया, उन्हें जहर का टीका लगाकर समाप्त कर दिया गया, इस प्रकार की शंकाएँ चारों ओर उठने लगीं।

डॉ. मुखर्जी की रहस्यमय परिस्थितियों में हुई मृत्यु ने पंडित नेहरू को भी झकझोर दिया। उनके बलिदान ने नेहरू सरकार को झुका दिया। नेहरूजी ने जनसंघ और प्रजा परिषद् के नेताओं के साथ बातचीत की। नेहरू ने आंदोलन वापस लेने की सीधी अपील कर दी। प्रजा परिषद् के नेताओं को सरकार की कश्मीर नीति में परिवर्तन कर भारत-द्रोहियों को दंड देने के आश्वासन दिए गए। 7 जुलाई, 1953 को पंडित प्रेमनाथ डोगरा ने आंदोलन समाप्त करने की घोषणा की। पंडित नेहरू ने अपने मित्र शेख की देश-विरोधी हरकतों पर अफसोस जाहिर किया। शेख को गिरफ्तार कर जेल के सींखचों में बंद कर दिया गया। कश्मीर संविधान सभा ने एक प्रस्ताव पारित कर जम्मू-कश्मीर का भारत में विलय करने की घोषणा की। 'परमिट सिस्टम' समाप्त कर दिया गया। सदर-ए-रियासत और वजीर-ए-आला के स्थान पर राज्यपाल और मुख्यमंत्री पद नाम स्वीकार किए गए।

इसी तरह डॉ. मुखर्जी ने भारत विरोधी, विघटनकारी और पाकिस्तानपरस्त शक्तियों से लोहा लिया। वे भारत माँ के मुकुट कश्मीर को पाकिस्तानी शिकंजे में जाने से राकने में सफल हुए। अखंड भारत के लिए वीरगति प्राप्त करनेवाले शहीद डॉ. मुखर्जी ने यह सिद्ध कर दिया कि यदि भारत की जनता और नेता एकजुट होकर पूरी ताकत से देशद्रोहियों का प्रतिकार करें तो विदेश प्रेरित शक्तियाँ अवश्य परास्त होंगी।

हैदराबाद रियासत के लिए सहयोग

भारत विभाजन के पहले ही 11 जून, 1947 को हैदराबाद रियासत के निजाम ने अपनी रियासत को 'आजाद राज्य' घोषित कर दिया था। उस समय हैदराबाद रियासत में वर्तमान आंध्र प्रदेश के तेलंगाना, कर्नाटक तथा महाराष्ट्र का कुछ क्षेत्र शामिल थे। इस रियासत में 90 प्रतिशत जनसंख्या हिंदू थी। 'स्वतंत्र राज्य' की इकतरफा घोषणा के साथ ही कट्टरपंथी मुसलिम नवाब ने अपनी 40 हजार सेना एवं करीब 2 लाख रजाकारों को हिंदुओं पर भीषण अत्याचार करने की खुली छूट दे दी। इन अत्याचारों का वर्णन नवाब की कार्यकारी परिषद् के एक सदस्य जे.वी. जोशी ने इस तरह किया है—"परभणी और नांदेड़ जिला में पूरी तरह आतंक छाया हुआ है। मैंने अपनी आँखों से विनाश लीला देखी है। मैं रो पड़ा यह देखकर कि हिंदुओं की हत्या कर उनकी आँखें निकाल ली गईं। महिलाओं के साथ बलात्कार किया गया। भारी संख्या में घरों को जलाकर राख कर दिया गया।" इन रजाकारों

का साथ अधिकांश कम्युनिस्ट दे रहे थे। रजाकारों को हथियारों की मदद भी पहुँचाई जा रही थी। भारत के गृहमंत्री सरदार पटेल ने चिंता जाहिर करते हुए मध्य प्रदेश के मुख्यमंत्री पं. रविशंकर शुक्ल तथा गृहमंत्री द्वारका प्रसाद मिश्र से बातचीत करके समाधान तलाशने का प्रयास किया। तत्पश्चात् राष्ट्रीय स्वयंसेवक संघ के प्रांत संघचालक बापू साहब सोहनी के साथ मिलकर स्वयंसेवकों की तैनाती की योजना बनाई गई। संघ के जवानों, आर्यसमाज एवं अन्य हिंदू संगठनों के संयुक्त प्रतिकार के फलस्वरूप रजाकारों द्वारा हिंदुओं के बलात् पलायन करवाने की साजिश पूरी तरह विफल हो गई।

इसी समय सरदार पटेल के आदेशानुसार भारतीय फौज ने हैदराबाद में प्रवेश करके मात्र दो दिन की सैनिक कार्रवाई करके निजाम की सेना और रजाकारों को धूल चटा दी। संघ के स्वयंसेवकों ने भारतीय सैनिकों का भरपूर सहयोग किया। 48 घंटे के इस संघर्ष में 10 भारतीय सैनिक शहीद हुए तथा 1200 रजाकार मारे गए। 14 सितंबर, 1948 को हैदराबाद रियासत का भारत में विलय हो गया। रियासत का नवाब पाकिस्तान भाग गया। सरदार पटेल के तुरंत निर्णय एवं संघ के स्वयंसेवकों के संगठनात्मक सहयोग से यह विजयी इतिहास रचा गया।

गोवा स्वातंत्र्य-आंदोलन में संघ

1947 में भारत के स्वतंत्र होने के बावजूद 450 वर्ष पहले पुर्तगाल के कब्जे में चले गए गोवा, दमन-द्वीप तथा नागर हवेली दादरा इत्यादि भारतीय क्षेत्र स्वतंत्र नहीं हो सके। अत: इन क्षेत्रों की स्वतंत्रता के लिए राष्ट्रीय स्वयंसेवक संघ ने 1954 में गठित 'सर्वदलीय मुक्ति आंदोलन' को प्रबल समर्थन दिया। इससे भी आगे बढ़ते हुए संघ के स्वयंसेवकों ने 'आजाद गोमांतक दल' बना कर गोवा की मुक्ति के लिए अपनी सारी शक्ति झोंक दी। 25 जून, 1955 को संघ के एक वरिष्ठ प्रचारक जगन्नाथ राव जोशी के नेतृत्व में लगभग पचास स्वयंसेवकों के एक जत्थे ने सत्याग्रह किया। इन शांत आंदोलनकारियों पर गोवा की पुलिस ने जमकर लाठियाँ भाँजी। मथुरा शाखा के एक स्वयंसेवक अमीरचंद गुप्त की पुलिस द्वारा की गई गोलीबारी में शहादत हो गई। उस जत्थे के नेता जगन्नाथ राव जोशी को 20 वर्ष की जेल का दंड दिया गया। उसी तरह गोवा की राजधानी पणजी के सचिवालय में 1955 में पहली बार तिरंगा झंडा फहराने पर एक स्वयंसेवक को लिस्वन (पुर्तगाल) की जेल में 16 वर्ष तक का कठोर कारावास भुगतना पड़ा।

तिरंगे को झुकने नहीं दिया

राष्ट्रीय स्वयंसेवक संघ के दिल्ली प्रांत प्रचारक बसंत राव ओक ने 15 अगस्त, 1955 को सबसे बड़े सत्याग्रही जत्थे का नेतृत्व किया। गोवा पुलिस ने बिना कोई चेतावनी दिए गोली वर्षा कर दी। तीन-चार गोलियाँ खाने के बाद भी उन्होंने तिरंगा नहीं छोड़ा। अंत में उनके गिरने के तुरंत बाद सागर (मध्य प्रदेश) की महिला सत्याग्रही सहोदरा देवी ने तिरंगा झंडा अपने हाथों में थाम लिया। यह सत्याग्रही बहन इतनी बहादुर थी कि इसने बाएँ हाथ पर गोली लगने के पश्चात् दाएँ हाथ में तिरंगे को थाम लिया। एक ओर गोली लगने से जब यह बहन अचेत होकर गिर पड़ी तो उज्जैन के जिला संघ प्रचारक राजाभाऊ महाकाल ने भारतमाता की जय के उद्घोष के साथ तिरंगा झंडा सँभाल लिया। गोवा पुलिस की ताबड़-तोड़ गोलीवर्षा के कारण राजाभाऊ महाकाल नीचे गिर गए। तिरंगे को एक अन्य सत्याग्रही स्वयंसेवक ने पकड़ा और सत्याग्रहियों को आगे बढ़ने के लिए कहा। जिला प्रचारक महाकाल शहीद हो गए, परंतु खून से लथपथ होते हुए भी अंतिम क्षण तक भारतमाता की जय के नारे लगाते रहे।

सरकार ने किया अभिनंदन

राष्ट्रीय स्वयंसेवक संघ के एक और प्रचारक को 24 वर्ष का कठोर कारावास दिया गया। उन्होंने भी पुर्तगाल जेल में अमानुषिक अत्याचारों का सामना किया। अंततः 18 दिसंबर, 1961 को भारत की फौज ने गोवा पर आक्रमण करके इसे स्वतंत्र करवा लिया। उसी प्रकार दादर नगर हवेली भी पुर्तगाली उपनिवेश था। 2 अगस्त, 1954 को पूना के संघचालक विनायकराव आप्टे के नेतृत्व में लगभग 100 दंडधारी स्वयंसेवकों ने धावा बोल दिया। यह हमला यद्यपि लाठियों से ही किया गया था, परंतु एक सोची-समझी गुरिल्ला रणनीति के साथ हुए इस अचानक हमले से घिरे पुर्तगाल के सशस्त्र पुलिस दल ने हथियार उठाकर समर्पण कर दिया। सशस्त्र जवानों का दंडधारी स्वयंसेवकों के समक्ष यह अपनी तरह का पहला उदाहरण था। सचिवालय पर तिरंगा झंडा फहरा दिया गया। यह क्षेत्र भी स्वतंत्र होकर भारत का हिस्सा बन गया। सिलवासा के नागरिको ने 2 अगस्त, 1976 को स्वतंत्रता की रजतजयंती मनाकर स्वयंसेवकों का सार्वजनिक अभिनंदन किया। 1987 में इन देशभक्त स्वयंसेवकों का महाराष्ट्र की सरकार ने स्वतंत्रता संग्राम के सेनानियों की तरह सम्मानित किया।

गो-रक्षा हस्ताक्षर अभियान

गाय हमारे राष्ट्रजीवन का एक महत्त्वपूर्ण आस्था-केंद्र है। विशाल हिंदू समाज में गाय को माँ का सम्मान प्राप्त है। स्वतंत्रता संग्राम के प्रायः सभी योद्धाओं ने स्वतंत्रता-प्राप्ति के पश्चात् 'गो-हत्या' पर पूर्ण प्रतिबंध लगाने की बात कही थी। भारतीय संविधान के निदेशक सिद्धांतों में भी 'गोरक्षा' की व्यवस्था पर बल दिया गया है। परंतु गोरक्षा का राष्ट्रीय मुद्दा सरकार की तुष्टीकरण नीति का शिकार हो गया। संघ के विचारानुसार—"हमारे राष्ट्रीय मान-बिंदुओं को अपमानित करके हमारे स्वाभिमान पर चोट करने के उद्देश्य से विदेशी आक्रांताओं ने अतीत में गोवध प्रारंभ किया था। स्वराज्य के आगमन के साथ हमें विदेशी दासता के इन सब अवशिष्ट कलंकों को धो डालना चाहिए।" अतः संघ ने पूरे देश में 'गोत्या विरोधी आंदोलन' शुरू किया। यह आंदोलन एक मास तक चला। स्वयंसेवकों ने घर-घर जाकर 1,75,39813 वयस्क नागरिकों के हस्ताक्षर एकत्र करके राष्ट्रपति महोदय को सौंपे। हस्ताक्षर करनेवालों में लाखों मुसलमान बंधुओं के साथ उच्चतम न्यायालय के पूर्व न्यायधीश फजल अली भी शामिल थे। यह हस्ताक्षर अभियान विश्व का सबसे बड़ा आंदोलन था।

राष्ट्रीय संकट की घड़ी में संघ

विदेशी आक्रमणों के समय संघ के स्वयंसेवकों ने न केवल देश के भीतर प्रशासनिक व्यवस्थाओं में पूरा सहयोग किया अपितु सीमावर्ती इलाकों में जाकर सेना के जवानों की यथासंभव सहायता भी की। 1962 में चीन के भारत पर हुए हमले के समय संघ के स्वयंसेवकों ने आसाम के तेजपुर जिले में चीन के 'रैड्ड गार्डज़' को रोकने के लिए भारतीय सैनिकों की तीन दिन तक मदद की। चीनी हमले के समय स्वयंसेवकों के सेवा कार्यों से प्रभावित होकर तत्कालीन प्रधानमंत्री पंडित जवाहर लाल नेहरू ने 26 जनवरी, 1963 को गणतंत्र दिवस की परेड में भाग लेने का निमंत्रण दिया और उस अल्प सूचना पर भी दिल्ली के 3500 से ज्यादा गणवेशधारी स्वयंसेवकों ने एक अनुशासित सैनिक रेजिमेंट की तरह सरकारी मार्च में भाग लिया। संघ की बैंड वाहिनी ने तो सैन्य अधिकारियों को आश्चर्यचकित कर दिया।

1965 में हुए पाकिस्तानी हमले के समय प्रधानमंत्री लाल बहादुर शास्त्री के विशेष निमंत्रण पर श्रीगुरुजी ने दिल्ली में आयोजित सुरक्षा बैठक में संघ के पूर्ण सहयोग का आश्वासन दिया। स्वयंसेवकों ने सैनिकों के लिए रक्तदान, भोजन, दूध,

फल इत्यादि की व्यवस्था के साथ यातायात नियंत्रण जैसी जिम्मेदारियाँ भी निभाईं। इसी तरह 1971 के पाकिस्तानी आक्रमण के समय भी स्वयंसेवकों ने अपने राष्ट्रीय कर्तव्य को निभाया। पंजाब की सीमा पर तैनात जवानों के पास बारूद की पेटियाँ पहुँचाने के काम से प्रभावित होकर जनरल कुलवंत सिंह ने कहा था—"राष्ट्रीय स्वयंसेवक संघ पंजाब की खड्गयुक्त भुजा है।"

□

15

राष्ट्रीय स्वाभिमान की पुनर्प्रतिष्ठा के लिए संघर्षरत वीरव्रती-स्वयंसेवक

अपने देश पर आनेवाली प्रत्येक विपत्ति को संघ ने एक चुनौती के रूप में स्वीकार किया है। 'संघ पीछे और ध्येय आगे' के सिद्धांत पर चलते हुए अपने राष्ट्र के लिए हर प्रकार की कुरबानियाँ देनेवाले स्वयंसेवकों ने अपने नाम की डफली कभी नहीं बजाई। 1975 में थोपे गए आपातकाल के विरुद्ध जनांदोलन की भूमिगत व्यवस्था, सत्याग्रह, जेलों में यातनाएँ, जनता पार्टी का निर्माण, चुनाव की तैयारी के बाद लोकतंत्र का पुनर्जन्म, इस सारी श्रृंखला में संघ की ठोस भूमिका रही। 'श्रीरामजन्म भूमि स्वातंत्र्य आंदोलन' की सफलता के लिए संघ का महत्त्वपूर्ण योगदान सर्वविदित है। अमरनाथ धाम के हिंदू यात्रियों के लिए कश्मीर में आबंटित भूमि के मुद्दे पर हिंदुत्व विरोधी पाक समर्थक तत्त्वों ने बवाल किया तो संघ ने संघर्ष-समिति के नेतृत्व में दो महीने तक प्रचंड आंदोलन करके राष्ट्रीय स्वाभिमान की रक्षा की। स्वयंसेवक राष्ट्र मंदिर की नींव बन रहे हैं, कलश नहीं।

भारतीय लोकतंत्र के इतिहास में 1975 में एक काला अध्याय जुड़ गया, जब देश की तत्कालीन प्रधानमंत्री श्रीमती इंदिरा गांधी ने सभी संवैधानिक व्यवस्थाओं, राजनीतिक शिष्टाचार तथा सामाजिक मर्यादाओं को ताक पर रखकर मात्र अपनी सत्ता बचाने के लिए 'आपातकाल' की घोषणा कर दी। इंदिरा गांधी द्वारा भारत के 25 वर्षीय युवा लोकतंत्र की हत्या करना निंदनीय एवं अक्षम्य अपराध था। उस समय इंदिरा गांधी की अधिनायकवादी नीतियों, भ्रष्टाचार की पराकाष्ठा और सामाजिक अव्यवस्था के विरुद्ध सर्वोदयी नेता जयप्रकाश नारायण के नेतृत्व में

'समग्र क्रांति' आंदोलन चल रहा था। राष्ट्रीय स्वयंसेवक संघ, जनसंघ तथा अखिल भारतीय विद्यार्थी परिषद् के पूर्ण समर्थन मिलने से यह आंदोलन एक संगठित देशव्यापी आंदोलन बन गया।

25 वर्षीय युवा लोकतंत्र की हत्या

उन्हीं दिनों श्रीमती इंदिरा गांधी के खिलाफ 'चुनाव में भ्रष्ट तौर तरीके' अपनाने के आरोप में चल रहे एक केस में उत्तर प्रदेश हाई कोर्ट की इलाहाबाद खंडपीठ ने इंदिराजी को सजा देकर छह वर्षों के लिए राजनीति से बेदखल कर दिया था। इस तरह उनके पास प्रधानमंत्री की कुरसी छोड़ने के अतिरिक्त अन्य कोई भी उपाय नहीं रहा। कोर्ट के फैसले से बौखलाई इंदिरा गांधी ने बिना केंद्रीय मंत्रीमंडल की स्वीकृति एवं कांग्रेस कार्यकारिणी की राय लिए सीधे राष्ट्रपति महोदय से मिलकर सारे देश में 'इमरजेंसी' लागू करवा दी। इस इकतरफा एवं निरंकुश आपातकाल के सहारे देश के सभी गैर-कांग्रेसी राजनीतिक दलों, कई सामाजिक संस्थाओं, राष्ट्रवादी शैक्षणिक संस्थाओं, समाचार-पत्रों, वरिष्ठ पत्रकारों/नेताओं को काले कानून के शिकंजे में जकड़ दिया गया। डी.आई.आर. (डिफेंस ऑफ इंडिया रूल) तथा मीसा (मेंटेनेंस ऑफ इंटर्नल सिक्युरिटी ऐक्ट) जैसे सख्त कानूनों के अंतर्गत लोकनायक जयप्रकाश नारयण, अटल बिहारी वाजपेयी, लालकृष्ण आडवाणी, प्रकाश सिंह बादल, समाजवादी नेता सुरेंद्र मोहन, संघ के सरसंघचालक बाला साहब देवरस समेत हजारों संघ अधिकारियों को 25 जून, 1975 की रात्रि को गिरफ्तार करके जेलों में बंद कर दिया गया। न्यायपालिका को प्रतिबंधित तथा संसद् को पंगु बनाकर प्रचार के सभी माध्यमों पर सैंसरशिप की क्रूर कैंची चला दी गई। संविधान द्वारा प्रदत्त सभी अधिकारों को एक झटके से छीन लिया गया।

संघ ने चुनौती स्वीकार की

इस समय देश में राष्ट्रीय स्वयंसेवक संघ ही एकमात्र संगठित शक्ति थी, जो इंदिरा गांधी की तानाशाही के साथ टक्कर लेकर उसे धूल चटा सकती थी। उस संभावित प्रतिकार के मद्देजनर इंदिराजी ने संघ पर प्रतिबंध लगा दिया। मात्र दिखावे के लिए और भी छोटी-मोटी 20 संस्थाओं को प्रतिबंध की लपेट में ले लिया गया। देशभर में संघ-कार्यालयों पर ताले ठोक दिए गए। किसी भी ओर से विरोध का एक भी स्वर न उठने से उत्साहित हुई इंदिरा गांधी ने सभी प्रांतों के पुलिस अधिकारियों को संघ के सक्रिय कार्यकर्ताओं की धर-पकड़ तेज करने के आदेश दिए। संघ के

भूमिगत नेतृत्व ने उस चुनौती को स्वीकार करके समस्त भारतीयों के लोकतांत्रिक अधिकारों की रक्षा करने का बीड़ा उठाया और एक राष्ट्रव्यापी अहिंसक जनांदोलन के प्रयास में जुट गए। थोड़े ही दिनों में देशभर की सभी शाखाओं के तार भूमिगत केंद्रीय नेतृत्व के साथ जुड़ गए। आपातकाल लगने के पश्चात् मात्र दो महीने में ही एक प्रचंड जनांदोलन की शुरुआत हो गई।

जनांदोलन की भूमिगत व्यवस्था

राष्ट्रीय स्वयंसेवक संघ के भूमिगत नेतृत्व (संघचालक, कार्यवाह, प्रचारक) एवं संघ के विभिन्न आनुषंगिक संगठनों जनसंघ, विद्यार्थी परिषद्, विश्व हिंदू परिषद् मजदूर संघ इत्यादि लगभग तीस संगठनों ने भी इस आंदोलन को सफल बनाने हेतु अपनी ताकत झोंक दी। संघ के भूमिगत नेतृत्व ने गैर-कांग्रेसी राजनीतिक दलों, निष्पक्ष बुद्धिजीवियों एवं विभिन्न विचार के लोगों को भी एक मंच पर एकत्र कर दिया। सबसे बड़ी शक्ति होने पर भी संघ ने अपने संगठन की सर्वश्रेष्ठ परंपरा को नहीं छोड़ा। संघ ने नाम और प्रसिद्धि से दूर रहते हुए राष्ट्रहित में काम करने की अपनी श्रेष्ठता को बनाए रखते हुए यह जनांदोलन लोकनायक जयप्रकाश द्वारा घोषित 'लोक संघर्ष समिति' तथा 'छात्र युवा संघर्ष समिति' के नाम से ही चलाया। लोकतंत्र की हत्या करनेवाली सरकार के विरुद्ध सफलतापूर्वक संपन्न हुए इस जनांदोलन के कई प्रकार के भूमिगत एवं प्रत्यक्ष रूप थे। संगठनात्मक बैठकें, जनजागरण हेतु साहित्य का प्रकाशन तथा वितरण, संपर्क की योजना, सत्याग्रहियों की तैयारी, सत्याग्रह का स्थान, प्रत्यक्ष सत्याग्रह, जेल गए कार्यकर्ताओं के परिवारों की चिंता-सहयोग, प्रशासन एवं पुलिस की रणनीति की टोह लेने के लिए स्वयंसेवकों का गुप्तचर विभाग इत्यादि अनेक कामों में संघ के भूमिगत नेतृत्व ने अपने संगठन-कौशल का परिचय दिया।

सत्याग्रही स्वयंसेवक जेल में

इस आंदोलन में भाग लेकर जेल जानेवाले सत्याग्रही स्वयंसेवकों की संख्या लगभग दो लाख थी। सभी आयुवर्ग के स्वयंसेवकों ने गिरफ्तारी से पूर्व और बाद में पुलिस के 'लौकअप' में प्रताड़ना एवं यातनाएँ सहीं, पर अपने ध्येय मार्ग से जरा भी विचलित नहीं हुए। उल्लेखनीय है कि पूरे भारत में संघ के प्रचारकों की संख्या उस समय 1356 थी। अन्य क्षेत्रों के प्रचारक उसमें शामिल नहीं हैं। इनमें से मात्र 189 को ही पुलिस पकड़ सकी। शेष भूमिगत रहकर आंदोलन का संचालन करते रहे।

विदेशों में भी स्वयंसेवकों ने प्रत्यक्ष वहाँ जाकर एमरजेंसी को वापस लेने का दबाव बनाने का सफल प्रयास किया। लगभग सारे देश में संघ का काम विभिन्न नामों से पहले ही चल रहा था। विदेशों में इन कार्यकर्ताओं ने 'भारतीय स्वयंसेवक संघ' तथा 'फ्रेंडस ऑफ इंडिया सोसायटी' के नाम से विचार-गोष्ठियाँ इत्यादि के माध्यम से साहित्य वितरण जैसे अनेक कामों को अंजाम दिया। विदेशों में आपातकाल के विरुद्ध जनमत निर्माण करने के काम में डॉ. सुब्रह्मण्यम स्वामी ने भी अपनी खास भूमिका निभाई थी। संघ के चार-पाँच प्रचारकों ने गुप्त रूप से विदेशों में जाकर भारत में हो रहे सरकारी अत्याचारों की जानकारी दी।

संघ ने ठुकराई इंदिरा गांधी की पेशकश

जब देश और विदेश दोनों जगह संघ की अनवरत तपस्या से आपातकालीन सरकारी जुल्मों की पोल खुलनी शुरू हुई और इंदिरा गांधी का सिंहासन डोलने लगा तो उसी समय रामधारी सिंह दिनकर की एक कविता 'सिंहासन खाली करो कि जनता आती है' ने उस जनांदोलन की आग को और भी प्रज्वलित कर दिया। तब चारों ओर से पराजित सी इंदिरा गांधी ने संघ के भूमिगत नेतृत्व एवं जेलों में बंद नेतृत्व के साथ एक प्रकार की राजनीतिक सौदेबाजी करने का विफल प्रयास किया। संघ के अधिकारियों के पास संदेश भेजा गया—"संघ से प्रतिबंध हटाकर सभी एक लाख से अधिक स्वयंसेवकों को जेलों से मुक्त किया जा सकता है, यदि संघ इस आंदोलन से अलग हो जाए।" परंतु संघ ने आपातकाल हटाकर लोकतंत्र की बहाली से कम कुछ भी स्वीकार करने से साफ मना कर दिया। इंदिराजी के पास स्पष्ट संदेश भेज दिया गया—"यह जनांदोलन लोकनायक जयप्रकाश नारायण के नेतृत्व में 'लोकसंघर्ष समिति एवं छात्र युवा संघर्ष समिति' ने किया है। समस्त देश की जनता के इस आंदोलन का संघ ने समर्थन किया है तथा जब तक लोकतंत्र की बहाली नहीं हो जाती, यह जनांदोलन जारी रहेगा। हम देशवासियों के साथ विश्वासघात नहीं कर सकते। हमारे लिए देश पहले है, संगठन बाद में।' इस उत्तर से इंदिरा के होश उड़ गए।

संघ के प्रयासों से बनी जनता पार्टी

अंत में देश में हो रहे प्रचंड विरोध एवं विश्वस्तरीय दबाव के कारण आम चुनाव की घोषणा कर दी गई। इंदिराजी ने समझा था कि बिखरा हुआ विपक्ष एकजुट होकर चुनाव नहीं लड़ सकेगा, परंतु संघ ने इस चुनौती को भी स्वीकार करके सभी

विपक्षी पार्टियों को अर्थात् लोकतांत्रिक शक्तियों को एकत्र करने जैसे अतिदुसह्य कार्य को भी कर दिखाया। संघ के दो वरिष्ठ अधिकारियों प्रो. राजेंद्र सिंह (रज्जू भैया) और दत्तोपंत ठेंगड़ी ने प्रयत्नपूर्वक चार बड़े राजनीतिक दलों को अपने दलगत स्वार्थों से ऊपर उठकर एक मंच पर आने के लिए तैयार कर लिया, फलत: सभी दल 'जनता पार्टी' के रूप में चुनाव में उतरने को तैयार हो गए।

चुनाव के समय जनसंघ को छोड़कर किसी भी दल के पास कार्यकर्ता नाम की कोई चीज नहीं थी। सभी के संगठनात्मक ढाँचे शिथिल पड़ चुके थे। इस कमी को भी संघ ने पूरा किया। लोकतंत्र की रक्षा हेतु संघर्षरत स्वयंसेवकों ने अब चुनाव के संचालन का बड़ा उत्तदायित्व भी सँभाल लिया। प्रतिष्ठित साहित्यकार एवं ज्ञानपीठ पुरस्कार से सम्मानित डॉ. शिवराम कांरत ने उस समय कहा था—"यह संदेश सामान्य जनता तक कौन पहुँचाएगा, यही मेरी सबसे बड़ी चिंता थी। मेरी उस चिंता को दूर किया संघ के कार्यकर्ताओं ने। उसके पहले भी आपात स्थिति के विरुद्ध संघर्ष की जिम्मेदारियाँ सँभालने वाले और लोकजागृति करनेवालों में 95 प्रतिशत लोग संघ के ही थे। इस प्रकार अपने लिए किसी प्रकार की कोई अपेक्षा न करते हुए ध्येय के लिए सब प्रकार के कष्ट उठाने वाले ऐसे हजारों युवकों को मैंने देखा है।"

लोकतंत्र का पुनर्जन्म

उसी प्रकार 'दी इंडियन रिव्यु' के संपादक एम.सी. सुब्रह्मण्यम ने लिखा था। ''जिन लोगों ने आपातकाल के दौरान संघर्ष को वीरतापूर्वक जारी रखा, उसमें राष्ट्रीय स्वयंसेवक संघ के लोगों का विशेष उल्लेख करना आवश्यक है। सत्याग्रह का सफल संचालन करके, संपूर्ण देश में संपर्क-सूत्र कायम रखकर, आंदोलन के लिए धन की व्यवस्था कर, मुफ्त साहित्य का बिना किसी अवरोध के वितरण की व्यवस्था कर तथा बिना भेदभाव के सभी बंदियों तथा उनके परिवारों की सहायता जारी रखकर उन्होंने यह सिद्ध कर दिया कि सचमुच में स्वामी विवेकानंद ने देश के सामाजिक एवं राजनीतिक कार्य के लिए संन्यासियों की जिस सेना की कल्पना की थी, उसके वे निकटतम उत्तर हैं। उन्होंने अपने व्यवहार से न केवल अपने राजनीतिक सहयोगी कार्यकर्ताओं की प्रशंसा प्राप्त की है, वरन् जो कभी उनके राजनीतिक विरोधी थे, उनसे भी आदर प्राप्त किया है।"

प्रसिद्ध पत्रकार एवं लेखक दीनानाथ मिश्र ने लिखा था—"भूमिगत आंदोलन किसी-न-किसी विदेशी सरकार की मदद से ही अकसर चलते हैं, पर भारत का यह

भूमिगत आंदोलन सिर्फ स्वदेशी शक्ति, साधन और प्रेरणा से चलता रहा। मानवीय शक्ति और समर्थन के पैमाने पर भारत का यह भूमिगत आंदोलन दुनिया का सबसे बड़ा भूमिगत आंदोलन था। जब चुनाव प्रचार शुरू हुआ तो संघ के स्वयंसेवकों ने न केवल जनसंघ अपितु जनता पार्टी के नाम से चुनाव लड़नेवाले प्रत्येक प्रत्याशी के लिए खुले मन से कार्य किया। बलात् नसबंदी, पुलिसिया कहर, सैंसरशिप तथा अपनों को जेल में यातनाएँ सहते देखकर आक्रोशित हुई जनता ने अधिनायकवाद की ध्वजावाहक इंदिरा गांधी का तख्ता पलट दिया। जनता पार्टी विजयी हुई और देश को पुनः लोकतंत्र मिल गया। जेलों में बंद नेता छूटकर सांसद और मंत्री बनने की होड़ में लग गए, परंतु संघ के स्वयंसेवक अपने राष्ट्रीय कर्तव्य की पूर्ति करके अपनी शाखा में जाकर पुनः संगठन कार्य में जुट गए।''

स्वाभिमान की पुनर्प्रतिष्ठा

विश्व का इतिहास साक्षी है कि जब भी कोई देश विदेशी दासता से मुक्त होता है तो सर्वप्रथम परतंत्रता के सभी प्रकार के चिह्नों को समाप्त किया जाता है। अपने देश के स्वाभिमान की पुनर्प्रतिष्ठा का यह पवित्र कार्य भी पूर्व में लड़े गए स्वतंत्रता संग्राम का एक जरूरी हिस्सा ही माना जाता है। इस संदर्भ में देखा जाए तो विश्व हिंदू परिषद् के प्रयासों से गठित संतों की धर्मसंसद् के मार्गदर्शन में सफलतापूर्वक संचालित श्रीराम जन्मभूमि मुक्ति आंदोलन भी इसी प्रकार की परतंत्रता से अपने धर्मस्थलों को मुक्त करवाने के उद्देश्य से प्रेरित है। यह भी भारत की सर्वांगीण स्वतंत्रता प्राप्ति का एक अभिन्न अंग और अति महत्त्वपूर्ण भाग है।

स्वतंत्रता प्राप्ति के बाद अनेक ऐसे कार्य हुए हैं, जिनके द्वारा गुलामी के जुए को उतार फेंका गया। अंग्रेजों के समय से चले आ रहे भारतीय सिक्के पूरी तरह बदले गए। इनके ऊपर अंग्रेज वायसराय के चित्रों के स्थान पर महात्मा गांधी इत्यादि भारतीय महापुरुषों के चित्र बनाए गए। डाक-विभाग की टिकटों पर से भी परतंत्रता के प्रतीक सम्राटों के चित्र साफ कर दिए गए। सेना की आज्ञाएँ भी बदलकर भारतीय भाषा में कर दी गईं। भारत ने जो पहला उपग्रह छोड़ा, उसका नाम भी आर्यभट्ट रखा गया। कोई भी प्रकल्प प्रारंभ करने से पूर्व नारियल फोड़ने की भारतीय पद्धति को अपनाया गया। बड़े-बड़े शहरों में लगीं विदेशी शासकों की प्रतिमाओं को उखाड़कर उनके स्थान पर स्वतंत्रता-सेनानियों की प्रतिमाएँ लगाई गाई। उपरोक्त सब कार्यों से अगर देश के तथाकथित बुद्धिजीवी अपनी पश्चिमी मानसिकता को बदलकर भारतीय दृष्टिकोण को अपनाने की जरा भी सूझ-बूझ दिखाएँ तो भारत की अनेक

समस्याओं के समाधान सुविधापूर्वक खोजे जा सकते हैं। अयोध्या के बाबरी ढाँचे के ढहने की घटना को भी भारतीय राष्ट्र-जीवन के अंतस्थल से निकली पीड़ा के रूप में ही देखना समयोचित रहेगा।

उल्लेखनीय है कि परतंत्रता के चिह्नों अथवा विदेशी हमलावरों द्वारा फैलाई गई दहशत के प्रतीकों को समाप्त करके उनके स्थान पर अपनी सनातन राष्ट्रीय संस्कृति के वास्तविक ऐतिहासिक सत्य को प्रतिष्ठित करने का कार्य स्वतंत्रता के तुरंत पश्चात् ही प्रारंभ हो गया था। ये सभी कार्य अपनी सरकार के द्वारा ही किए गए। राष्ट्रीय स्वयंसेवक संघ ने इस प्रकार के राष्ट्रीय पुनरुत्थान के कार्यों का स्वागत किया तथा यथासंभव योगदान दिया। इस कार्य के लिए जो भी समितियाँ अथवा संगठन गठित हुए, संघ के स्वयंसेवकों ने उन्हीं के नेतृत्व में अपनी शक्ति को लगाया। संघ ने अपने नाम की डफली कभी नहीं बजाई।

सोमनाथ मंदिर का पुनर्निर्माण

एक और उदाहरण को पढ़ना और समझना भी जरूरी हो गया है। गुजरात के नगर प्रभास पाटण में सोमनाथ का विशाल मंदिर था, जिसे 1026 में महमूद गजनवी ने तोड़ा था। बाद में औरंगजेब तक सभी ने उसे नष्ट-भ्रष्ट करने में कोई कसर नहीं छोड़ी। स्वतंत्र भारत के प्रथम गृहमंत्री सरदार वल्लभभाई पटेल 9 नवंबर, 1947 को सौराष्ट्र (गुजरात) के दौरे पर गए। उन्होंने तुरंत एक ऐतिहासिक घोषणा की—"स्वतंत्र भारत की प्रथम सरकार सोमनाथ के महान् मंदिर का पुनर्निर्माण और उसमें ज्योर्तिलिंग की पुनः प्रतिष्ठा करेगी।" उल्लेखनीय है कि पुरातत्त्व विभाग ने सोमनाथ मंदिर के भग्नावशेषों को संरक्षित स्मारक घोषित करने की सलाह दी थी। तब सरदार पटेल ने उपरोक्त निर्णय लेकर स्पष्ट किया था कि महमूद गजनवी के द्वारा तोड़ा गया मंदिर यदि ऐसे ही रहने दिया गया तो यह राष्ट्र के मस्तक पर कलंक की तरह जमा रहेगा।

सरदार पटेल ने जब महात्मा गांधी से सोमनाथ के मंदिर के सरकारी निर्णय का जिक्र किया तो गांधीजी ने अपना आशर्वाद देते हुए एक ठोस एवं व्यावहारिक सुझाव दिया कि मंदिर के लिए धन आम जनता से एकत्र किया जाए। सोमनाथ मंदिर का निर्माण एक सरकारी समिति के मार्गदर्शन में संपन्न हुआ। प्रत्येक कार्य पंडित नेहरू के मार्गदर्शन में मंत्रिमंडल के निर्णयानुसार हुआ। देश के कोने-कोने से धन संग्रह हुआ। एक विदेशी आक्रमणकारी के द्वारा तोड़े गए मंदिर के पुनर्निर्माण के समाचार मात्र से ही सारा राष्ट्र प्रफुल्लित हो गया। जब मंदिर बनकर तैयार हुआ तो भारत

के प्रथम राष्ट्रपति राजेंद्र प्रसाद ने स्वयं अपने हाथों से मंदिर में शिवलिंग की प्राण-प्रतिष्ठा की। भारत का गौरव फिर लौट आया। स्वतंत्र भारत के राष्ट्रपति के द्वारा मूर्ति प्रतिष्ठापना का अर्थ था समस्त विश्व को भारत की अजय शक्ति का परिचय देना, ताकि भविष्य में फिर कोई गजनवी राष्ट्र के मान-बिंदुओं की ओर देखने की हिम्मत न कर सके। बलिदानों के साथ प्राप्त की गई स्वतंत्रता का यही अर्थ होता है।

सोमनाथ मंदिर के निर्माण के समय देश के अधिकांश मुसलमानों ने अपना सहयोग दिया था। आगरा के एक मुसलिम विद्वान् ने तो समाचार-पत्र में लिखा था—"सोमनाथ भगवान् के मंदिर को फिर से बनाया जाना हम मुसलमानों के लिए भी गौरव की बात है। हम उन्हीं हिंदू पूर्वजों की संतानें हैं, जिन्होंने इस मंदिर की रक्षा के लिए बलिदान दिए थे। महमूद ने हमारे ही पूर्वजों की लाशों पर इस मंदिर को बरबाद किया थां। आज हमारा सदियों पुराना स्वाभिमान फिर जाग्रत् हो गया है। राष्ट्र के सम्मान की इस शुभ घड़ी में जो मुसलमान इससे नाराज हैं, वे अपने ही बाप-दादाओं की संस्कृति और उनकी बलिदानी भावना का अपमान कर रहे हैं। यह मौका है, जब हम मुसलमानों को राष्ट्र की मुख्य धारा में लौट आना चाहिए। जिन्होंने घोर जुल्म करके जबरदस्ती हमारे पूर्वजों को मुसलमान बना डाला था।"

देश के कई भागों में मुसलमानों ने ऐसे ही विचार प्रकट किए। उस समय किसी ने भी 'महमूद गजनवी समिति' नहीं बनाई जैसी आज 'बाबरी मसजिद समिति' बनाई गई है। उस समय देश का सेकुलरिज्म भी समाप्त नहीं हुआ। 'इस्लाम खतरे में है' का शोर भी नहीं मचा।

विवेकानंद स्मृति केंद्र का निर्माण

सन् 1964-1965 में भी एक प्रसंग ऐसा आया था, जब भारत के सम्मान की पुनर्प्रतिष्ठापना की गई थी। सुदूर दक्षिण में कन्याकुमारी के पास, जहाँ सागर की उत्ताल तरंगें भारतमाता के चरणों को पखारती हैं, वहाँ पर एक विशालकाय चट्टान पर ब्रिटिश शासन में एक क्रॉस लगाया गया, जिसको ईसाई मिशनरियों ने इसलिए टाँगा था कि सामने दिखाई दे कि भारत पर ईसाइयों का राज है। सामने कन्याकुमारी नाम का हिंदू मंदिर है। यहीं भारत की सीमा प्रारंभ होती है।

चट्टान के जिस स्थान पर यह क्रॉस वाला स्तंभ लगाया गया, इसी स्थान पर बैठकर स्वामी विवेकानंद ने भारत की ओर देखकर आत्मविभोर होते हुए देश की स्वतंत्रता की कल्पना की थी। अत: स्वतंत्रता प्राप्ति के पश्चात् भी इस स्थान पर परतंत्रता के प्रतीक क्रॉस को लगे रहने देने का कोई अर्थ नहीं था। सन् 1963 में

एक भारतीय मनीषी और राष्ट्रीय स्वयंसेवक संघ के भूतपूर्व सरकार्यवाह (अखिल भारतीय महासचिव) श्री एकनाथ रानाडे के प्रयासों से एक 'विवेकानंद रॉक मेमोरियल समिति' बनी, जिसने अपने अथक परिश्रम से सारे देश से धन एकत्र करके एक अतिसुंदर और विशाल मंदिर बनवाया, जिसे आज 'विवेकानंद स्मृति केंद्र' के नाम से जाना जाता है।

इस केंद्र के निर्माण में प्रत्येक भारतीय से एक-एक रुपया लेकर इसके निर्माणकर्ताओं ने इस कार्य के साथ राष्ट्र के समस्त जीवन को जोड़ने का अद्‍भुत कार्य किया। सभी प्रदेशों की सरकारों ने आर्थिक सहयोग दिया। इसका निर्माण हो जाने पर इसमें स्वामी विवेकानंद की प्रतिमा का अनावरण भारत के तत्कालीन राष्ट्रपति श्री वीवी गिरी ने किया। उस समय देश के किसी ईसाई बंधु ने 'बाबरी एक्शन कमेटी' की तरह 'क्रॉस एक्शन कमेटी' नहीं बनाई। कारण स्पष्ट है कि यह प्रश्न राष्ट्र-जीवन के साथ जुड़ा था।

श्रीराम जन्मभूमि स्वातत्र्य-आंदोलन

विशाल हिंदू समाज के सभी संप्रदायों, संस्थाओं, अखाड़ों इत्यादि के ख्याति प्राप्त प्रमुखों, संतों/महात्माओं के नेतृत्व में प्रारंभ हुए श्रीराम जन्मभूमि स्वतंत्रता संग्राम में राष्ट्रीय स्वयंसेवक संघ ने अपना कर्तव्य निष्ठापूर्वक निभाया। श्रीराम मंदिर को विदेशी आक्रांता द्वारा बनाए गए बाबरी ढाँचे से स्वतंत्र करवाने के लिए सभी प्रकार के प्रयासों को सफल बनाने हेतु राष्ट्रभक्ति संकल्प दिवस, यात्राएँ, धर्म-सम्मेलन, साहित्य वितरण, जन-जाग्रति, विशाल यज्ञ, कारसेवा, न्याय-प्रक्रिया, प्रस्ताव, शिष्ट मंडल, वरिष्ठ मुसलिम नेताओं से वार्त्तालाप एवं धनसंग्रह इत्यादि सभी कार्यों में संघ के ऐतिहासिक योगदान को भुलाया नहीं जा सकता। राष्ट्रीय स्वयंसेवक संघ ने तो प्रारंभ से ही कहा है कि श्रीराम और उनके स्थान पर बना मंदिर भारत की एक अनुपम धरोहर है। यह मंदिर जाति, पंथ, क्षेत्र की संकीर्ण दीवारों से दूर सारे राष्ट्र एवं संपूर्ण जगत् की आस्था स्थली है।

भारत के प्राचीन धार्मिक ग्रंथ, उपलब्ध इतिहास और शिलालेख साक्षी हैं कि भारत के राष्ट्र-चेतना स्थल अयोध्या में भारत की राष्ट्र-चेतना श्रीराम के जन्मस्थान पर उनके बड़े पुत्र कुश ने एक भव्य मंदिर का निर्माण कराया था। उसी स्थान पर आज भी मंदिर स्थित है। उसमें श्री रामलला की मूर्ति विराजमान है। श्रीराम के जन्मस्थान पर जिस भव्य मंदिर का निर्माण कुश ने करवाया था, वह भारत की, आक्रांता राक्षसराज रावण पर विजय का प्रतीक था। जिस मंदिर का निर्माण

कारसेवकों ने किया है, वह भी सदियों पुरानी दासता, परतंत्रता एवं राक्षसी वृत्तियों पर भारत की विजय का प्रतीक है।

मुसलिम विद्वानों सहित सारी दुनिया जानती है कि लगभग दो हजार वर्ष पूर्व उज्जैन के शक्तिशाली सम्राट् शकारि विक्रमादित्य के द्वारा श्रीराम जन्मभूमि मंदिर का जीर्णोद्धार करके बनाए गए विशाल मंदिर को 1528 में विदेशी आक्रमणकारी बाबर के एक सेनापति मीर बाकी ने तोड़कर उसकी नींव पर, उसी के मलवे से एक ढाँचा बना डाला। इस ढाँचे को हिंदू और मुसलमान दोनों के ही शास्त्रीय सिद्धांतों ने मान्यता नहीं दी। मुसलिम मतानुसार किसी भी प्रकार की विवादित जगह पर अदा की गई नमाज खुदा स्वीकार नहीं करता। फिर इस स्थान पर तो पहले ही हिंदू धर्म स्थल था, जिसे बचाने के लिए 76 से ज्यादा बार संघर्षों में लाखों हिंदुओं का खून बहा। हिंदू मतानुसार भगवान् श्रीराम के पुत्र के द्वारा बनाए गए इस मंदिर में तब से अब तक हिंदू पूजा करते चले आ रहे हैं। वहाँ मसजिद तो कभी थी ही नहीं। वहाँ आज भी मंदिर है। सदियाँ बीतीं, युग बीते, विदेशी एवं विधर्मी आक्रमण हुए, संघर्ष हुए, कभी विजय कभी पराजय, परंतु श्रीराम मंदिर किसी-न-किसी रूप में सीना ताने खड़ा रहा। गत 70 वर्षों से तो वहाँ निरंतर पूजा-अर्चना हो रही है। इस मंदिर के निर्माण के लिए गत 464 वर्षों (1528 से 1992) में चार लाख से भी ज्यादा रामभक्तों ने प्राणोत्सर्ग किया है। अत: श्रीराम जन्मस्थान पर विदेशी हमलावर का स्मारक बाबरी ढाँचा खड़ा करने की योजना बनानेवालों को समझ लेना चाहिए कि भारत की सभी राष्ट्रवादी शक्तियाँ, विशेषतया हिंदू समाज अपने आराध्य और अपने राष्ट्रीय प्राणतत्त्व के जन्मस्थान पर मंदिर के अतिरिक्त और कुछ भी बर्दाश्त नहीं करेगा।

श्रीराम एवं राष्ट्रविरोधी तत्त्वों को अपनी राजनीतिक हठधर्मिता और फिरकापरस्त जुनून को छोड़कर राष्ट्र की अस्मिता के साथ जुड़े इस प्रश्न का समाधान राष्ट्र के हित में ही सोचना चाहिए। श्रीराम जन्मभूमि मंदिर के लिए इतना लंबा संघर्ष इसलिए हुआ, क्योंकि इसका संबंध राष्ट्र की चेतना के साथ था। यह नाता प्रलयपर्यंत रहेगा। जिस तरह से श्रीराम को राष्ट्र से अलग नहीं किया जा सकता, उसी तरह से श्रीराम के जन्मस्थान से राममंदिर को अलग नहीं किया जा सकता। जिन पवित्र स्थानों के साथ भारत राष्ट्र की आस्था जुड़ी है, जिन नदियों के अखंड निर्मल प्रवाहों से यहाँ का राष्ट्रजीवन पुष्पित-पल्लवित होता है और जिन देव पुरुषों की सतत तपस्या एवं बलिदानों से भारत की संस्कृति ने समग्रता का आकार

ग्रहण किया है, इन सबकी रक्षा के लिए हिंदू समाज कभी भी, कहीं भी और किसी भी तरह का बलिदान देने को तत्पर है।

राष्ट्रीय (हिंदू स्वाभिमान की रक्षा)

स्वतंत्रता प्राप्ति के पश्चात् श्री अमरनाथ यात्रा के प्रबंध की जिम्मेदारी जम्मू-कश्मीर की सरकार के पास आ गई। यात्रियों की निरंतर बढ़ती संख्या के कारण सरकारी पर्यटन विभाग सारी व्यवस्थाएँ सँभालने में अक्षम साबित होने लगा। जम्मू कश्मीर की सरकार से श्री अमरनाथ श्राइन बोर्ड ने बालटाल में यात्रियों की सुविधा के लिए 800 कनाल जमीन सरकार से माँगी। सरकार की ओर से श्राइन बोर्ड को जमीन सौंप दी गई। अस्थायी ढाँचे का निर्माण शुरू हो गया। पूरे देश में इस नई व्यवस्था का स्वागत हुआ। हिंदुओं के उत्साह और उन्हें कश्मीर में मिली धार्मिक सुविधाओं को हुर्रियत कॉन्फ्रेंस के चेयरमैन मीरवायज उमर फारूख, तहरीके हुर्रियत के अध्यक्ष सईद अलीशाह गिलानी, डेमोक्रेटिक फ्रीडम पार्टी के शबीर शाह और जम्मू-कश्मीर लिबरेशन फ्रंट के यासीन मलिक इत्यादि पाकिस्तान समर्थक नेता पचा नहीं पाए। हुर्रियत कॉन्फ्रेंस के चेयरमैन मीरवायज उमर फारूख ने हजरत बल में जुम्मे की नमाज के बाद कश्मीरी मुसलमानों को भड़काते हुए कहा कि यह सवाल केवल अमरनाथ श्राइन बोर्ड को दी गई 800 कनाल जमीन वापस लेने का ही नहीं है। असल में मसला तो कश्मीरियों की पहचान, संस्कृति और कश्मीरी राष्ट्रीयता का है। कश्मीर में उफान पर पहुँचे इस खुले भारत और हिंदू विरोध को सख्ती से दबाने की बजाय जम्मू-कश्मीर की कांग्रेस नेतृत्व वाली गठबंधन सरकार ने भी अपना वोट बैंक ध्यान में रखते हुए अलगाववादियों के सामने घुटने टेकने में ही गनीमत समझी।

संघर्ष समिति का गठन

हिंदुओं के आस्थास्थल श्री अमरनाथ धाम और करोड़ों शिवभक्त यात्रियों के साथ किए गए सरकारी खिलवाड़ तथा हिंदुत्व के अपमान के विरुद्ध सारे देश में प्रतिक्रिया हुई। जम्मू क्षेत्र के हिंदुओं में जबरदस्त रोष पैदा हुआ। विश्व हिंदू परिषद् के आह्वान पर जम्मू संभाग के लगभग 40 हिंदू संगठनों की एक आपातकालीन बैठक जम्मू के गीता भवन में हुई। इसी बैठक में सर्वसम्मति से श्री अमरनाथ यात्रा संघर्ष समिति का गठन किया गया।

हिंदू अस्मिता और भारत राष्ट्र के साथ जुड़े श्री अमरनाथ संघर्ष समिति के आंदोलन ने जम्मू-कश्मीर को दो भागों में बाँट दिया। एक ओर जम्मू के राष्ट्रभक्त

तो दूसरी ओर पाकिस्तानी झंडा लिये देशद्रोही। राष्ट्रवादियों और अलगाववादियों के बीच छिड़े इस संघर्ष को केंद्र सरकार या तो समझने में नाकाम रही या फिर समझते हुए भी 'तमाशा देखो और अपने राजनीतिक स्वार्थों की पूर्ति करो' की रणनीति अपनाकर समाधान खोजने का नाटक करती रही।

श्री अमरनाथ यात्रा संघर्ष समिति का गठन होते ही राष्ट्रीय स्वयंसेवक संघ ने अपनी पूरी शक्ति संघर्ष को सफल बनाने में लगा दी। इस राष्ट्रीय आंदोलन में विश्व हिंदू परिषद् समेत संघ परिवार के सभी संगठन पूरी शक्ति के साथ सक्रिय हो गए। इन राष्ट्रभक्त, निष्ठावान्, ईमानदार और राजनीति से पूर्णतः अलिप्त जन नेताओं एवं कार्यकर्ताओं के सक्रिय होने से न केवल संघर्ष समिति को बल मिला, बल्कि जम्मू क्षेत्र के विविध धार्मिक एवं सामाजिक संगठन भी संघर्ष समिति के साथ जुड़ गए।

त्रिकूटा संवाद केंद्र की भूमिका

गीता भवन में स्थापित प्रंतीय संघर्ष समिति के कार्यालय के साथ ही काम कर रहे त्रिकूटा संवाद केंद्र की सेवाओं को नजरअंदाज नहीं किया जा सकता। इस संवाद केंद्र ने सुबह 9 बजे से लेकर रात 12 बजे तक काम कर इस जन-आंदोलन में अपना योगदान दिया। अमरनाथ संघर्ष समिति की प्रेस विज्ञप्तियों को तैयार करना, विभिन्न समाचार-पत्रों को आंदोलन के कार्यक्रमों की रिपोर्ट भेजना, देशभर के सभी संवाद केंद्रों पर संघर्ष की भूमिका और प्रगति से संबंधित समाचार और लेख भेजना, आंदोलन से संबंधित विभिन्न समाचार-पत्रों में छपी खबरों का संकलन करना, ब्लॉग वेबसाइट बनाना और संघर्ष समिति के नेताओं तथा कार्यकर्ताओं को वैचारिक सामग्री उपलब्ध करवाना जैसे कार्यों को त्रिकुटा संवाद केंद्र ने सफलतापूर्वक संपन्न किया। इस संवाद केंद्र ने एक पुस्तिका 'आस्था पर आघात' की सीडी बनाकर समस्त देश के प्रमुख प्रकाशन केंद्रों पर भेजी और लाखों में छपवाकर समाज के अग्रणी लोगों के हाथों में पहुँचाई। इस पुस्तक में छपी संघर्ष की भूमिका, कार्य और उद्देश्य की जानकारी ने अमरनाथ संघर्ष का कार्य आसान कर दिया।

हिंदू आस्था की विजय

दो महीने तक लगातार चलनेवाले इस जन-आंदोलन से संबंधित अनेक व्यवस्थाएँ सँभालते हुए जिन कार्यकर्ताओं ने अपना तन-मन-धन लगा दिया, वे सभी कार्यकर्ता पद, यश व गरिमा से दूर रहनेवाले हैं। इन कार्यकर्ताओं की अथक मेहनत के कारण निरंतर चले जन-आंदोलन की क्रमिक श्रृंखला तय हो सकी।

धरनों, प्रदर्शनों, बंद, संघर्ष, यात्राओं, प्रभात फेरियों, जेल भरो आंदोलन के समय पुरुषों, महिलाओं और बच्चों के अलग-अलग कार्यक्रमों की निश्चित तिथियों तथा ऐसे ही अन्य जुलूसों के कार्यक्रम सफल हो सके। कहाँ गिरफ्तारियाँ देनी हैं, लंगरों की व्यवस्था कैसे और कहाँ करनी है गिरफ्तार लोगों की जमानतों की व्यवस्था और केस लड़ने के लिए वकीलों का सहयोग इत्यादि सब इंतजाम हजारों संघ कार्यकर्ताओं की इसी शृंखला ने किए। इन कार्यकर्ताओं ने यह सब कार्य निस्स्वार्थ भाव से किया।

हिंदू अस्मिता और राष्ट्रीय स्वाभिमान की रक्षा के लिए श्री अमरनाथ यात्रा संघर्ष समिति के द्वारा चलाए जा रहे आंदोलन को अखिरकार प्रभावी विजय मिली। यह हिंदुत्व और राष्ट्रवादी शक्तियों की पाकिस्तान प्रायोजित देशद्रोही अलगाववादियों पर ऐतिहासिक विजय थी। जम्मूवासियों ने अपनी संगठित शक्ति से समस्त देशवासियों को संदेश दिया कि देशद्रोहियों, अलगाववादियों और आतंकियों को पराजित करने के लिए राजनीति से पूर्णत: अलिप्त जनशक्ति की आवश्यकता है। पिछले 61 सालों में यह पहला अवसर था जब कोई सरकार हिंदुओं के किसी सवाल पर झुकी हो। जम्मू के लोगों ने पहली बार कांग्रेस सरकार को न केवल झुकाया बल्कि उसे हिंदू स्वाभिमान और राष्ट्रीय संस्कृति का सम्मान करना भी सिखाया।

□

16

परम वैभव के लिए सर्वांग स्वतंत्रता

'अखंड भारत' भारतीयों के लिए भूमि का टुकड़ा न होकर एक चैतन्यमयी देवी भारतमाता है। जब तक भारत का भूगोल, संविधान, शिक्षाप्रणाली, आर्थिक नीति, संस्कृति, समाज-रचना, परसत्ता एवं विदेशी विचारधारा से प्रभावित और पश्चिम के अंधानुकरण पर आधारित रहेंगे, तब तक भारत की पूर्ण स्वतंत्रता पर प्रश्नचिह्न लगता रहेगा। स्वाधीन भारत में महात्मा गांधीजी के वैचारिक आधार स्वदेश, स्वदेशी, स्वधर्म, स्वभाषा, स्वसंस्कृति, रामराज्य, ग्राम स्वराज इत्यादि को तिलांजलि दे दी गई। स्वाधीन भारत में मानसिक पराधीनता का बोलबाला है। देश को बाँटने वाली विधर्मी/विदेशी मानसिकता के फलस्वरूप देश में अलगाववाद, अतंकवाद, भ्रष्टाचार, सामाजिक विषमता आदि पाँव पसार चुकी हैं। संघ जैसी संस्थाएँ सतर्क हैं। परिवर्तन की लहर चल पड़ी है। देश की सर्वांग स्वतंत्रता अवश्यंभावी है।

सदियों पुराने एवं लंबे स्वतंत्रता संग्राम के फलस्वरूप अंततोगत्वा हमारा देश स्वाधीन हो गया। सत्ता की जिस कुरसी पर पहले अंग्रेज काबिज थे, उस पर अब भारतीय बैठ गए। गोरों के स्थान पर कालों का राज, बस इतना ही हुआ। अत: केवल मात्र सत्ताधारियों की अदला-बदली को कदाचित भी पूर्ण स्वतंत्रता नहीं कहा जा सकता। यह केवल मात्र राजनीतिक स्वाधीनता थी। पहले हम पराधीन थे, अब हम स्वाधीन हो गए। पराधीनता अर्थात् परायों के अधीन, स्वाधीनता अर्थात् अपनों के अधीन। सदियों पर्यंत बलिदान देने वाले राष्ट्रीय समाज हिंदुओं को मिला एक खंडित देश और सदियों पर्यंत भारत पर आक्रमण करनेवाले आक्रांताओं की हमलावर तहजीब के अनुयायियों को मिल गया 'पाकिस्तान'। यह कहने में कोई

भी अतिशयोक्ति नहीं होगी कि हिंदू समाज को सजा मिली और मुसलिम समाज को पुरस्कार।

आक्रांताओं की विजय

ऐतिहासिक संदर्भ में देखें तो यही निष्कर्ष निकलता है कि जिनके पास कुछ भी नहीं था, उन्हें तो सबकुछ मिल गया और जिनके पास सबकुछ था, उन्हें कुछ भी नहीं मिला। पाकिस्तान अर्थात् मुसलिम आक्रमणकारियों की पहली स्थायी विजय। दो विभिन्न विचारधाराओं की एक ऐसी जंग, जो पिछले 12–13 सौ वर्षों से चल रही थी, उसी की परिणति थी पाकिस्तान का निर्माण। विभाजन के तुरंत बाद पाकिस्तान के जनक मुहम्मद अली जिन्ना ने नारा दे दिया—'हँस के लिया है पाकिस्तान, लड़ के लेंगे हिंदुस्तान।'

पाकिस्तान इसी उद्देश्य हेतु आज तक लड़ता चला आ रहा है। एक मुसलिम इतिहासकार ने ठीक फरमाया था। "आठवीं शताब्दी में अर्थात् मुहम्मद बिन कासिम के सिंध पर आक्रमण के बाद जिस दिन पहले हिंदू ने इस्लाम कबूल किया था, उसी दिन भारत के विभाजन के बीज पड़ गए थे। इसका एक अर्थ यह भी है कि मुसलमान बननेवाला वह पहला हिंदू ही पाकिस्तान की नींव की पहली ईंट था।"

लार्ड माउंटबेटन का प्रभाव

खंडित भारत की स्वतंत्रता के पश्चात् अंग्रेज गवर्नर लार्ड माउंटबेटन की कृपा एवं मार्गदर्शन में बनी पंडित नेहरू की सरकार ने सत्ता की बागडोर सँभाली। उधर पाकिस्तान ने तो लार्ड माउंटबेटन को घास नहीं डाली, परंतु नेहरूजी ने अपने इस मित्र तथा राजनीतिक गुरु लार्ड माउंटबेटन को जनरल से कहीं ज्यादा महत्त्व दिया। यह अंग्रेज शासक 24 मार्च, 1947 को भारत पहुँचा था तथा आजादी के बाद भी 20 जून, 1948 तक भारत में रहकर सभी महत्त्वपूर्ण फैसले करवाता रहा। उसकी यही इच्छा थी कि वह दोनों उपनिवेशों भारत एवं पाकिस्तान का संवैधानिक मुखिया बना रहे। पाकिस्तान के अँगूठा दिखाने के बाद वह भारत का भाग्यविधाता बनने में सफल हो गया। पंडित नेहरू की सहमति से वह अपने फैसले भारत की जनता पर एक तानाशाह की तरह थोपता रहा। वास्तव में 20 जून, 1948 तक लार्ड माउंटबेटन ही भारत का असली शासक बना रहा और कांग्रेस की सरकार द्वारा संवैधानिक नियमों के अनुसार इसके आदेशों का अक्षरशः पालन होता रहा।

वस्तुतः लार्ड माउंटबेटन ने स्वाधीन भारत को पूर्व की अंग्रेज सरकार के ही

पदचिह्नों पर चलाने में सफलता प्राप्त कर ली। विभाजन के पश्चात् खंडित भारत की सरकार के सभी प्रकार के रीति-रिवाजों में कुछ भी 'भारतीय' नहीं था और न ही राष्ट्रीय स्वाभिमान के इस अति महत्त्वपूर्ण विषय पर किसी को सोचने की फुरसत ही भी। 'सत्ता की भूख' के उतावलेपन में जिस तरह भारत का विभाजन स्वीकार किया गया, ठीक उसी तरह हमारे कांग्रेसी सत्ताधारी महात्मा गांधी, सुभाष चंद्र बोस, जयप्रकाश नारायण, आचार्य कृपलानी, आचार्य नरेंद्र देव, डॉ. लोहिया, पुरुषोत्तम दास टंडन जैसे राष्ट्रवादी स्वतंत्रता सेनानियों को दरकिनार करते हुए एक बार फिर अंग्रेजों द्वारा थोपी गई राजनीतिक एवं संवैधानिक व्यवस्था की लकीर के फकीर बन गए। ब्रिटिश सत्ता के कालखंड में स्वतंत्रता संग्राम के सर्वोच्च सेनापति महात्मा गांधी के उन उसूलों और सिद्धांतों को भुला दिया गया, जिन्हें आदर्श मानकर स्वतंत्रता की जंग महात्मा गांधीजी ने लड़ी थी। अंग्रेजों द्वारा फेंके गए जूठे पत्ते उठाकर चाटने में ही ये सत्ताधारी गौरव महसूस करने लगे।

कालबाह्य किए गए गांधीजी

महात्मा गांधी एक व्यक्ति अथवा नेता नहीं थे। भारतीय अंतर्मन के एक सशक्त हस्ताक्षर थे महात्माजी। 'रामराज्य' एवं 'हिंद स्वराज' जैसे आदर्श उनकी जीवनयात्रा के घोषणा-पत्र थे। स्वदेश, स्वदेशी, स्वभाषा, स्वधर्म इत्यादि विचार तत्त्वों को गांधीजी ने स्वतंत्रता आंदोलन की कार्य संस्कृति एवं उद्देश्य घोषित किया था। वे इन्हीं आदर्शों के आधार पर भारतीयों को सत्याग्रहों/आंदोलनों में भाग लेने की प्रेरणा देते रहे। महात्मा गांधीजी अंत तक प्रयास करते रहे कि 'रामराज्य' एवं 'हिंद स्वराज' जैसी भारतीय परंपराओं एवं भारत की सनातन अमर-अजर संस्कृति के आधार पर ही भारत के संविधान, शिक्षा प्रणाली, आर्थिक रचना इत्यादि का तानाबाना बुना जाए। महात्मा गांधीजी के शब्दों में—"अंग्रेज रहें, उनकी सभ्यता चली जाए, वह तो मुझे मंजूर है, परंतु अंग्रेज चले जाएँ और उनकी सभ्यता यहाँ राज करती रहे, यह मुझे मंजूर नहीं। इसे मैं स्वराज्य कदापि नहीं कहूँगा।"

महात्माजी चाहते थे कि परंपरागत भारतीय प्रशासनिक, सामाजिक, शैक्षिक, आर्थिक ताने-बाने में युगानुकूल समयोचित संशोधन करके अपनाए रखा जाए। स्वाधीन भारत की प्रत्येक प्रकार की व्यवस्था को परतंत्रता पूर्व के भारत की सर्तश्रेष्ठ कार्य संस्कृति के साथ जोड़ा जाए। सनातन विश्वगुरु भारत के साथ नाता जोड़कर ही वर्तमान भारत प्रगति के पथ पर अग्रसर हो सकता है। महात्मा गांधी पश्चिम के अंधे अनुकरण के घोर विरोधी थे। उनके विचारानुसार विशाल यंत्रों पर

आधारित औद्योगिक क्रांति, पश्चिम में प्रचलित चुनाव प्रणाली, पश्चिम की सभ्यता पर आधारित शिक्षा व्यवस्था तथा आर्थिक रचना भारत जैसे धर्मप्रधान एवं 75 फीसदी से ज्यादा गाँवों में रहनेवाले भारतीयों के लिए सर्वाधिक नुकसानदायक साबित होगी। गांधीजी ने नेहरू के नाम लिखे एक पत्र में कहा भी था—"आधुनिक विज्ञान का प्रशंसक होते हुए भी मैं अनुभव करता हूँ कि हमें अपने देश के प्राचीन जीवन-मूल्यों को ही आधुनिक विज्ञान के आलोक में सजा-सँवारकर अपनाना होगा।"

गांधीजी के अनुसार, ब्रिटिश शासकों ने भारत को पाश्चात्य शिक्षा, प्रशासन, संविधान तथा आर्थिक मकड़जाल में फँसा दिया था—स्वराज्य प्राप्ति के बाद यदि देश को इस विदेशी मकड़जाल से न निकाला गया तो स्वाधीनता का कोई अर्थ नहीं बचता।

दुर्भाग्य से पंडित जवाहरलाल नेहरू को गांधीजी के स्वधर्म, स्वभाषा, अहिंसा, अपरिग्रह इत्यादि जीवन-मूल्य स्वीकार्य नहीं थे। वे महात्माजी के सामाजिक, आर्थिक जीवन-दर्शन से भी सहमत नहीं थे। महात्मा गांधीजी गाँव को एक इकाई मानकर आर्थिक विकास की रचना में विश्वास करते थे, जबकि नेहरूजी भारतीय गाँवों की हालत से पूर्णतया अनभिज्ञ होने की वजह से शहरों के विकास को ही महत्त्व देने के लिए अपनी आर्थिक योजनाओं को अंजाम देने में जुट गए। महात्मा गांधीजी ने स्वतंत्रता संग्राम के संघर्ष को दो सभ्यताओं के संघर्ष के रूप में देखा था। इसीलिए गांधीजी ने 'हिंद स्वराज' में लिखा था—'कुछ लोग मेरे हिंदुस्तान को अंग्रेज बनाना चाहते हैं, परंतु वे जान लें कि हमारा हिंदुस्तान जब अंग्रेज बन जाएगा, तब वह हिंदुस्तान नहीं रहेगा, सच्चा इंग्लिस्तान बन जाएगा। यह मेरी कल्पना का स्वराज नहीं है।'

सामने आए भयानक दुष्परिणाम

महात्मा गांधीजी के सिद्धांतों, आदर्शों और कार्य-संस्कृति की अवहेलना करके कांग्रेसी सत्ताधारियों ने पाकिस्तान के अस्तित्व को 'सेटल्ड फैक्ट' मानते हुए अंग्रेजों की भारत विरोधी कुटिल चाल पर संवैधानिक मोहर लगाकर जो महापाप किया, उसका नतीजा न केवल भारत ही भुगत रहा है, अपितु सारी दुनिया पाकिस्तानी आतंकवाद का शिक़ार हो रही है। ब्रिटिश सत्ताधारियों द्वारा बनाए गए 1935 के संविधान के आगे-पीछे जोड़-तोड़ करके उसे भारत की जनता पर थोप दिया गया। भारतीयों को काले अंग्रेज बनाने के उद्‍देश्य से लॉर्ड मैकाले द्वारा अख्तियार की गई शिक्षा नीति को बनाए रखकर भारतीयों को भारतीयता से तोड़ने का क्रम जारी

रहा। भारतवासियों की जरूरतों, परिस्थितियों तथा परंपराओं की ओर ध्यान न देकर अंग्रेजों की वही साम्राज्यवादी आर्थिक नीति को यथावत् स्वीकार करके 75 फीसदी भारतीयों के पेट पर लात मार दी गई।

उपरोक्त सरकारी नासमझी और भारत की श्रेष्ठ सांस्कृतिक धरोहर को तोड़ने के भयानक दुष्परिणाम सबके सामने हैं। हमारा भारत जो स्वतंत्रता आंदोलनों के समय एकजुट हुआ था, वह अब भाषा, क्षेत्र, जाति, मजहब के आधार पर विभाजित हो गया है। पूर्व काल में जो-जो एकत्व भाव निर्माण हुआ था, वह विघटन में बदल गया। वोट की राजनीति का उदय हो गया। फलस्वरूप सर्वत्र भ्रष्टाचार का बोलबाला होने लगा। अमीर और गरीब की खाई का आकार बढ़ने लगा। वोटबैंक अस्तित्व में आ गए। अपनी साम्राज्यवादी सत्ता को चिरस्थायी बनाने के लिए भारत के गौरवशाली अतीत के इतिहास को बिगाड़ने का जो काम अंग्रेजों ने किया था, आज वही इतिहास पढ़कर हम वही काम कर रहे हैं, जो अंग्रेज करते थे।

भारतीयों की निष्ठा है अखंड भारत

अंग्रेजों के भारत छोड़ने के बाद खंडित भारत का जो हिस्सा हमारे पास रहा, उसी को भारत समझ बैठे। हम भूल गए कि हमारा 'भारतवर्ष' वर्तमान भारत से कहीं ज्यादा लंबा-चौड़ा था। 12 सदियों तक निरंतर विदेशी सत्ताओं को उखाड़ने के लिए भारतीयों ने जो संघर्ष किया, वह वर्तमान भारत के लिए नहीं था। यह ठीक है कि विशाल भारत का एक भूखंड स्वाधीन हो गया है, परंतु इससे अनेक गुना ज्यादा भारतीय भू-भाग आज भी विदेशी सत्ताओं के अधीन ही है। कांग्रेस की अंग्रेजनुमा नीतियों के कारण आज भारतमाता के सनातन अखंड स्वरूप की कल्पना भी कहीं दृष्टिगोचर नहीं हो रही। 'भारतवर्ष' के वे भू-भाग जो विदेशियों के कब्जे में हैं, उन्हें हम स्वतंत्र करवाएँगे, ऐसा विचार भी कहीं सुनाई नहीं देता। यह उन्हीं अंग्रेजी संस्कारों का परिणाम है, जिन्हें हम आज तक घसीट रहे हैं। उल्लेखनीय है कि डॉ. केशवराव बलिराम हेडगेवार ने इसी 'अखंड भारत की सर्वांग स्वतंत्रता' की प्राप्ति के लिए राष्ट्रीय स्वयंसेवक संघ की स्थापना की थी। इसी सर्वांग-स्वतंत्रता के लिए संघ आज भी संघर्षरत है। संघ की 'अखंड भारतवर्ष' की परिधि में भारत का भूगोल, संविधान, शिक्षा प्रणाली, आर्थिक नीति, समाज रचना इत्यादि वे सभी क्षेत्र आते हैं, जो विदेशी सत्ताओं अथवा विदेशी संस्कारों के अधीन हैं।

राष्ट्रीय स्वयंसेवक संघ के द्वितीय सरसंघचालक पूजनीय माधवराव सदा शिव राव गोलवलकर के एक भाषण के एक लघु अंश से भारत माता के अखंड

स्वरूप को समझा जा सकता है—"भारत या हिंदुस्थान नाम से परिचित विस्तृत भूमिखंड हमारा आधार है, परंतु अपनी इस मातृभूमि का हमें आज जो चित्र देखने को मिल रहा है, वह कटा हुआ है। अति प्राचीन काल से जिस स्वरूप को हमने अपने अंत:करण में धारण किया है और वंश-परंपरा से जिसकी हम लोग उपासना करते आए हैं। वह चित्र अत्यंत विशाल है। उत्तर में हिमालय की समस्त शाखाओं-उपशाखाओं से घिरे हुए भूप्रदेश से लेकर दक्षिण महासागर तक और उसके छोटे-बड़े द्वीप-समूहों को मिला करके जो इस पृथ्वी का अंश बनता है, वही अपनी इस पवित्र भारत-भूमि का यथार्थ स्वरूप है। हिमालय की मुख्य श्रेणियों को पार करके उत्तर में जाने पर कैलाश और मानसरोवर हैं। मानसरोवर से निकली हुई ब्रह्मपुत्र नदी दक्षिण की ओर मुड़कर भूमि को उर्वर बनाती है। इन पवित्र क्षेत्रों को क्या कोई अपने देश की सीमा से बाहर रखने की कल्पना कर सकता है? त्रिविष्टप, जिसे आज तिब्बत कहा जाता है, अपनी मातृभूमि का हिस्सा है। उसी प्रकार गंधार तो पुराना गंधार है ही। जहाँ तुरग यानी अच्छे घोड़े मिलते थे, वही तुरगस्थान आज तुर्कस्तान है। ईरान तो अपना आर्यान ही है और अफगानिस्तान पुराना उपगण स्थान है। इस प्रकार अपनी मातृभूमि का विस्तार तथा उसका पूर्ण रूप ध्यान में रखकर ही अपनी भारत-भूमि का चिंतन करना चाहिए। बौद्ध काल से—पृथिव्यै समुद्रपर्यन्ताया एक राष्ट्र' के रूप में जिस मातृभूमि की वंदना की गई है, वही आज भी—

गंङ्गे च यमुने चैव गोदावरी सरस्वती।
नर्वदा सिन्धु कावेरी जलेस्मिन सन्निधिं कुरु।।

मंत्रोच्चारण करके जिसका स्मरण किया जाता है, वह हमारी हिंदू भूमि ही है। "अखंड-अविभाज्य हमारी मातृभूमि यह भारतमाता है।"

यह भी एक विडंबना ही है कि अधिकांश विद्वान् एवं साधारण भारतीय जन अखंड भारत को हिंदुस्थान, पाकिस्तान तथा बँगलादेश का समूह ही मानते हैं। वे यह भूल जाते हैं कि 'अखंड भारत' मात्र एक राजनीतिक अवधारणा न होकर, भारतवंशियों की निष्ठा एवं श्रद्धा है। अखंड भारत के प्रति भारतीयों की श्रद्धा 1947 में हुए भारत विभाजन के बाद उत्पन्न नहीं हुई। हमारे प्राचीन साहित्य में भारत, भारती, देवतात्मा हिमालय, चक्रवर्ती क्षेत्र इत्यादि शब्दावली का बार-बार इस्तेमाल किया गया है। हमारी सनातन परंपरा में प्रत्येक भारतीय के प्रात: उठते ही भारतमाता की चरणरज को माथे पर लगाने की परंपरा थी जो कामोबेश आज भी मौजूद है।

समुद्रवसने देवी पर्वतस्तन मंडले,
विष्णुपत्नी नमस्तुभ्यम्
पादस्पर्शं क्षमस्वमेव

अर्थात् समुद्र में वास करनेवाली देवी (भारतमाता) पर्वतमंडल जिसके पवित्र स्तन हैं, ऐसी विष्णुपत्नी माता को मैं अपने पाँव लगा रहा हूँ, मुझे क्षमा करो। अपनी अखंड मातृभूमि की यह उच्च कोटि की वंदना है।

भारतमाता का अखंड स्वरूप

राष्ट्रीय स्वयंसेवक संघ के पाँचवें सरसंघचालक श्री सुदर्शनजी ने प्राचीन भारतीय ग्रंथों का अध्ययन करने के बाद एक लेख में कहा था—"अपने पुराणों एवं महाकाव्यों में अपने देश के विस्तार का जो वर्णन किया गया, उसमें तिब्बत की उत्तरी सीमा से लेकर समुद्र तक सारा क्षेत्र आ जाता है, जिसमें अफगानिस्तान, तिब्बत, सिक्किम, भूटान, मलेशया, सिंगापुर तथा लंका आदि सभी क्षेत्रों का समावेश हो जाता है। अंग्रेजों ने इन सारे भू-प्रदेशों पर अपने साम्राज्य का विस्तार किया था तथा तिब्बत को उन्होंने मध्यवर्ती राज्य (बफर स्टेट) के रूप में रखा था। तिब्बत की डाक एवं पुलिस व्यवस्था भारत से ही संचालित होती थी।" महाकवि कालीदास ने देवात्मा हिमालय का वर्णन अपने काव्य में इस प्रकार किया है—

अस्त्युत्तरस्यां दिशि देवत्मता
हिमालयो नाम नगाधिराजः।
पूर्वापरौ तोयनिधीमवगाह्य
स्थितिः पृथिव्या इव मानदण्ड॥

अर्थात् उत्तर दिशा में देवात्मा पर्वतराज हिमालय खड़ा है। पूर्व व पश्चिम में समुद्रपर्यंत अपने बाहु पसारकर पृथ्वी का मानो मानदंड बना हुआ है। विष्णु पुराण में एक श्लोक में तो 'भारत एवं भारती' शब्द स्पष्ट रूप से मिलते हैं।

उत्तरं यत्समुद्रस्य दिमाद्रैष्चैव दक्षिणम्।
वर्षंतद् भारतंनाम, भारती यत्र सन्तति।।

समुद्र के उत्तर में और हिमालय के दक्षिण में जो वर्ष (विशाल क्षेत्र) स्थित है, उसका नाम भारत है और उसकी संतति/संतान को भारती कहते हैं। भारत एक चक्रवर्ती देश के नाम से भी जाना जाता था, आचार्य चाणक्य ने अपने कौटिल्य अर्थशास्त्र के नवम अधिकरण के 135-136 प्रकरण में चक्रवर्ती क्षेत्र की व्याख्या निम्न सूत्र से की है—

देशः पृथिवी! तस्यां
हिमवत्स समुद्रन्तर मुदीचीनं
योजन सहस्त्र परिमाणं तिंचक चक्रवर्ती क्षेत्रम्

अर्थात् हिमालय से लेकर दक्षिण समुद्रपर्यंत, पूर्व से पश्चिम दिशा में एक हजार योजन तक फैला हुआ भू-भाग चक्रवर्ती क्षेत्र है। यह श्लोक उत्तर एवं दक्षिण की सीमाओं के साथ-साथ पूर्व पश्चिम के विस्तार को भी स्पष्ट करता है। अपने प्राचीन ग्रंथों के अध्ययन से एक ध्रुवसत्य स्पष्ट होता है कि भारत एक भूगोल भी है, एक राष्ट्र भी है। राष्ट्रवादी इतिहासकार श्री देवेंद्र स्वरूप लिखते हैं—"क्या हम ब्रिटिश भारत की अखंडता चाहते हैं या सातवीं शताब्दी में चीनी यात्री ह्वेनसांग के समय के भारत की, जिसमें आज का अफगानिस्तान और मध्य एशिया का ताशकंद-समरकंद क्षेत्र भी शामिल था? या उसके भी पहले भारत की, जिसे पुराणों में नवद्वीपवती बोला गया है। जिसमें श्रीलंका, बर्मा, थाईलैंड, जावा, सुमात्रा, बाली, मलेशिया, फारमूसा और फिलीपीन जैसे अनेक अंग थे।"

अखंड भारत के विशाल संस्कृतिनिष्ठ विचारतत्त्व को न समझानेवाले नेताओं ने जिस पाकिस्तान के निर्माण पर अपनी मोहर लगाई थी, वही पाकिस्तान आज आतंकवाद के सैकड़ों अड्डों एवं आतंकी सरगनाओं को पाल-पोस रहा है। आज तो भारत में भी कई और पाकिस्तान बनाने के षड्यंत्र रचे जा रहे हैं। हमारा प्राचीन राष्ट्र इस प्रकार के हजारों जख्मों से त्रस्त है। इन जख्मों के स्थायी इलाज के लिए मरहम की जरूरत है, वह है अखंड भारत। भारत की अखंड शक्ति ही संपूर्ण विश्व में व्याप्त विखंडन की प्रवृत्ति का सामना कर सकती है। "अखंड भारत देश की मात्र भौगोलिक एकता का ही परिचायक नहीं, अपितु जीवन के भारतीय दृष्टिकोण का भी द्योतक है, जो अनेक़ता में एकता के दर्शन करवाता है। उसकी रक्षा के लिए भारत लाखों जानें कुरबान कर चुका है। भारत की यह उत्कृष्ट आकांक्षा है कि वैमनस्य का घिनौना खेल खत्म हो, भारत एक अखंड शक्ति के रूप में खड़ा हो।" राष्ट्रीय स्वयंसेवक संघ इसी अखंड शक्ति को प्राप्त करने के लिए संघर्षरत है।

संविधान : एकत्व का धरातल

किसी भी स्वाधीन देश के लिए उसका संविधान एक ऐसा पवित्र ग्रंथ माना जाता है, जो उस देश की विविधताओं में एकत्व स्थापित करने का महत्त्वपूर्ण कार्य करता है। संविधान ही देश की विभिन्न जातियों, मजहबों, क्षेत्रों एवं भाषाओं को एक राष्ट्रीय कवच प्रदान करके अलगाववाद, आतंकवाद, नक्सलवाद, भ्रष्टाचार,

राजनीतिक अव्यवस्था जैसी समस्याओं को न केवल सुलझाने अपितु इनको जड़मूल से समाप्त करने की शक्ति भी प्रदान करता है।

अनेक विद्वानों ने समय-समय पर अपना मत प्रकट करते हुए कहा है कि ''हमारा संविधान भारत के उज्ज्वल अतीत, भारत की प्राचीन संस्कृति और सामाजिक/धार्मिक परंपराओं के अनुकूल हो। जल्दबाजी में बनाए गए इस संविधान में 1935 में बनाए गए अधिकांश अधिनियमों को यथावत् रख दिया गया। भारत के प्राचीन संवैधानिक ढाँचे तथा सामाजिक अवधारणाओं का लेशमात्र भी अध्ययन न करके अमेरिका, ब्रिटेन, आस्ट्रेलिया, कनाडा एवं आयरलैंड के संविधानों का थोड़ा-बहुत अध्ययन किया गया और विश्व का संभवतया सबसे लंबा संविधान तैयार कर दिया गया। यद्यपि राष्ट्रभाषा, राष्ट्रगान, राष्ट्रध्वज, देश की विविधता इत्यादि विषयों पर चर्चा अवश्य हुई, परंतु अपने राष्ट्र की संस्कृति पर कोई बहस नहीं हुई। फलतः हमारा संविधान पश्चिम की संस्कृति की जकड़न से बच नहीं सका।''

''इस संविधान में संसद् सदस्यों एवं विधानसभाओं के सदस्यों के लिए शिक्षा का कोई भी मापदंड तय नहीं किया गया। इस संविधान गें चुनाव प्रणाली वही रखी गई, जो इंग्लैंड की 'वेस्टमिंस्टर प्रणाली' थी, जिसमें वही जीता माना जाता है, जिसे सर्वाधिक मत मिले हों। मत प्रतिशत पर ध्यान नहीं दिया गया—'अंग्रेजों ने यह व्यवस्था उनके अपने देश में पिछले डेढ़ सौ वर्षों में विकसित की थी, जो वहाँ सफल इसलिए हुई कि उस छोटे से देश में अधिक विविधता थी ही नहीं, परंतु उसी विदेशी व्यवस्था को भारत जैसे विशाल देश में जहाँ जाति-पाँति, पंथ-उपपंथ, क्षेत्र-उपक्षेत्र तथा भाषा-उपभाषा जैसी विविधता हो, लागू करना उचित कैसे कहा जा सकता है। इस प्रणाली ने अपने देश में राजनीतिक अव्यवस्था, वैमनस्य, संघर्ष एवं भ्रष्टाचार को ही बढ़ाया है।''

राष्ट्रवादी इतिहासकार एवं भारतीय संविधान के मर्मज्ञ ज्ञाता डॉ. सतीश मित्तल लिखते हैं—"यह कटु सत्य है कि भारतीय संविधान भारतीय संस्कृति, चिंतन, दर्शन तथा ऐतिहासिक अनुभवों पर नहीं बनाया गया। इसकी जड़ें भारत की संस्कृति एवं अध्यात्म में न होने के कारण व्यवहार में इतना कारगर साबित न हुआ। संविधान भारत की हजारों साल पुरानी संस्कृति से कोई लाभ नहीं उठा पाया। अनेक भारतीयों तथा प्रबुद्ध विदेशियों को लगता है कि यह भारत का संविधान हो ही नहीं सकता। संविधान में कहीं भी नाम के लिए भारतीय संस्कृति, धर्म, नैतिकता, आध्यात्मिकता अथवा राष्ट्र शब्द तक का भी प्रयोग नहीं हुआ। जो अतीत के भारत की विश्व को प्रमुख देन है।"

संविधान विशेषज्ञ मेहरचंद महाज़न ने इस संविधान को अनेक कमियों का दस्तावेज बताकर इसके पूर्ण संशोधन की माँग की थी। समाजवादी नेता जयप्रकाश नारायण ने लिखा था—"यह संविधान भारत की मिट्टी से पैदा नहीं हुआ। पश्चिम की सीधी नकल है यह।"

समाज को बाँटनेवाली जनगणना प्रणाली

आज हमारी जनगणना नीति ब्रिटिश सत्ताधारियों द्वारा बनाई नीति की कार्बन कॉपी है। इस नीति ने राष्ट्रवाचक शब्द हिंदू को धर्म की परिधि में धकेल दिया है। इसके दुष्परिणाम स्वरूप भारतीयता के प्रतीक समानार्थी शब्द हिंदुत्व को ईसाइयत एवं इसलाम की पंक्ति में खड़ा कर दिया। इस जनगणना प्रणाली ने विशाल हिंदू समाज को भी टुकड़ों में बाँटने का कार्य सफलतापूर्वक कर दिखाया। "हिंदुओं की सीमाओं को छोटा करना शुरू कर दिया। जनगणना में आदिवासियों के लिए अलग श्रेणी बनाई गई। फिर सिक्खों को अलग कर दिया गया। उसके बाद जैनियों और बौद्धों को भी अलग कर दिया गया। सन् 1891 में जनगणना आयुक्त जे.ए. बैंस से पूछा गया कि हिंदू कौन है तो उन्होंने कहा कि सिक्ख, ईसाई, बौद्ध, जैन, ट्राईबल और छोटी जातियों को निकालने के बाद जो बचता है, वह हिंदू है। देश में आज जो भी सामाजिक विखंडन की तसवीर नजर आ रही है, वह इसी जनगणना प्रणाली का नतीजा है।

भारत में अपना शासन बनाए रखने के लिए अंग्रेजों ने जो राजनीतिक, सामाजिक तथा संवैधानिक व्यवस्थाएँ हमारे समाज पर थोपी थीं, स्वाधीनता के बाद भी हमने उन व्यवस्थाओं को बिना सोचे-समझे अपना लिया। परिणामस्वरूप अल्पसंख्यक, दलित तथा आदिवासी वर्ग बनकर अपने मूल समाज से कट गए। इस व्यवस्था की अनेकविध जटिलताओं के कारण भारतीय समाज में जड़ जमा चुके अल्पसंख्यकवाद, अलगाववाद तथा अंधी फिरकापरस्ती के दुष्पपरिणामस्वरूप आज न तो कश्मीर में आतंकी फसाद की जड़ धारा 370 हट रही है और न ही समान नागरिक संहिता जैसे राष्ट्रहितकारी कानून अस्तित्व में आ रहे हैं।

इस संवैधानिक व्यवस्था का सहारा लेकर एक विशेष समुदाय राष्ट्रगान, वंदे मातरम् तथा गो-संरक्षक जैसे राष्ट्रीय स्वाभिमान से जुड़े विषयों को भी अपनी मजहबी संकीर्णता के दायरे में तौल रहा है। यही कट्टर अल्पसंख्यकवाद आगे चलकर राष्ट्रवाद पर हावी होकर अलगाववाद की ओर रुख कर लेता है। गो-रक्षा, रामराज्य, सामाजिक समरसता इत्यादि मुद्दे जो स्वतंत्रता आंदोलन की प्रेरणा एवं

आधार रहे, वही सब अब सांप्रदायिकता को बढ़ावा देनेवाले बताए जा रहे हैं। यहाँ तक कि भारतमाता को डायन, पुलिस के हटने पर हिंदुओं का एक दिन में सफाया करने की धमकियाँ देनेवाले, शरीर पर छुरी चलने के बाद भी 'भारत माता' की जय नहीं ऐसा कहनेवाले लोग आज विधायक, सांसद तथा मंत्री तक बन रहे हैं। कानून की गिरफ्त में फँसे हुए घोर अपराधी भी सत्ता का सुख भोग सकते हैं। 'पाकिस्तान जिंदाबाद' कहने वालों को किसी कानून की गिरफ्त में लिया नहीं जाता।

संविधान प्रदत्त मौलिक अधिकारों की दुहाई देकर नकली साधु-बाबाओं ने अपने विशालकाय आश्रमों में बलात्कार, कत्लोगारत, कालाधन, जमाखोरी के अड्डे खोल रखे हैं। ताज्जुब तो तब होता है, जब वोट और कुरसी के लोभी राजनीतिक नेता यह सबकुछ जानते हुए भी इन चरित्र भ्रष्ट बाबाओं के सामने दंडवत प्रणाम करने में जरा भी शर्म महसूस नहीं करते। देश की धर्मपरायण जनता को मूर्ख बनाकर अपनी दौलत के खजाने भरनेवाले इन स्वामी बाबाओं की संख्या दिनोदिन बढ़ती जा रही है। इस तरह के समाजघातक, देशविरोधी और राष्ट्रद्रोही अनसरों पर चलाए जानेवाले मुकदमे वर्षों चलते रहते हैं। जेलों में इन्हें सभी प्रकार की सुविधाएँ मिलती हैं। इसी तरह भ्रष्टाचार के आरोपी सैकड़ों नेताओं में से मात्र दो-चार को ही सजा मिली होगी। सच्चाई तो यह है कि इन भ्रष्टाचारियों, बलात्कारियों, जमाखोरों और देशद्रोहियों ने देश की कानून व्यवस्था को अपनी जेब में डाल रखा है।

किसी भी देश का संविधान इतना भी कठोर नहीं होना चाहिए कि जनमानस की आवश्यकता के अनुसार उसमें ठोस परिवर्तन ही न किया जा सके। अपने देश का संविधान लचीला है। यही वजह है कि 1952 से लेकर आज तक अनेक संशोधन हो गए हैं। संविधान, कानून व्यवस्था की एक अतिश्रेष्ठ व्यवस्था का नाम होता है। यह कोई वेद, रामायण, कुरआन, बाईबल जैसा धार्मिक ग्रंथ नहीं होता, जिसमें संशोधन नहीं किया जा सकता। अत: भारत की वर्तमान समस्याओं के समाधान के लिए यदि संविधान में आवश्यक संशोधन करने का विचार किया जाए तो गलत नहीं होगा। संविधान में परिवर्तन अथवा संशोधन को राजनीतिक चश्मे से देखना समाज एवं राष्ट्र के लिए घातक होगा।

आरक्षण के साथ सम्मान भी चाहिए

हमारे संविधान में सदियों से छुआछूत की जानलेवा बीमारी से पीड़ित हमारे पिछड़े भाइयों को आगे बढ़ने का अवसर देने के लिए आरक्षण व्यवस्था की गई है।

यह एक ऐसा महत्त्वपूर्ण कदम है, जिसका सभी भारतीयों को एक स्वर से स्वागत एवं समर्थन करना चाहिए। आखिर कब तक ये गरीब एवं पिछड़े बंधु गाँवों की एक अलग बस्ती में घुटन भरा जीवन जीते रहेंगे। इन्हें आरक्षण मिलना चाहिए और तब तक मिलता रहना चाहिए, जब तक ये पूरे भारतीय समाज के साथ एकरस नहीं हो जाते। यहाँ एक महत्त्वपूर्ण विचारणीय विषय सामने आता है। इन पिछड़े भारतीयों को आरक्षण एवं सम्मान दोनों मिलने चाहिए। ध्यान से देखें तो हमारी वर्तमान कानून व्यवस्था इन्हें आरक्षण तो देती है, परंतु सम्मान की गारंटी नहीं देती। यहीं पर वैमनस्य पैदा होकर 'सामाजिक समरसता' के आगे प्रश्नचिह्न लग जाता है।

चुनावी राजनीति ने हमारे इन भाइयों को एक वोटबैंक में तबदील कर दिया और इस वोटबैंक के आधार पर कुछ नेताओं ने अपने राजनीतिक कारोबार को बढ़ाकर अथाह संपत्ति जमा कर ली। अत: देश के संविधान में पिछड़े भाइयों को मिले राजनीतिक, सामाजिक एवं आर्थिक अधिकारों का अधिकांश लाभ इन्हीं नेताओं को मिला। राजतनीतिक गलियारों में प्रचलित इस 'दलित वर्ग' में जो लोग संपन्न अथवा पहुँच वाले थे, उन्होंने भी इस आरक्षण नीति का भरपूर लाभ उठाया। परंतु दूर-दराज के गाँवों में 'दलित बस्तियों' में रहनेवाले गरीब लोगों को इसका कितना लाभ मिला, यह सभी जानते हैं। इन असहाय लोगों में से अधिकांश को न आरक्षण मिला और न ही सम्मान।

अंग्रेजों ने 1921 में पहली बार जनगणना में 'दलित' नाम सरकारी तौर पर इस्तेमाल किया। ब्रिटिश साम्राज्यवादियों ने यह शब्द प्रयोग मात्र अपनी 'फूट डालो और राज करो' राजनीति के अंतर्गत अपनी सुविधा के लिए किया था, परंतु आज स्वाधीन भारत में इस शब्द-प्रयोग के खतरनाक नतीजे सामने आने के बावजूद इस शब्द को राजनीति का मोहरा बनाकर अपनी नेतागिरी को चमकाए रखने में कौन सा राष्ट्रहित है? वास्तव में वर्तमान भारत के प्राय: सभी राजनीतिक दल जातिवाद को समाप्त करने की बजाय उसे और भी सुदृढ करने की जुगाड़ में जुटे हुए हैं। इन पिछड़े लोगों को सभी मंदिरों में प्रवेश दिलाने, सभी कुओं से पानी भरने, तथाकथित सवर्ण हिंदुओं को इनके साथ उठने-बैठने तथा इनका सम्मान करने के स्थान पर इनको हिंदू कहने के बजाए 'दलित' कहने के लिए उकसाया जा रहा है। इन नेताओं की सत्तालोलुप राजनीति के कारण यह 'दलित' शब्द एक सामाजिक एवं कमजोर आर्थिक स्थिति का प्रतीक न रहकर केवल मात्र एक फुटबॉल जैसा वोटबैंक बना दिया गया है, जिसे जो जिधर चाहे खींच कर ले जाए। अत: इन पिछड़े भाइयों को अरक्षण के साथ गले लगाने की भी आवश्यकता है।

सामाजिक समरसता और संघ

कल्पना कीजिए, जब एक-दो कथित दलित नेताओं ने 'तिलक तराजू और तलवार, इनको मारो जूते चार' का नारा लगाया था तो समाज में समरसता पैदा हुई थी या विभिन्नता? इन लोगों की मानसिकता में कहीं राष्ट्रीय एकता, सामाजिक सौहार्द अथवा 'दलितोत्थान' तो लेशमात्र भी दिखाई नहीं देता, वहाँ तो बस सत्ता को हथियाना ही एकमात्र आदर्श राजनीति है। इस संदर्भ में राष्ट्रीय स्वयंसेवक संघ की कार्यप्रणाली को समझकर इस 'सामाजिक समरसता' का ठोस रास्ता निकाला जा सकता है। संघ की शाखाओं, शिविरों, सम्मेलनों तथा बैठकों में कहीं भी 'दलित' शब्द का इस्तेमाल नहीं होता। संघ के कार्य-वृत्त में यह कभी जानकारी नहीं दी जाती कि दलित कितने थे? सिख, जैन, कितने थे? ये सभी विशाल हिंदू समाज के विभिन्न अंग हैं। इन सबका सर्वांगीण विकास अर्थात् सर्वांग स्वतंत्रता ही संघ का ध्येय है। संघ के अनुसार—"यह समस्या हिंदू समाज की जाति-व्यवस्था की विकृति में से पैदा हुई है। अत: तथाकथित उच्च जातियों को अपने पूर्वजों की भूल का प्रार्यश्चित्त करने के लिए और अपने हिंदू समाज के दुर्बल वर्गों को अपने समकक्ष लाने के लिए त्याग व तपस्या का मार्ग अपनाना होगा। इसके लिए सशक्त नैतिक आंदोलन अथवा सामाजिक मुहिम का सर्जन करना होगा।"

राष्ट्रीय स्वयंसेवक संघ अपने पिछड़े भाइयों के लिए आरक्षण का कभी भी विरोधी नहीं रहा। यह आरक्षण व्यवस्था जारी रहनी चाहिए। इसे संसार की कोई भी ताकत रोक नहीं सकती। परंतु संघ इस कार्य में भी प्रयासरत है कि इस गरीब एवं पिछड़े वर्ग को पूरा सम्मान भी मिलना चाहिए। इनके साथ मिलकर तीज-त्योहार मनाना, इन बस्तियों में सेवा प्रकल्प चलाना, संघ के कार्यक्रमों में इनकी भागीदारी सुनिश्चित करना इत्यादि सब काम संघ अपनी शाखाओं के माध्यम से कर रहा है। रक्षाबंधन, दीपावली इत्यादि त्योहार सामूहिक रूप से संपन्न किए जाते हैं। अपने इस आर्थिक दृष्टि से दुर्बल समाज को गले लगाने का काम संघ जैसे किसी गैर-राजनीतिक हिंदू मंच से ही किया जा सकता है।

राष्ट्रीय स्वयंसेवक संघ के द्वारा समाज-सेवा के जो विभिन्न प्रकल्प चल रहे हैं, उनमें 'सेवा बस्ती' नामक प्रकल्प गरीब एवं पिछड़ी बस्तियों में निस्स्वार्थ सेवा भाव से काम कर रहा है। संघ समाज के दुर्बल, पिछड़े एवं उपेक्षित वर्गों की सम्मानजनक ढंग से सेवा करता है। वनवासी हो या पिछड़ी जातियाँ, किसान हो या मजदूर, हर क्षेत्र में संघ के स्वयंसेवक अपनी कार्य-साधना के द्वारा सामाजिक समरसता की मशाल को थामे हुए आगे बढ़ रहे हैं।

स्वदेशी शिक्षा प्राणाली क्यों नहीं ?

स्वाधीनता प्राप्ति के बाद देश की कोई अपनी राष्ट्रीय शिक्षा नीति हो, इस पर न तो कभी कोई गंभीर प्रयास हुआ और न ही कोई ठोस नीति व्यवहार में आ सकी। अंग्रेजों द्वारा काले अंग्रेज एवं दफ्तरी कलर्क पैदा करने के लिए जिस शिक्षा प्रणाली को भारत पर थोपा गया था, उसी की लकीरें पीटने को भारत की शिक्षा नीति बना दिया गया। जिस शिक्षा नीति ने देश के गौरवशाली अतीत को नकार दिया, हमारे राष्ट्रीय महापुरुषों को कायर एवं दहशतगर्द बताया, हिंदू आर्यों को मुगलों, यमनों तथा अंग्रेजों की तरह बाहर से आए हुए प्रचारित किया, हमारे सनातन साहित्य को गड़रियों का इतिहास नाम दिया, हमारी गौरवशाली सामाजिक एवं धार्मिक परंपराओं को कुंठाग्रस्त कुरितियों की पंक्ति में लाकर खड़ा कर दिया, इस प्रकार की साम्राज्यवादी एवं भारतीय संस्कृति विरोधी शिक्षा प्रणाली को स्वाधीन भारत में बदलने का प्रयास क्यों नहीं किया गया? अंग्रेजों ने शिक्षा के माध्यम से भारतीय संतानों को अपने उज्ज्वल अतीत से काटकर अपने ईसाई मत को भारत में थोपने का अभियान चलाया, परंतु हम उस शिक्षा प्रणाली के स्थान पर स्वदेशी शिक्षा प्रणाली लागू करके अपनी संतानों को पुन: अपने देश की अमर-अजर संस्कृति से क्यों नहीं जोड़ सके?

डॉ. सतीश चंद्र मित्तल के अनुसार—"भारतीय स्वतंत्रता के पश्चात् शिक्षा का स्वरूप पाश्चात्य तथा यूरोपीय मॉडल पर ही आधारित रहने दिया गया। इससे अतीत से चली आई शिक्षा का दुर्लक्ष्य हुआ तथा आत्मविस्मृति को स्थान मिला। शिक्षा में भौतिकवाद तथा पाश्चात्य अंधानुकरण को बढ़ावा मिला। शिक्षा राजनीति की दासी बन गई। शिक्षा का व्यापारीकरण, व्यवसायीकरण तथा बाजारीकरण हुआ। परिणामस्वरूप अनेक कुरीतियाँ, चारित्रिक पतन और सांस्कृतिक ह्रास तेजी से बढ़े। शैक्षणिक जगत् में विश्व के प्राचीन काल से ही भारत का वर्चस्व रहा है। भारतीय शिक्षण चिंतन का आधार धर्म, आध्यात्मिकता अथवा नैतिक जीवन-मूल्यों का संरक्षण तथा संवर्धन रहा है। गुरु-शिष्य के गहरे संबंध, सामूहिक तथा परिश्रमी जीवन इसका मार्ग रहा है। शिक्षा अथवा विद्या का जीवन के चार पुरुषार्थों, धर्म के दस लक्षणों, संस्कारों की विस्तृत योजना को जीवन-मूल्यों की शिक्षा का अंग माना है। पठानों तथा मुगलों के साथ अनेक संघर्षों एवं कष्टों के बाद भी भारतीय पाठशालाओं तथा विद्या केंद्रों में जीवनमूल्यपरक शिक्षा अक्षुण बनी रही।"

अंग्रेजों की हिंदुत्व विरोधी मंशा

हमारे स्वाधीनता आंदोलन की कुछ विशेष प्रेरणाओं में से एक यह भी थी—अंग्रेजी शिक्षा प्रणाली से छुटकारा पाकर राष्ट्रीय शिक्षा प्रणाली का आविष्कार करना। यह भी कहा जाता था कि ब्रिटिश राज को समाप्त किए बिना भारत विदेशी शिक्षा प्रणाली की गुलामी से आजाद नहीं हो सकता। अंग्रेजी शिक्षा प्रणाली भारतीय धर्म एवं संस्कृति के प्रति अज्ञान व अनास्था पैदा करती है। अंग्रेजी शिक्षा प्रणाली के जनक लॉर्ड मैकाले के शब्दों में—"रक्त और रंग से भारतीय होंगे, किंतु रुचि, विचार और ज्ञान की दृष्टि से अंग्रेज होंगे और जो हम शासकों और हमारे करोड़ों प्रजाजनों के बीच द्विभाषियों का काम करेंगे।" इसी तरह एक अंग्रेज विद्वान् चार्ल्स ट्रैवेलियान ने अपनी पुस्तक में लिखा था—"अंग्रेजी साहित्य द्वारा प्रदत्त प्रेरणा भारत के साथ इंग्लैंड का रिश्ता मजबूत करने में सहायक होगी। हमारे साहित्य से परिचित हो जाने के बाद भारतीय नवयुवक हमें विदेशी नहीं मानेंगे। हमारी पद्धति से शिक्षा प्राप्त कर, समान उद्देश्य में रुचि लेकर वे हिंदू से ज्यादा अंग्रेज नजर आएँगे।'' एक कथित उदारवादी अंग्रेज ईसाई विद्वान् एलफिंस्टन ने तो यहाँ तक कह दिया कि "मेरा पक्का विश्वास है कि भारतीयों के धर्मांतरण का सबसे परिणामकारी उपाय उन पर अपने विचारों को थोपना है। कानून एवं नैतिकता के क्षेत्र में इस देश के यूरोप से पीछे रह जाने का मुख्य कारण मैं हिंदू धर्म को मानता हूँ और उनके सुधार की इस बाधा (हिंदुत्व) के हटने पर मुझे बड़ी प्रसन्नता होगी।"

अत: यह स्पष्ट हुआ कि ब्रिटिश शासकों का उद्देश्य अंग्रेजी शिक्षा प्रणाली को समस्त भारतीयों को शिक्षित करके उसे एक अच्छा नागरिक बनाने में कतई नहीं था। हिंदू धर्मावलंबियों का धर्मांतरण करके उन्हें ईसाई एवं काले अंग्रेजों की एक ऐसी जमात तैयार करना, जो अंग्रेजों की सत्ता को मजबूती देने के पाए बन सके। लॉर्ड मैकाले ने 1850 में अपने पिता को लिखे एक पत्र में कहा था—"अंग्रेजी शिक्षा ग्रहण करनेवाला कोई भी हिंदू अपने धर्म के प्रति सच्ची निष्ठा नहीं रख सकता।" अंग्रेजी शिक्षा का सबसे बड़ा दुष्परिणाम यह हुआ कि भारत का राष्ट्रीय समाज कई हिस्सों में बँट गया। अंग्रेजों की 'फूट डालो और राज करो' की राजनीति को सफल बनाने में लॉर्ड मैकाले की शिक्षा प्रणाली ने महत्त्वपूर्ण भूमिका निभाई। शिक्षा के माध्यम से अनेक विवाद खड़े कर दिए गए। आर्य बनाम द्रविड़, हिंदू बनाम सिक्ख तथा हिंदू बनाम आदिवासी के दुष्प्रचार ने अपना ऐसा असर दिखाया, जो अभी तक प्रभावित चला आ रहा है।

राष्ट्रीय शिक्षा नीति की आवश्यकता

अंग्रेजों ने ब्रिटिश साम्राज्यवादी व्यवस्थाओं वैधानिक, प्रशासनिक, शैक्षणिक, न्यायायिक इत्यादि को भारत में जमाने के उद्देश्य से एक ऐसा शिक्षातंत्र खड़ा कर दिया, जिसने यूरोपीय विचारों, संस्थाओं और जीवन-शैली को भारत में अपना एक विशेष स्थान बनाने में बड़ी भारी भूमिका अदा की। अंग्रेजों द्वारा भारत पर थोपी गई इस प्रकार की अराष्ट्रीय शिक्षा प्रणाली के विरोध में स्वामी दयानंद, स्वामी विवेकानंद, स्वामी रामकृष्ण परमहंस, महामना मदनमोहन मालवीय, महात्मा गांधी इत्यादि संतों/महात्माओं ने राष्ट्रीय शिक्षा आंदोलन खड़ा करने का प्रयास किया। डी.ए.वी. आंदोलन, शांति निकेतन की स्थापना, गुरुकुल काँगड़ी विश्वविद्यालय, राष्ट्रीय विद्यालयों की स्थापना, विद्यापीठों का उद्भव इत्यादि शिक्षण संस्थानों का उद्देश्य भारतीयों को भारतविरोधी शिक्षा के चंगुल से बचाना था, परंतु यह सभी प्रयास अखिल भारतीय स्तर पर अंग्रेजी शिक्षा का सशक्त विकल्प नहीं खड़ा कर सके। काशी हिंदू विश्वविद्यालय सहित ये सभी शिक्षा संस्थान आज भी चल रहे हैं। आज भी ये सभी संस्थान अपने संस्थागत दायरे में रहते हुए काम तो कर रहे हैं, परंतु किसी राष्ट्रीय शिक्षा नीति के अभाव में ये संस्थान भी उसी बहाव का शिकार हो चुके हैं, जिसकी शुरुआत स्वाधीनतापूर्व के कालखंड में हुई थी।

अपने देश के लिए जब तक कोई एक ठोस शिक्षा नीति नहीं बनती, तब तक अंग्रेजों की लीक पर चलते रहना पड़ेगा। अंग्रेजों के पूर्व भारत की मिट्टी में से उपजी स्वदेशी शिक्षा प्रणाली तो दूरदराज के ग्रामीण क्षेत्रों तक फैली हुई थी, उसके व्यवस्था-आधार पर जब तक शोध नहीं होता, तब तक लॉर्ड मैकाले की शिक्षा प्रणाली से छुटकारा नहीं मिल सकता। हमें यह भी देखना होगा कि हमारे देश के वर्तमान सामाजिक परिवेश के विभिन्न स्वरूपों के मद्देनजर ऐसी कौन सी राष्ट्रीय शिक्षा नीति हो सकती है, जो सभी जातियों, मजहबों, क्षेत्रों में सामंजस्य उत्पन्न करने में सहायक सिद्ध हो सके। इसके भी पहले हमें यह भी सुनिश्चित करना पड़ेगा कि अपनी स्वदेशी राजनीतिक, सामाजिक एवं आर्थिक रचना के लिए किस तरह के संस्कारित मनुष्य चाहिए। शिक्षण संस्थाओं के व्यवस्थापकों, शिक्षा देनेवाले अध्यापकों और व्यवस्था को चलाने वाले संचालकों को भी 'शिक्षा का राष्ट्रीय लक्ष्य' इसकी पूरी जानकारी चाहिए। इसके लिए भारत की उस सनातन शिक्षा प्रणाली का गहरा अध्ययन जरूरी है, जिसको नष्ट करके अंग्रेजों ने शिक्षा जगत् में अपना वर्चस्व कायम किया था। सर्वविदित है कि जिस समय अंग्रेजों ने भारतीय

शिक्षा प्राणाली को तहस-नहस करने की योजना बनाई थी, उस समय इंग्लैंड की अपनी शिक्षा प्रणाली पूरी तरह अविकसित एवं अपूर्ण थी।

शिक्षा का उद्देश्य 'मनुष्य-निर्माण'

उस समय भारत के प्रत्येक गाँव में एक पाठशाला थी। एक अंग्रेज कलक्टर की रिपोर्ट कहती है—"भारत में विद्यारंभ की आयु पाँच वर्ष है और प्रायः वे 13-14 की आयु तक विद्याध्यन करते रहते हैं। जो धर्मशात्र, तर्क, मीमांसा आदि पढ़ते हैं, वे 15 वर्ष की आयु से प्रारंभ करके तब तक पढ़ते रहते हैं, जब तक वे उस विज्ञान में पूर्णता प्रवीण नहीं हो जाते, या जब तक वे किसी धंधे-व्यापार में नहीं लग जाते।" "भारत की देशी शिक्षा प्रणाली शास्त्रों के अनुसार निर्मित थी, जिसमें धार्मिक कर्तव्यों एवं दैनंदिन जीवन के समस्त व्यवहार को उदात्त बनाया जाता था। ग्राम सभाओं के अस्तित्व के कारण न केवल नागरिक सेवा, अपितु कराधान व न्याय व्यवस्था भी जनता के हाथ में ही रहती थी। ये ग्राम सभाएँ समाज के सभी वर्गों में शिक्षा के प्रसार में पूरी-पूरी सहायता भी करती थीं।" अंग्रेज विद्वानों ने यह भी स्वीकार किया है कि भारत में शिक्षा प्रणाली की सफलता का मुख्य श्रेय यहाँ के अध्यापक वर्ग को जाता है। भारतीय अध्यापकों के लिए अध्यापन कार्य मात्र जीवकोपार्जन का साधन न होकर एक पुनीत राष्ट्रीय कार्य होता था। भारतीय अध्यापक बहुत विवेकशील तथा नीति-दर्शन, राष्ट्रीय नियमों, संयम इत्यादि में परांगत होते थे। "भारत के वस्त्र शिल्पियों की जैसी ख्याति है, वैसी ही प्रशंसा यहाँ के आचार्यों एवं गुरुओं के बारे में भी उचित है, वे अपनी अस्थियों से देश की कीर्ति की दीपशिखा जलाए रखते थे।"

वर्तमान भारत को एक ऐसी राष्ट्रीय शिक्षा-प्रणाली की आवश्यकता है, जो 'मनुष्य निर्माण' में सार्थक हो। स्वदेशी, स्वधर्म, स्वभाषा को शिक्षा प्रणाली का आधार एवं उद्देश्य बनाकर ही यह समस्या हल हो सकती है। राष्ट्रीय शिक्षा प्रणाली का उद्देश्य व्यक्तिगत एवं राष्ट्रीय चरित्र का विकास, बुद्धि का विकास, मानसिक बल की वृद्धि, आत्मविश्वास में वृद्धि होना चाहिए। राष्ट्रीय इतिहास, राष्ट्रीय संस्कृति पर आधारित संस्कार व्यवस्था शिक्षा प्रणाली का महत्त्वपूर्ण भाग होगा, तभी स्वामी विवेकानंद, स्वामी दयानंद, महामना मदनमोहन मालवीय, महर्षि अरविंद, रवींद्रनाथ टैगोर, महात्मा गांधी, लोकमान्य तिलक, लाला लाजपत राय, विपिन चंद्र पाल जैसे राष्ट्र-पुरुषों के द्वारा राष्ट्रीय शिक्षा में किया हुआ बीजारोपण एक विशाल शैक्षणिक उद्यान के रूप में विकसित होगा। अन्यथा हम भारतीय लॉर्ड

मैकाले की भारत एवं भारतीयता को तहस-नहस करनेवाली शिक्षा की लकीरों को पीटते रहेंगे और अंग्रेजों की ही भाँति काले अंग्रेज पैदा करते रहेंगे।

सर्वांग विकास के लिए स्वदेशी अर्थ-रचना

जब हम भारत की सर्वांगीण स्वतंत्रता की बात करते हैं तो यह नहीं भूलना चाहिए कि भूगोल, संविधान, शिक्षा प्रणाली की स्वतंत्रता के साथ देश के विकास के लिए आर्थिक रचना की स्वतंत्रता भी बहुत जरूरी होती है। भारतीय दर्शनशात्र के अनुसार मानव का उद्देश्य इस लोक में सुख प्राप्त करना एवं परलोक में मोक्ष की प्राप्ति है। बिना स्वतंत्र आर्थिक रचना के परम सुख के लिए आवश्यक साधन नहीं जुटाए जा सकते। साधारण भाषा में कहा जाता है कि 'भूखे भजन न होय गोपाला'। शास्त्रीय भाषा के अनुसार 'शरीर माध्यम खलु धर्म साधनम्', अर्थात् धर्म की साधना के लिए शरीर एक माध्यम है, जिसका स्वस्थ रहना अति आवश्यक है। अत: अपने देश के सभी शरीर अर्थात् 125 करोड़ भारतवासी अपने स्वस्थ शरीर के साथ नैतिक साधनों से अर्थोपार्जन करते हुए परमानंद प्राप्त करें, इसके लिए एक ऐसी स्वदेशी अर्थ-रचना की आवश्यकता रहती है, जो विदेशी जकड़न से पूरी तरह मुक्त हो। भारत की सर्वांग स्वतंत्रता के लिए स्वदेश, स्वदेशी, स्वधर्म आधारित आर्थिक रचना अगर नहीं होगी तो अनैतिकता, भ्रष्टाचार, सामाजिक वैमनस्य मुँह बाए खड़े हो जाएँगे।

भारतीय धर्मशास्त्रों में स्पष्ट रूप से कहा गया है कि मनुष्य, परिवार, समाज, देश एवं राष्ट्र को स्वस्थ एवं स्वतंत्र रखने के लिए चार पुरुषार्थों का अभ्यास करना चाहिए। धर्म, अर्थ, काम और मोक्ष, इन चारों का समन्वय ही सुखी समाज का आधार होता है, क्योंकि ये चारों ही एक-दूसरे के पूरक हैं। भ्रष्टाचार रहित, नैतिक, स्वस्थ, स्वावलंबी, सामंजस्य पूर्ण एवं वीरव्रती सुदृढ समाज के लिए कर्म पुरुषार्थ की साधना को जरूरी माना गया है। शरीर और समाज के पालन-पोषण, संतुलित संचालन तथा उत्तरोत्तर विकास के लिए अर्थ पुरुषार्थ आवश्यक होता है। इस तरह मनुष्य शरीर की कामनाओं, इच्छाओं, जरूरतों और मौलिक सुखों के लिए काम पुरुषार्थ की समझ भी आवश्यक मानी गई है। काम पुरुषार्थ को केवल मात्र कामवासना की पूर्ति समझ लेना भारी मूर्खता ही होगी। पाश्चात्य दृष्टिकोण से इसका यह निष्कर्ष ठीक हो सकता है, परंतु भारतीय विचार तत्त्व के अनुसार काम पुरुषार्थ का अभिप्राय मनुष्य के सर्वांग सुख से ही है। चतुर्थ पुरुषार्थ यानी मोक्ष का संबंध मनुष्य की सतत आध्यात्मिक साधना एवं जीवन-यात्रा के अंतिम ध्येय से है।

गांधी-नेहरू की विचार भिन्नता

यह जरूरी है कि अपने देश की सुख-समृद्धि के लिए चारों पुरुषार्थों की भारतीय अवधारणा को समय की आवश्यकता के अनुसार एक स्वतंत्र अर्थ-रचना में ढाला जाए। अंग्रेजों ने जिस प्रकार की अर्थ-रचना भारत के ज्यादातर ग्रामीण समाज पर थोपी थी, उससे देश का अनर्थ हुआ और स्वाधीनता प्राप्ति के पश्चात् भी उसी को जारी रखा गया। इस संदर्भ में यह कहा जा सकता है कि राष्ट्र के नवनिर्माण की आधारशला रखने के विषय पर महात्मा गांधी एवं पंडित जवाहर लाल नेहरू की विचारभिन्नता के कारण सर्वांग स्वतंत्रता की ओर बढ़ रहे भारत के कदमों में विदेशी बेड़ियाँ पूर्ववत् बनी रहीं। गांधीजी गाँव को इकाई मानकर लघु उद्योग आधारित अर्थ-रचना चाहते थे, परंतु नेहरूजी शहरों को इकाई मानकर बड़े-बड़े उद्योग कॉर्पोरेट हाऊस इत्यादि पर आधारित अर्थ-रचना चाहते थे। दोनों में कहीं समन्वय नहीं हो सका।

"पंडित नेहरू द्वारा अपनाई गई आर्थिक नीति पाश्चात्य विकास-पथ पर आधारित है, जो केंद्रीकृत, नगर आधारित, विपुल ऊर्जाभक्षी, भारी पूँजी आधारित, बेरोजगारी बढ़ानेवाली और पर्यावरण विनाशक है। जिन गांधीजी के आशीर्वाद से नेहरूजी देश के प्रधानमंत्री बने, उनके ही विकास-पथ को उन्होंने पूरी तरह ठुकरा दिया।" 5 अक्तूबर, 1945 को गांधीजी ने पंडित नेहरू को लिखे अपने एक पत्र में कहा था—"अब शीघ ही हमारा देश स्वतंत्र होनेवाला है। मैं तुमसे जानना चाहता हूँ कि उसे कौन से विकास-पथ पर ले चलोगे। जहाँ तक मेरा प्रश्न है, मैंने अपने हिंद स्वराज में पहले ही लिख दिया था कि भारत की 87 प्रतिशत आबादी ग्रामों में रहती है। अतः ग्रामों को अपनी विकास योजना का केंद्रबिंदु बनाना चाहिए, क्योंकि यह नहीं हुआ तो गाँववाले असत्य और हिंसा का आश्रय लेंगे।" इस पत्र को पढ़ने के पश्चात् पंडित नेहरू ने गांधीजी को दो टूक जवाब देते हुए लिखा था—"आपके यह विचार मैंने बीस साल पहले 'हिंद स्वराज' में पढ़े थे। तब भी उन पर मेरा विश्वास नहीं था। आज तो लगता है कि यदि हम उसी विकास-पथ पर बढ़ेंगे, तो प्रगति की दौड़ में दुनिया में पिछड़ जाएँगे। अतः शहरों को ही विकास का केंद्रबिंदु बनाना होगा और गाँवों को शहरी ढाँचे में ढालना होगा। जहाँ तक असत्य और हिंसा का प्रश्न है, वह तो ग्रामीणों के दिमाग में पलता है, क्योंकि वे बौद्धिक एवं संस्कृति-दृष्टि से अत्यंत पिछड़े रहते हैं।"

ग्राम स्वराज-एकात्म मानववाद-श्रमिक नीति

जाहिर है कि देश के प्रथम प्रधानमंत्री पंडित नेहरू के मन में देश की 87 प्रतिशत जनसंख्या के प्रति कितनी गलतफहमी थी। नेहरूजी की इसी कुंठित मानसिकता के कारण रोजगार बढ़ानेवाले तथा पर्यावरण को सुरक्षित रखने वाले विकास-पथ/अर्थ-रचना का शुभारंभ नहीं हो सका। नेहरू नीति के दुष्परिणाम हमारा देश आज तक भुगतता चला आ रहा है। ग्रामीणों का शहरों की ओर पलायन बढ़ रहा है। पर्यावरण के खतरनाक नतीजे सबके सामने है। अमीरों और गरीबों में खाई बढ़ती जा रही है। किसान आत्महत्याएँ कर रहे हैं। बेरोजगारी बढ़ती जा रही है। झुग्गी-झोंपड़ियों की संख्या बेतहाशा बढ़ रही है। शहरों में बनी एवं बन रही 18-20 मंजिल की ऊँची अट्टालिकाएँ झुग्गी-झोंपड़ियों और ग्रामीण इलाकों में रहनेवाले देश की अधिकांश आबादी का मजाक उड़ा रही हैं। अमीर-गरीब, शहर-गाँव, मालिक-मजदूर इत्यादि में भेद उत्पन्न करनेवाली अंग्रेज प्रदत्त आर्थिक रचना के स्थान पर स्वदेश, स्वदेशी एवं स्वधर्म आधारित भारतीय आर्थिक प्रणाली को अपनाने के लिए कोई विशेष परिश्रम करने की आवश्यकता नहीं पड़ेगी। महात्मा गांधी का 'हिंद स्वराज' दीनदयाल उपाध्याय का 'एकात्म मानववाद' तथा दत्तोपंत ठेंगड़ी की 'श्रमिक नीति' ऐसे शोध कार्य हैं, जिनमें भारत एवं भारतीयता के दर्शन होते हैं, भारत की स्वतंत्रता के लिए अंग्रेजों के कालखंड में हुए स्वतंत्रता संघर्ष के सबसे बड़े झंडाबरदार महात्मा गांधी के 'हिंद स्वराज' में देश की 87 प्रतिशत जनता की चिंता के साथ पूरे देश के विकास की नीति पर बल दिया गया है। इसीलिए गांधीजी की इस पुस्तक 'हिंद स्वराज' को उनका घोषणा-पत्र कहा जाता है। राष्ट्रीय स्वयंसेवक संघ के प्रचारक एवं भारतीय जनसंघ के संस्थापक महामंत्री पंडित दीनदयाल उपाध्याय के शोध कार्य के 'एकात्म मानववाद' में मनुष्य के समग्र विकास की रूपरेखा प्रस्तुत की गई है। इसी प्रकार संघ के एक और प्रचारक एवं भारतीय मजदूर संघ के संस्थापक दत्तोपंत ठेंगड़ी के शोधग्रंथ 'श्रमिक नीति' में सभी प्रकार के मेहनतकश वर्गों के विकास एवं उत्थान का एक ब्लूपिंट तैयार किया गया है। इसके अतिरिक्त अनेक ऐसे महापुरुष हुए हैं, जिन्होंने समय-समय पर देश की स्वदेशी आर्थिक रचना पर सुझाव दिए हैं। अत: आवश्यकता उसी बात की है कि राजनीतिक एवं दलगत स्वार्थों से ऊपर उठकर एक ऐसी अर्थनीति अख्तियार की जाए, जिससे भारत के समग्र विकास के रास्ते खुलें।

स्वाधीन भारत में पराधीन मानसिकता

भौगोलिक, संवैधानिक, शैक्षणिक एवं आर्थिक स्वाधीनता के साथ-साथ देश की सांस्कृतिक स्वाधीनता का भी अपना एक विशेष महत्त्व होता है। संस्कृति राष्ट्रजीवन का आधार होती है और राष्ट्र के संपूर्ण शरीर में रक्त का संचार करती है। परतंत्र देश में विदेशी शासक स्वदेशी संस्कृति पर ही पहला प्रहार करते हैं। हमारे साथ भी ब्रिटिश साम्राज्यवादियों ने यही किया है। ईसाई मत के प्रसार/प्रचार के लिए हमारी विशाल स्वदेशी संस्कृति के विविध स्वरूपों को तहस-नहस कर दिया गया। भारत के साहित्य, कला, दर्शन, स्मृति, शास्त्र, समाज-रचना, इतिहास एवं सभ्यता को तोड़-मरोड़कर शिक्षा के माध्यम से बच्चों के सामने परोस दिया गया। परतंत्रता के काल में हमारे गतिशील सांस्कृतिक प्रवाह को अवरुद्ध कर दिया गया।

स्वतंत्रता प्राप्ति के बाद यह जरूरी था कि हमारी सांस्कृतिक गतिशीलता की संपूर्ण बाधाएँ समाप्त हों। इसके बिना राष्ट्र की स्वतंत्रता निरर्थक ही साबित होगी। आज हमारे त्योहारों, उत्सवों, बच्चों के जन्मदिवस कार्यक्रमों, विवाह इत्यादि के जश्न पर पाश्चात्य संस्कृति की पकड़ बढ़ रही है। ग्लोबलाइजेशन के नाम पर हम स्वसंस्कृति/सभ्यता को तिलांजलि दे रहे हैं। अपनी जड़ों से कटकर हम कितने दिन तक जिंदा रह सकते हैं? कितने आश्चर्य की बात है कि जिन विदेशी ताकतों के विरुद्ध हमने सदियों तक जंग लड़ी है, उनकी ही जीवन प्रणाली को हम आधुनिकता के नाम पर अपनाकर गौरव महसूस कर रहे हैं। यह मानसिक एवं बौद्धिक परतंत्रता नहीं तो और क्या है? हमने मात्र गोरे लोगों को भगाकर काले लोगों को सत्तासीन करने के लिए स्वतंत्रता संग्राम नहीं लड़ा था। हमारी जंग इसलिए थी, क्योंकि हमारे दिन-प्रति-दिन के जीवन में, हमारे जीवन की गति में विदेशी पद्धतियाँ/रीति-रिवाज, विदेशी दृष्टिकोण और विधर्मी आदर्श बाधक बन रहे थे। इसीलिए महात्मा गांधी ने स्वतंत्रता का अर्थ रामराज्य की स्थापना घोषित किया था।

अब चली परिवर्तन की लहर

पंडित दीनदयाल उपाध्याय के शब्दों में—"हम स्वतंत्र तो हो गए हैं, परंतु हमारे राष्ट्र का गुरुत्वाकर्षण केंद्र अब भी हमारे राष्ट्र के बाहर ही है।''' हम अनुकरण तो करते हैं, परंतु अपने महापुरुषों का नहीं, बल्कि परायों का। हमारे प्रमाण और आदर्श वाक्य वेद, स्मृति, गीता, उपनिषद् और पुराण नहीं, बल्कि मिल्ल, हेगल, एडम, स्मिथ, मार्क्स और एंजलस हो गए हैं। हमारा खान-पान/रहन-सहन, बोलचाल इत्यादि सभी बाहरी आदर्शों से प्रभावित है।''' एकात्मता के

बंधन ढीले पड़ गए हैं। राष्ट्रभाव के ह्रास से अनेकों समस्याओं को जन्म मिला है। यह एक त्रिकालबाधित सत्य है कि राष्ट्रभाव को छोड़कर कोई भी राष्ट्र उन्नति नहीं कर सकता, न अतीत में कर सका है, न भविष्य में कर सकेगा। जब तक धर्म और संस्कृति के बारे में पूर्वाग्रह छोड़कर उसके व्यापक एवं सनातन तत्त्व का साक्षात्कार कर राष्ट्रजीवन को सुदृढ़ बनाने का प्रयास नहीं होता, तब तक हमारी सर्वांगीण उन्नति का पथ अवरुद्ध ही रहेगा।''

भारतवासियों के सुभाग्य से आज परिवर्तन की एक लहर चलना प्रारंभ हुई है। राष्ट्रीय स्वयंसेवक संघ की सतत साधना के फलस्वरूप आज राजनीतिक, सामाजिक एवं सांस्कृतिक क्षेत्र में राष्ट्रभाव का जागरण हो रहा है। महात्मा गांधी की 'रामराज्य' की कल्पना साकार रूप ले रही है। 'भारत की सर्वांग स्वतंत्रता के अपने ध्येय की प्राप्ति के लिए संघ के स्वयंसेवक समाज को साथ लेकर आगे बढ़ रहे हैं। बहुत कुछ हो गया है, परंतु बहुत कुछ रह भी गया है। जो रह गया है, उसे प्राप्त करने के लिए संघ संघर्षरत है।

□

17

लक्ष्य तक पहुँचे बिना, पथ में पथिक विश्राम कैसा

ध्येय की ओर बढ़ते कदम

अपने स्थापना काल से लेकर आज तक, 93 वर्षों के निरंतर और अथक प्रयत्नों के फलस्वरूप राष्टीय स्वयंसेवक संघ राष्ट्र-जागरण का एक मौन परंतु सशक्त आंदोलन बन चुका है। प्रखर राष्ट्रवाद की भावना से ओत-प्रोत डॉ. केशवराव बलिराम हेडगेवार द्वारा 1925 में स्थापित संघ के स्वयंसेवक आज भारत के कोने-कोने में देशप्रेम, समाजसेवा, हिंदू जागरण और राष्ट्रीय चेतना की अलख जगा रहे हैं। अधर्म पर धर्म की विजय के प्रतीक भारत के राष्ट्रीय पर्व विजयादशमी के दिन नागपुर (महाराष्ट्र) में उपजा नन्हा सा अंकुर आज एक विशाल वटवृक्ष बनकर देश की समस्त दुखती रगों को शीतलता प्रदान कर रहा है। कश्मीर से कन्याकुमारी तक फैले विशाल हिंदू समाज के प्रत्येक पंथ, जाति और वर्ग के अनुयायियों को एक विजयशालिनी शक्ति के रूप में खड़ा करने में संघ ने अद्‌भुत सफलता प्राप्त की है।

राष्ट्रव्यापी संगठन

संसार के सबसे बड़े, अनुशासित और शक्तिशाली स्वयंसेवी संगठन की नींव रखने से पूर्व डॉ. हेडगेवार ने भारत के प्राचीन इतिहास, संस्कृति, महान् ग्रंथों, देश के परम वैभव व पतन के कारणों और तात्कालिक दयनीय स्थिति का गहरा अध्ययन किया था। वास्तव में डॉ. हेडगेवार के इसी अध्ययन, मनन और अनुभव का संगम है—राष्ट्रीय स्वयंसेवक संघ। संघ स्थापना की पृष्ठभूमि को संक्षेप में चार आधारों अथवा कारणों में बाँटा जा सकता है। संघ ने पहली बार एक राष्ट्र, एक संस्कृति और एक जन की अवधारणा पर आधारित देशव्यापी संगठन बनाने में

सफलता प्राप्त की। इससे पहले भी राष्ट्रीय जागरण के अनेक प्रयास हुए। स्वामी विद्यारण्य द्वारा किए गए राष्ट्रीय जागरण के महान् कार्य के परिणामस्वरूप विजय नगर का वैभवशाली हिंदू साम्राज्य अस्तित्व में आया था। राजस्थान में महाराणा प्रताप ने मुगल मंसूबों को कभी पूरा नहीं होने दिया और राष्ट्रीय स्वाभिमान की लौ जलाए रखी। समर्थ रामदास जैसे महान् संतों के अथक प्रयासों से छत्रपति शिवाजी का उदय हुआ और हिंदवी स्वराज्य जैसे राष्ट्रीय जागरण के संघर्ष की शुरुआत हो सकी। इसी तरह श्रीगुरु गोविंद सिंह द्वारा खालसा पंथ की स्थापना और योद्धा सिखों द्वारा बलिदानों की अटूट शृंखला खड़ी कर विदेशी हमलावरों के हाथों हिंदू धर्म और राष्ट्र की अस्मिता को बचाने के अत्यंत श्रेष्ठ कार्य सफलतापूर्वक संपन्न हुए।

ऐतिहासिक दृष्टिकोण से यह सत्य राष्ट्र के हित में स्वीकार करना होगा कि राष्ट्रीय स्वयंसेवक संघ ने राष्ट्र-जागरण के इसी गौरवशाली इतिहास को आगे बढ़ाया है। आज संघ एक देशव्यापी संगठन है। भारत की प्रत्येक तहसील में संघ की शाखाएँ लगती हैं। संभवतया ज्ञात इतिहास में पहली बार हिमालय से कन्याकुमारी तक, प्रातः और सायं एक ही निश्चित समय पर एक ही भगवा ध्वज के सामने, गणवेश पहनकर एक ही प्रकार के कार्यक्रमों को करते हुए संगठित हिंदू समाज को पहली बार देखा गया। संघ शाखाओं और संघ के विभिन्न कार्यक्रमों में गाए जानेवाले एकात्मता स्तोत्र, एकात्मता मंत्र और गीतों में भारतीय संस्कृति, राष्ट्रीय एकता, सामाजिक सौहार्द और राष्ट्र की आध्यात्मिक परंपराओं के दर्शन होते हैं। राष्ट्रीय महापुरुषों का स्मरण करते हुए संघ के स्वयंसेवक भारतमाता की वंदना करते हैं। संघ द्वारा विकसित इस शाखा पद्धति ने न केवल हिंदू समाज को संगठित किया है, अपितु अपने ऊपर होनेवाले विधर्मी आघातों का सामना करने के लिए उसे शक्ति-संपन्न भी बनाया है।

गतिशीलता एवं ध्येयनिष्ठा

देशव्यापी संगठन के बाद राष्ट्र की दूसरी बड़ी आवश्यकता थी राष्ट्र के प्रति ध्येयनिष्ठा। राष्ट्र-जागरण के अधिकांश प्रयास अथवा संगठन व्यक्ति-केंद्रित थे। इसीलिए ये प्रयास राष्ट्रव्यापी आकार नहीं ले सके। संस्थापक, गुरु या सर्वेच्च नेता के संसार छोड़ने के बाद ऐसे सभी संगठन अथवा आंदोलन धीरे-धीरे प्रभावहीन होते चले गए। यद्यपि ये सभी प्रयास अपने-अपने समय में सफल भी होते रहे और टुकड़ों में बँटे इन आंदोलनों के रूप में ही हिंदू समाज निरंतर 1200 वर्षों तक परतंत्रता के विरुद्ध संघर्षशील रहा। राष्ट्रीय स्वयंसेवक संघ ने राष्ट्र की इस

आवश्यकता को भी पूरा किया है। संघकार्य में व्यक्ति पूजा अथवा 'गुरुडम' का कोई स्थान नहीं है। संघ के स्वयंसेवक ध्येय के लिए समर्पित हैं। संघ ने भारत के सांस्कृतिक राष्ट्रवाद के प्रतीक भगवा ध्वज को अपना गुरु और प्रेरणास्रोत माना है। अपने राष्ट्र को परम वैभव पर ले जाना संघ का उद्‌देश्य है। यही वजह है कि संघ संस्थापक के देह छोड़ने के पश्चात् भी संघ निरंतर आगे बढ़ता चला गया।

राष्ट्रकार्य की तीसरी बड़ी आवश्यकता 'कार्यकर्ता निर्माण' भी संघ ने पूरी की है। इससे पूर्व के काल में किए गए राष्ट्र-जागरण के सभी प्रयासों में निरंतर चलने वाली कार्य पद्धति की कमी रही। संगठन अथवा आंदोलन को ध्येय-प्राप्ति तक चलाए रखने के लिए कार्यकर्ताओं की श्रृंखला का तैयार होते रहना जरूरी होता है। संघ की कार्य पद्धति-शाखा में यह विशेषता है कि इसमें शिशु, बाल, तरुण और वृद्ध स्वयंसेवक बनते रहते हैं। सतत सक्रिय रहनेवाली इस शाखा-पद्धति के कारण संघ भी अपने ध्येय की प्राप्ति के लिए सतत सक्रिय है। राष्ट्रकार्य की चौथी और महत्त्वपूर्ण आवश्यकता है—विचारधारा का आधार। इतिहास साक्षी है कि 1200 वर्षों के स्वतंत्रता संग्राम में हजारों संतों, महात्माओं, शूरवीरों, विद्वानों ने बलिदान दिए। सैकड़ों संगठन बने और समाप्त हुए, भिन्न-भिन्न विचारों पर आधारित संघर्ष और आंदोलन चले।

ठोस विचार मंथन

लेकिन राष्ट्रजागरण के इन प्रयासों में सूत्रबद्धता का अभाव निरंतर बना रहा। परतंत्रता के कारणों की गहराई में जाए बिना परतंत्रता को मिटाने के प्रयास होते रहे। विदेशी आक्रांता क्यों सफल हुए? राष्ट्र क्यों खंडित होता चला गया? देश के गौरवशाली अतीत पर प्रहार क्यों हुए? बुद्धि, बल, ज्ञान, विज्ञान सबकुछ श्रेष्ठ होते हुए भी जगत् गुरु के सिंहासन पर शोभायमान भारत परतंत्रता की जंजीरों में कैसे जकड़ा गया?

राष्ट्रीय स्वयंसेवक संघ ने उपर्युक्त प्रश्नों के उत्तर समस्त भारतीयों के समक्ष रखे हैं। संघ ने इस बहुत बड़ी ऐतिहासिक सच्चाई को दुनिया के सामने दृढतापूर्वक प्रकट किया है कि भारत हिंदू राष्ट्र है। हिंदुत्व भारत की राष्ट्रीयता है। भारत का वैभव और पतन हिंदुओं के वैभव और पतन के साथ जुड़ा हुआ है। जब हिंदू शक्तिशाली और संगठित थे तो शक, हूण जैसे हमलावरों को भी भारतीय जीवन प्रणाली में समरस कर लिया गया, परंतु जब हिंदुओं में आपसी फूट घर कर गई, संगठित प्रतिकार की भावना लुप्त हुई और सांस्कृतिक राष्ट्रवाद की लौ क्षीण हुई तो भारत

तुर्कों, अफगानों, पठानों और मुगलों जैसी बर्बर जातियों के हाथों पराजित हो गया। इसी एकमेव कारण से अंग्रेज भी भारत को अपने ईसाई शिकंजे में जकड़ने में सफल हो गए। हालाँकि परतंत्रता के इस लंबे कालखंड में हिंदू समाज ने कभी भी परतंत्रता को स्वीकार नहीं किया। समाज किसी-न-किसी रूप में निरंतर संघर्षशील रहा, परंतु राष्ट्रीय स्तर पर संगठित प्रतिकार का अभाव बना रहा। अंग्रेजों के कालखंड में यद्यपि महात्मा गांधी के नेतृत्व में भारतीय समाज ने राष्ट्रीय स्तर पर अँगड़ाई ली, परंतु सांस्कृतिक राष्ट्रवाद के वास्तविक स्वरूप हिंदुत्व का आधार न होने से इस स्वतंत्रता संग्राम की परिणति भारत विभाजन के रूप में हुई। राष्ट्रीय स्वयंसेवक संघ ने हिंदुत्व को अपने राष्ट्रीय जागरण के कार्य का आधार बनाकर भारतीय समाज को राष्ट्रीय दिशा प्रदान की है।

भारतवर्ष की आत्मा है 'भगवा'

भगवा रंग और भगवा संस्कृति हमारे सनातन राष्ट्र की पहचान है। दैवयुग, सत्ययुग, त्रेतायुग, द्वापरयुग एवं कलियुग—इस पूरे कालखंड में संपूर्ण राष्ट्रजीवन (वैभव, पतन, उत्थान) का चश्मदीद गवाह प्रत्यक्षदर्शी यह भगवा ध्वज ही तो है। अतः समस्त भारतीय राष्ट्रजीवन के प्रतीक इस पवित्र भगवाध्वज को संघ ने अपना श्रीगुरु इसलिए घोषित किया है कि संघ का उद्देश्य भारतवर्ष की 'पूर्ण सर्वांग स्वतंत्रता' है। संघ के स्वयंसेवक इस ध्वज से बलिदान, त्याग, तपस्या, संघर्ष एवं सेवा की प्रेरणा लेते हैं।

उपर्युक्त संदर्भ में यह स्पष्टीकरण देना भी अति आवश्यक एवं महत्त्वपूर्ण है कि तिरंगा हमारे देश का राष्ट्रध्वज है, हम इसे स्वीकार करते हैं और इसका सम्मान करते हैं। संघ के स्वयंसेवक, जिन्होंने तिरंगे की रक्षा के लिए जम्मू, कश्मीर, हैदराबाद, गोवा, हुगली आदि स्थानों पर सैकड़ों की संख्या में बलिदान दिए हैं, और हम आगे भी इसके सम्मान की रक्षा के लिए अपनी जीवनाहुति देने से कभी पीछे नहीं हटेंगे, परंतु इस सच्चाई को भी झुठलाया नहीं जा सकता कि तिरंगा भारत का शरीर है तो भगवा भारत की आत्मा है। आत्मा के बिना शरीर का कोई अस्तित्व नहीं होता। तिरंगे झंडे की आयु मात्र 90 वर्ष है, जबकि भगवा ध्वज की आयु का अनुमान लगाना इतिहास के वश की बात नहीं। 1,200 वर्षों का स्वतंत्रता-संग्राम भगवा ध्वज की ही छत्रच्छाया एवं प्रेरणा से लड़ा गया, जबकि 21 वर्ष (1926-1947) का राजनीतिक स्वतंत्रता संग्राम तिरंगे झंडे की छत्रच्छाया में लड़ा गया। विश्व का एकमात्र प्रथम सनातन राष्ट्र है भारतवर्ष।

अतः भगवा भारत का सनातन काल से चला आ रहा सांस्कृतिक ध्वज है और वर्तमान में तिरंगा हमारे देश का राष्ट्र-ध्वज है। राष्ट्र-ध्वज तिरंगे के आगे हम सब भारतवासी नतमस्तक हैं।

संघ का चतुष्कोणीय स्वरूप

राष्ट्रीय स्वयंसेवक संघ के राष्ट्रव्यापी स्वरूप को समझने के लिए इसके चतुष्कोणीय कार्य को गहराई से समझना आवश्यक है। संघ का प्रथम स्वरूप है प्रत्यक्ष शाखा का कार्य। संघ शाखा एक ऐसा शक्ति-पुंज है, जहाँ से राष्ट्रप्रेम की विद्युत् तरंगें उठकर समाज के प्रत्येक क्षेत्र को जगमगाती हैं। संघकार्य का दूसरा स्वरूप है संघ द्वारा संचालित विविध क्षेत्र—किसान, मजदूर, वनवासी, गिरिवासी, विद्यार्थी, शिक्षा, चिकित्सा इत्यादि क्षेत्रों में संघ के स्वयंसेवकों ने छोटे-बड़े अनेक संगठन खड़े किए हैं। ये सभी संगठन अपने-अपने क्षेत्र की परिस्थितियों और जरूरतों के अनुसार राष्ट्रीय जागरण का कार्य कर रहे हैं। संघकार्य का तीसरा स्वरूप है स्वयंसेवकों द्वारा व्यक्तिगत स्तर पर किए जा रहे राष्ट्रहित के कार्य। इस श्रेणी में विद्यालय, समाचार-पत्र, औषधालय, मंदिरों की व्यवस्था, अनेक प्रकार के सांस्कृतिक व सेवा कार्यक्रम इत्यादि आते हैं। स्वयंसेवकों द्वारा चलाए जा रहे इन निजी प्रकल्पों के पीछे संघ और हिंदुत्व की प्रेरणा विद्यमान रहती है। संघकार्य अर्थात् हिंदुत्व के जागरण का चौथा स्वरूप बड़ा विस्तृत और महत्त्वपूर्ण है। इसमें हिंदुत्व जागरण के वे सभी अभियान, आंदोलन, आध्यात्मिक संस्थान, सम्मेलन और धार्मिक संगठन आते हैं, जो संघ के ही कार्य हिंदू संगठन, संघ के ही उद्देश्य राष्ट्र के परम वैभव के लिए सक्रिय हैं। संघ का इन सभी संगठनों को पूरा सहयोग रहता है। यहाँ तक कि संघ के स्वयंसेवक बिना संघ का नाम लिये एक हिंदू के नाते इन संगठनों में न केवल सक्रिय भूमिका निभाते हैं, अपितु संगठन तंत्र के सूत्रों को भी सँभालते हैं।

हिंदुत्व का सशक्त धरातल

राष्ट्रीय स्वयंसेवक संघ के स्वयंसेवकों ने अपनी 93 वर्षों की सतत तपस्या के बल पर भारत में सांस्कृतिक राष्ट्रवाद अर्थात् हिंदुत्व का एक ऐसा धरातल तैयार कर दिया है, जिसमें से राष्ट्र-जागरण के अनेक अंकुर प्रस्फुटित होते जा रहे हैं। संघ ने भारत के संपूर्ण समाज-जीवन को एक राष्ट्रीय दिशा प्रदान करने में अद्भुत सफलता प्राप्त की है। एक ऐसी दिशा, जिसने राष्ट्र-जीवन की उस दशा को बदल डाला है,

जिसके कारण भारत निरंतर 1200 वर्षों तक विदेशियों के आघातों का शिकार होता रहा। संघ द्वारा की गई साधना के फलस्वरूप बने वातावरण का ही परिणाम है कि आज अनेक राष्ट्रवादी संगठन हिंदुत्व का एक ऐसा विशाल और ओजस्वी स्वरूप बनाने में सफल हो रहे हैं, जिसमें संसार को संगठित, शक्तिशाली और विजयी हिंदू समाज के दर्शन हो रहे हैं। संघ ने राष्ट्र-जीवन के प्रत्येक क्षेत्र में व्याप्त दुविधा और हीन भावना की स्थिति को बदलकर हिंदुत्व अर्थात् राष्ट्रीय दिशा देने का मौन आंदोलन छेड़ा हुआ है। हिंदुत्व का आधार मजबूत होने से राष्ट्रवादी शक्तियों को बल मिला है, जबकि अराष्ट्रीय तत्त्व अलग-थलग पड़ गए हैं।

हिंदुत्व की भावना के बल पर संघ के बढ़ते कदमों को रोकने के लिए सरकार ने तीन बार प्रतिबंध लगाए हैं, परंतु स्वयंसेवकों ने शांत रहकर अहिंसक सत्याग्रह कर अपने अधिकारों के लिए संघर्ष किया और संघ को कुचलने के लिए उठे राजनीतिक षड्यंत्र विफल हुए। आज भारतवासियों का विश्वास बना है कि अपने राष्ट्र की सर्वांगीण उन्नति के काम में जुटे संघ के स्वयंसेवक बहुत शीघ्र अपने लक्ष्य को प्राप्त करेंगे और भारत फिर से विश्वगुरु के सिंहासन पर शोभायमान होगा।

'हिंदुत्व ही राष्ट्रीयता' भारत की ऐतिहासिक सच्चाई है। इसे सांप्रदायिक, फासिस्ट, मुसलिम विरोधी, जातिवादी, देश-समाज को तोड़नेवाली विचारधारा कहनेवाले वे ही लोग हैं, जिन्होंने स्वयं देश के टुकड़े किए हैं, जिनका जन्म ब्रिटिश साम्राज्य के सुरक्षा-कवच के रूप में हुआ और तुष्टीकरण की राजनीति अख्तियार करके भारत और भारतीयता अर्थात् हिंदुत्व के विनाश में जुटे रहे। ये वही लोग हैं, जो रूस एवं चीन से प्रेरणा लेकर भारत के धर्म, संस्कृति एवं राष्ट्रजीवन को लाल करने में विफलतापूर्वक लगे हुए हैं। ये वही लोग हैं, जो भारत के गौरवशाली इतिहास, उज्ज्वल संस्कृति और 1,200 वर्षों तक लड़े गए स्वतंत्रता-संग्राम के वास्तविक स्वरूप से पूर्णतया अनभिज्ञ हैं। इन लोगों को मार्क्स, ह्यूम और मैकाले के वंशज कहना अनुचित नहीं होगा।

श्रीराम, वेद, उपनिषद्, गीता, गंगा, गऊ, भगवा एवं विजयदशमी-दीपावली का किसी मजहब, क्षेत्र और जाति से कोई संबंध नहीं है। इस वाङ्मय-पवित्र स्थानों-राष्ट्रीय त्योहारों का अस्तित्व तो तब से है, जब मानवता का विभाजन हिंदू, मुसलिम, ईसाई, इत्यादि वर्गों में हुआ भी नहीं था। यह तो सभी भारतीयों की संयुक्त विरासत है। पूजा-पद्धति बदलने से सांस्कृतिक विरासत कैसे बदल सकती है? इसी तरह 'हिंदू' शब्द 'सिंधु' से बना है, जो समस्त भारतीयों की पहचान है। इस राष्ट्रीय

पहचान से परहेज क्यों? हिंदू एवं भारतीय एक ही अवधारणा है। 'हिंदू' राष्ट्रवाचक शब्द है। सभी भारतीय हिंदू-पूर्वजों की ही संतानें हैं।

संघ के बढ़ते कदम

राष्ट्रीय स्वयंसेवक संघ के स्वयंसेवकों के कृतिरूप दर्शन का मूल्यांकन करते समय संघ के गैर-राजनीतिक, सामाजिक और सांस्कृतिक स्वरूप पर ही ध्यान केंद्रित करना चाहिए। वैसे भी संघ द्वारा संचालित गतिविधियों का साक्षात् दर्शन ऐसे लोग कदापि नहीं कर सकते, जो दलगत राजनीति के तंग जंजाल में फँसे हुए हैं। अपने राष्ट्र को परम वैभव पर ले जाना संघ का उद्देश्य है और यह गैर-राजनीतिक सांस्कृतिक धरातल पर ही प्राप्त होगा, जिसका आधार हिंदुत्व है।

संघ के स्वयंसेवक इसी साधना में जुटे हैं और अपने कदमों को अंगद के पाँव की तरह जमाते जा रहे हैं। आज तो संघ के स्वयंसेवक देश में हो रहे प्रत्येक प्रकार के ठोस व्यवस्था परिवर्तन के प्रतीक बन रहे हैं। भ्रष्टाचार, कालाधन, अलगाववाद और आतंकवाद इत्यादि राष्ट्रघातक खतरों से जूझ रहे समाज को शक्ति देने के काम में अग्रसर हो रहे स्वयंसेवक अपने रास्ते में आनेवाली राजनीतिक और गैर-राजनीतिक बाधाओं को हटाकर सफलतापूर्वक आगे बढ़ रहे हैं। संघ विरोधी शक्तियाँ परास्त हो रही हैं।

विजयादशमी 2 अक्तूबर, 2025 को संघ की स्थापना के सौ वर्ष पूरे होंगे। संघ के स्वयंसेवक (चाहे वे किसी भी क्षेत्र में कार्यरत हों) आगामी सात-आठ वर्षों में पूरी ताकत के साथ अपने संगठन के उद्देश्य की पूर्ति के लिए जुटेंगे और विश्व देखेगा कि हम अपने लक्ष्य के बहुत नजदीक पहुँच चुके हैं। भारतवर्ष का सांस्कृतिक राष्ट्रवाद देश की संगठित राष्ट्रवादी शक्तियों द्वारा निरंतर प्रगति की मंजिलें चढ़ता हुआ अपने अंतिम लक्ष्य 'भारतवर्ष की पूर्ण सर्वांग स्वतंत्रता' को प्राप्त करेगा। राष्ट्रीय स्वयंसेवक संघ के स्वयंसेवक समस्त देशवासियों को साथ लेकर ध्येयप्राप्ति तक संघर्षरत रहेंगे। विजय अवश्यंभावी है। परमपूजनीय सरसंघचालक श्रीमान मोहन भागवत के शब्दों में, "वर्तमान में ऐसा उज्ज्वल दौर शुरू हो चुका है, जिसमें भारत पहले से भी अधिक शक्तिशाली विश्वगुरु के रूप में उभरेगा।"

□

संदर्भ-सामग्री

1. डॉ. हेडगेवार चरित............................... ना.ह. पालकर
2. संघ बीज से वृक्ष .... देवेंद्र स्वरूप
3. गांधीजी हिंद स्वराज से नेहरू तक........... देवेंद्र स्वरूप
4. अखंड भारत ....देवेंद्र स्वरूप
5. राष्ट्रीय शिक्षा आंदोलन का इतिहास ....देवेंद्र स्वरूप
6. यह संविधान .... देवेंद्र स्वरूप
7. 1857 का स्वातंत्र्य संग्राम .... विनायक दामोदर सावरकर
8. कांग्रेस अंग्रेजभक्ति से राजसत्ता तक .... डॉ. सतीश चंद्र मित्तल
9. 1857 का स्वातंत्र्य समर .... डॉ. सतीश चंद्र मित्तल
10. भटकाव के 67 वर्ष .... डॉ. सतीश चंद्र मित्तल
11. 1857 : वनवासी नेतृत्व .... डॉ. सतीश चंद्र मित्तल
12. हमारे डॉ. हेडगेवार जी ....डॉ. श्याम बहादुर वर्मा
13. राष्ट्रीय स्वयंसेवक संघ .... नाना देशमुख
14. आधुनिक भारत के निर्माता
    डॉ. केशव बलिराम हेडगेवार................. राकेश सिन्हा
15. संकेत रेखा .... दत्तोपंत ठेंगड़ी
16. डॉ. हेडगेवार ....वचनेश त्रिपाठी
17. कृतिरूप संघ दर्शन .... हो.वे. शेषाद्रि
18. और देश बँट गया .... हो.वे. शेषाद्रि
19. हिंदू पुनर्जागरण की लहर ....हो.वे. शेषाद्रि
20. राष्ट्र जीवन की दिशा ....पं. दीनदयाल उपाध्याय
21. ज्योति जला निज प्राण की ....माणिक चंद्र वाजपेयी

22. अग्नि परीक्षा .... माणिक चंद्र वाजपेयी
23. भारत को अखंड रखना ही है .... बाला साहब देवरस
24. हमारे प्रेरणा-स्रोत डॉ. हेडगेवार ....भूपाल सिंह
25. स्वामी विवेकानंद एवं संघ .... भारतीय संस्कृति ट्रस्ट
26. राष्ट्रीय आंदोलन और संघ .... सुरुचि प्रकाशन
27. भारत की नवचेतना
राष्ट्रीय स्वयंसेवक संघ .... सुरुचि प्रकाशन
28. वंदेमातरम् .... सेविका प्रकाशन
29. व्यथित जम्मू कश्मीर .... नरेंद्र सहगल
30. जय श्रीराम .... नरेंद्र सहगल
31. आस्था की विजय ....नरेंद्र सहगल
32. श्रीगुरुजी और सामाजिक समरसता .... एम.एम. जॉयस
33. अखंड भारत स्मारिका .... बाबा साहिब आपटे
स्मारक समिति, पंजाब
34. भारत विभाजन ....बाबा साहिब आपटे
स्मारक समिति, दिल्ली
35. संघ नींव में विसर्जित ....विरेश्वर द्विवेदी
36. आपातकालीन संघर्ष-गाथा ....प्र.ग. सहस्रबुद्धे
37. विचार नवनीत .... मा.स. गोलवलकर
38. राष्ट्रीय आंदोलन का इतिहास .... मन्मथनाथ गुप्त
39. भारत का राष्ट्रीय आंदोलन .... प्रो. मुकुट बिहारी लाल
40 आधुनिक भारत ....दीनानाथ वर्मा
41. स्वतंत्रता संग्राम का इतिहास .... इंदू विद्यावाचस्पति
42. राष्ट्रीय चेतना के प्रकाश में
भारत का स्वाधीनता संघर्ष ....डॉ. सतीश चंद्र मित्तल
43. भारत का इतिहास ....आशीर्वादी लाल श्रीवास्तव
44. पाकिस्तान मिटाओ विशेषांक .... मासिक राष्ट्रधर्म
45. गणतंत्र दिवस अंक .... मासिक राष्ट्रधर्म
46. 'मंथन', मासिक फरवरी 1992........... दीनदयाल शोध संस्थान
47. डॉ. हेडगेवार जन्म शताब्दी विशेषांक .... मासिक तवी दीपिका
अक्तूबर-नवंबर 1988

48. वर्ष प्रतिपदा अंक .... साप्ताहिक पाञ्चजन्य
21 मार्च, 2010
49. स्वतंत्रता दिवस विशेषांक .... साप्ताहिक पाञ्चजन्य
14 अगस्त, 2011
50. गणतंत्र दिवस विशेषांक .... साप्ताहिक पाञ्चजन्य
29 फरवरी, 2012
51. गणतंत्र दिवस विशेषांक .... साप्ताहिक पाञ्चजन्य
31 फरवरी, 2010
52. दीपावली विशेषांक .... साप्ताहिक पाञ्चजन्य
22 अक्तूबर, 2006
53. जागरण अंक .... साप्ताहिक पाञ्चजन्य
16 अगस्त, 1987
54. निर्भय पथिक .... हिंदी पत्रिका
जनवरी 1989

□□□